高等学校经济管理类专业
应用型本科系列规划教材
GAODENG XUEXIAO JINGJI GUANLILEI ZHUANYE
YINGYONGXING BENKE XILIE GUIHUA JIAOCAI

会计电算化原理与实训

KUAIJI DIANSUANHUA
YUANLI YU SHIXUN

主　编　刘小刚
副主编　侯文杰　仇　艳　曾晓霞
陈　丽　朱珍琪

Economics and management

重庆大学出版社

内容提要

本书以会计电算化基本理论为基础，以会计电算化实训为核心，以用友 ERP-U8.72 系统为蓝本，精心设计操作案例，以提高学生的业务处理能力。选择 ERP-U8.72 系统财务会计和供应链管理两部分中的常用子系统搭建了本书的实验体系，财务会计中选择了总账、UFO 报表、固定资产和应收应付款管理等主要子系统；供应链管理中选择了采购管理、销售管理、库存管理、存货核算子系统。另外，还包括人力资源管理中的薪资管理和计件工资。

本书可作为各类院校会计、税务、审计及相关经济管理类专业会计电算化课程的教材，也适用于相关从业人员的培训用书。

图书在版编目(CIP)数据

会计电算化原理与实训/刘小刚主编．—重庆：
重庆大学出版社，2015.8
高等学校经济管理类专业应用型本科系列规划教材
ISBN 978-7-5624-9186-6

Ⅰ．①会…　Ⅱ．①刘…　Ⅲ．①会计电算化—高等学校
—教材　Ⅳ．①F232

中国版本图书馆 CIP 数据核字(2015)第 132516 号

高等学校经济管理类专业应用型本科系列规划教材
会计电算化原理与实训
主　编　刘小刚
副主编　侯文杰　仇　艳　曾晓霞
陈　丽　朱珍琪
策划编辑：顾丽萍
责任编辑：文　鹏　　版式设计：顾丽萍
责任校对：邬　忌　　责任印制：赵　晟
*
重庆大学出版社出版发行
出版人：邓晓益
社址：重庆市沙坪坝区大学城西路 21 号
邮编：401331
电话：(023) 88617190　88617185(中小学)
传真：(023) 88617186　88617166
网址：http://www.cqup.com.cn
邮箱：fxk@cqup.com.cn (营销中心)
全国新华书店经销
重庆市远大印务有限公司印刷
*
开本：787×1092　1/16　印张：20.5　字数：473 千
2015 年 8 月第 1 版　2015 年 8 月第 1 次印刷
印数：1—3 000
ISBN 978-7-5624-9186-6　定价：39.80 元

前　言

会计电算化是一门集计算机科学、会计学、管理学等为一体的综合性学科。该课程是会计学专业的必修课程，也是会计从业资格考试的必考课程之一。它是研究如何利用计算机处理会计业务的一门学科。随着计算机在企业管理活动中的普及，越来越多的企业开始利用计算机进行账务处理、供应链管理、财务管理、生产制造管理、人力资源管理等管理活动。

企业信息化进程的加快，导致企业对于会计电算化人才的需求量不断增加，而且标准也在不断提高。很多学生走上工作岗位之后，仍然感觉理论与实际有较大差距，需要较长时间才能适应企业的信息化要求。究其原因，与学生在学习过程中对于信息化的理解不够深入，实训操作时间不足，以及缺乏典型的操作案例有一定关系。

本书针对目前应用型本科以及高职院校人才培养目标的特点，本着"理论知识够用，强化应用、培养技能"的原则，将会计电算化课程定位于培养会计电算化应用型人才，在教学设计上侧重于实务操作，在教学方法上采用理论与实践相结合的形式，选取典型业务将各个模块有机地联系在一起。

本书在编写过程中力求体现以下特色：

1. 图文并茂，操作性强。对于实训操作过程中的关键性操作步骤，本书在理论讲解过程中都会有截图，并有相应的分析说明，便于学生理解。

2. 体系完整，应用性强。本书针对应用型人才培训的目标，编写体系按照每章内容前面有"学习目标"，章节内容中关键点有"温馨提示"，章节后面有"本章小结"，力争做到结构完整，脉络清晰，提高学生的学习效率。

3. 财务业务、供应链业务兼顾。本书以用友 ERP-U8.72 版为蓝本，业务设计上既有软件安装、基础设置、总账业务处理、财务报表编制、薪资管理、固定资产管理等模块，也有采购管理、销售管理、库存管理、存货核算等供应链与应收应付管理等模块业务。

4. 案例典型，注重实用。本书对于软件各个模块的介绍力求完整，对于实训操作案例力求典型，建账时采用年中建账的方式更具代表性和实用性；薪资模块分为正式工和临时工多薪资类别核算，同时考虑职工薪资准则的变化以及固定资产进项税抵扣等最新法规变化。

5. 教学资源丰富，便于教学与自学。为方便教师教学与学生自学，本书配备相关教学软件的安装程序，详细介绍了软件的安装过程，另有教学 PPT、上机实训以及操作说明等教学资源，便于教师教学或学生自学时有选择性地使用。

本书注重理论知识与应用技能培训之间的协调，同时兼顾会计从业资格考试和信息化工程师资格认证及会计信息化技能大赛的需要。因此，本书适用面较广，既可作为财会类专业会计电算化课程教材及会计从业资格考试参考教材，也可作为会计实务工作者自学教材。本书由重庆工商大学派斯学院拥有丰富会计电算化教学经验的专业老师编写完成。本书由刘小刚担任主编，负责每章操作实训总体设计，全书大纲经过全体参编人员讨论后由刘小刚修订。具体分工为：刘小刚编写第 1—3 章；仇艳、刘小刚编写第 4 章；陈丽编写第 5 章；曾晓霞编写第6章;朱珍琪编写第7章;侯文杰编写第8章;侯文杰、刘小刚编写第9章,最后由刘小刚进行初稿的修改和总撰定稿。

本书在编写过程中参阅、借鉴了会计电算化考试大纲、相关法律法规、软件使用手册以及参考文献中注明和未能及时注明的作者的成果,在此一并表示感谢!由于编者水平有限,加之信息技术发展太快,书中难免有错误或不当之处,恳请广大读者不吝赐教,以便我们进一步完善和修订。

编 者

2015年5月

Contents

目录

第6章 薪资管理

第7章 固定资产管理系统

第8章 应收应付款管理系统

第9章 供应链管理系统

参考文献

第 1 章

总 论

学习目标

- 了解会计电算化的概念及特点
- 了解会计电算化的发展
- 熟悉会计电算化的基本内容
- 了解会计信息化与会计电算化的关系
- 熟悉会计信息系统子系统的功能
- 了解 ERP 及其发展
- 熟悉用友 ERP-U8 的基本结构

1.1 会计电算化简介

随着经济的发展,会计电算化作为国民经济和企业管理信息化的基础,其作用日益凸显。科技发展对会计电算化提出了新的要求,企业信息化的发展使企业逐步从财务会计转型到管理会计;从财务预算转型到业务预算;从关注结算效率转型到现金池业务管理。随着大数据、云计算等技术的运用,财务信息的大数据、财务信息的云化、智能化将是未来的发展趋势。

1.1.1 会计电算化的概念

会计电算化有广义和狭义之分。广义的会计电算化是指与实现电算化有关的所有工作,包括会计软件的开发应用及其软件市场的培育,会计电算化人才的培训,会计电算化的宏观规划和管理,会计电算化制度建设等;狭义的会计电算化是指以电子计算机为主体的电子信息技术在会计工作中的应用。

1.1.2 会计电算化数据处理特点

会计电算化除具有电子计算机具备的一般特点,如运算速度快、自动化程度高、计算精度高、存储量大、适应性强、有“记忆”和逻辑判断能力外，与手工会计相比，它还具有以下明显的特点：

1）人机结合

在会计电算化方式下，会计人员根据经济业务填制或自动生成电子会计凭证并审核后，执行“记账”功能，计算机将根据程序和指令在极短的时间内自动完成会计数据的分类、汇总、计算、传递及报表编制等工作。

2）会计核算自动化、集中化

在会计电算化方式下，试算平衡、登记账簿等过去依靠人工完成的工作都由计算机自动完成，大大减轻了会计人员的工作负担，提高了工作效率。计算机网络在会计电算化中的广泛应用，使得企业能将分散的数据统一汇总到会计软件中进行集中处理，既提高了数据汇总的速度，又增强了企业集中管控的能力。

3）数据处理及时准确

利用计算机处理会计数据，可以在较短的时间内完成会计数据的分类、汇总、计算、传递和报表编制等工作，使会计处理流程更为简便，核算结果更为精确。此外，在会计电算化方式下，会计软件运用适当的处理程序和逻辑控制，能够避免在手工会计处理方式下出现的一些错误。

4）内部控制多样化

在会计电算化方式下，与会计工作相关的内部控制制度也将发生明显的变化，内部控制由过去的纯粹人工控制发展成为人工与计算机相结合的控制形式。内部控制的内容更加丰富，范围更加广泛，要求更加严格，实施更加有效。

5）规范化与标准化

由于财务会计软件大多是采用了符合财政部发布的《会计基础工作规范》《会计软件基本功能规范》及《企业会计信息化工作规范》的软件，因此，会计电算化从填制会计凭证、数据输入到登记会计账簿、数据输出、编制财务报告等方面都更加标准、规范。

1.1.3 会计电算化的发展

1946 年 2 月 14 日，由美国政府和宾夕法尼亚大学合作开发的世界上第一台电子计算机在费城公之于世。1954 年，美国通用电气公司第一次使用计算机计算职工工资，从而引起了会计处理的变革，标志着电算化会计信息系统模式的开始。

我国会计电算化起步比较晚，1958 年我国第一台计算机诞生，汉字处理技术的发展和硬件设备成本的降低以及计算机的微型化、普及化，为计算机在各个领域中的应用特别是在经济管理领域的应用奠定了坚实的物质基础。我国会计电算化的发展大致可划分为四个阶段。

1)科研试点阶段

1983 年以前,我国的会计电算化工作以理论研究和试验准备为主。该阶段的代表项目是 1979 年财政部直接参与和支持的长春第一汽车制造厂进行的会计电算化试点工作。1983 年,上海市在吴径化工厂进行会计电算化应用工作的试点。这个阶段的主要特点是:电算化工作主要是单项会计业务的电算化,最为普遍的是工资核算的电算化。整个会计电算化工作处于试验探索阶段,发展非常缓慢。

发展缓慢有两个方面的原因:一方面,当时我国经济改革刚刚起步,尽管部分企业已开始会计电算化的试验工作,但相当多的单位还没有树立以效益为中心的思想,更没有向管理要效益的观念,可以说会计电算化还没有列入各级单位的议事日程。另一方面,当时我国计算机设备十分缺乏,性能相对较低,价格又十分昂贵,汉化的工具软件很不齐全,既懂计算机又懂会计的人才更是寥寥无几,缺乏会计电算化的物质、技术和人才基础。

2)自发发展阶段

这个阶段,我国掀起了计算机应用的热潮,加上微型机在国内市场上大量出现,企业也有了开展电算化工作的愿望,纷纷组织力量开发财务软件。主管部门也组织开发行业软件,采用行政手段全面推广,会计电算化的覆盖面迅速扩大,但甩账率低。但是这一时期由于会计电算化工作在宏观上缺乏统一的规范、指导和相应的管理制度,加之我国计算机在经济管理领域的应用也同样处于发展的初级阶段,开展会计电算化的单位也没有建立相应的组织管理制度和控制措施,使得会计电算化工作和会计软件的开发,多是单位各自为政,盲目自行组织和开发软件,低水平重复开发现象严重。会计软件的通用性、适用性差。财务软件一家一户地自己开发,投资大、周期长、见效慢,造成大量的人力、物力和财力的浪费。

3)稳步发展阶段

这一阶段,财政部、各地区财政部门以及企业管理部门逐步开始对会计电算化工作进行组织和管理,会计电算化工作走上了有组织、有计划的发展轨道,并取得了长足的发展。这个阶段的主要标志是:商品化会计核算软件市场逐渐成熟,初步形成了会计软件市场和会计软件产业,为社会提供了丰富的软件产品;很多企事业单位逐步认识到开展会计电算化的重要性,纷纷购买商品化会计软件或自行开发会计软件,建立会计电算化系统;在会计电算化人才培养方面,全国一些高等院校和研究所专门制订了会计电算化的教学计划,会计专业开设了会计电算化课程。这一阶段的特点主要有:

①各级财政部门加强了会计电算化的管理工作。1989 年 12 月,财政部颁发了《会计核算软件管理的几项规定》,1990 年 7 月再次颁发了《关于会计核算软件评审的补充规定》,这一系列文件的颁发是我国会计电算化事业发展的一个里程碑。它们对于发展我国会计电算化事业,提高会计核算软件开发质量,形成和完善我国的会计电算化软件市场,具有重大的现实意义和深远的历史意义。

②在财政部的支持下,相继出现了一批专业的会计软件公司。1989 年,财政部组织通过了我国第一个商品化会计软件“先锋 CP-800”通用会计核算软件的评审,拉开了我国商品化通用软件发展的序幕。通用会计软件的研制得到发展,商品化的会计软件市场初步形成,这一切为我国会计电算化事业的发展注入了新的活力。

③加强了会计电算化人才的培养。20 世纪 80 年代开始，部分院校开始设置会计电算化课程。1985 年，财科所研究生部建立了研究生会计电算化专业，专门培养会计电算化方面的高级研究人才。1996 年，财政部科研所研究生部建立了我国第一个会计电算化专业博士点。

4）规范提高阶段

为了推动我国会计电算化事业的发展，财政部于 1994 年颁布了《关于大力发展我国会计电算化事业的意见》，同年 7 月又颁布了《会计电算化管理办法》《商品化会计核算软件评审规则》《会计核算软件基本功能规范》3 个规章，这些都给我国会计电算化工作注入了强大的动力。

1996 年 4 月，在北京召开的“第二届全国会计电算化发展学术研讨会”上，有专家提出了会计软件应由核算型向管理型转变的观点，此后，我国会计软件逐步从核算型向管理型转变。随着会计电算化工作的深入开展，会计软件市场逐步成熟，市场竞争激烈，各类会计电算化软件在竞争中功能不断扩展。

2008 年 11 月，由国家财政部发起的中国会计信息化委员会（China Accounting Informationization Committee，CAIC）暨 XBRL 中国地区组织指导委员会在北京正式成立，标志着我国迈出了会计信息化的重要一步。2009 年 4 月，财政部在《关于全面推进我国会计信息化工作的指导意见》中将可扩展商业报告语言（XBRL）纳入会计信息化的标准；2010 年 10 月 19 日，国家标准化管理委员会和财政部颁布了 XBRL 技术规范系列国家标准和企业会计准则通用分类标准，这使我国会计信息语言更加标准化和规范化。

2013 年 12 月，财政部为推动企业会计信息化，节约社会资源，提高会计软件和相关服务质量，规范信息化环境下的会计工作，制定了《企业会计信息化工作规范》（财会〔2013〕20 号），明确提出财政部负责全国会计信息化的主管工作，并对软件供应商提供会计软件及其服务以及企业实施会计信息化等方面作出了规范。

1.1.4 会计电算化的基本内容

会计电算化的内容是比较广泛的，可以从不同的角度进行归纳。从会计电算化构成的角度看，会计电算化是一个人机相结合的系统，它的基本构成主要包括人员、硬件、软件和会计规范。

1）人员

人员一般是指直接开发、使用、维护计算机系统的人，主要包括两大类：一类是系统的开发人员，包括系统设计员、系统分析员、系统编程及测试人员；另一类是系统的使用人员，主要包括系统管理员、账套主管、凭证填制、审核人员和会计档案保管人员等。系统管理员是财务软件系统的最高权限管理者，主要负责为单位建立账套，确定该账套的操作人员并授权，以及财务数据的备份和恢复等工作。账套主管则是各单位会计工作的具体领导者和组织者。从事会计电算化工作的相关人员各司其职，一起完成企事业单位的会计电算化工作。

由于对会计电算化操作人员有一定的技术要求，因此，财政部 1995 年印发的《关于会计电算化知识培训管理办法（试行）》规定，会计电算化知识培训划分为初级、中级和高级三个层次。通过初级培训，使广大会计人员能够掌握计算机和会计核算软件的基本操作技能；通过中级培训,使一部分会计人员能够对会计软件进行一般维护或对软件参数进行设置,为会计软件开发提供业务支持;通过高级培训,使少部分会计人员能够进行会计软件的系统分析、开发与维护。

2)硬件

(1)硬件设备

硬件设备一般包括输入设备、处理设备、存储设备、输出设备和通信设备(网络电缆等)。

输入设备主要包括键盘、鼠标、光电扫描仪、条形码扫描仪等。在会计电算化处理过程中,键盘一般用来完成会计数据或相关信息的输入工作;鼠标一般用来完成各种用户指令,选择各功能模块的功能菜单;扫描仪一般用来完成原始凭证和单据的扫描,并将扫描结果存入相关数据库中或对比认证。

处理设备主要是指计算机主机。中央处理器(CPU)是计算机主机的核心部件,主要功能是按照程序给出的指令序列,分析并执行指令。

存储设备包括内存储器和外存储器。内存储器即内存,分为随机存储器 RAM 和只读存储器 ROM,一般容量较小,但数据存取速度较快。断电后,RAM 的数据将消失。外存储器一般存储容量较大,但数据存取速度较慢。常见的外存储器有硬盘、U 盘、光盘等。会计软件中的各种数据一般存储在外存储器中。

输出设备有显示器和打印机。在会计软件中,显示器既可以显示用户在系统中输入的各种命令和信息,也可以显示系统生成的各种会计数据和文件;打印机一般用于打印输出各类凭证、账簿、财务报表等各种会计资料。

(2)硬件结构

硬件结构是指硬件设备的不同组合方式。电算化会计信息系统中常见的硬件结构通常有单机结构、多机松散结构、多用户结构和微机局域网络四种形式。

①单机结构。单机结构属于单用户工作方式,一台微机同一时刻只能一人使用。单机结构的优点在于使用简单、配置成本低,数据共享程度高,一致性好;缺点在于集中输入速度低,不能同时允许多个成员进行操作,并且不能进行分布式处理,适用于数据输入量小的企业。

②多机松散结构。多机松散结构是指有多台计算机,但每台计算机都有相应的输入输出设备,每台计算机仍属单机结构,各台计算机不发生直接的数据联系(通过磁盘、光盘、U 盘、移动硬盘等传送数据)。多机松散结构的优点在于输入输出集中程度高,速度快;缺点在于数据共享性能差,系统整体效率低,主要适用于输入量较大的企业。

③多用户结构。多用户结构又称为联机结构,整个系统配备一台计算机主机(通常是中型机,目前也有较高档的计算机)和多个终端(终端由显示器和键盘组成)。主机与终端的距离较近(0.1 km 左右),并为各终端提供虚拟内存,各终端可同时输入数据。多用户结构的优点在于会计数据可以通过各终端分散输入,并集中存储和处理;缺点在于费用较高,应用软件较少,主机负载过大,容易形成拥塞,主要适用于输入量大的企业。

④计算机局域网络。计算机局域网络(又称为网络结构),是由一台服务器(通常是高档计算机)将许多中低档计算机连接在一起(由网络接口卡、通信电缆连接),相互通信、共享资源,组成一个功能更强的计算机网络系统。计算机局域网络通常分为客户机/服务器结

构和浏览器/服务器结构两种结构，主要适用于大中型企业。

客户机/服务器结构模式下，服务器配备大容量存储器并安装数据库管理系统，负责会计数据的定义、存取、备份和恢复；客户端安装专用的会计软件，负责会计数据的输入、运算和输出。客户机/服务器结构的优点在于技术成熟、响应速度快，适合处理大量数据；缺点在于系统客户端软件安装维护的工作量大，且数据库的使用一般仅限于局域网范围内。

浏览器/服务器结构模式下，服务器是实现会计软件功能的核心部分，客户机上只需安装浏览器，用户通过浏览器向分布在网络上的服务器发出请求，服务器对浏览器的请求进行处理，将用户所需信息返回到浏览器。浏览器/服务器结构的优点在于维护和升级方式简单，运行成本低；缺点是应用服务器运行数据负荷较重。

3)软件

软件主要包括系统软件和应用软件。

(1)系统软件

系统软件是用来控制计算机运行，管理计算机的各种资源，并为应用软件提供支持和服务的一类软件。系统软件通常包括操作系统、数据库管理系统、支撑软件和语言处理程序等。

①操作系统。操作系统是指计算机系统中负责支撑应用程序的运行环境以及用户操作环境的系统软件，具有对硬件直接监控、管理各种计算机资源以及提供面向应用程序的服务等功能。Dos，Windows，Unix，Linux 等是常见的操作系统。

②数据库管理系统。数据库是指按一定的方式组织起来的数据的集合，它具有数据冗余度小、可共享等特点。数据库管理系统是一种操作和管理数据库的大型软件，目前常用的数据库管理系统有 Oracle，Sybase，Visual FoxPro，Informix，SQL Server，Access 等。

③支撑软件。支撑软件是指为配合应用软件有效运行而使用的工具软件，它是软件系统的一个重要组成部分。

④语言处理程序。语言处理程序包括汇编程序、解释程序和编译程序等，其任务是将用汇编语言或高级语言编写的程序，翻译成计算机硬件能够直接识别和执行的机器指令代码。

(2)应用软件

应用软件是根据一个单位、一个组织、一项任务的实际需要而研制开发的软件，即凡是为了解决某些具体的、实际的问题而开发和研制的各种程序，都可称为应用软件。会计软件就是一种应用软件。会计软件按照取得方式可以分为购买、定制开发、购买与开发相结合等，其中，定制开发包括企业自行开发、委托外部单位开发、企业与外部单位联合开发三种具体开发方式。

①购买。企业作为用户，付款购买即可获得通用软件的使用、维护、升级以及人员培训等服务。采用这种方式的优点主要有：a. 企业投入少，见效快，实现电算化的过程简单；b. 软件性能稳定，质量可靠，运行效率高，能够满足企业的大部分需求；c. 软件的维护和升级由软件公司负责；d. 软件安全保密性强，用户只能执行软件功能，不能访问和修改源程序。采用这种方式的缺点主要有：a. 软件的针对性不强，通常针对一般用户设计，难以适应企业特殊的业务或流程；b. 为保证通用性，软件功能设置往往过于复杂，业务流程简单的企业可能感到不易操作。

②自行开发。自行开发是指企业自行组织人员进行会计软件开发。采用这种方式的优点主要有:a. 企业能够在充分考虑自身生产经营特点和管理要求的基础上,设计最有针对性和适用性的会计软件;b. 由于企业内部员工对系统充分了解,当会计软件出现问题或需要改进时,企业能够及时高效地纠错和调整,保证系统使用的流畅性。采用这种方式的缺点主要有:a. 系统开发要求高、周期长、成本高,系统开发完成后,还需要较长时间的试运行;b. 自行开发软件系统需要大量的计算机专业人才,普通企业难以维持一支稳定的高素质软件人才队伍。

③委托外部单位开发。委托外部单位开发是指企业通过委托外部单位进行会计软件开发。采用这种方式的优点主要有:a. 软件的针对性较强,降低了用户的使用难度;b. 对企业自身技术力量的要求不高。采用这种方式的缺点主要有:a. 委托开发费用较高;b. 开发人员需要花大量的时间了解业务流程和客户需求,会延长开发时间;c. 开发系统的实用性差,常常不适用于企业的业务处理流程;d. 外部单位的服务与维护承诺不易做好。

④企业与外部单位联合开发。企业与外部单位联合开发是指企业联合外部单位进行软件开发,由本单位财务部门和网络信息部门进行系统分析,外单位负责系统设计和程序开发工作。开发完成后,对系统的重大修改由网络信息部门负责,日常维护工作由财务部门负责。采用这种方式的优点主要有:a. 开发工作既考虑了企业的自身需求,又利用了外单位的软件开发力量,开发的系统质量较高;b. 企业内部人员参与开发,对系统的结构和流程较熟悉,有利于企业日后进行系统维护和升级。采用这种方式的缺点主要有:a. 软件开发工作需要外部技术人员与内部技术人员、会计人员充分沟通,系统开发的周期较长;b. 企业支付给外单位的开发费用相对较高。

4)会计规范

会计规范是指人们在从事与会计有关的活动时应遵循的约束性或指导性的行为准则。为了指导和规范单位会计电算化工作,必须建立有效的管理制度加强对会计电算化系统的运行管理。企业可以根据内部控制制度及本单位工作需要建立会计电算化岗位责任制度、会计电算化操作管理制度、计算机软硬件和数据管理制度、会计电算化档案管理制度等,做到分工明确,事事有人管,人人有专责,办事有规则,事后有检查。

1.2 会计信息化

1.2.1 会计信息化的概念

1999年4月,深圳召开的"会计信息化理论专家座谈会"首次提出了从会计电算化走向会计信息化的观点,并指出会计信息化的含义是:"结合现代信息技术对传统会计进行重整,并据以建立开放的会计信息系统,该系统将全面运用现代信息技术,使业务处理高度自动化,信息高度共享,能够主动和实时地报告会计信息。"

一般认为,会计信息化是指企业利用计算机、网络通信等现代信息技术手段开展会计核算,以及利用上述技术手段将会计核算与其他经营管理活动有机结合的过程。相对于会计电算化而言,会计信息化是一次质的飞跃。

究其实质,会计信息化主要是指企事业单位的工作全面实现网络化和数字化。其具体包括会计数据采集的数据库化和代码化,会计数据处理的电子化和计算机化,会计信息传递的标准化和实时化,会计信息输出的无纸化。

为了贯彻国家信息化发展战略,全面推进我国会计信息化工作,2009 年 4 月 12 日财政部根据中共中央办公厅、国务院办公厅制定的《2006—2020 年国家信息化发展战略》(中办发〔2006〕11 号),发布了《财政部关于全面推进我国会计信息化工作的指导意见》(财会〔2009〕6 号),对全面推进我国会计信息化工作的目标和任务、措施和要求提出了指导意见。

1.2.2 会计电算化与会计信息化的关系

1)会计电算化与会计信息化的联系

(1)会计电算化是会计信息化的基础

会计电算化是将信息技术与会计相结合而迈出的第一步。它首次把计算机引入会计工作中,把会计工作人员从纷繁复杂的手工记账、算账和报账中解放出来,不仅缩短了财务处理时间,提高了会计工作的效率,而且大大提高了会计信息的质量,实现了会计工作的"无纸化"。与此同时,在财务部门配备了与会计电算化相适应的计算机和网络设备,这些设备客观上为实现会计信息化提供了必要的硬件条件。会计电算化的发展使广大会计人员树立了会计电算化的观念,培养出一批批既精通会计理论又熟悉计算机知识的复合型会计人才。而且会计电算化的发展大大促进了相关软件行业的成长,在社会上初步形成了一支会计电算化软件开发的队伍并培育了一些知名软件开发企业,为会计信息化的发展提供了必要的软件基础。因此,建设会计电算化客观上为发展会计信息化奠定了良好的软硬件基础。

(2)会计信息化是会计电算化的发展方向

会计电算化只是信息技术与会计相结合的初级阶段,在很多方面还存在不足,仍需要进一步发展。会计信息化要求会计的全面信息化,如会计核算、会计管理和会计组织信息化等,不仅将会计信息子系统有效地融合到企业整体信息系统中去,而且采用现代的信息技术尤其是网络技术对传统会计模式进行整合,形成现代会计与现代信息技术的统一。因此,会计信息化是会计电算化的发展方向。

2)会计电算化与会计信息化的区别

(1)两者的目标不同

由于会计电算化是信息技术与会计相结合的第一个阶段,它所要达到的目标还比较低。它主要是以实现会计业务核算的计算机处理为主要目的,使用简单的信息技术通过一些方法上的创新来模拟人工会计的核算过程,从而取代会计核算的人工操作。而会计信息化则处于信息技术与会计相结合的较高发展阶段,它比前者有着更高的目标。会计信息化以实现会计业务全面信息化为目标,它广泛利用现代信息技术使其与会计更加全面地结合,在实现会计核算"无纸化"的基础上充分发挥了会计在企业管理中的核心作用,既发挥了会计的核算功能,又发挥了会计的监督管理功能。它的产生不仅仅是对手工会计的一种模仿,而且深刻影响了会计的发展。

(2)两者对传统会计理论与实务的影响不同

虽然,会计电算化是会计技术手段的一次重大变革,但并没有对传统会计理论和基本结构产生本质的影响,它只是由计算机技术代替了人的大部分劳动,并没有比手工会计有更多理论和实务上的创新。因此,可以说会计电算化的发展对传统会计模式的影响并不深刻,只是一种形式上的转变。会计信息化的产生是会计技术手段的又一次重大变革,它与前者有着很多的不同之处。会计信息化不仅能够将现代信息技术运用到会计工作中,而且能够主动地影响会计的发展方向,包括会计信息容量、质量的变革。尤为重要的一点就是会计信息化所引入的网络技术动摇了传统会计的理论根基,使得会计假设、会计原则等理论的合理性进一步受到质疑。

(3)两者对企业信息化建设的作用不同

由于两者在指导思想、理论依据和技术手段上存在明显的差异,它们对企业信息化建设的作用也不尽相同。而前者是在被动地适应这种要求,虽然在一定程度上促进了企业信息化的发展,促进了会计信息子系统与企业内部其他子系统的联系,使得会计信息较人工记账阶段更加准确、传递更加迅速、使用更为便利,但因其自身存在着一些不足之处,对企业信息化建设的作用还是很有限的。后者则是主动地适应这种要求。由于会计信息化提出得较晚,因此它在产生之初就将自身定位为企业整体信息系统中的一个子系统,不但能够使财务信息得到更广泛的利用,发挥财务会计的作用;而且还能为企业提供管理决策支持,把会计的服务管理放在整个企业信息系统的大环境中考虑,发挥管理会计的作用。会计信息化的发展完全能够满足企业信息化建设的需要。

1.2.3 会计信息化与会计信息系统

会计信息化的实现离不开会计信息系统,会计信息化与会计信息系统二者具有相互依存、相互促进的关系。

(1)会计信息化依赖于会计信息系统的发展

会计信息系统是企业生产会计信息的“加工厂”,会计信息化则侧重号召会计工作者积极采用计算机、网络等信息技术,并在此基础上生产出能带来增值的会计信息。

会计信息化实现了会计信息的实时采集、存储和传递,会计信息系统的大部分数据直接来源于其他业务系统。网络技术的发展给会计信息系统提供了平台。电子化的会计凭证、账簿和报表疾驰在网络之上,电子签名代替手书签名,财务报告实时可得,异地的会计凭证库中的发生额一触即发,无论是在大型企业还是中小企业,都可通过电子商务形式在网上洽谈生意、获得竞争的机会。因此,会计信息系统所产生的信息也就更能显示增值空间与决策支持的作用。可见,会计信息化的发展依赖于会计信息系统的发展。

(2)会计信息系统是会计信息化的组成内容

建立信息化环境下的会计信息系统是会计信息化的核心工作,会计信息系统作为会计信息化的一个不可或缺的内容,其高水平的发展需要会计信息化基本理论作为指导和支撑。

我国会计电算化的迅猛发展为会计信息化事业的发展打下了坚实的基础。会计信息化是会计电算化的必然产物。因此,厘清会计电算化、会计信息化、会计信息系统之间的联系和区别至关重要。

1.3 会计信息系统

1.3.1 会计信息系统的概念及功能结构

1)会计信息系统的概念

会计信息系统(Accounting Information System,AIS),是指利用信息技术对会计数据进行采集、存储和处理,完成会计核算任务,并提供会计管理、分析与决策相关会计信息的系统。究其实质,是通过输入审核无误的原始凭证或记账凭证,运用会计本身特有的一套技术方法,对本单位的经营效果进行全面、连续、系统、综合的定量描述,为企业的经营决策活动提供可靠信息,从而方便单位领导者作出有效的管理决策,是企业管理信息系统的一个重要子系统。

2)会计信息系统的功能结构

会计信息系统主要包括会计核算系统、会计管理系统和会计决策支持系统等。目前,在我国企业的实际会计信息系统应用中,投入使用较多的是会计核算系统。完整的会计信息系统功能包括:账务处理子系统、固定资产管理子系统、薪资管理子系统、应收管理子系统、应付管理子系统、成本管理子系统、报表管理子系统、采购子系统、销售子系统、库存管理子系统、存货核算子系统、财务分析子系统、预算管理子系统、项目管理子系统以及其他管理子系统。

(1)账务处理子系统

账务处理子系统是以凭证为数据处理起点,通过凭证输入和处理,完成记账、银行对账、结账、账簿查询及打印输出等工作。目前,许多商品化的账务处理子系统还包括往来款管理、部门核算、项目核算和管理及现金银行管理等一些辅助核算的功能。

(2)固定资产管理子系统

固定资产管理子系统主要是以固定资产卡片和固定资产明细账为基础,实现固定资产的会计核算、折旧计提和分配、设备管理等功能,同时提供了固定资产按类别、使用情况、所属部门和价值结构等进行分析、统计和各种条件下的查询、打印功能,以及该子系统与其他子系统的数据接口管理。

(3)薪资管理子系统

薪资管理子系统是进行工资核算和管理的子系统。该子系统以人力资源管理提供的员工及其工资的基本数据为依据,完成员工工资数据的收集、员工工资的核算、工资发放、工资费用的汇总和分摊、个人所得税计算和按照部门、项目、个人时间等条件进行工资分析、查询和打印输出，以及该子系统与其他子系统的数据接口管理。

(4)应收、应付管理子系统

应收、应付管理子系统以发票、费用单据、其他应收单据、应付单据等原始单据为依据，记录销售、采购业务所形成的往来款项，处理应收、应付款项的收回、支付和转账，进行账龄分析和坏账估计及冲销，并对往来业务中的票据、合同进行管理，同时提供统计分析、打印和查询输出功能，以及与采购管理、销售管理、账务处理等子系统进行数据传递的功能。

(5)成本管理子系统

成本管理子系统主要提供成本核算、成本分析、成本预测功能，以满足会计核算的事前预测、事后核算分析的需要。此外，成本管理子系统还具有与生产子系统、供应链子系统，以及账务处理、工资管理、固定资产管理和存货核算等子系统进行数据传递的功能。

(6)报表管理子系统

报表管理子系统与其他子系统相连，可以根据会计核算的数据，生成各种内部报表、外部报表、汇总报表，并根据报表数据分析报表，以及生成各种分析图等。在网络环境下，很多报表管理子系统同时提供了远程报表的汇总、数据传输、检索查询和分析处理等功能。

(7)存货核算子系统

存货核算子系统以供应链子系统产生的入库单、出库单、采购发票等核算单据为依据，核算存货的出入库和库存金额、余额，确认采购成本，分配采购费用，确认销售收入、成本和费用，并将核算完成的数据，按照需要分别传递到成本管理子系统、应付管理子系统和账务处理子系统。

(8)财务分析子系统

财务分析子系统从会计软件的数据库中提取数据，运用各种专门的分析方法，完成对企业财务活动的分析，实现对财务数据的进一步加工，生成各种分析和评价企业财务状况、经营成果和现金流量的信息，为决策提供正确依据。

(9)预算管理子系统

预算管理子系统将需要进行预算管理的集团公司、子公司、分支机构、部门、产品、费用要素等对象，根据实际需要分别定义为利润中心、成本中心、投资中心等不同类型的责任中心，然后确立各责任中心的预算方案，指定预算审批流程，明确预算编制内容，进行责任预算的编制、审核、审批，以便实现对各个责任中心的控制、分析和绩效考核。利用预算管理子系统，既可以编制全面预算，又可以编制非全面预算；既可以编制滚动预算，又可以编制固定预算、零基预算；同一责任中心，既可以设置多种预算方案，编制不同预算，又可以在同一预算方案下选择编制不同预算期的预算。预算管理子系统还可以实现对各子公司预算的汇总、对集团公司及子公司预算的查询，以及根据实际数据和预算数据自动进行预算执行差异分析和预算执行进度分析等。

(10)项目管理子系统

项目管理子系统主要是对企业的项目进行核算、控制与管理。项目管理主要包括项目立项、计划、跟踪与控制、终止的业务处理以及项目自身的成本核算等功能。该子系统可以及时、准确地提供有关项目的各种资料，包括项目文档、项目合同、项目的执行情况；通过对项目中的各项任务进行资源的预算分配，实时掌握项目的进度，及时反映项目执行情况及财务状况，并且与账务处理、应收管理、应付管理、固定资产管理、采购管理、库存管理等子系统集成，对项目收支进行综合管理，是对项目的物流、信息流、资金流的综合控制。

(11)其他管理子系统

根据企业管理的实际需要，其他管理子系统一般包括领导查询子系统、决策支持子系统等。领导查询子系统可以按照领导的要求从各子系统中提取有用的信息并加以处理，以最直观的表格和图形显示，使得管理人员通过该子系统及时掌握企业信息；决策支持子系统利用现代计算机、通信技术和决策分析方法，通过建立数据库和决策模型，实现向企业决策者提供及时、可靠的财务和业务决策辅助信息。

上述各子系统既相互联系又相互独立，有着各自的目标和任务，它们共同构成了会计软件，实现了会计软件的总目标。

1.3.2 会计软件各子系统的数据传递

会计软件是由各功能子系统共同组成的有机整体，为实现相应功能，相关子系统之间相互依赖，互通数据。

①存货核算子系统生成的存货入库、存货估价入账、存货出库、盘亏、毁损、存货销售收入、存货期初余额调整等业务的记账凭证传递到账务处理子系统，以便用户审核登记存货账簿。

②应付管理子系统完成采购单据处理、供应商往来处理、票据新增、付款、退票处理等业务后，生成相应的记账凭证并传递到账务处理子系统，以便用户审核登记赊购往来及其相关账簿。

③应收管理子系统完成销售单据处理、客户往来处理、票据处理及坏账处理等业务后，生成相应的记账凭证并传递到账务处理子系统，以便用户审核登记赊销往来及其相关账簿。

④固定资产管理子系统生成固定资产增加、减少、盘盈、盘亏、固定资产变动、固定资产评估和折旧分配等业务的记账凭证，并传递到账务处理子系统，以便用户审核登记相关的资产账簿。

⑤薪资管理子系统进行工资核算，生成分配工资费用、应交个人所得税等业务的记账凭证，并传递到账务处理子系统，以便用户审核登记应付职工薪酬及相关成本费用账簿；工资管理子系统为成本管理子系统提供人工费资料。

⑥成本管理子系统中，如果计入生产成本的间接费用和其他费用定义为来源于账务处理子系统，则成本管理子系统在账务处理子系统记账后，从账务处理子系统中直接取得间接费用和其他费用的数据；如果不使用工资管理、固定资产管理、存货核算子系统，则成本管理子系统还需要在账务处理子系统记账后，自动从账务处理子系统中取得材料费用、人工费用和折旧费用等数据；成本管理子系统的成本核算完成后，要将结转制造费用、结转辅助生产成本、结转盘点损失和结转工序产品耗用等记账凭证数据传递到账务处理子系统。

⑦存货核算子系统为成本管理子系统提供材料出库核算的结果；存货核算子系统将应计入外购入库成本的运费、装卸费等采购费用和应计入委托加工入库成本的加工费传递到

应付管理子系统。

⑧固定资产管理子系统为成本管理子系统提供固定资产折旧费数据。

⑨报表管理和财务分析子系统可以从各子系统取数编制相关财务报表,进行财务分析。

⑩预算管理子系统编制的预算经审核批准后,生成各种预算申请单,再传递给账务处理子系统、应收管理子系统、应付管理子系统、固定资产管理子系统、工资管理子系统,进行责任控制。

⑪项目管理子系统中发生和项目业务相关的收款业务时,可以在应收发票、收款单或者退款单上输入相应的信息,并生成相应的业务凭证传递至账务处理子系统;发生和项目相关采购活动时,其信息也可以在采购申请单、采购订单、应付子系统的采购发票上记录;在固定资产管理子系统引入项目数据可以更详细地归集固定资产建设和管理的数据;项目的领料和项目的退料活动等数据可以在存货核算子系统进行处理,并生成相应凭证传递到账务处理子系统。

此外,各功能子系统都可以从账务处理子系统获得相关的账簿信息,存货核算、薪资管理、固定资产管理、项目管理等子系统均可以从成本管理子系统获得有关的成本数据。

1.3.3 会计信息系统与 ERP 的关系

ERP 是集成了业务和财务系统的全系统。一个强大的 ERP 系统一般包括采购管理、生产制造管理、销售管理、财务管理(账务处理、应收应付、存货管理、资产管理、成本管理、预算管理、资金管理、绩效评价等)、人力资源管理等子系统。在企业内部,再也不应该有独立的、分割的管理信息子系统,所有的业务、管理、财务都应集成在一起,通过 ERP 实现物流、资金流、人流和信息流的统一。

从功能上看,会计信息系统的主要功能都集成到 ERP 系统中,会计信息系统是 ERP 系统的重要组成部分,今天任何一个 ERP 软件都包括会计信息系统。

从信息集成角度看,在 ERP 系统中强调会计信息与业务信息的集成,此时会计信息的采集嵌入在业务执行过程中,实现物流、人流、资金流和信息流的集成,并从价值反映和管理的角度实现会计管理的职能。会计和财务管理的对象是企业的资金流,是企业运营效果和效率的衡量和表现。传统的会计信息系统属于会计等式"资产 = 负债 + 所有者权益"的模式。ERP 系统则以业务为中心来组织,根据物流、人流、资金流、信息流的连续运动和反馈来设计,能跨越职能领域的边界,实现整个企业信息的集成。ERP 系统能够把财务的管理控制真正与业务紧密联系在一起,从而使计划、预算、监控、分析的触角延伸到企业各个职能部门的最末端,将财务会计、管理会计和成本会计三者整合于一体,体现了先进的计划、控制和决策思想,为企业的运作提供决策支持。

1.4 ERP 简介

1.4.1 ERP 的概念

ERP(Enterprise Resource Planning 的简称,译为"企业资源计划"),是指利用信息技术,一方面将企业内部所有资源整合在一起,对开发设计、采购、生产、成本、库存、分销、运输、财务、人力资源、品质管理进行科学规划;另一方面将企业与其外部的供应商、客户等市场要素有机结合,实现对企业的物资资源(物流)、人力资源(人流)、财务资源(财流)和信息资源(信息流)等资源进行一体化管理(即"四流合一"),其核心思想是供应链管理,强调对整个供应链的有效管理,提高企业配置和使用资源的效率。

1.4.2 ERP 的发展历程

企业资源计划的发展,前后经历了五个阶段,第一阶段是 20 世纪 40 年代的库存控制订货点理论;第二阶段是六七十年代的物料需求计划(Material Requirements Planning,MRP)阶段;第三阶段是 80 年代的制造资源计划阶段;第四阶段是 90 年代的企业资源计划阶段;第五阶段是 90 年代末期开始出现,目前仍处于发展之中的第二代 ERP,即 ERP-Ⅱ阶段。

1)库存控制订货点理论阶段

20 世纪三四十年代,企业控制物料的方法一般采用控制库存物品数量的方法来实现,在计算机尚未出现的情况下,发出采购订单和向供应商进行催货是当时所能做到的一切。库存控制订货点理论其实就是一种库存补充方法,保证仓库中的某一物料始终都有一定的存量,以便需要时随时取用。当库存量达到或低于预先确定的数量,即再订货点时,就要立即进行订货补充。而再订货点、订货量的确定又与最大库存量、安全库存、单位时间的库存消耗量等有关。

2)物料需求计划阶段

20 世纪 60 年代,人们为了克服库存控制订货点法的弊端,进一步满足生产需求,同时最大限度地降低库存积压,降低生产成本,提高企业的市场竞争力,在订货点法的基础上提出了"要在适当的时候提供适当的物料"的需求,从而发展形成了物料需求计划的理论。MRP 的基本思想就是物料的需求量是由生产(生产计划)来确定的,同时这种需求还与产品结构有关。

3)制造资源计划阶段

20 世纪 80 年代,人们为了使计划活动覆盖整个企业的生产经营活动,同时使计划更趋于合理,切合实际,在 MRP 的基础上,将上至企业的经营计划、生产计划大纲、主生产计划,下至车间的作业计划及车间的生产作业执行情况,均纳入 MRP 的管理范围,并根据企业实际的制造资源对各级计划进行能力核算,使之更趋于合理和可行。同时,在各级计划的执行过程中,为避免某项计划的实际执行情况偏离了原计划,对该计划乃至其上级计划进行必要的调整,形成一个闭环的生产计划与控制系统,这就是所谓的制造资源计划,其英文名为 Manufacturing Resource Planning,由于其缩写与物料需求计划(MRP)相同,所以在其后加上“Ⅱ”,即缩写为 MRP-Ⅱ。

4)企业资源计划阶段

20 世纪 90 年代,企业为了更好地满足顾客的需求,已纷纷意识到必须对企业可以利用的所有资源(包括物料、设备、人力、资金、信息等资源)进行管理,把企业中的供、产、销、人、财等活动连成整体,使其形成一个系统,使企业的物流、人流、信息流、资金流紧密相关,同时把客户需求和企业内部的经营活动,以及供应商的资源整合在一起。在此情况下,美国 Gartner Group 于 20 世纪 90 年代初提出了企业资源计划的概念,这一思想完全体现了以用户需求为中心的管理思想,是一种面向供应链和流程的信息集成。

5)ERP-Ⅱ,即电子商务时代的 ERP

进入 21 世纪,随着通信技术、网络技术、数据库技术的迅速发展,企业间的合作得到了强化,ERP 系统为满足这种协同商务的要求,使决策者即业务部门实现联合和作战推出了新一代 ERP,我们将此阶段的 ERP 称为企业资源计划的第二阶段。

1.4.3 用友 ERP-U8 简介

全球的 ERP 软件供应商比较多,国外主要有德国 SAP 公司的 SAP R/3,美国 Oracle 公司的 Oracle Applications,荷兰 Bann 公司的 IBann ERP,瑞典 Intentia 公司的 Movex 等。国内的 ERP 软件主要有用友软件公司的 U8 系列产品,金蝶软件公司的 K/3 系统,航天信息公司的 Aisino ERP A6 软件等。下面主要介绍用友 ERP-U8。

1)功能特点

用友 ERP-U8 是企业级解决方案,定位于中国企业管理软件的中端应用市场,可以满足不同的竞争环境下,不同的制造、商务模式下,以及不同的运营模式下的企业经营,提供企业日常运营、人力资源管理到办公事务处理等全方位的企业管理解决方案。

用友 ERP-U8 是一个企业综合运营平台,用以满足各级管理者对信息化的不同要求:为高层经营管理者提供大量收益与风险的决策信息,辅助企业制定长远发展战略;为中层管理人员提供企业各个运作层面的运作状况,帮助进行各种事件的监控、发现、分析、解决、反馈等处理流程,力求做到投入产出最优配比;为基层管理人员提供便利的作业环境,易用操作方式以有效履行其工作职能。

2)总体结构

历经多年的发展,用友 ERP-U8 管理软件以销售订单为导向,以计划为主轴,其业务涵盖财务、供应链、生产制造、CRM(客户关系管理)、管理会计、决策管理、人力资源、集团应用以及企业应用集成等。用友 ERP-U8 管理软件的总体结构如表 1.1 所示。

表 1.1 用友 ERP-U8 管理软件的总体结构

财务会计	管理会计	客户关系管理	供应链管理	生产制造	人力资源	集团应用	决策管理	企业应用集成
总账	成本管理	服务管理	合同管理	物料清单	HR 基础设置	结算中心	数据维护	设置
应收款管理	项目管理	客户关系管理	售前分析	主生产计划	人事管理	行业报表	报表分析	数据交换
应付款管理	资金管理		销售管理	产能管理	薪资管理	网上结算	绩效评价	数据交换计划
固定资产	预算管理		采购管理	需求规划	计件工资		自定义图表	数据交换日志
网上报销			委外管理	生产订单	保险福利管理		自动化分析报告	
网上银行			质量管理	车间管理	考勤管理		对比分析	
UFO 报表			库存管理	工序委外	人事合同管理		指标分析	
现金流量表			存货核算	工程变更	招聘管理		财务预算	
报账中心			出口管理	设备管理	培训管理		现金收支	
出纳管理			进口管理		绩效管理		因素分析	
					宿舍管理			

从表 1.1 可知,用友 ERP-U8 管理软件提供了企业信息化全面解决方案,它对应了高等教育的多个专业方向,如企业管理、物流管理、信息管理、会计、人力资源管理等。对于教学而言,如果全面展开上述所有内容,将会面临教学学时不足的问题。因此在综合考虑财会类专业教学目的、教学内容、教学学时的基础上,选择了其中的财务会计和供应链管理两部分中的常用子系统搭建了本书的实验体系,以支撑企业财务业务的一体化管理。财务会计中选择了总账管理、UFO 报表、固定资产、应收管理、应付管理等主要子系统。供应链管理中选择了采购管理、销售管理、库存管理、存货核算等主要子系统。另外,还包括人力资源管理中的薪资管理、计件工资。

3)数据关联

为了对财务业务一体化运行模式有一个总体认识和了解,需要掌握这些子系统之间的数据关系,如图 1.1 所示。

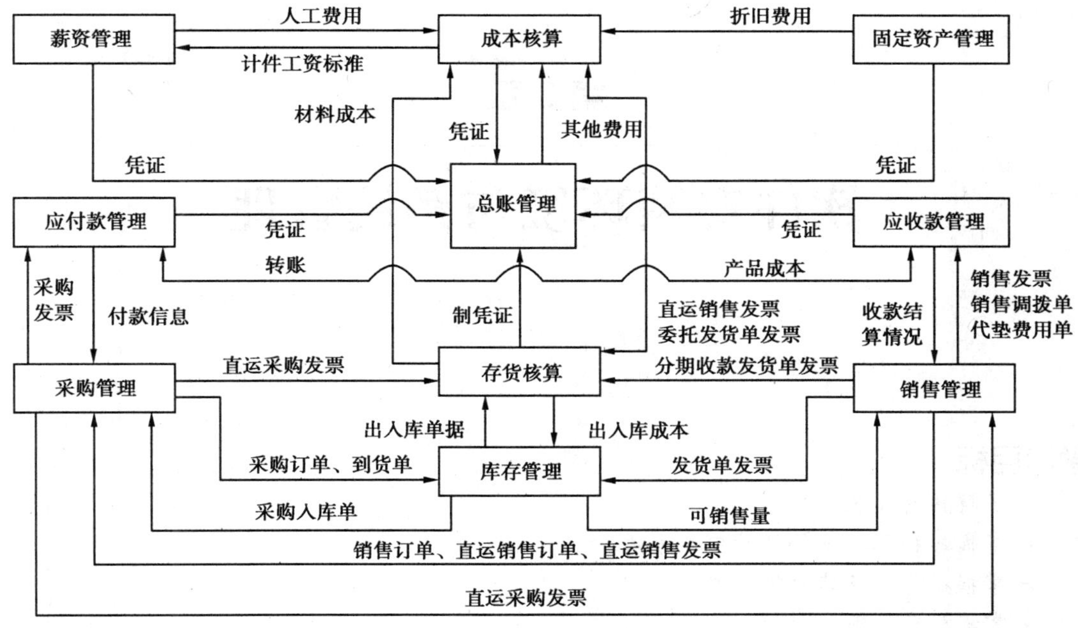

图 1.1　子系统间的数据关系

本章小结

本章简要介绍了会计电算化的基本概念和数据处理的特点，并简要回顾了会计电算化的发展过程，对实施会计电算化过程的基本内容作了概要说明；然后阐述了会计信息化的概念，对会计电算化与会计信息化之间的联系与区别进行了分析，并提及会计信息系统。之后在对会计信息、信息系统进行说明的基础上，对会计信息系统的构成及其相互之间的关联进行了介绍。会计信息系统是 ERP 的一部分，在对 ERP 的概念及其发展过程进行简要介绍后，着重分析了作为本实验体系的用友 ERP-U8 软件。

第 2 章

软件安装环境与系统管理

学习目标

- ➢ 了解软件安装环境
- ➢ 掌握各种环境下软件的安装方法
- ➢ 掌握操作员及其权限设置
- ➢ 掌握账套管理
- ➢ 了解年度账管理
- ➢ 精通系统维护

2.1 软件安装环境

用友 ERP-U8.72 有网络环境和单机环境两种使用方式。

网络环境下可多人使用该软件，使用配置比较高的计算机作为服务器，具有计算、保存数据等功能。服务器上需要安装 IIS(互联网信息服务)、SQL 数据库及补丁，然后再安装用友软件。其他计算机则作为客户端，客户端只需要安装用友软件，安装时选择“客户端”即可。

单机环境下用户机器既是服务器又是客户机，必须安装 IIS(互联网信息服务)、SQL 数据库及补丁，然后再安装用友软件。

在实际运行过程中，可根据实际需要随意切换远程服务器，即通过在登录时改变服务器名称来访问不同服务器上的业务数据，从而实现单机到网络应用模式的转换。

2.1.1 硬件环境

个人学习常常将数据服务器、应用服务器和应用客户端同时安装在一台计算机中，则其所要求的基本硬件配置情况如下：

CPU 至少为 Intel Pentium4(奔腾 4)1.8 GB，最好为 Core2(酷睿 2 双核)2.66 GB 以上。

硬盘 500 GB 以上。

内存不能太小，建议 2 GB 以上，最好能达到 4 GB，否则运行速度将会非常缓慢。

安装操作系统的系统盘最好要有 30 GB 以上的空闲空间。

因要在同一台计算机上安装数据库服务器，所以需要保证存储数据文件的逻辑磁盘至少有 10 GB 以上的空闲空间，并且磁盘分区的文件系统格式应为 NTFS。这是因为 U8 运行过程中所产生的所有数据和临时文件均会被保存在这台服务器的硬盘上。

2.1.2 软件环境

任何一款应用软件的运行，除了要有基本的硬件支持，还需要一定的软件环境的支撑，尤其是操作系统不可或缺。用友 ERP-U8.72 也是如此，下面是运行用友 ERP-U8.72 所必需的软件环境。

其操作系统必须是微软的 Windows，版本需要是 Windows 2000 或以上的 Server 版或 Professional 版（特别注意，用友 ERP-U8.72 不能在 Home 版上安装），并且要打相应版本的关键补丁，其中操作系统版本与对应补丁如下所示。

操作系统版本	对应补丁
Windows 2000	SP4+KB835732
Windows XP	SP2
Windows 2003	SP2
Vista	SP1

必须安装 IIS（互联网信息服务）。IIS 是 Windows 操作系统的一个组件，默认情况下不被安装。

浏览器需要 IE 6.0 或以上版本。

数据库系统需要安装 SQL Server 2000 或以上版本，并且打相应版本的关键补丁。

U8.72 支持的数据库版本	对应的补丁
SQL2000（包括 MSDE）	SP4 及以上版本补丁
SQL2005（包括 EXPRESS）	SP2 及以上版本补丁
SQL2008 及以上版本	

如果之前安装有其他用友版本，必须彻底卸载。

在实际安装过程中，用友 ERP-U8.72 的安装程序将会自动检测软硬件环境，如果不符合要求，就会停止安装过程。

2.2 系统管理

用友 ERP-U8.72 包含多个子系统，各个子系统之间相互联系，数据共享，完整实现财务、供应链等管理，对于企业资金流、物流、信息流的统一管理提供了有效的方法和工具。各个子系统共用一个数据库，拥有公共的基础信息，相同的账套和年度账。系统管理就是服务于各个子系统的公共平台，可以完成账套的建立、修改、删除、引入及输出，操作员的增加、操作权限的设置，角色的分配等操作。

2.2.1 系统管理的内容

1)用户及其权限管理

为了保证系统及数据的安全与保密,系统管理中提供了用户(操作员)及操作权限的集中管理功能。通过对操作员分工和权限的管理,一方面可以避免与业务无关的人员进入系统,另一方面可以对系统所含的各个子产品的操作进行协调,以保证各负其责,流程顺畅。操作权限的集中管理包括定义角色,增加、修改、删除操作员以及设置每个操作员的功能权限。

2)账套管理

账套指的是一组相互关联的数据构成的账簿体系。一般来说,可以为企业中每一个独立核算的单位或部门建立一个账套,最多可以建立 999 个账套。账套管理包括账套的建立、修改、删除、引入和输出等。

3)年度账管理

在用友 ERP-U8.72 软件中,用户不仅可以建立多个账套,而且每个账套中还可以存放不同年度的会计数据。这样对不同核算单位、不同时期的数据只需要设置相应的存放路径,就可以方便地进行操作。年度账管理包括年度账的建立、清空、引入、输出和结转上年数据。

4)设置统一安全机制

对会计电算化用户来说,系统运行安全、数据存储安全是必需的,为此,用友 ERP-U8.72 软件设立了强有力的安全保障机制。在系统管理中,可以监控并记录整个系统的运行过程,设置数据自动备份、清除系统运行过程中的异常任务等。

2.2.2 设置用户

为了保证系统及数据的安全与保密,系统提供了角色管理和用户管理功能,以便在计算机系统上进行操作分工及权限控制。

角色是指在企业管理中拥有某一类职能的组织,这个角色组织可以是实际的部门,也可以是由拥有同一类职能的人构成的虚拟组织,例如实际工作最常见的会计和出纳两个角色。在设置了角色后就可以定义角色的权限,当用户归属某一角色后,就相应地拥有了该角色的权限。设置角色的方便之处在于可以根据职能统一进行权限划分,方便授权。角色的管理包括角色的增加、删除、修改等维护工作,在系统中根据实际工作需要预置了相应的角色,企业在设置用户时可以直接选择相应的角色。

用户是指有权登录系统,对应用系统进行操作的人员,即通常意义上的“操作员”。每次注册登录系统,都要进行用户身份的合法性检查。只有设置了具体的用户之后,才能进行相关的操作。

设置用户是在系统管理功能中进行的。系统允许以两种身份注册进入系统管理:一是以系统管理员的身份,二是以账套主管的身份。

系统管理员负责整个系统的总体控制和维护工作,可以管理该系统中所有的账套。以系统管理员身份注册进入,可以进行账套的建立、引入和输出,设置操作员和账套主管,设置和修改操作员的密码及其权限等。

账套主管负责所选账套的维护工作,主要包括对所选账套进行修改,对年度账的管理(包括建立、引入、输出、清空年度数据),各子系统的年末结转,设置所选账套的备份计划以及该账套操作员权限的设置等。

1)系统管理员登录

启动系统管理的操作包括启动系统管理模块并进行注册,即登录进入系统管理模块。系统允许用户以系统管理员 admin 的身份,也可以用账套主管的身份注册进入系统管理。由于在第一次运行该软件时还没有建立核算单位的账套,因此,在建立账套前应由系统管理员 admin 进行登录,此时并没有为管理员 admin 设置口令,即其密码为空。为了保证系统的安全性,可以更改系统管理员的密码。

【例 2.1】以系统管理员"admin"的身份登录系统管理。

[操作步骤]

①依次单击"开始"→"所有程序"→"用友 ERP-U8.72" →"系统服务"→"系统管理",打开"用友 U8[系统管理]"窗口。

②在"系统管理"窗口中依次单击"系统"→"注册"选项,出现"登录"对话框。

③在"登录"对话框中的"操作员"栏录入"admin"后按回车键,如图 2.1 所示。

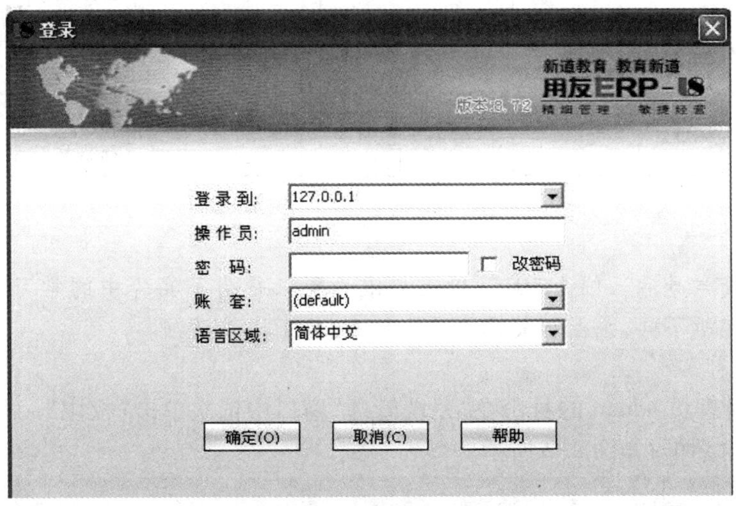

图 2.1 由 admin 登录系统管理

④单击"确定"按钮(即不修改系统管理员的口令,默认口令为空),打开由系统管理员 admin 注册的"系统管理"窗口。

温馨提示

✧ 在实际工作中,为了保证系统的安全,必须为系统管理员设置口令。

✧ 在教学过程中,由于一台计算机供多名学员使用,建议不为系统管理员设置口令。

✧ 如果以账套主管的身份进入系统管理,则应在启动系统管理后,在"权限"→"用户"

中增加该操作员的编号或姓名，如果有口令还应录入相应的口令，建立账套，并设置该操作员为账套主管后才能登录。

2）增加用户

用户和角色的设置可以不分先后顺序，但对于自动传递权限来说，应该首先设定角色，然后分配权限，最后进行用户的设置。这样在设置用户的时候，选择其归属哪一个角色，则其自动具有该角色的权限，包括功能权限和数据权限。系统中已经预置了一系列企业常用的角色，如果这些角色不能满足需要还可以再行设置。

一个角色可以拥有多个用户，一个用户也可以属于多个不同的角色。

只有系统管理员才有权设置用户。因此，定义系统用户时，必须以系统管理员的身份注册进入"系统管理"窗口，然后单击"权限"菜单中的"用户"选项，进入"用户管理"窗口后完成增加用户、修改用户和删除用户的操作。

【例2.2】增加如表2.1所示的用户。

表2.1 用户信息

用户编号	用户姓名	用户口令	所属部门	角　色
学号后三位+01	本人名字	学号后三位+01	财务部	账套主管
学号后三位+02	陈倩	学号后三位+02	财务部	出纳
学号后三位+03	高鑫	学号后三位+03	往来管理部	总账会计、应收会计、应付会计、资产管理、薪酬管理
学号后三位+04	董雪	学号后三位+04	采购部	采购主管、仓库主管、存货核算员
学号后三位+05	莫丽	学号后三位+05	销售部	销售主管、仓库主管、存货核算员

温馨提示

✧ 本例假设学号后三位为101。以上权限设置只是为了实验中的学习，与企业实际分工可能有所不同，企业相关操作员比较多，分工比较详细。

［操作步骤］

①以系统管理员admin的身份在"系统管理"窗口中依次单击"权限"→"用户"选项，打开"用户管理"对话框，如图2.2所示。

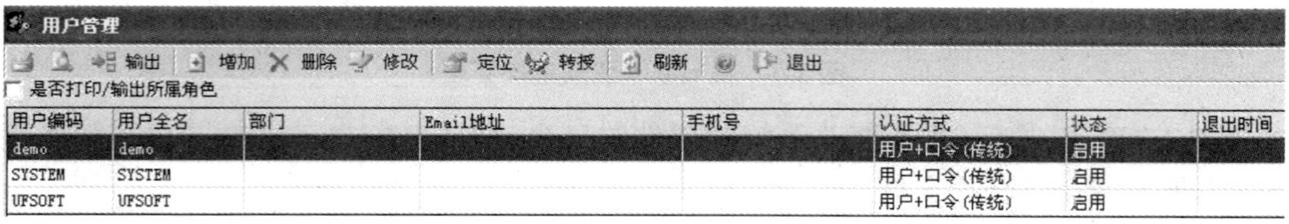

图2.2 "用户管理"对话框

②单击"增加"按钮，打开"增加用户"对话框。

③在"增加用户"对话框中输入编号"10101"、姓名"本人姓名"、口令"10101"，单击选中

所属角色栏中“账套主管”前的复选框,如图 2.3 所示。

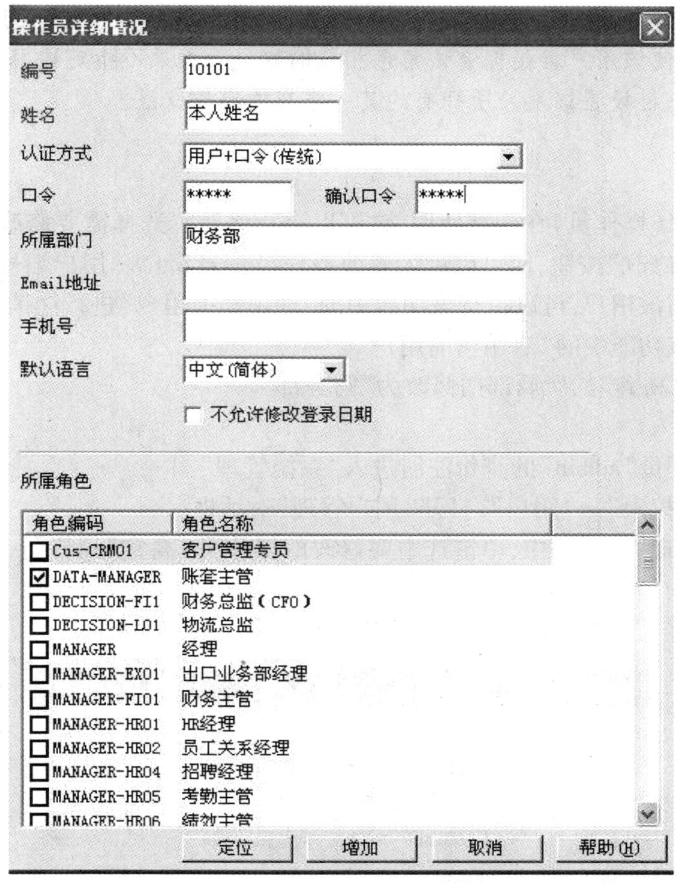

图 2.3 “增加用户”对话框

④单击“增加”按钮,确认。

⑤重复步骤②和步骤④则可继续增加其他操作员。

完成后的结果如图 2.4 所示。

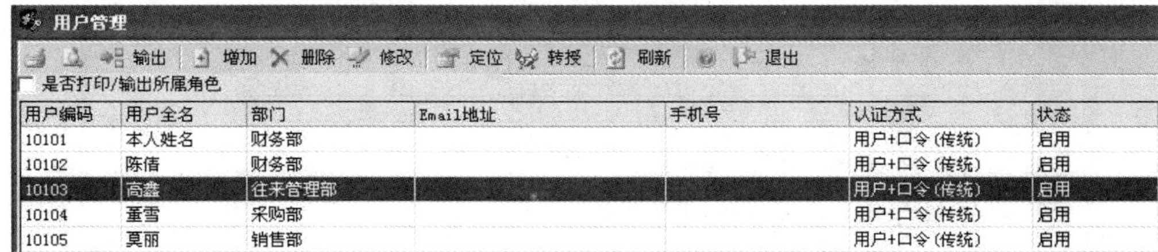

用户编码	用户全名	部门	Email地址	手机号	认证方式	状态
10101	本人姓名	财务部			用户+口令(传统)	启用
10102	陈信	财务部			用户+口令(传统)	启用
10103	高鑫	往来管理部			用户+口令(传统)	启用
10104	董雪	采购部			用户+口令(传统)	启用
10105	莫丽	销售部			用户+口令(传统)	启用

图 2.4 已录入完用户信息

温馨提示

- ✧ 编号:必须输入,不能为空,最大不能超过 20 位,不能输入数字、字母、汉字之外的非法字符。用户(操作员)编号在系统中必须唯一,增加后编码不能修改。
- ✧ 姓名:必须输入,不能为空,最大不能超过 20 位,不能输入数字、字母、汉字之外的非法字符。在实际工作中可以根据需要随时增加用户(操作员)。所设置的用户(操作员)一旦被使用,不能删除。

✧ 所属部门：可以为空，字符最长不能超过20位，不能输入非法字符。

✧ 所属角色：选择用户所属的角色编码和角色名称。在设置用户时可以直接指定该用户的角色，使该用户直接拥有该角色相应的权限。如果不指定该用户的角色，则应在权限设置中再设置该用户所拥有的某一账套的操作权限。

3）修改用户

所设置的用户（操作员）在未被使用前，可以进行修改。选择需要修改的操作员后双击或单击菜单中的“修改”按钮，便可以进入修改操作员信息窗口。用户编号不能修改。如果需要暂时停止使用该用户，可以执行该功能中的“注销当前用户”进行注销，注销后需要再次使用时可以执行该功能中的“启用当前用户”。

【例2.3】将“高鑫”的所属部门修改为“财务部”。

［操作步骤］

①以系统管理员“admin”的身份注册进入“系统管理”。

②依次单击“权限”→“用户”，打开“用户管理”对话框。

③在“用户管理”对话框中，单击选中要修改的操作员“高鑫”所在行，再单击“修改”按钮，打开“修改用户信息”对话框。

④将“所属部门”栏改为“财务部”，如图2.5所示。

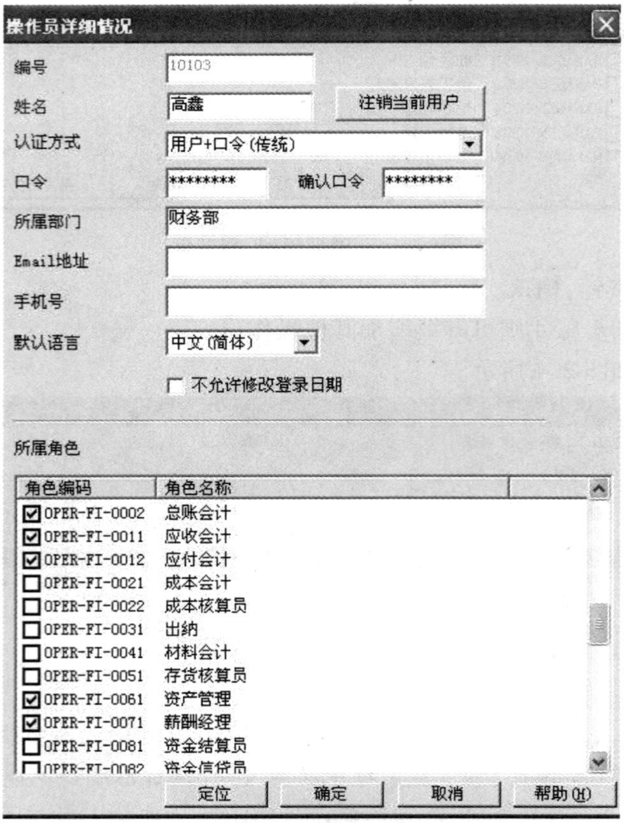

图2.5 修改操作员信息

⑤单击“确定”按钮，系统自动保存并显示修改后的用户信息。

4）删除用户

如果需要删除某个用户，则选中需要删除的用户，然后单击功能菜单中的“删除”按钮，便可以对所选操作员进行删除。需要注意的是，已经使用的操作员用户不能删除；已定义角色的用户，需要先取消所选角色后才能删除。

2.2.3　账套管理

账套管理的内容包括建立账套、修改账套、引入账套和输出账套。账套是指一组相互关联的账务数据。一般来说，可以为企业中每一个独立核算的单位建立一个账套，用友 ERP-U8.72 最多可以建立 999 个账套。

1）建立账套

建立账套，即采用用友 ERP-U8.72 为本企业建立一套账簿文件。根据企业的具体情况进行账套参数设置，主要包括账套号、账套名称、启用时间、单位名称、行业性质、编码规则等基础参数。账套参数决定了系统的数据输入、处理、输出的内容和形式。

【例 2.4】创建 101 账套，账套名称：渝涪兴强技术股份有限公司；采用默认账套路径；启用会计期：2014 年 4 月；单位名称：渝涪兴强技术股份有限公司；单位简称：渝涪兴强；组织机构代码：10000396-2，单位地址：重庆市渝中区涪兴路 999 号；法人代表：涪兴强；邮政编码：401520；联系电话及传真：023-66666666；税号：110 118 111 888 888。该企业的记账本位币：人民币（RMB）；企业类型：工业；行业性质：2007 新会计制度；科目预置语言：中文（简体）；账套主管：“本人名字”；“按行业性质预置科目”，该企业无外币核算，进行经济业务处理时，需要对客户进行分类。该企业的分类编码方案为，科目编码级次为“4-2-2-2”，客户分类编码级次为“2-2-3”，部门编码级次：122；结算方式编码级次：12；地区分类编码级次：223，其余默认。该企业对存货数量、单价小数位定为 2。创建账套后暂时不启用任何系统。

［操作步骤］

①在“系统管理”窗口中依次单击“账套”→“建立”选项，打开“创建账套—账套信息”对话框，如图 2.6 所示。

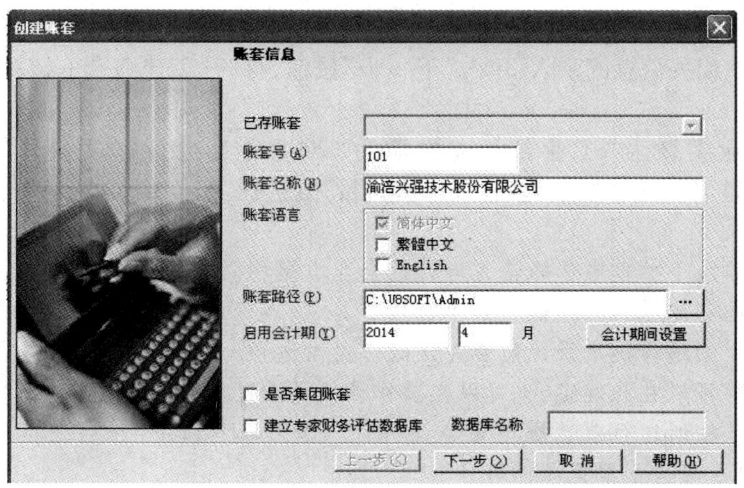

图 2.6　“创建账套—账套信息”对话框

②输入账套信息。账套号为“101”,账套名称为“渝涪兴强技术股份有限公司”。

温馨提示

✧ 新建账套号不能与已存账套号重复。

✧ 账套名称用来输入新建账套的名称,作用是标志新账套的信息,用户必须输入。可以输入40个字符。

✧ 账套路径为存储账套数据的路径,可以修改,但不能是网络路径中的磁盘。

✧ 启用会计期用来输入新建账套将被启用的时间,具体到“月”,用户必须输入。

✧ 启用会计期不能在计算机系统日期之后。用户在输入“启用会计期”后,单击“会计期间设置”按钮,弹出会计期间设置界面。系统根据前面“启用会计期”的设置,自动将启用月份以前的日期标志为不可修改的部分;而将启用月份以后的日期(仅限于各月的截止日期,至于各月的初始日期则随上月截止日期的变动而变动)标志为可以修改的部分。用户可以任意设置。

③在“创建账套—账套信息”对话框中单击“下一步”按钮,打开“创建账套—单位信息”对话框,如图2.7所示。

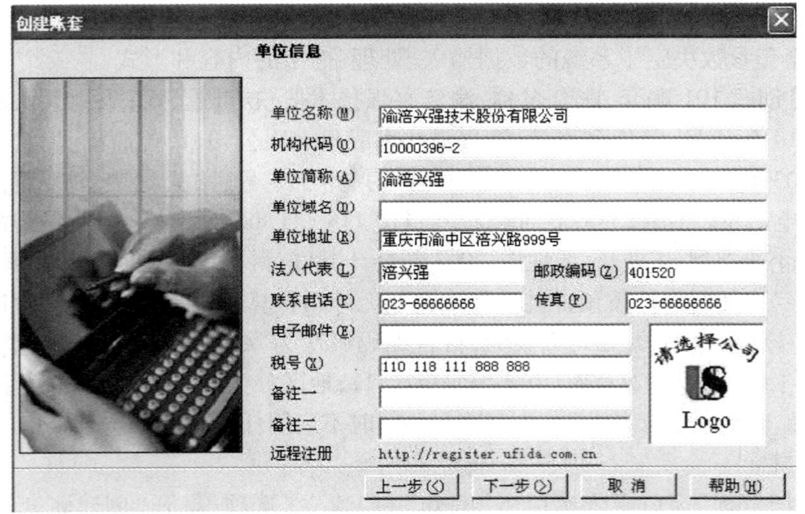

图2.7 “创建账套—单位信息”对话框

④输入单位信息。单位名称为“渝涪兴强技术股份有限公司”,简称为“渝涪兴强”。

⑤完成其他相关信息的录入,单击“下一步”按钮,打开“创建账套—核算类型”对话框,如图2.8所示。

⑥选择企业类型为“工业”,行业性质为“2007年新会计制度科目”,账套主管为“[10101]本人姓名”,选中“按行业性质预置科目”复选框。

温馨提示

✧ 用户必须从下拉框中选择输入与自己企业类型相同或最相近的类型,系统提供工业、商业和医药流通三种选择。

✧ 行业性质的选择决定系统能否为该账套提供适合于该行业的基础数据。

✧ 账套主管可以在此确定,也可以在操作员权限设置功能中修改。

✧ 系统默认按所选行业性质预置会计科目。如果取消选中“按行业性质预置科目”复选框,则不按行业预置会计科目。

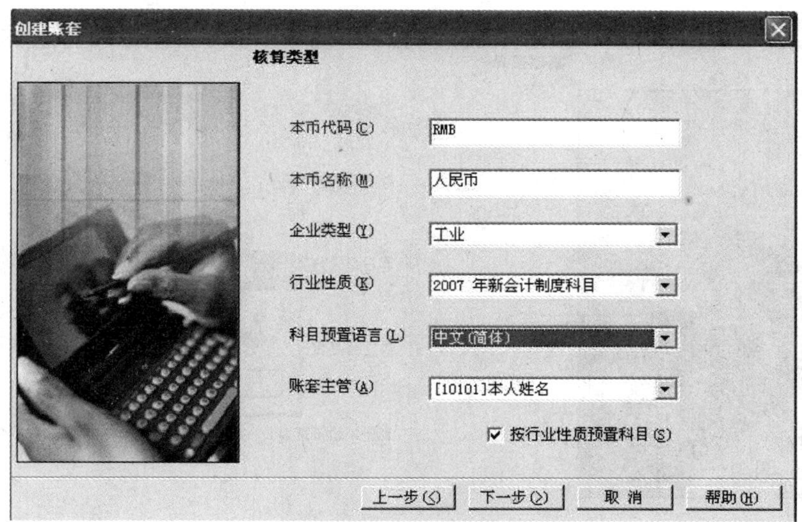

图2.8 “创建账套—核算类型”对话框

⑦在“创建账套—核算类型”对话框中,单击“下一步”按钮,打开“创建账套—基础信息”对话框,如图2.9所示。

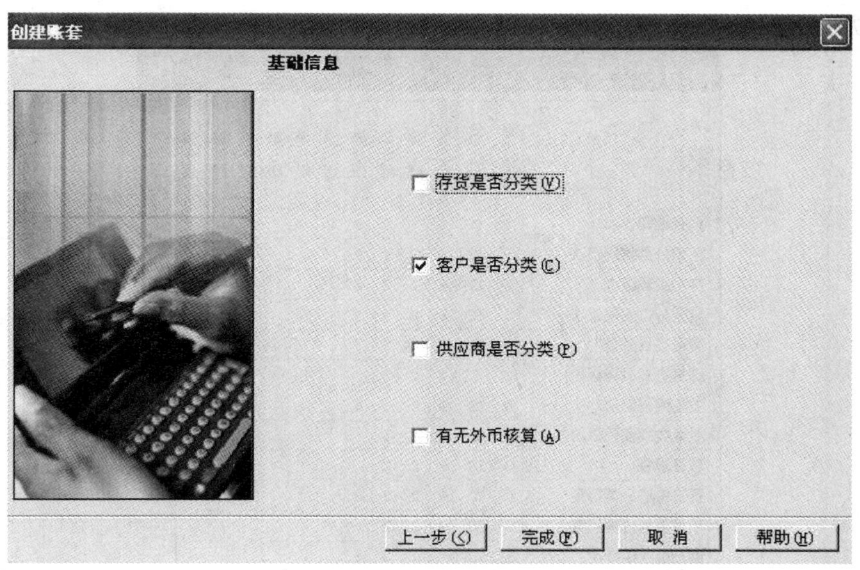

图2.9 “创建账套—基础信息”对话框

温馨提示

✧ 如果用户的存货、客户、供应商相对较多,就需要对它们进行分类核算。

✧ 如果目前无法确定,则可以待启动购销存系统时再进行设置。

✧ 若需要各项分类核算,则必须在此先设置各项分类方案,然后才能设置相应的基础档案。

⑧单击选中“客户是否分类”复选框,再单击“完成”按钮,系统弹出“创建账套”提示框,如图2.10所示。

⑨单击“是”按钮,打开“分类编码方案”对话框。

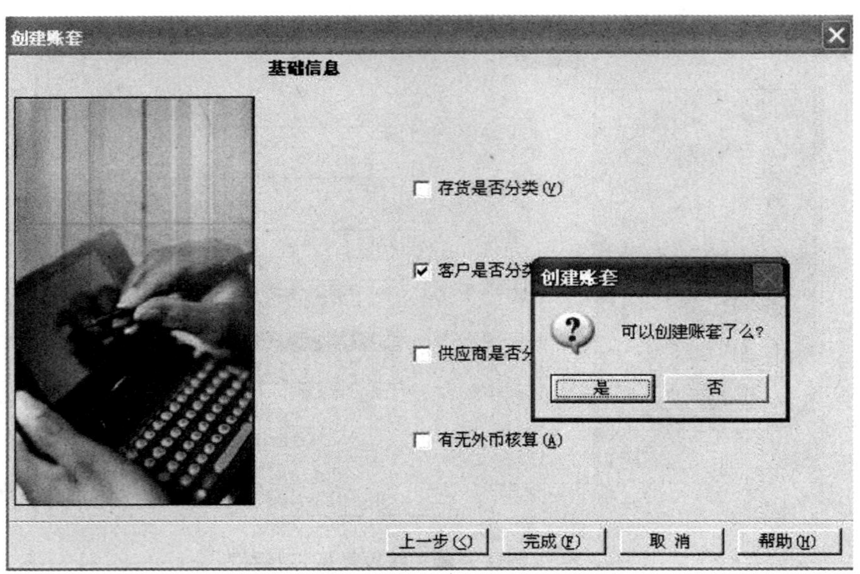

图 2.10 确定已创建账套

⑩修改科目编码级次为“4-2-2-2”，客户分类编码级次为“2-2-3”。部门编码级次：122；结算方式编码级次：12；地区分类编码级次：223，其余默认，如图 2.11 所示。

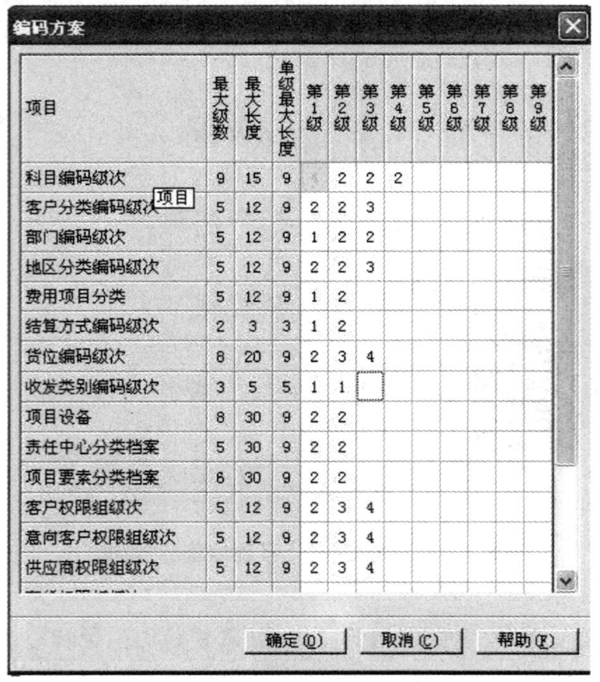

图 2.11 “分类编码方案”对话框

温馨提示

✧ 编码规则是指分类编码共分几段，每段有几位。一级至最底层的段数称为级次，每级（或每段）的编码位数称为级长。编码总级长为每级编码级长之和。

✧ 由于系统按照账套所选行业会计制度预置了一级会计科目，因此第 1 级科目编码级次不能修改。

✧ 在系统未使用前，如果分类编码方案设置有误，也可以在“企业应用平台”的“基础设置—编码方案”中进行修改。

⑪单击“保存”按钮，再单击“退出”按钮，打开“数据精度定义”对话框。

温馨提示

✧ 数据精度是指定义数据的小数位数。由于各单位对数量、单价的核算精度要求不一致，为了适应不同的需求，系统提供了自定义数据精度的功能。

✧ 具体要求是只能输入0~6的整数，系统默认值为2。用户可以根据单位的实际情况进行数据精度的定义，定义完成后如果有变动也可以在“企业应用平台”中的“基础设置—数据精度”中进行调整。

⑫单击“确认”按钮，出现账套创建成功的提示，如图2.12所示。

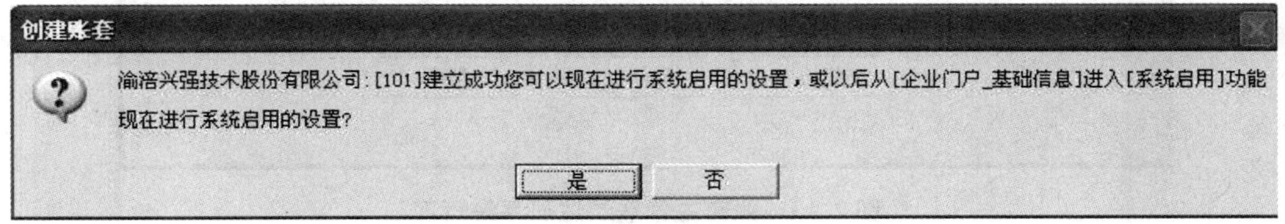

图2.12　是否进行系统启用的提示

⑬单击“否”按钮，账套建立完成，但尚未启用任何系统。

温馨提示

✧ 单击“是”按钮，现在可以直接进行系统启用的设置，如果单击“否”则应到“企业应用平台”去启用系统。

✧ 只有在启用系统后，系统才能进行有关业务的操作。

2)修改账套

运行一段时间后，如果发现账套的某些信息不能准确反映企业的真实信息或者企业的相关信息进行了变更，可以通过修改账套功能来完成。此功能还可以帮助用户查看某个账套的信息。

需要注意的是，只有“账套主管”才有权利使用账套修改功能。如果要修改某一账套的信息，首先应在启动系统管理后以“账套主管”的身份登录注册系统管理，并选择要修改的账套。

【例2.5】以“10101 本人姓名”的身份将101号账套的账套名称修改为“本人姓名”，单位名称修改为：渝涪兴强股份有限公司，有“外币核算”，需要对存货、供应商进行分类，供应商分类编码级次：223，收发类别编码级次：12；存货分类编码：1223。

[操作步骤]

①在“系统管理”窗口中单击“系统”菜单中的“注册”选项，打开“注册[系统管理]”对话框，如图2.13所示。

②在“操作员”栏中录入“10101”，输入密码“10101”，在“账套”栏中选择“[101]渝涪兴强股份有限公司”，修改“操作日期”后，单击“确定”按钮。

温馨提示

✧ 若当前操作员不是要修改账套的主管，则应在“系统管理”窗口中，注销当前操作员

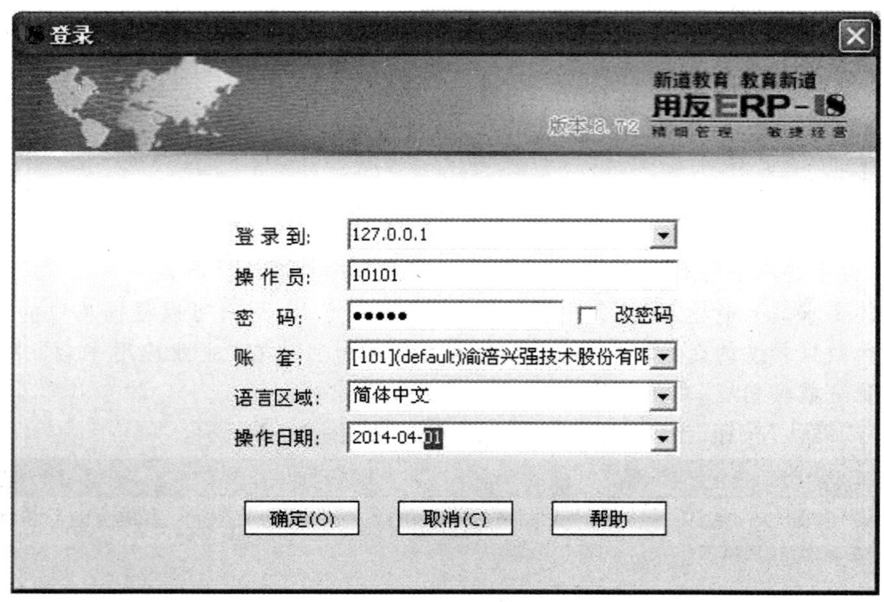

图2.13 账套主管登录注册系统管理

后更换为"账套主管"进行操作。

③依次单击"账套"→"修改"选项,打开"修改账套"对话框,修改"账套名称"。

④单击"下一步"按钮,打开"修改账套—单位信息"对话框,修改"单位名称"。

⑤单击"下一步"按钮,打开"修改账套—核算类型"对话框;再单击"下一步"按钮,打开"修改账套—基础信息"对话框。

⑥选中"有无外币核算""存货是否分类""供应商是否分类"前的复选框。

⑦单击"完成"按钮,紧接着对"编码方案"进行修改,供应商分类编码级次:223,收发类别编码级次:12;存货分类编码:1223。修改完后单击"确定"按钮。

⑧系统提示"修改账套成功",单击"确定"按钮。

温馨提示

✧ 系统自动列出所有已建立完成的账套信息,该账套主管可以通过单击"上一步"或"下一步"按钮查看或修改相应的账套信息。如果确认已修改的内容,应在修改完成后单击"完成"按钮,否则单击"放弃"按钮,放弃此次修改操作。

3)输出与引入账套

由于计算机在运行时经常会受到来自各方面因素的干扰,如人的因素、硬件的因素、软件或计算机病毒以及地震、火灾等因素,有时会造成会计数据被破坏。因此,"系统管理"窗口中提供了账套输出与引入的功能。

账套输出就是对账套数据进行备份,就是将用友 ERP-U8.72 应用系统所产生的数据备份到硬盘、U 盘或光盘中保存起来。其目的是长期保存,防备意外事故造成的硬盘数据丢失、非法篡改和破坏;能够利用备份数据,使系统数据得到尽快恢复以保证业务正常进行。

账套输出功能除了可以完成账套的备份操作外还可以完成删除账套的操作。如果系统内的账套已经不需再继续保存,则可以使用账套的输出功能进行账套删除。

【例2.6】将101账套数据备份到E盘的"本人姓名+系统管理"文件夹中。

[操作步骤]

①在“E 盘”中建立“本人姓名+系统管理”文件夹。

②以系统管理员“admin”的身份进入“系统管理”窗口，依次单击“账套”→“输出”选项，打开“账套输出”对话框，如图 2.14 所示。

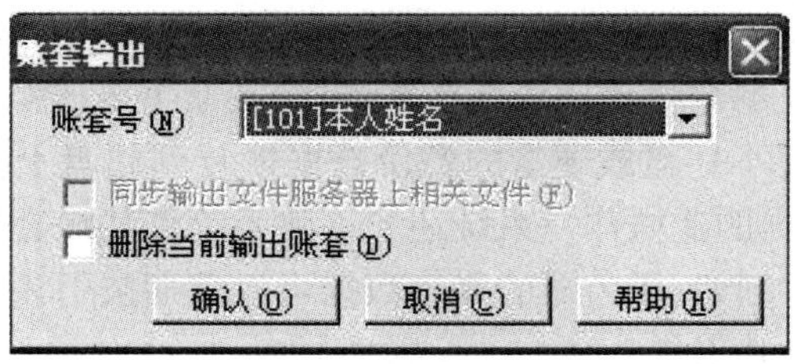

图 2.14 “账套输出”对话框

③选择“账套号”下拉列表框中的“[101]本人姓名”选项。

④单击“确认”按钮。

⑤经过压缩进程，系统进入“请选择账套备份路径”对话框，如图 2.15 所示。

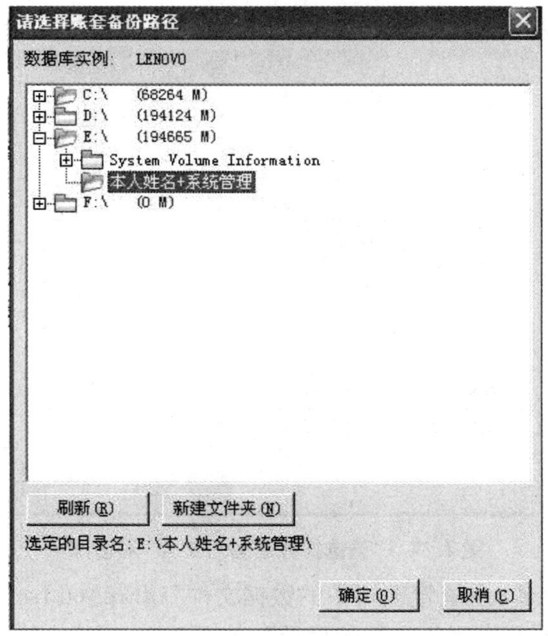

图 2.15 “请选择账套备份路径”对话框

⑥单击 E 盘中的“本人姓名+系统管理”文件夹，再单击“确认”按钮，系统弹出“硬盘备份完毕”提示对话框，如图 2.16 所示。

图 2.16 确定硬盘备份完毕

⑦单击“确定”按钮。

温馨提示

✧ 只有系统管理员才有权限输出账套。账套数据输出成功后将在目标文件夹生成两个文件：ufdata. bak 和 uferpact. lst。

✧ 如果账套输出时选择了"删除当前输出账套"，则系统在完成输出操作后会提示"真的要删除该账套吗"，选择"是"后，系统会进行账套删除操作，最后提示"输出成功"，完成账套的输出及删除操作。在删除账套时，必须关闭所有系统模块。

账套引入是指将系统外 U 盘或硬盘的备份数据恢复到硬盘上指定目录下，即利用现有数据进行恢复，是账套输出的逆操作。系统还允许将系统外某账套数据引入本系统中，从而有利于集团公司的操作。例如，子公司的账套数据可以定期被引入母公司系统中，以便进行有关账套数据的分析和合并工作。

【例 2.7】将已备份到 E 盘中"本人姓名+系统管理"文件夹的 101 账套数据恢复到硬盘中。

[操作步骤]

①以系统管理员"admin"身份进入"系统管理"窗口，单击"账套"菜单中的"引入"选项，打开"请选择账套备份文件"对话框，如图 2.17 所示。

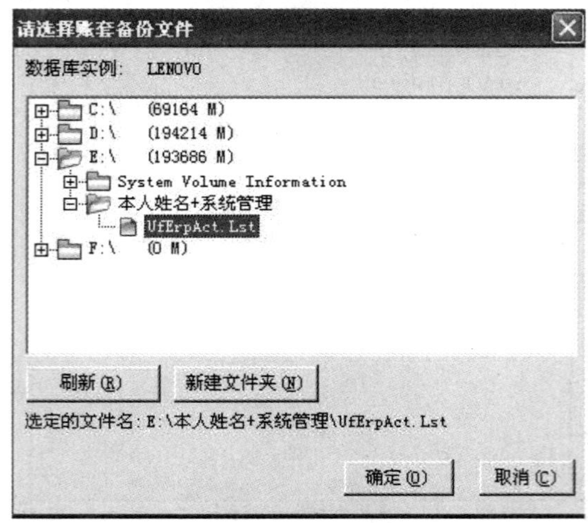

图 2.17 "请选择账套备份文件"对话框

②选择"E：\本人姓名+系统管理\"中的数据文件"UfErpAct. Lst"，单击"确定"按钮。

③系统提示"请选择账套引入文件的目录"，如图 2.18 所示。

图 2.18 选择账套引入文件的目录

④单击"确定"按钮，出现"请选择账套引入文件的目录"对话框，选择账套引入路径。

⑤单击"确认"按钮，系统弹出是否覆盖当前信息的提示，如图 2.19 所示。

⑥单击"是"按钮，系统将进行账套引入。引入完成后，系统弹出"账套[101]引入成功"提示，如图 2.20 所示。

图 2.19　是否覆盖账套的提示

图 2.20　账套引入成功

⑦单击“确定”按钮。

温馨提示

✧ 恢复备份数据会将硬盘中现有的数据覆盖，因此，如果没有发现数据被损坏，不要轻易进行数据恢复。

✧ 在引入账套时，系统默认的账套路径如果与实际要引入的账套路径不同，则应修改账套路径。

2.2.4　操作员权限管理

随着社会发展，用户对管理要求不断变化、提高，越来越多的信息都表明权限管理必须向更细、更深的方向发展。为了保证权责清晰和企业经营数据的安全与保密，企业需要对系统中所有的操作人员进行分工，设置各自相应的操作权限。用友 ERP-U8.72 应用系统提供了权限的集中管理功能。除了提供用户功能模块操作权限的管理之外，还提供了金额的权限管理和对于数据的字段级和记录级的控制，不同的组合方式使得权限控制更灵活、更有效。在用友 ERP-U8.72 应用系统中可以实现三个层次的权限管理。

第一个层次是功能级权限管理。功能级权限管理提供了细致的功能级权限管理功能，包括各功能模块相关业务的查看和操作权限。

第二个层次是数据级权限管理。该权限可以通过两个方面进行控制，一是字段级权限控制，二是记录级权限控制。

第三个层次是金额级权限管理。该权限主要用于完善内部金额控制，实现对具体金额和数量划分级别，对不同岗位和职位的操作员进行金额级别控制，限制其制单时可以使用的金额和数量(不涉及内部系统控制的不在管理范围之内)。

功能权限的分配在“系统管理”中进行，数据级权限和金额级权限在“企业应用平台”中进行设置，且必须是在系统管理的功能权限设置之后才能进行。

只有系统管理员和该账套的主管有权进行权限设置，但两者的权限又有所区别。系统管理员可以指定某账套的账套主管，还可以对各个账套的操作员进行权限设置，账套主管只可以对所管辖账套的操作员进行权限指定。

1）增加操作员权限

操作员权限是指某一操作员拥有某一账套某些功能的操作权限，在设置操作员和建立该核算账套之后，可以在操作员权限设置功能中对非账套主管的操作员进行操作员权限的设置。

【例 2.8】增加操作员“陈倩”拥有 101 账套“公用目录设置”“总账—凭证—出纳签字”“总账—出纳”的操作权限；高鑫拥有总账、应收款管理、应付款管理的全部操作权限；董雪拥有公共目录设置、应收款管理、应付款管理、总账、采购管理、销售管理、库存管理、存货核算的全部操作权限；莫丽权限同董雪。

［操作步骤］

①以系统管理员“admin”的身份登录进入“系统管理”窗口，单击“权限”菜单中的“权限”选项，打开“操作员权限”对话框。

②单击选中操作员显示区中的“10102 陈倩”所在行。

③单击对话框右上角的下拉按钮，选择“［101］本人姓名”及“2014”选项。

④单击“修改”按钮，在“操作员权限”窗口右侧进行该操作员的权限设置。

⑤选中“公用目录设置”“总账—凭证—出纳签字”“总账—出纳”前的复选框，如图2.21所示。

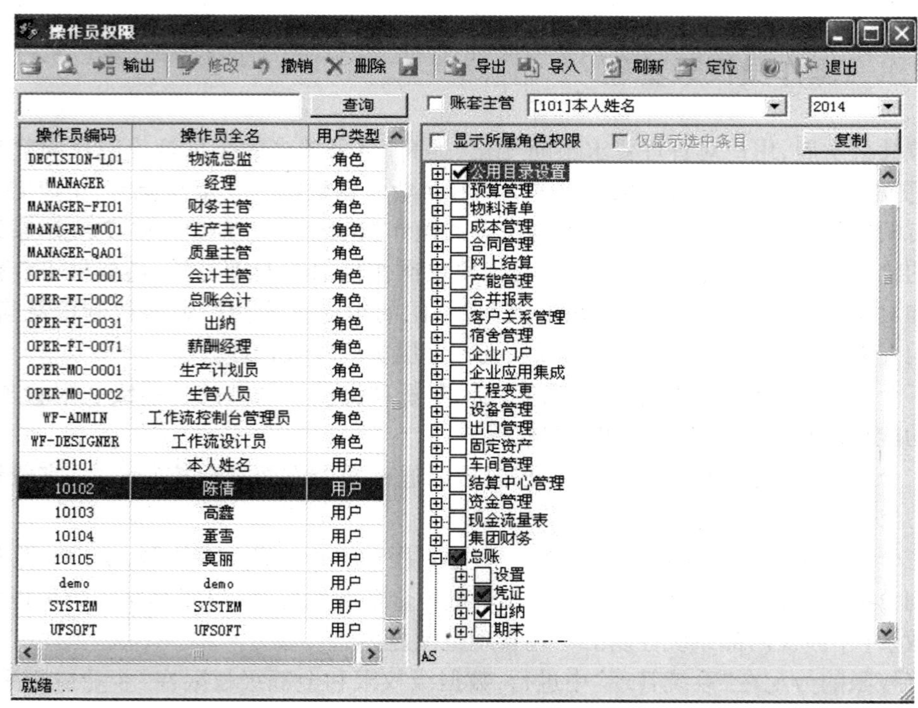

图 2.21 “增加操作员权限”对话框

⑥单击“确定”按钮。

以此方法继续增加其他操作员的操作权限。

温馨提示

✧ 在“增加权限”对话框中，双击右侧明细权限选择区中的明细权限，可以根据自己的需要添加或删除已选中的明细权限。

✧ 如果对某角色分配了权限,增加新的用户时(该用户属于此角色),则该用户自动拥有此角色具有的权限。

2)修改操作员权限

修改操作员权限包括设置或取消账套主管、删除操作员权限以及追加操作员权限。账套主管首先在建立账套时指定,修改时由系统管理员进行账套主管的设定与放弃的操作。系统默认账套主管自动拥有该账套的全部权限。

在实际工作中,一个账套可以定义多个账套主管,一个操作员也可以担任多个账套的账套主管。在设置用户权限时,只需对非账套主管的用户设置操作权限。系统管理员或账套主管可以对非账套主管的操作员已拥有的权限进行修改、删除。

温馨提示

✧ 系统约定,操作员权限一旦被使用,便不能被修改或删除。

✧ 对于"账套主管"的分配,只需要账套主管前将 □ 选中即可。

3)设置操作员明细权限

在用友 ERP-U8.72 应用系统中,可以实现三个层次的权限管理:功能级权限管理、数据级权限管理和金额级权限管理。其中,功能级权限分配已在系统管理中设置完成,在企业应用平台中主要完成数据级权限和金额级权限的分配。

(1)数据权限控制设置

数据权限控制设置是数据权限设置的前提。只有对某一对象设置了需要进行数据权限控制后,才能在后续的数据权限设置中对用户、用户组进行授权。用户可以根据需要先在数据权限默认设置表中选择需要进行权限控制的对象,系统将自动根据该表中的选择在数据权限设置中显示所选对象。数据权限的控制分为记录级和字段级两个层次,对应系统中的两个页签"记录级"和"字段级",系统将自动根据该表中的选择在数据权限设置中显示所选对象。

(2)数据权限分配

①记录级权限分配。记录级权限分配是指对具体业务对象进行权限的分配,其使用前提是在"数据权限控制设置"中至少选择控制一个记录级业务对象,在此针对具体的角色或用户进行数据权限的设置。

②字段级权限分配。出于安全保密性考虑,应限制某些用户对一些单据或者列表中某些栏目的查看权限,如限制仓库保管员看到出入库单据上有关产品(商品)的价格信息。为此,系统提供了字段级权限的分配功能。

(3)金额权限分配

该功能用于设置用户可使用的金额级别。对业务对象提供金额级权限设置:采购订单的金额审核额度、科目的制单金额额度。在设置这两个金额权限之前,必须先设定对应的金额级别。对如下业务对象提供金额级权限设置:采购订单的金额审核额度,科目的制单金额额度。在设置这两个金额权限之前,必须先设定对应的金额级别。

温馨提示

✧ 在需要进行金额权限控制时，若申请权限的用户还没有金额权限记录，则当作没有任何金额权限处理。

✧ 金额权限控制中有三种情况不受金额权限控制：调用常用凭证生成的凭证、期末转账结转生成的凭证、外部系统生成的凭证。

✧ 以上数据权限、金额权限设置必须与各模块相应权限控制参数配合使用才会在各模块中起作用。

【例2.9】数据权限分配：操作员董雪只具有应收账款、预付账款、应付账款、预收账款、其他应收款5个科目的明细账查询权限，和所有部门的查询和录入权限。

［操作步骤］

①在用友ERP-U8.72软件下，以账套主管“10101”身份登录“企业应用平台”，依次单击“系统服务”→“权限”→“数据权限控制设置”，打开“数据权限控制设置”对话框。

②选中业务对象“部门”前的“是否控制”复选框，如图2.22所示。

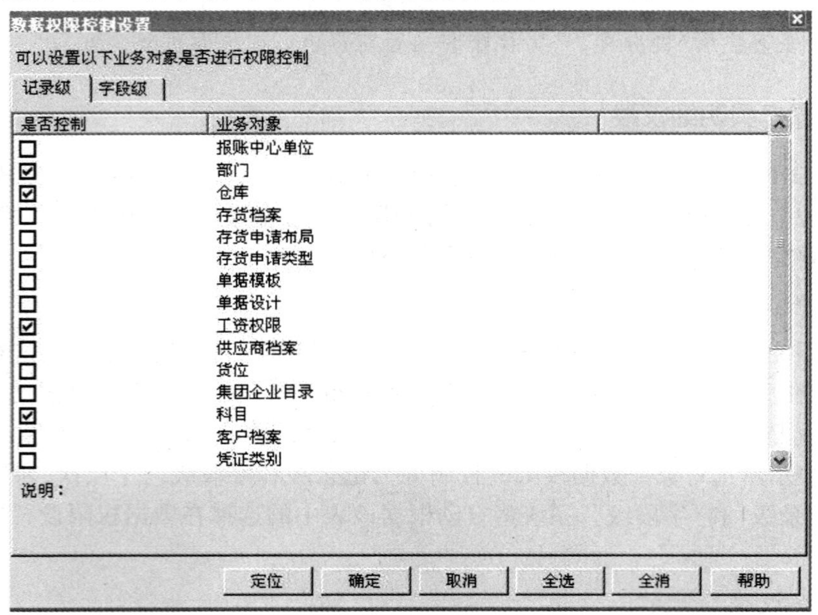

图2.22 数据权限控制

③单击“确定”按钮。

④双击“数据权限分配”，在“权限浏览”窗口的“用户及角色”→“用户”下，选择“10104董雪”，在“记录”→“业务对象”窗口选择“科目”进行相应设置，设置后结果如图2.23所示。

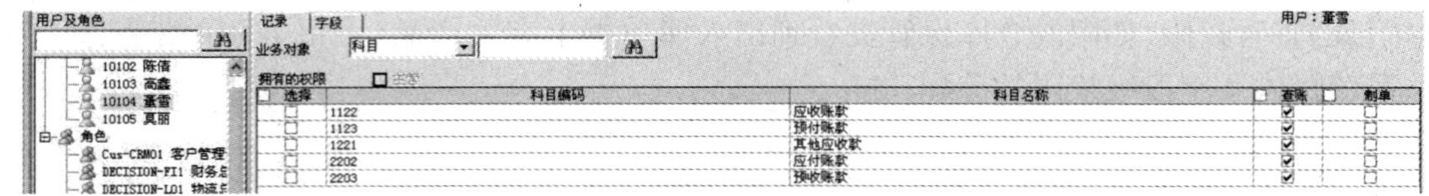

图2.23 科目-记录级权限分配

⑤在“记录”→“业务对象”窗口选择“部门”，单击“修改”按钮进行相应设置，设置后结果如图2.24所示。

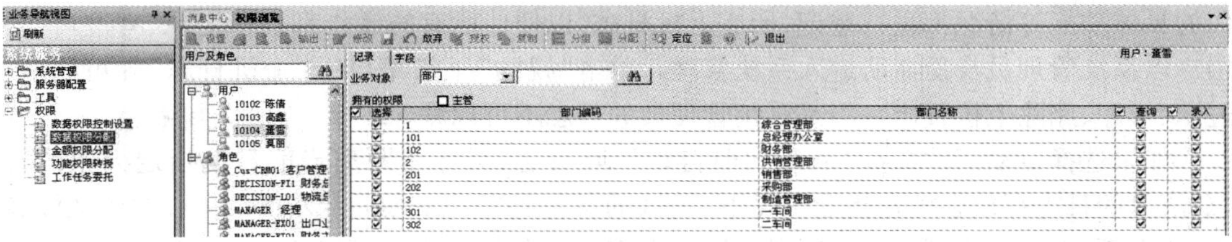

图 2.24 部门-记录级权限分配

2.2.5 年度账管理

新年度到来时,应设置新年度核算体系,即设置新年度的账簿并将上年余额过渡到新年度,以便开始新的一年的核算。年度账的管理工作由账套主管全权负责,因此需要以账套主管的身份注册进入系统管理。新年度建账流程如下:

①年度账备份。在新年度核算体系建立前,首先要将上年业务处理完毕,然后执行"年度账"→"输出"命令,做好年度账的备份工作。

②建立新年度账。执行"年度账"→"建立"命令,建立新年度账。系统按年度先后顺序建立,不能修改会计年度。

③结转上年数据。持续经营是会计假设之一,企业的会计工作是一个连续性的工作。每到年末,启用新账套时,需要将上年度中的相关账户的余额及其他信息结转到新年度账套中。

年度账建立成功后,执行"系统"→"注销"命令,再以新年度重新注册,执行"年度账"→"结转上年数据"命令,进行上年数据结转。

④清空年度数据。若某年度账中错误太多,或不希望将上年度的余额或其他信息全部转到下一年度,就需要执行"年度账"→"清空年度数据"命令。"清空"并不是将年度账的数据全部清空,还可以保留一些必要信息,如基础信息、科目等。

温馨提示

✧ 结转上年数据时,必须首先结转供应链管理系统各模块的上年余额,再结转应收、应付款管理系统的上年余额,最后结转总账系统的上年余额。

2.2.6 系统维护

软件在使用过程中可能会出现一些异常情况,这就需要平时加强对软件的维护。

1)清除任务

软件操作过程中,由于断电、非正常退出等原因可能会出现单据锁定、只读等异常情况,就需要执行清除任务的操作。以系统管理员 admin 身份进入系统管理模块,执行"视图"下级菜单中"清除单据锁定"或"清除异常任务"等操作即可。如果还不能解决问题,只能到 SQL 数据库文件中删除相应记录。

2)上机日志

为了保证系统的安全运行,系统随时对各个产品或模块的每个操作员的上下机时间、操作的具体功能等情况都进行登记,形成上机日志,以便使所有的操作都有所记录、有迹可寻。用户以系统管理员身份注册进入系统管理。单击"视图"下级菜单中"上机日志"即可刷新、过滤、排序、删除上机日志。但是系统管理员的日志不可以删除。

如果选择自动清除,定时从后向前自动清除日志,只保留距离当前日期指定天数的日志,清除的日志存放在硬盘指定位置下,默认的备份路径为安装目录/admin 下,默认文件名为"当前系统日期+备份"。自动清除的内容都是登录门户产生的日志,系统管理本身的日志(如安全策略修改、账套备份等)不自动清除。

3)设置备份计划

设置备份计划的作用是自动定时对设置好的账套进行输出(备份)。设置备份计划的优势在于设置定时备份账套功能,多个账套同时输出功能,在很大程度上减轻了系统管理员的工作量,同时可以更好地对系统进行管理。

以系统管理员(admin)身份或者账套主管身份进入系统管理模块。在"系统"菜单下选择"设置备份计划",即可进入"设置备份计划"功能界面。以系统管理员(admin)身份进入的,可以进行备份类型选择(账套备份和年度备份);对于以"账套主管"权限注册进入系统管理备份计划的,此处是非选项"年度备份"。

4)安全策略

保护信息的私密性、完整性、真实性和可靠性的需求已经成为企业和消费者最优先的需求之一。用友 ERP-U8.72 的应用安全策略和实践包括:用户身份和密码管理,子系统和用户特权管理,数据、功能等权限管理,安全日志等。

以系统管理员(admin)身份进入系统管理模块,在"系统"菜单下选择"安全策略",即可进行相关安全策略设置。

本章小结

本章主要介绍了用友 ERP-U8.72 软件的安装环境、安装步骤以及系统管理的内容。企业应根据实际情况决定采用网络模式还是单机模式,并满足基本的硬件环境和软件环境要求。针对不同的操作系统,软件安装过程有一定差异,但主要涉及安装 IIS、安装数据库、安装数据库补丁以及安装用友软件四个步骤。系统管理是用友 ERP-U8.72 软件对各个模块和资料进行统一管理和维护的平台,需要掌握用户及角色的增加、修改及其权限设置,账套的建立、修改、输出和引入以及年度账的管理,比较有难度的是学会遇到系统错误时如何进行系统维护。

第3章

基础设置

学习目标

- 了解基础设置的结构与流程
- 掌握系统启用的方法与顺序
- 掌握机构人员设置
- 掌握客商信息设置
- 掌握存货设置
- 熟练掌握财务设置
- 掌握收付结算方式设置

用友 ERP-U8.72 应用系统包含众多子系统,它们之间存在很多共性,如都需要进行登录注册,都需要设置系统基础档案信息等。在用友 ERP-U8.72 应用系统中,基础设置是在“企业应用平台”完成的。

3.1 基础设置概述

基础信息设置在账套初始化工作中处于非常重要的地位。数据档案的分类划分是否合理、正确,将直接关系到整个系统之间能否协调一致,能否扩展应用。在基础设置时,每个档案都有编号,其编码规则及精度必须符合建账时编码方案与数据精度的定义。

用友 ERP-U8.72 应用系统的基础信息设置包括三部分:一是与总账相关的基础信息,如会计科目设置、凭证类别的设置等;二是与供应链经营业务相关的信息,如收发类别、仓库档案、存货分类、采购类型、销售类型等;三是与总账、供应链均相关的信息,如部门设置、人员档案设置、外币设置等。相关基础信息在启用相应系统时才能够设置。

3.1.1 基础设置结构

基础设置是为系统的日常运行做好基础工作,主要包括基本信息设置、基础档案设置和单据设置。

1)基本信息设置

在基本信息设置中,可以对建账过程确定的编码方案和数据精度进行修改,并进行系统启用设置。

用友 ERP-U8.72 管理系统分为财务会计、管理会计、供应链、生产制造、人力资源、集团应用、决策支持和企业应用集成等产品组。每个产品组中又包含若干模块,它们中大多数既可以独立运行,又可以集成使用,但两种用法的流程是有差异的。一方面,企业可以根据本身的管理特点选购不同的子系统;另一方面,企业也可能采取循序渐进的策略有计划地先启用一些模块,一段时间之后再启用另外一些模块。系统启用为企业提供了选择的便利,它可以表明企业在何时启用了哪些子系统。只有设置了系统启用的模块才可以登录。

有两种方法可以设置系统启用。一种是在企业建账完成后立即进行系统启用;另一种是在建账结束后由账套主管在系统管理中进行系统启用设置。

2)基础档案设置

基础档案是系统日常业务处理必需的基础资料,是系统运行的基石。一个账套总是由若干个子系统构成,这些子系统共享公用的基础档案信息。在启用新账套之前,应根据企业的实际情况,结合系统基础档案设置的要求,事先做好基础数据的准备工作。

3)单据设置

不同企业各项业务处理中使用的单据可能存在细微的差别,用友 ERP-U8.72 管理软件中预置了常用单据模板,而且允许用户对各单据类型的多个显示模板和多个打印模板进行设置,以定义本企业需要的单据格式。

3.1.2 基础设置流程

由于企业基础数据之间存在前后承接关系(如必须在设置供应商分类的基础上再设置供应商档案),因此,基础档案的设置应遵从一定的顺序,如图 3.1 所示。明确了基础数据之间的关联,可以使得基础档案的设置顺利进行。图中未列出的项目不存在先后顺序问题。

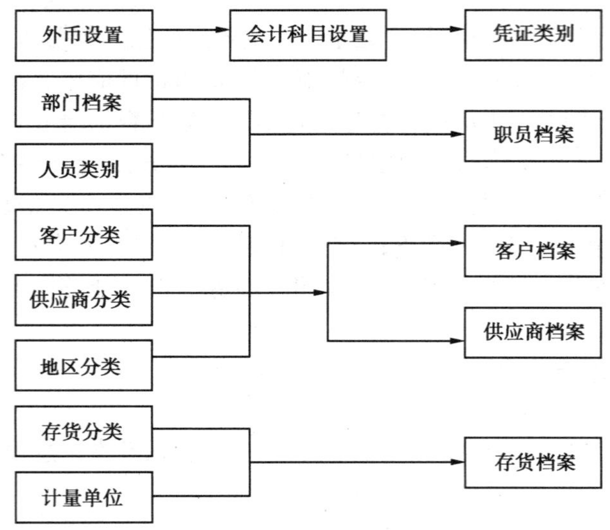

图 3.1 基础档案的设置顺序

3.2 基本信息设置

基本信息的内容主要包括系统启用、编码方案和数据精度三项内容。

3.2.1 系统启用

系统启用是指设定在用友 ERP-U8.72 应用系统中各个子系统开始使用的日期。只有启用后的子系统才能进行登录。系统启用有两种方法,即当用户创建一个新的账套完成后,系统弹出提示信息,可以选择立即设置系统启用。如果在建立账套时未设置系统启用,也可以在此进行设置。

【例3.1】由101账套的账套主管"本人姓名"(编号:10101;密码:10101)在"企业应用平台"中启用总账系统,启用日期为"2014年4月1日"。

[操作步骤]

①用账套主管身份登录"企业应用平台",单击"基础设置"页签。

②在"基础设置"页签中,依次双击"基础信息"→"基本信息"→"系统启用",打开"系统启用"窗口。

③在"系统启用"窗口中选中"总账"复选框,出现"日历"对话框,选中2014年4月1日,如图3.2所示。

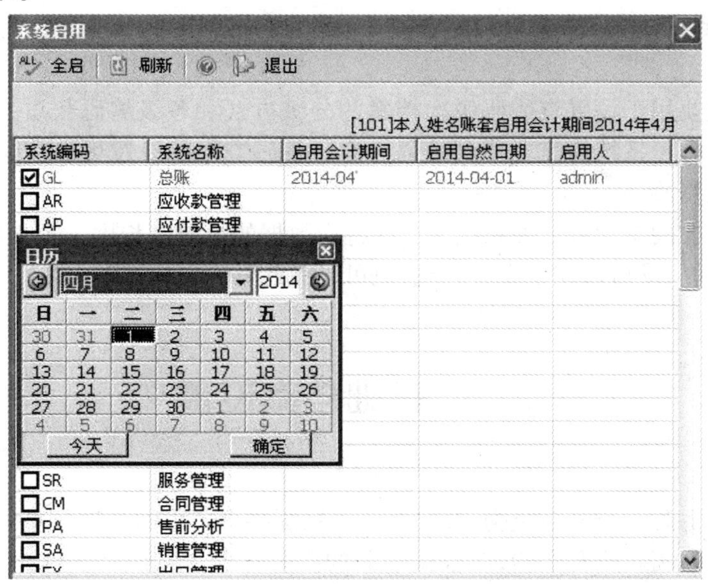

图3.2 "系统启用"对话框

④单击"确定"按钮,系统提示"确实要启用当前系统吗?"。

⑤单击"是"按钮。

温馨提示

✧ 系统启用界面所列出的子系统全部是已安装的子系统,未安装的不予列示。
✧ 各系统的启用会计期间必须大于等于账套的启用期间。要启用网上银行,必须先启用总账。
✧ 采购、销售、存货、库存四个模块,如果其中有一个模块后启,其启用期间必须大于等于其他模块最大结账月。
✧ 应付先启,后启采购,采购的启用月必须大于等于应付的未结账月。
✧ 应收先启,后启销售,销售的启用月必须大于等于应收的未结账月,应收款管理系统必须未录入当月(销售启用月)发票,或者将录入的发票删除。
✧ 销售先启,应收后启,如果销售已有结账月,应收的启用月应大于等于销售未结账月,如果销售无结账月,应收的启用月应大于等于销售启用月。
✧ 销售先启,后启应收,应将销售当月已审核的代垫费用单生成应收单。(单据日期为当月)
✧ 在启用库存前,用户必须先审核库存启用日期之前的未审发货单。
✧ 库存启用时库存启用日期之前的发货单有对应的库存启用日期之后的出库单,必须将此类出库单删除,并在库存启用日期之前生成这些出库单,然后再启用库存系统。
✧ 库存启用时用户必须先审核库存启用日期之前的先开票、未审发票,否则,库存系统不能启用。
✧ 采购先启用、库存后启用时,如果库存启用月份已有根据采购订单生成的采购入库单,则库存不能启用。

3.2.2 编码方案与数据精度

编码方案主要用于设置有编码级次档案的分级方式和各级编码长度,用友 ERP-U8.72 应用系统中的所有子系统均需要用到编码方案。编码方案的设置可以在建立中完成,也可以在此处设置或修改。

数据精度主要用于设置业务系统中一些特定数据的小数位长度。数据精度的设置与编码方案的设置一样,既可以在建立中完成,也可以在此处设置或修改。

3.3 基础档案设置

一个账套是由若干个子系统构成的,这些子系统共享公用的基础信息,基础信息是系统运行的基石。在启用新账套之始,应根据企业的实际情况,结合系统基础信息设置的要求,事先做好基础数据的准备工作,这样可使初始建账顺利进行。

设置基础档案之前应首先确定基础档案的分类编码方案,基础档案的设置必须遵循分类编码方案中的级次和各级编码长度的设定。

3.3.1　机构人员设置

机构人员设置主要包括部门档案、人员类别和人员档案设置三个部分内容。

1)部门档案设置

在会计核算中,往往需要按部门进行分类和汇总,下一级将自动向有隶属关系的上一级进行汇总。部门档案是设置会计科目中要进行部门核算的部门名称,以及要进行个人核算的往来个人所属的部门。

【例3.2】设置101账套的部门档案,如表3.1所示。

表3.1　部门档案

部门编码	部门名称	负责人	部门属性
1	综合管理部		管理部门
101	总经理办公室	涪兴强	综合管理
102	财务部	本人姓名	财务管理
2	供销管理部		供销管理
201	销售部	莫丽	市场营销
202	采购部	董雪	采购管理
3	制造管理部		生产部门
301	一车间		生产制造
302	二车间		生产制造

[操作步骤]

①在企业应用平台中的"基础设置"页签中依次双击"基础档案"→"机构人员"→"部门档案",打开"部门档案"窗口。

②在"部门档案"窗口中单击"增加"按钮,在"部门编码"栏录入"1",在"部门名称"栏录入"综合管理部",在"部门属性"栏录入"管理部门",如图3.3所示。

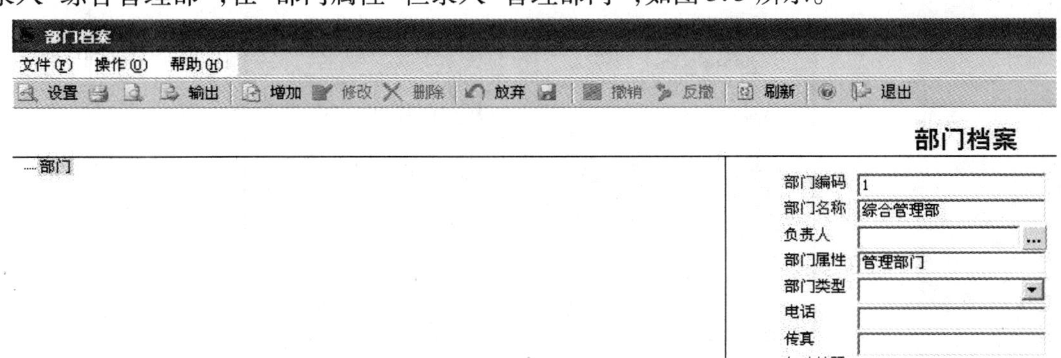

图3.3　部门档案设置窗口

③单击"保存"按钮。

④重复步骤②、③继续录入其他部门，系统显示已录入完的部门档案，如图3.4所示。

图3.4 已设置的部门档案

⑤全部录入完成后，单击“退出”按钮。

温馨提示

✧ 部门编码必须符合编码原则。

✧ 由于在设置部门档案时还未设置职员档案，因此，负责人的设置，应在设置职员档案后，再回到设置部门档案中，使用修改功能补充设置。

✧ 部门档案资料一旦被使用将不能被修改或删除。

2）人员类别设置

系统预置了四类顶级人员类别：在职人员、离退人员、离职人员、其他人员；顶级类别可以修改，但不允许增加和删除；当某类别已有人员引用时，不允许增加其子类别。

【例3.3】将101账套的在职人员分为4类：1001——综合管理人员；1002——经营人员；1003——车间管理人员；1004——生产人员。

［操作步骤］

①在“企业应用平台”的“基础设置”页签中依次双击“基础设置”→“基础档案”→“机构人员”→“人员类别”，打开“人员类别”窗口。

②在“人员类别”窗口左边的目录区选择要增加人员类别的上级节点“在职人员”，单击“增加”按钮，输入人员类别的档案编号（前两位编号与上级类别保持一致）、档案名称，如图3.5所示。

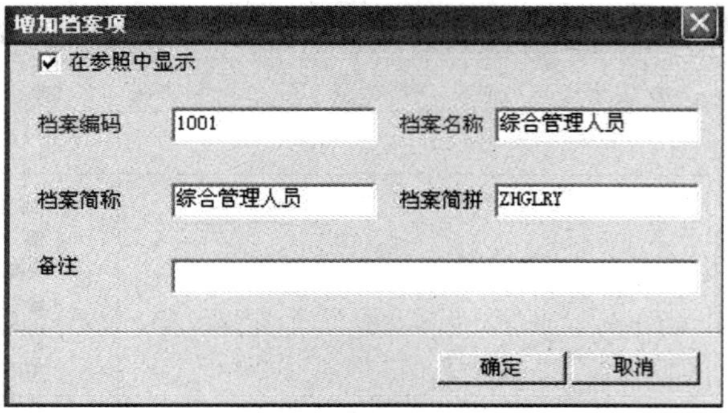

增加档案项
☑ 在参照中显示
档案编码 1001　档案名称 综合管理人员
档案简称 综合管理人员　档案简拼 ZHGLRY
备注
确定　取消

图3.5 人员类别增加

③重复步骤①、②继续录入其他人员类别。

3)人员档案

人员档案是指企业各职能部门中需要进行核算和业务管理的职员信息,需要先设置好部门档案和人员类别才能设置相应的人员档案。设置人员档案可以方便地进行个人往来核算和管理等操作。除了固定资产和成本管理产品外,其他产品均需使用人员档案。使用薪资管理系统进行工资核算和管理时,如果有新增人员,可随时在“人员档案”中增加。

【例3.4】设置101账套的部分职员档案,如表3.2所示。

表3.2 人员档案

人员编码	人员姓名	性别	人员类别	行政部门	是否业务员	是否操作员	对应操作员编码
101	涪兴强	男	综合管理人员	总经理办公室	是		
111	本人姓名	男	综合管理人员	财务部	是	是	账套号+01
112	陈倩	女	综合管理人员	财务部	是	是	账套号+02
113	高鑫	男	综合管理人员	财务部	是	是	账套号+03
211	莫丽	女	经营人员	销售部	是	是	账套号+05
212	孙健	男	经营人员	销售部	是		
221	董雪	女	经营人员	采购部	是	是	账套号+04
222	张伟	男	经营人员	采购部	是		

[操作步骤]

①在“企业应用平台”的“基础设置”页签中依次双击“基础设置”→“基础档案”→“机构人员”→“人员档案”,打开“人员档案”窗口。

②在“人员档案”窗口中单击左侧“101总经理办公室”后,再单击“增加”按钮,打开“人员档案”窗口。

③在“人员档案”窗口中,在“人员编码”栏录入“101”,在“职员名称”栏录入“涪兴强”。

④录入完相关信息后,单击“保存”按钮。

⑤重复步骤②~④,继续录入其他人员,如图3.6所示。

选择	人员编码	姓名	行政部门编码	人员类别	性别	出生日期	业务或费用部门编码	审核标志
	101	涪...	101	综合管...	男			未处理
	111	本...	102	综合管...	男			未处理
	112	陈倩	102	综合管...	女			未处理
	113	高鑫	102	综合管...	男			未处理
	211	莫丽	201	经营人员	女		201	未处理
	212	孙健	201	经营人员	男		201	未处理
	221	董雪	202	经营人员	女		202	未处理
	222	张伟	202	经营人员	男		202	未处理

图3.6 已设置的人员档案

⑥单击“退出”按钮。

温馨提示

✧ 人员编号:必须录入,必须唯一。

✧ 人员名称:必须录入,可以重复。

✧ 在录入职员档案时,系统默认被选中的部门。如果所属部门不符合要求,应在删除已选中的部门后,再单击“参照”按钮重新选择相应的部门。

✧ 职员档案资料一旦被使用将不能被修改或删除。

✧ 操作员编码不能修改,操作员的名称可随时修改。

3.3.2 客商信息设置

客商信息设置主要包括设置地区分类、客户与供应商的分类和客户、供应商的档案信息。

1)地区分类

企业可以根据自身管理要求对客户、供应商的所属地区进行相应的分类,建立地区分类体系,以便对业务数据的统计、分析。使用用友 ERP-U8 产品中的采购管理、销售管理、库存管理和应收应付款管理系统都会用地区分类。地区分类最多有五级,企业可以根据实际需要进行分类。

【例 3.5】将 10101 账套公司地区分类为:01——东北地区;02——华北地区;03——华东地区;04——华南地区;05——西北地区;06——西南地区。

[操作步骤]

①在企业应用平台的“基础设置”页签中依次双击“客商信息”→“地区分类”,打开“地区分类”窗口。

②在“地区分类”窗口中单击“增加”按钮,在类别编码栏录入“01”,在类别名称栏录入“东北地区”。

③单击“保存”按钮。

④重复步骤②、③,继续录入其他地区分类,如图 3.7 所示。单击“退出”按钮。

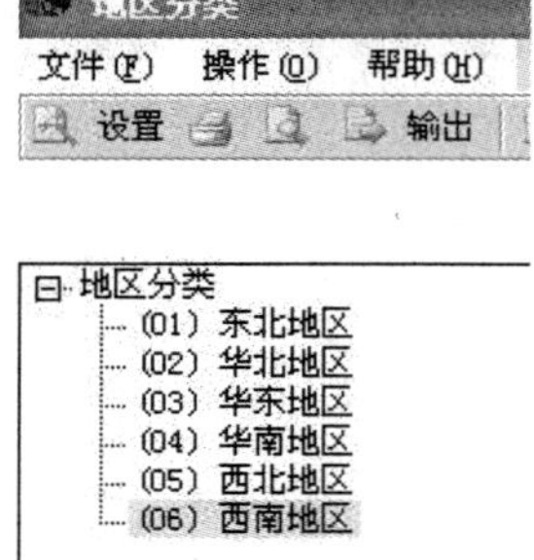

图 3.7 已设置的地区分类

2)客户及供应商分类

企业可以从自身管理要求出发对客户及供应商进行相应的分类,以便于对业务数据进行统计、分析,如可以按照行业或者地区对客户及供应商进行划分。建立起客户及供应商分类后,必须将客户及供应商设置在最末级的客户及供应商分类之下。如果在建账时选择了客户及供应商分类,就必须先建立客户及供应商分类,再增加客户及供应商档案;若对客户及供应商没有进行分类管理的需求,可以直接建立客户及供应商档案。

【例3.6】将101账套中的应商分类为:01——原料供应商;02——成品供应商两类。客户分类为:01——批发;02——零售;03——代销;04——专柜。

[操作步骤]

①在企业应用平台的"基础设置"页签中依次双击"基础档案"→"客商信息"→"供应商分类",打开"供应商分类"窗口。

②在"供应商分类"窗口中单击"增加"按钮,在分类编码栏录入"01",在分类名称栏录入"原料供应商"。

③单击"保存"按钮。

④重复步骤②、③,继续录入其他供应商分类。单击"退出"按钮。

⑤采用类似方法录入客户分类信息,录入完毕的客户分类信息如图3.8所示。

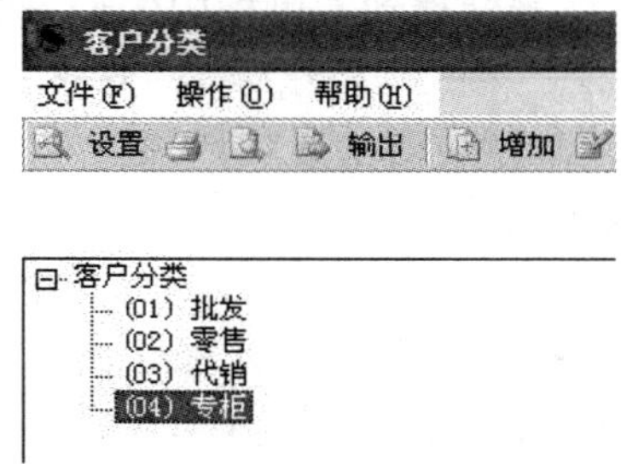

图3.8 已设置的客户分类

温馨提示

✧ 客户及供应商分类编码必须唯一,不能重复或修改。

✧ 客户及供应商分类编码必须符合编码原则。

3)供应商档案设置

设置往来供应商档案信息,主要是便于对供应商资料管理和业务数据的录入、统计、分析。如果在建立账套时选择了供应商分类,则必须在设置完成供应商分类档案的情况下才能编辑供应商档案。建立供应商档案主要是为企业的采购管理、库存管理、应付账管理服务的。在填制采购入库单、采购发票,进行采购结算、应付款结算和有关供货单位统计时都会用到供货单位档案,因此必须应先设立供应商档案,以便减少工作差错。

【例3.7】设置101账套的供应商档案,如表3.3所示,简称均假设为名称的前两个字。

表 3.3　供应商档案

供应商编号	供应商名称	所属分类码	所属地区	税号	开户银行	银行账号	地址	邮编	分管部门	分管业务员
001	华联公司	01	03	245687563245698	工行	12456875	浙江省诸暨市西施大街 59 号	164215	采购部	董雪
002	天华公司	01	02	56879456213546	农行	23654789	北京市朝阳区朝阳门北大街 22 号	263245	采购部	董雪
003	中山公司	02	03	578965423654896	中行	85669988	浙江省杭州市高新技术产业区江晖路 1772 号	413654	采购部	张伟
004	美林公司	02	02	545687951236542	建行	62545368	北京市海淀区西四环中路 16 号	342369	采购部	张伟

[操作步骤]

①在“企业应用平台”的“基础设置”页签中依次双击“基础设置”→“客商信息”→“供应商档案”,打开“供应商档案”窗口。

②在“供应商档案”窗口中,将光标移到左侧框中的最末级供应商分类“01 原材料供应商”处。

③单击“增加”按钮,进入“增加供应商档案”对话框。

④打开“基本”选项卡,输入各项供应商信息。

温馨提示

✧ 供应商编码和所属分类必须输入,其余可以忽略。

✧ 如果所选供应商分类不正确,可以在删除错误的所属分类后单击所属分类栏的参照按钮,重新选择正确的分类。

⑤打开“联系”选项卡,输入相应的联系信息。

⑥输入各项内容后,单击“保存”按钮。

⑦以此方法继续录入其他供应商的相关信息,录入完成后如图 3.9 所示。

图 3.9　已设置的供应商档案

温馨提示

✧ 输入各项内容后,必须单击“保存”按钮,否则表示放弃。

4)客户档案设置

设置客户档案信息,主要是便于对客户资料管理和业务数据的录入、统计、分析。如果在建立账套时选择了客户分类,则必须在设置完成客户分类档案的情况下才能编辑客户档案。

【例3.8】设置101账套的客户档案,如表3.4所示,简称均假设为名称的前两个字。

表3.4 客户档案

客户编号	客户名称	所属分类码	所属地区	税号	开户银行（默认值）	银行账号	地址	邮编	扣率	分管部门	分管业务员
001	华明公司	01	06	456123456789456	华夏银行渝中区分行	6254658795	重庆市渝中区和平路1号	421546	8	销售部	莫丽
002	长兴贸易公司	01	02	2545642123565625	建行滨海新区分行	425879658	天津市滨海新区德顺路8号	487562		销售部	莫丽
003	通达公司	04	01	548912463556213	招行西岗区分行	8254654562	大连市西岗区唐山街40号	564521		销售部	孙健
004	联华公司	03	03	548564235464887	农行益阳分行	954261253	河南郑州市益阳路66号	865458	10	销售部	孙健

[操作步骤]

①在“企业应用平台”的“基础设置”页签中依次双击“基础档案”→“客商信息”→“客户档案”,打开“客户档案”窗口。

②在“客户档案”窗口中,将光标移到左侧框中的最末级客户分类“01 批发”处。

③单击“增加”按钮,进入“增加客户档案”对话框。

④打开“基本”选项卡,输入各项供应商信息。

⑤打开“联系”选项卡,输入相应的联系信息。

⑥输入各项内容后,单击“保存”按钮。

⑦以此方法继续录入其他客户的相关信息。录入完毕,信息如图3.10所示。

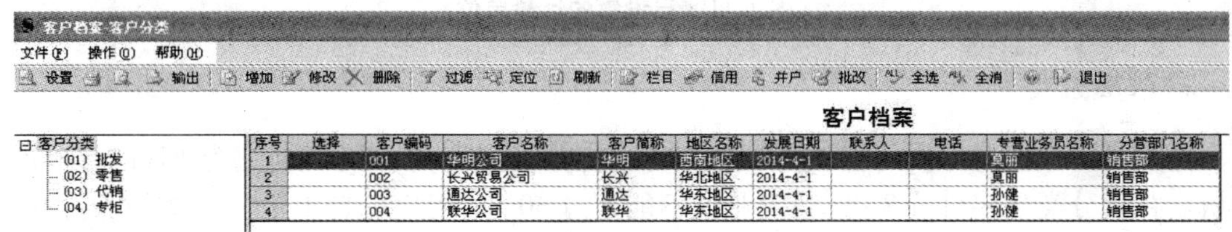

图3.10 已设置的客户档案

3.3.3 存货设置

1)计量单位设置

计量单位组分无换算、浮动换算、固定换算三种类别。每个计量单位组中有一个主计量单位、多个辅助计量单位,可以设置主辅计量单位之间的换算率;还可以设置采购、销售、库存和成本系统所默认的计量单位。先增加计量单位组,再增加组下的具体计量单位内容。

【例3.9】设置101账套的计量单位。计量单位组:编号——01,单位组名称——无换算关系;单位组类别——无换算率。计量单位:01——盒,无换算关系;02——台,无换算关系;03——只,无换算关系;04——千米,无换算关系。

[操作步骤]

①在“企业应用平台”的“基础设置”页签中依次双击“存货”→“计量单位”,打开“计量单位”窗口。

②在“计量单位”窗口中,将光标移到左侧框中的“计量单位组”处。

③单击“分组”按钮,进入“计量单位组”对话框。

④单击“增加”按钮,输入“计量单位组编码”“计量单位组名称”,选择“计量单位组类别”为“无换算率”。

温馨提示

✧ 无换算计量单位组:该组下的所有计量单位都以单独形式存在,各计量单位之间不需要输入换算率,系统默认为主计量单位。

✧ 浮动换算计量单位组:设置为浮动换算率时,可以选择的计量单位组中只能包含两个计量单位。此时需要将该计量单位组中的主计量单位、辅计量单位显示在存货卡片界面上。

⑤单击“保存”按钮,然后退出。

⑥单击“单位”,打开“计量单位”窗口。单击“增加”按钮,录入“计量单位编码”“计量单位名称”,录入完毕后单击“保存”按钮。录入完毕,信息如图3.11所示。

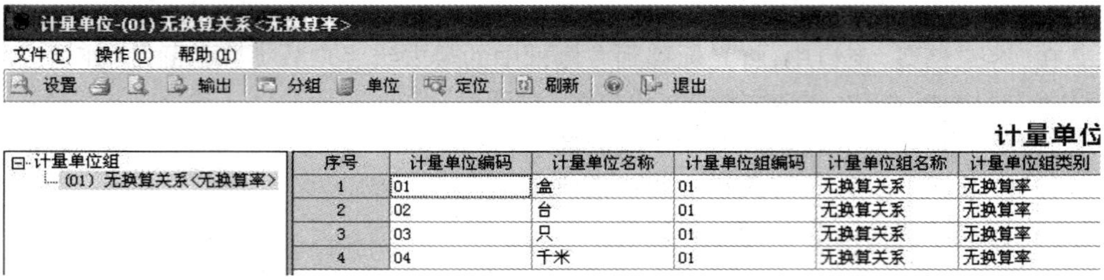

图3.11 已设置的计量单位

2)存货分类

企业可以根据对存货的管理要求对存货进行分类管理,以便于对业务数据进行统计和分析。存货分类最多可分8级,编码总长不能超过30位,用户可自由定义每级级长。存货分类用于设置存货分类编码、名称及所属经济分类。

【例3.10】101账套的存货分类如表3.5所示。

表3.5 存货分类

存货类别编码	存货类别名称	存货类别编码	存货类别名称
1	原材料	201	计算机
101	主机	3	配套用品
10101	处理器	301	配套材料
10102	硬盘	302	配套硬件
102	显示器	30201	打印机
103	键盘	30202	传真机
104	鼠标	303	配套软件
2	产成品	9	应税劳务

[操作步骤]

①在“企业应用平台”的“基础设置”页签中依次双击“基础档案”→“存货”→“存货分类”选项,打开“存货分类”窗口。

②单击“增加”按钮,输入分类编码与名称,单击“保存”按钮。增加其他存货分类,增加结果如图3.12所示。

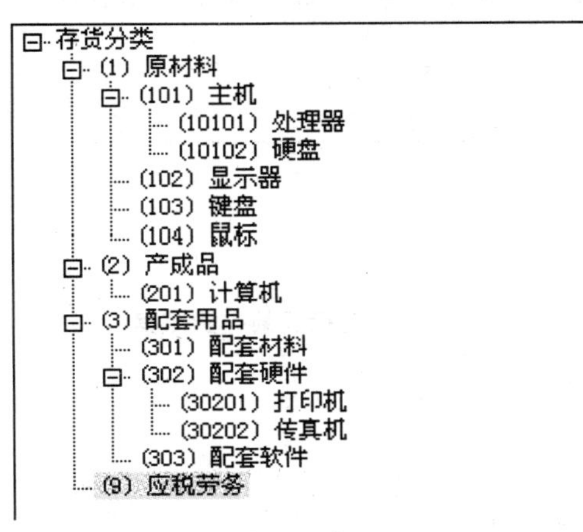

图3.12 已设置的存货分类

3)存货档案设置

存货档案主要用于设置企业在生产经营中使用到的各种存货信息,以便于对这些存货进行资料管理、实物管理和业务数据的统计、分析。该功能主要完成对存货目录的设立和管理,随同发货单或发票一起开具的应税劳务等也应设置在存货档案中。

【例3.11】101账套的存货档案如表3.6所示。

表3.6 存货档案

存货编码	存货名称	所属类别	计量单位	税率	存货属性	参考成本	参考售价
001	酷睿双核处理器	10101	盒	17%	内销、外销、外购、生产耗用	1 200	
002	500 GB 硬盘	10102	盒	17%	内销、外销、外购、生产耗用	800	1 000
003	23 英寸液晶屏	102	台	17%	内销、外销、外购、生产耗用	2 200	2 500
004	键盘	103	只	17%	内销、外销、外购、生产耗用	100	120
005	鼠标	104	只	17%	内销、外销、外购、生产耗用	50	60
006	计算机	201	台	17%	内销、外销、自制	5 000	6 500
007	HP 激光打印机	30201	台	17%	内销、外销、自制	2 000	2 300
008	运输费	9	千米	17%	内销、外销、外购、应税劳务		

［操作步骤］

①在“企业应用平台”的“基础设置”页签中依次双击“基础档案”→“存货”→“存货档案”选项，打开“存货档案”窗口。

②选择存货分类“10101 处理器”，单击“增加”按钮，打开“增加存货档案”窗口。

③输入存货编码、存货名称、选择计量单位、存货属性等信息，再单击“保存”按钮。同理增加其他存货档案，增加后信息如图 3.13 所示。

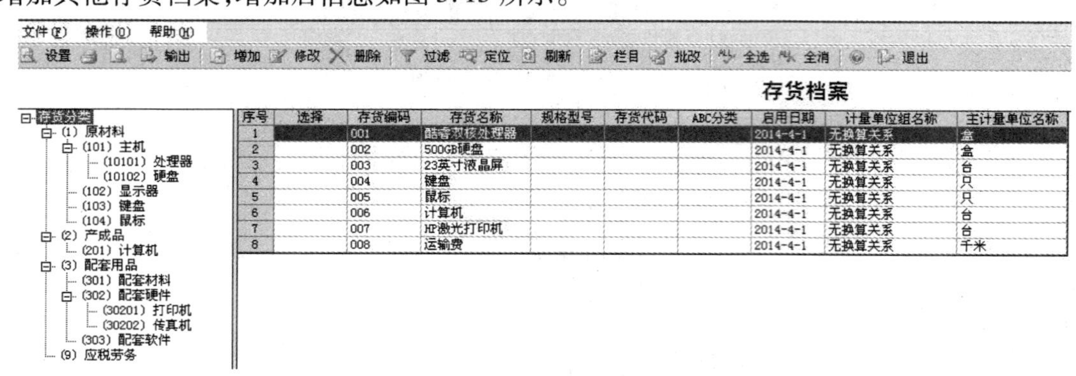

序号	选择	存货编码	存货名称	规格型号	存货代码	ABC分类	启用日期	计量单位组名称	主计量单位名称
1		001	酷睿双核处理器				2014-4-1	无换算关系	盒
2		002	500GB硬盘				2014-4-1	无换算关系	盒
3		003	23英寸液晶屏				2014-4-1	无换算关系	台
4		004	键盘				2014-4-1	无换算关系	只
5		005	鼠标				2014-4-1	无换算关系	只
6		006	计算机				2014-4-1	无换算关系	台
7		007	HP激光打印机				2014-4-1	无换算关系	台
8		008	运输费				2014-4-1	无换算关系	千米

图 3.13　已设置的存货档案

3.3.4　财务设置

财务设置的内容主要包括外币设置，会计核算和管理所需要的会计科目、凭证种类、项目目录设置等。

1）外币设置

外币设置专为外币核算服务，在此可以对本账套所使用的外币进行定义。在“填制凭证”中所用的汇率应先在此进行定义，以便制单时调用，减少录入汇率的次数和差错。当汇率变化时，应预先在此进行定义，否则，制单时不能正确录入汇率。对于使用固定汇率（即使用月初或年初汇率）作为记账汇率的用户，在填制每月的凭证前，应预先在此录入该月的记账汇率，否则在填制该月外币凭证时，将会出现汇率为零的错误。对于使用变动汇率（即使用当日汇率）作为记账汇率的用户，在填制该天的凭证前，应预先在此录入该天的记账汇率。

【例 3.12】设置 101 账套外币。币符：USD；币名：美元；固定汇率 1:6.30。

［操作步骤］

①在企业应用平台的“基础设置”页签中依次双击“基础档案”→“财务”→“外币设置”选项，打开“外币设置”窗口。

②单击“增加”按钮，输入币符、币名，选择折算方式，单击“确认”按钮，输入初始月份的记账汇率，如图 3.14 所示。

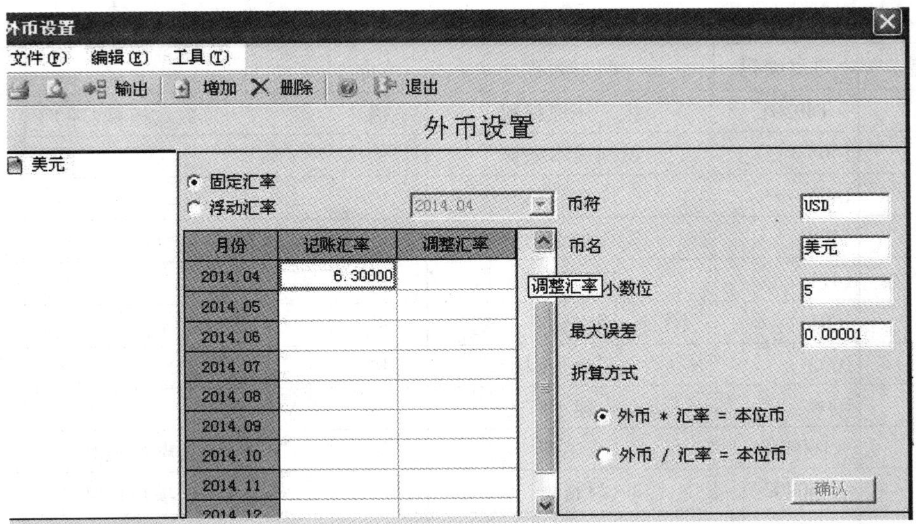

图3.14 外币设置

2)会计科目设置

如果用户所使用的会计科目基本上与所选行业会计制度规定的一级会计科目一致,则可以在建立账套时选择预置会计科目。这样,在会计科目初始设置时只需对不同的会计科目进行修改,对缺少的会计科目进行增加处理即可。

如果所使用的会计科目与会计制度规定的会计科目相差较多,则可以在建立账套时选择不预置会计科目,这样可以根据自身的需要自行设置全部会计科目。101 账套的会计科目如表3.7所示。

表3.7 会计科目

类型	科目编码	科目名称	方向	备注
资产	1001	库存现金	借	日记账
资产	1002	银行存款	借	日记账、银行账
	100201	工行存款	借	日记账、银行账
	100202	中行存款	借	外币金额式、外币核算(USD)、日记账、银行账
资产	1122	应收账款	借	客户往来
资产	1123	预付账款	借	供应商往来
资产	1221	其他应收款	借	
	122101	应收单位款	借	客户往来
	122102	应收个人款	借	个人往来
资产	1231	坏账准备	贷	
资产	1401	材料采购	借	
资产	1403	原材料	借	

续表

类型	科目编码	科目名称	方向	备注
	140301	生产用原材料	借	数量核算(吨)
资产	1404	材料成本差异	借	
资产	1405	库存商品	借	
资产	1408	委托加工物资	借	
资产	1411	周转材料	借	
资产	1601	固定资产	借	
资产	1602	累计折旧	贷	
资产	1604	在建工程	借	
	160401	人工费	借	项目核算
	160402	材料费	借	项目核算
	160403	其他	借	项目核算
资产	1701	无形资产	借	
资产	1901	待处理财产损益	借	
	190101	待处理流动资产损益	借	
	190102	待处理固定资产损益	借	
负债	2001	短期借款	贷	
负债	2202	应付账款	贷	供应商往来
负债	2203	预收账款	贷	客户往来
负债	2211	应付职工薪酬	贷	
	221101	工资	贷	
	221102	教育经费	贷	
	221103	工会经费	贷	
	221104	社会保险	贷	
	221105	住房公积金	贷	
负债	2221	应交税费	贷	
	222101	应交增值税	贷	
	22210101	进项税额	贷	
	22210105	销项税额	贷	
负债	2231	应付利息	贷	
	223101	借款利息	贷	
负债	2241	其他应付款	贷	
所有者权益	4001	实收资本	贷	
所有者权益	4103	本年利润	贷	
所有者权益	4104	利润分配	贷	
	410415	未分配利润	贷	

续表

类型	科目编码	科目名称	方向	备注
成本	5001	生产成本	借	项目核算
	500101	直接材料	借	项目核算
	500102	直接人工	借	项目核算
	500103	制造费用	借	项目核算
	500104	折旧费	借	项目核算
	500105	其他	借	项目核算
成本	5101	制造费用	借	
	510101	薪资	借	
	510102	折旧费	借	
	510103	经费	借	
	510104	社会保险	借	
	510105	住房公积金	借	
	510106	其他	借	
损益	6001	主营业务收入	贷	
损益	6051	其他业务收入	贷	
损益	6401	主营业务成本	借	
损益	6402	其他业务成本	借	
损益	6403	营业税金及附加	借	
损益	6601	销售费用	借	
	660101	薪资	借	部门核算
	660102	经费	借	部门核算
	660103	办公费	借	部门核算
	660104	差旅费	借	部门核算
	660105	招待费	借	部门核算
	660106	折旧费	借	部门核算
	660107	社会保险	借	部门核算
	660108	住房公积金	借	部门核算
	660109	其他	借	部门核算
损益	6602	管理费用	借	
	660201	薪资	借	部门核算
	660202	经费	借	部门核算
	660203	办公费	借	部门核算
	660204	差旅费	借	部门核算
	660205	招待费	借	部门核算
	660206	折旧费	借	部门核算

续表

类型	科目编码	科目名称	方向	备注
	660107	社会保险	借	部门核算
	660108	住房公积金	借	部门核算
	660109	其他	借	部门核算
损益	6603	财务费用	借	
	660301	利息支出	借	

会计科目的设置,主要包括会计科目的新增、删除、修改以及辅助核算、外币核算、数量核算、日记账、银行账、受控系统等的设置,下面分别举例说明。

(1)增加会计科目

【例3.13】增加"100202 中行存款"会计科目。

[操作步骤]

①在"企业应用平台"的"基础设置"页签中依次双击"基础档案"→"财务"→"会计科目"选项,打开"会计科目"窗口。

②单击"增加"按钮,打开"新增会计科目"对话框。

③输入科目编码"100202"、科目中文名称"中行存款",勾上"外币核算",选择核算币种"美元 USD",选中"日记账""银行账"复选框。单击"确定"按钮,如图3.15所示。

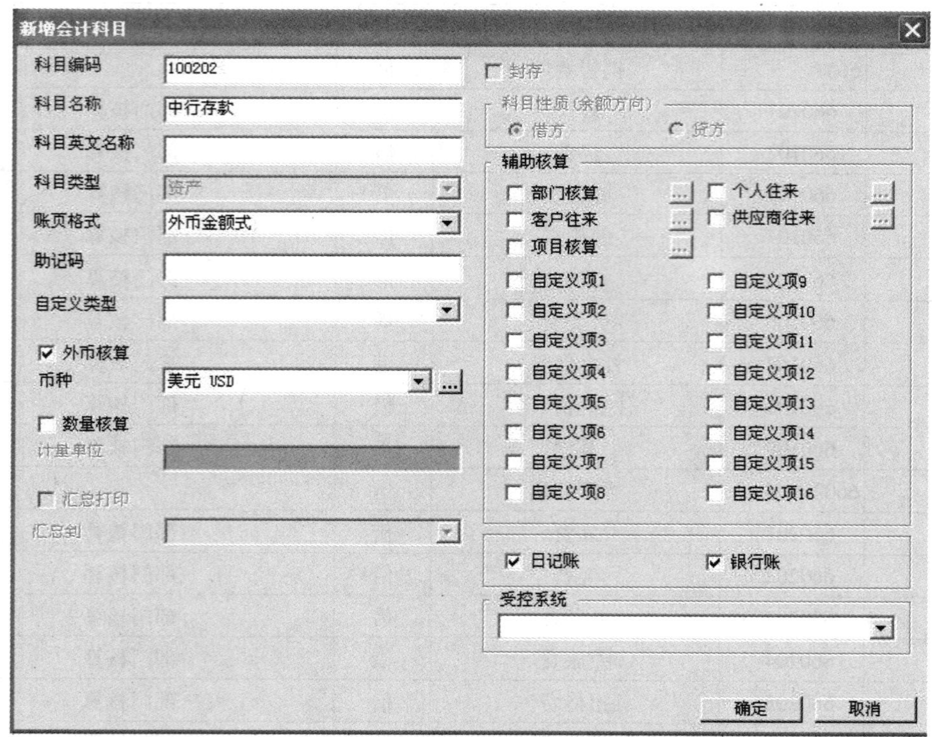

图3.15 "会计科目_新增"对话框

温馨提示

✧ 增加会计科目时,要遵循先建上级再建下级的原则。

✧ 会计科目编码的长度及每级位数要符合编码规则。

✧ 编码不能重复。

✧ 科目已经使用后再增加明细科目时,系统自动将上级科目的数据结转到新增加的第一个明细科目上,以保证账账相符。

(2)修改会计科目

如果要对已经设置完成的会计科目的名称、编码及辅助项目等内容进行修改,应在会计科目未使用之前在会计科目的修改功能中完成。

【例3.14】将"1001 库存现金"科目修改为有"日记账"核算要求的会计科目。

[操作步骤]

①在"会计科目"窗口中,将光标移到"1001 库存现金"科目所在行。

②单击"修改"按钮(或双击该会计科目),打开"会计科目_修改"对话框,再单击"修改"按钮。

③选中"日记账"复选框,如图3.16所示。

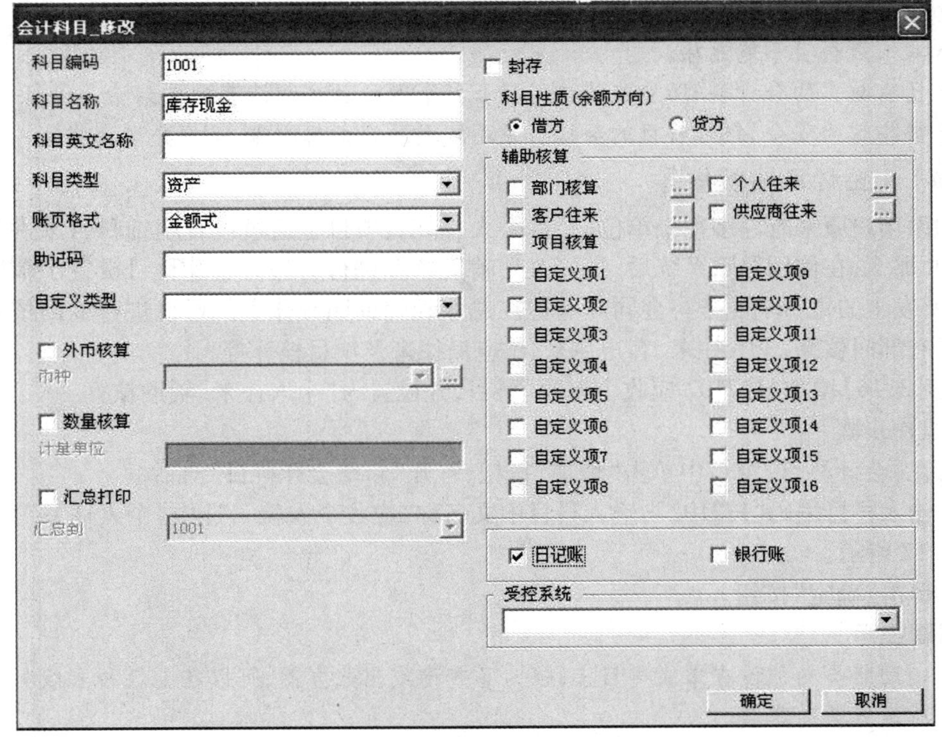

图3.16 显示修改后的信息

④单击"确定"按钮,系统显示修改后的信息。

温馨提示

✧ 没有会计科目设置权的用户只能浏览会计科目,而不能进行修改。

✧ 非末级会计科目不能再修改科目编码。

✧ 已经使用过的末级会计科目不能再修改科目编码。

✧ 已有数据的会计科目,应先将该科目及其下级科目余额清零后再修改。

✧ 被封存的科目在制单时不可以使用。

✧ 只有末级科目才能设置汇总打印,且只能汇总到该科目本身或其上级科目。

✧ 只有处于修改状态,才能设置汇总打印和封存。

(3)删除会计科目

如果某些会计科目目前暂时不需用或者不适合用户科目体系的特点,可以在未使用之前将其删除。

【例3.15】将“1003 存放中央银行款项”科目删除。

[操作步骤]

①在“会计科目”窗口中打开“全部”或“资产”选项卡,将光标移到“1003 存放中央银行款项”科目上。

②单击“删除”按钮。

③系统弹出“记录删除后不能恢复!真的删除此记录吗?”提示对话框。

④单击“确定”按钮。

温馨提示

✧ 删除科目后不能被自动恢复,但可通过增加功能来完成。

✧ 非末级科目不能删除。

✧ 已有数据的会计科目,应先将该科目及其下级科目余额清零后再删除。

✧ 被指定为现金、银行科目的会计科目不能删除。如想删除,必须先取消指定。

(4)设置科目辅助核算

如果用户原来有许多往来单位,并且个人、部门、项目是通过设置明细科目来进行核算管理的,那么,在使用总账系统后,最好改用辅助核算进行管理。会计科目设置了辅助核算后,它所发生的每一笔业务将会同时登记在总账和辅助明细账上。可以进行辅助核算的内容主要有部门核算、个人往来、客户往来、供应商往来及项目核算等。

【例3.16】增加“122102 应收个人款”科目,并设置为“个人往来”辅助核算。

[操作步骤]

①在“会计科目”窗口中单击“增加”按钮,打开“新增会计科目”对话框。

②输入科目编码“122102”,输入科目中文名称“应收个人款”,选中“个人往来”复选框,如图3.17所示。

③单击“确定”按钮。

温馨提示

✧ 辅助账类必须设在末级科目上,但为了查询或出账方便,可以在上级和末级科目上同时设置辅助账类。

✧ 如果不启用往来款系统,往来业务的核算在总账系统中进行。在设置供应商往来和客户往来款项的辅助核算项时,应不设置受控系统。如果默认了系统设置的受控系统,则往来科目应主要在往来款系统中使用。

(5)设置数量金额核算

对于原材料、库存商品、周转材料等会计科目,为便于实物管理,往往需要设置为数量核算,并设置计量单位。

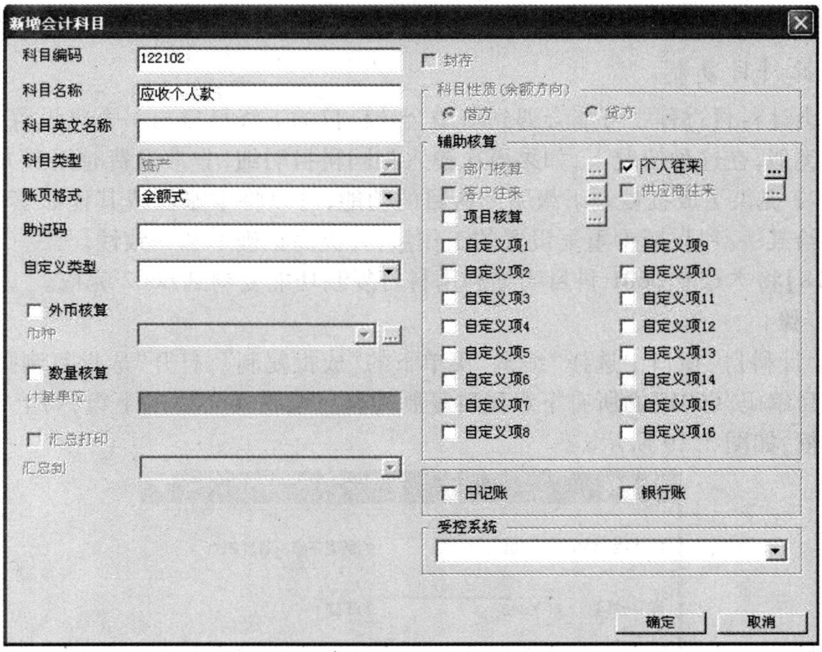

图 3.17　新增会计科目—个人往来辅助核算

【例 3.17】增加“140301 生产用原材料”科目,并设置为“数量核算”,计量单位为:吨。

[操作步骤]

①在“会计科目”窗口中单击“增加”按钮,打开“新增会计科目”对话框。

②输入科目编码“140301”,输入科目中文名称“生产用原材料”,选中“数量核算”复选框,如图 3.18 所示。

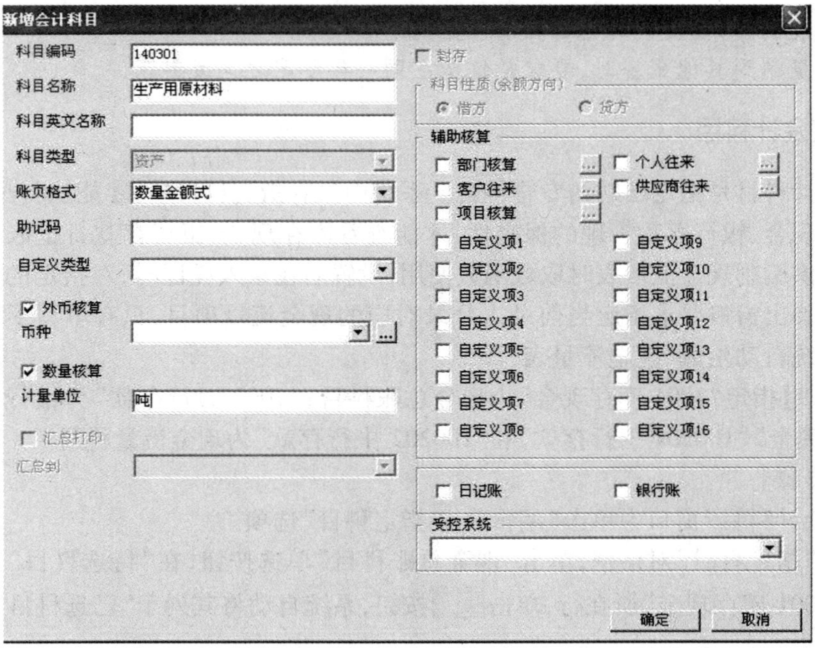

图 3.18　新增会计科目—数量金额核算

③单击“确定”按钮。

(6)成批科目复制

在新增会计科目过程中可能会遇到新增会计科目的下级科目与一个已设置好科目的下级明细科目类似,在这种情况下,如果再次输入相同科目明细,非常浪费时间和人力,所以用友 ERP-U8.72 提供了成批复制下级明细科目的功能,可以将本账套或其他账套中相似的下级科目复制给某一科目,减少重复设置的工作量,并提高正确率和一致性。

【例 3.18】将本账套 6601 科目明细利用科目复制功能复制到 6602 完成。

[操作步骤]

①在“会计科目”窗口中选择“编辑”菜单下的“成批复制”,打开“成批复制”对话框。

②将科目编码“6601”的所有下级科目复制为科目编码“6602”的下级,勾上“辅助核算”前面的复选框,如图 3.19 所示。

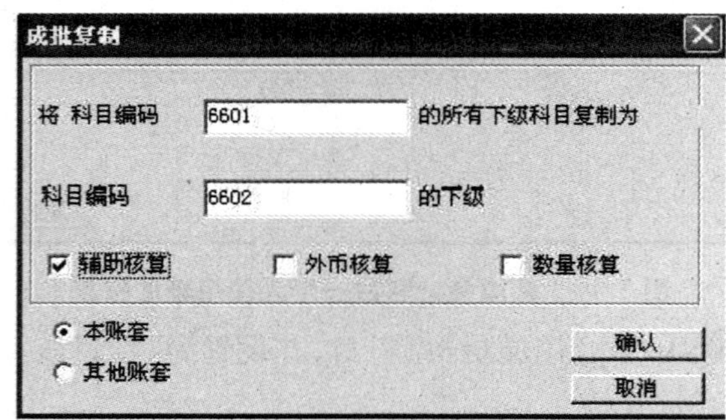

图 3.19 会计科目成批复制设置

③单击“确定”按钮,完成科目复制。

温馨提示

✧ 科目复制前,被复制的科目必须设置完毕。

✧ 科目复制到其他账套时,要求是仅能在同一年度账之间复制。

3)指定会计科目

指定会计科目是指定出纳的专管科目。系统中只有指定科目后,才能执行出纳签字,从而实现库存现金、银行存款管理的保密性,才能查看库存现金、银行存款日记账。指定的现金流量科目供编制现金流量表时取数函数使用,设置后在录入凭证时,对指定的现金流量科目系统自动弹出窗口要求指定当前录入分录对应的现金流量项目,只有填写了现金流量项目才能由系统自动生成“现金流量表”。

【例 3.19】指定“1001 库存现金”为现金总账科目、“1002 银行存款”为银行总账科目及“1001 库存现金”“100201 工行存款”和“100202 中行存款”为现金流量科目。

[操作步骤]

①在“会计科目”窗口中单击“编辑”→“指定科目”选项。

②打开“指定科目”对话框,单击“现金总账科目”单选按钮,在“待选科目”选择框中将光标移到“1001 库存现金”所在行,单击[>]按钮,系统自动将其列于“已选科目”框中,如图 3.20 所示。

③单击“银行总账科目”单选按钮,在“待选科目”选择框中将光标移到“1002 银行存

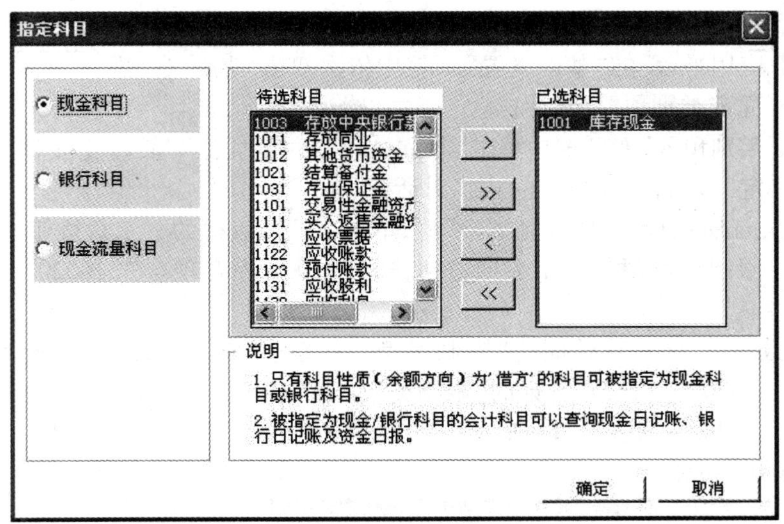

图 3.20 指定现金总账科目

款"所在行,单击[>]按钮,系统自动将其列于"已选科目"框中。

④单击"现金流量科目"单选按钮,在"待选科目"中分别选中"1001 库存现金""100201 工行存款"和"100202 中行存款",单击[>]按钮,将其设置为已选科目。

⑤单击"确认"按钮。

温馨提示

- ✧ 若想取消已指定的会计科目,可单击[<]按钮。
- ✧ 若想完成出纳签字的操作,还应在总账系统的选项中设置"出纳凭证必须经由出纳签字"。
- ✧ 只有指定现金总账科目和银行总账科目才能进行出纳签字,才能查询库存现金日记账和银行存款日记账。

4)设置凭证类别

在开始使用计算机录入凭证之前,应根据企业管理和核算的要求在系统中设置凭证类别,以便将凭证按类别分别编制、管理、记账和汇总。系统提供了常用的凭证分类方式,用户可以从中选择,也可以根据实际情况自行定义。如果选择了"收款凭证、付款凭证、转账凭证"的分类方式,应根据凭证分类的特点进行相应限制条件的设置,以便提高凭证处理的准确性。

【例 3.20】设置凭证的分类方式为"收款凭证""付款凭证"和"转账凭证",并设置限制类型及限制科目凭证类别信息,如表 3.8 所示。

表 3.8 凭证类别信息

类别字	类别名称	限制类型	限制科目
收	收款凭证	借方必有	1001,100201,100202
付	付款凭证	贷方必有	1001,100201,100202
转	转账凭证	凭证必无	1001,100201,100202

[操作步骤]

①在“企业应用平台”的“基础设置”页签中依次双击“基础档案”→“财务”→“凭证类别”选项，打开“凭证类别预置”对话框。

②在“凭证类别预置”对话框中单击“收款凭证”“付款凭证”“转账凭证”单选按钮。

③单击“确定”按钮，进入“凭证类别”对话框。

④在收款凭证所在行双击“限制类型”栏，单击下拉列表框的下三角按钮，选择“借方必有”选项；双击“限制科目”栏，单击参照按钮，选择“1001 库存现金”“100202 工行存款”和“100202 中行存款”。

⑤重复上述操作，将付款凭证的“限制类型”定义为“贷方必有”，“限制科目”定义为“1001,100201,100202”；将转账凭证的“限制类型”定义为“凭证必无”，“限制科目”定义为“1001,100201,100202”，如图 3.21 所示。

⑥单击“退出”按钮。

图 3.21 “凭证类别”对话框

温馨提示

✧ 限制科目数量不限，科目间用英语状态下的逗号分隔。

✧ 填制凭证时，如果不符合这些限制条件，系统拒绝保存。

✧ 可以通过凭证类别列表右侧的上下箭头按钮调整明细账中凭证的排列顺序。

5)设置项目目录

企业在实际业务处理中会对多种类型的项目进行核算和管理，例如在建工程、对外投资、技术改造项目、项目成本管理、合同等。因此，可以将具有相同特性的一类项目定义成一个项目大类。一个项目大类可以核算多个项目，为了便于管理，可以对这些项目进行分类管理，可以将存货、成本对象、现金流量、项目成本等作为核算的项目分类。

使用项目核算与管理的首要步骤是设置项目档案，设置项目档案包括：增加或修改项目大类，定义项目核算科目、项目分类、项目栏目结构，并进行项目目录的维护。

【例 3.21】设置项目大类：产品成本核算项目。核算科目：生产成本下级所有明细科目。项目分类：1——自行开发项目，2——委托开发项目。项目名称：101——普通打印纸-A4，

102——凭证套打纸-8X，所属分类码均为1。

［操作步骤］

(1)设置项目大类

①在“企业应用平台”的“基础设置”页签中依次单击“基础档案”→“财务”→“项目目录”，打开“项目档案”对话框。

②单击“增加”按钮，打开“项目大类定义_增加”对话框，输入新项目大类名称“产品成本核算项目”，如图3.22所示。

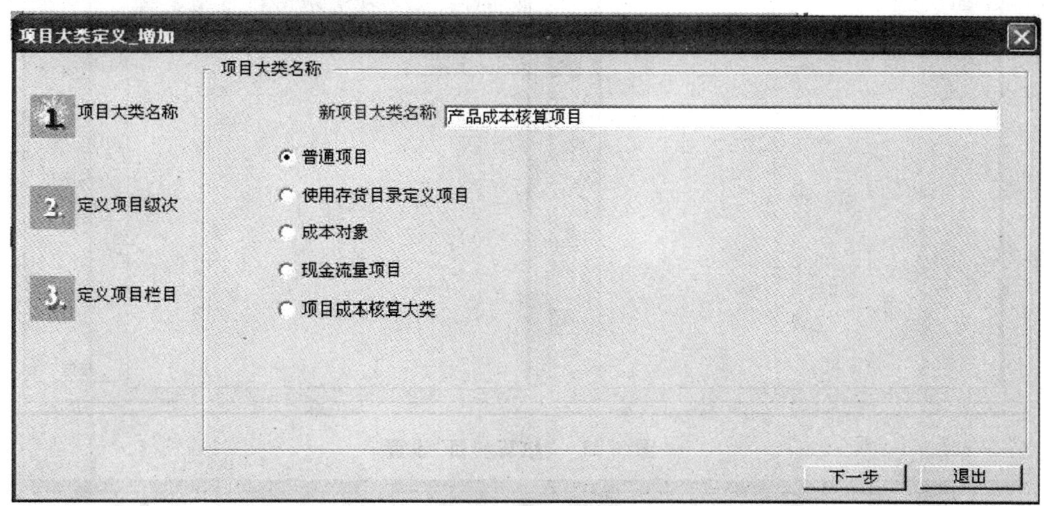

图3.22 “项目大类定义_增加”对话框

③单击“下一步”按钮，输入要定义的项目级次，本例采用系统默认值。

④单击“下一步”按钮，可增加、修改项目栏目，本例采用系统默认值。

⑤单击“完成”按钮，返回“项目档案”窗口。

(2)指定核算科目

①在“项目档案”窗口中打开“核算科目”选项卡。

②选择项目大类“产品成本核算项目”。

③单击“>”按钮，将“直接材料(500101)”到“其他(500105)”选为参加核算的科目，如图3.23所示，单击“确定”按钮。

温馨提示

✧ 一个项目大类可指定多个科目，一个科目只能指定一个项目大类。

(3)定义项目分类

①在“项目档案”窗口中打开“项目分类定义”选项卡。

②单击右下角的“增加”按钮，输入分类编码1；输入分类名称“自行开发项目”，单击“确定”按钮。

③同理，定义“2 委托开发项目”项目分类。输入完如图3.24所示。

温馨提示

✧ 为了便于统计，可对同一项目大类下的项目进一步划分，即定义项目分类。若无分类，也必须定义项目分类为“无分类”。

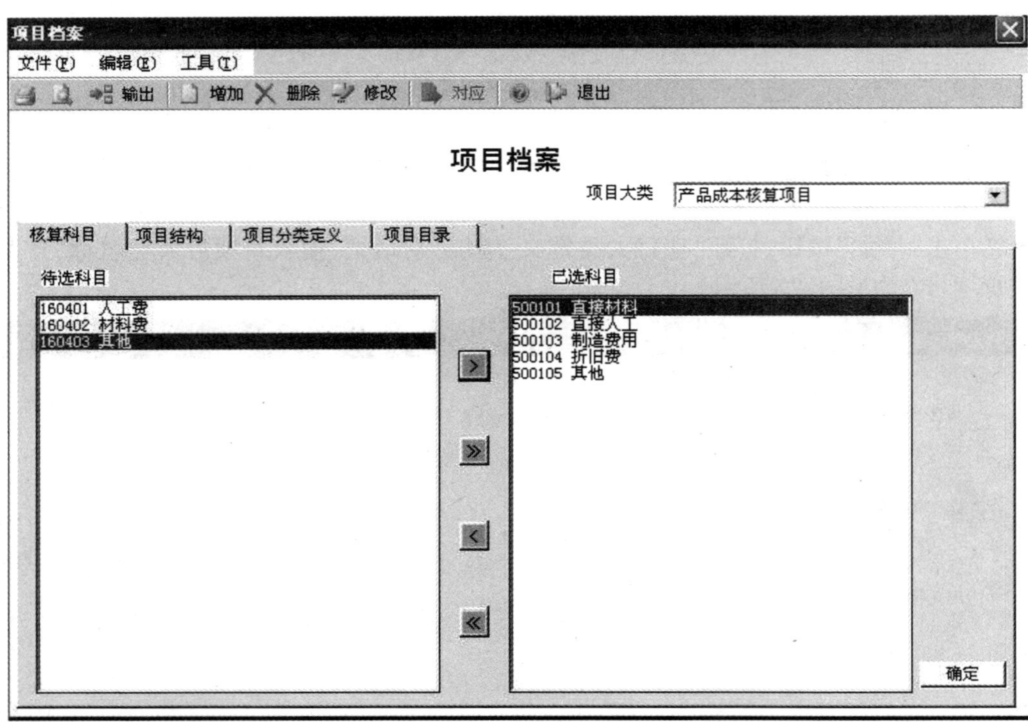

图 3.23 “核算科目”设置

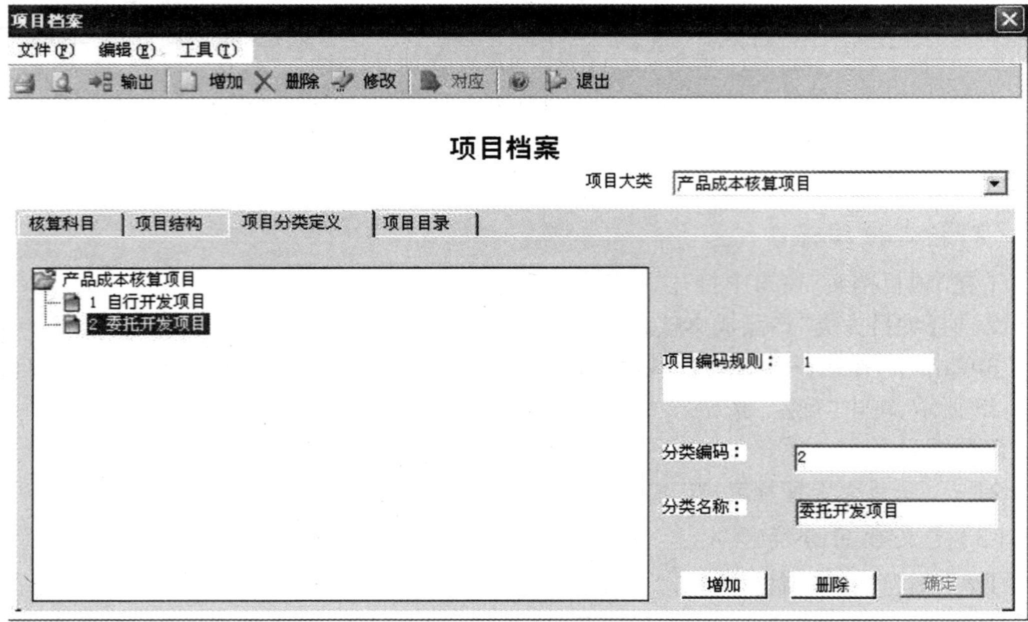

图 3.24 项目分类定义

(4)定义项目目录

①在“项目档案”窗口中打开“项目目录”选项卡。

②单击右下角的“维护”按钮，进入“项目目录维护”窗口。

③单击“增加”按钮，输入项目编号 101；输入项目名称“普通打印纸-A4”，选择所属分

类码 1。

④同理,继续增加“102 凭证套打纸-8X”项目档案,如图 3.25 所示。

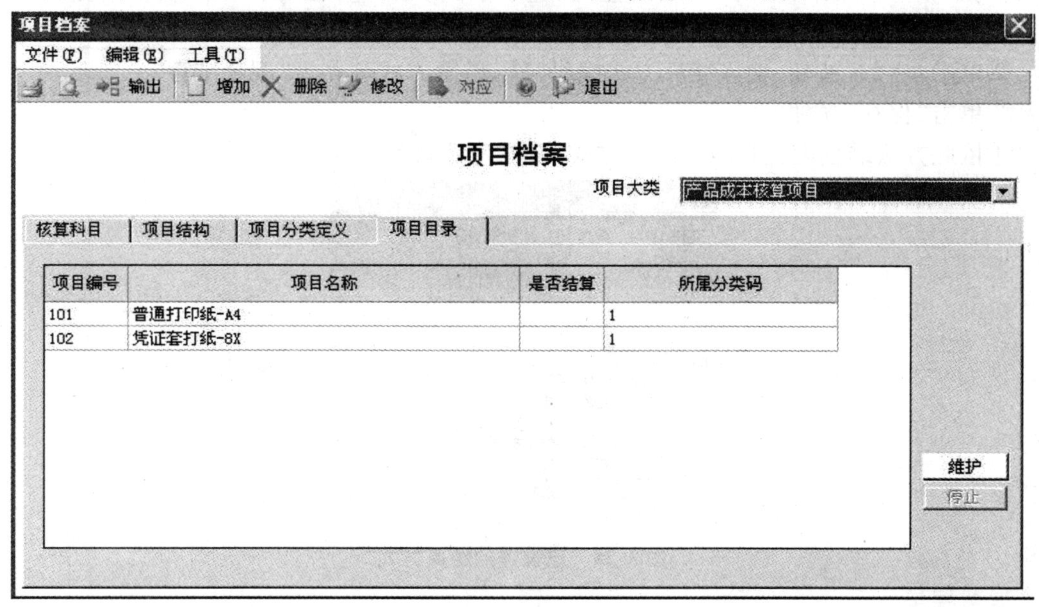

图 3.25 项目目录设置

温馨提示

✧ 标志结算后的项目将不能再使用。

3.3.5 收付结算方式设置

该功能用来建立和管理用户在经营活动中所涉及的结算方式。它与财务结算方式一致,如现金结算、支票结算等。结算方式最多可以分为两级。结算方式一旦被引用,便不能进行修改和删除的操作。

【例 3.22】设置如表 3.9 所示的结算方式。

表 3.9 结算方式

结算方式名称	是否票据管理	结算方式编号
现金结算	否	1
支票结算	否	2
现金支票	是	201
转账支票	是	202
汇票结算	是	3
本票结算	是	4

［操作步骤］

①在“企业应用平台”的“基础设置”页签中依次双击“基础档案”→“收付结算”→“结算方式”选项，打开“结算方式”对话框。

②单击“增加”按钮，输入结算方式编码“1”，结算方式名称为“现金结算”。

③单击“保存”按钮。

④依此方法继续设置其他的结算方式，设置完成如图 3.26 所示。

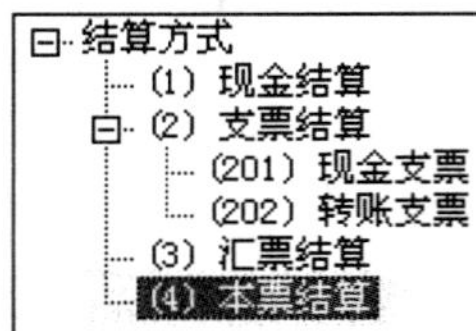

图 3.26 已设置的结算方式

温馨提示

✧ 结算方式的编码必须符合编码原则。

✧ 结算方式的录入内容必须唯一。

✧ 票据管理的标志可以根据实际情况选择是否需要。

本章小结

本章主要讲述用友软件运行的基本信息的设置。基础信息是系统运行的基石。企业应根据实际需要启用不同的子系统，启用时需要注意启用顺序。启用的子系统不一样，基础档案的设置也会有一定差异。有些基础档案的设置有一定顺序，需要按顺序进行。基础档案设置主要包括机构人员设置、客商信息设置、财务设置、收付结算方式设置等。基础档案可以根据需要随时增加。基本信息设置后，各子系统可以共享。正确设置基础档案信息是准确进行会计核算的基础。

第4章

总账系统

学习目标

- 掌握总账系统的功能结构和流程
- 掌握总账系统的凭证处理,如记账凭证的填制、查询、修改、删除、出纳签字、审核及记账
- 掌握总账系统的出纳管理,如现金日记账、银行存款日记账、资金日报表的查询及银行对账
- 了解总账系统的账簿管理,如总账、科目余额表、明细账、辅助账等的查询及打印
- 掌握总账系统的期末业务处理,如转账、对账及结账

4.1 总账系统概述

总账系统又称账务处理系统,是企业会计信息系统一个重要的核心子系统。在手工会计中,账务处理是指对会计数据的记录、归类、汇总等过程,包括原始凭证的整理与汇总、记账凭证的填制与汇总、账簿的登记及会计报表的编制四个阶段。在电算化会计系统中,账务处理的内容是指从填制凭证开始到输出各种账簿的过程,具体来说就是根据各种原始凭证向电算化系统录入记账凭证,并对其进行审核,根据这些数据生成日记账、明细账、科目汇总表、总账等,根据需要查询或输出各种凭证账簿,以及银行对账等出纳业务的处理等。

4.1.1 总账系统的功能结构

一般来说,一个完整的通用账务处理系统的功能结构包括以下几点:

1)初始设置

总账系统初始化工作包括系统工作环境设置、账套设置、会计科目设置、凭证类别设置、项目目录设置、客户/供应商档案设置、录入期初余额、录入初始银行未达账等操作。其中一部分在基础信息设置中已设置,只有系统工作环境和录入期初余额是在总账中最主要的初始设置中完成。

2）凭证处理

凭证处理是指通过严密的制单控制保证填制凭证的正确性。它提供资金赤字控制、支票控制、预算控制、外币折算误差控制以及查看最新余额等功能，加强对发生业务的及时管理和控制，完成凭证的录入、审核、记账、查询、打印以及出纳签字、主管签字、常用凭证定义等。

3）出纳管理

出纳管理为出纳人员提供一个集成的办公环境，加强对现金及银行存款的管理，包括查询和打印现金日记账、银行日记账、资金日报表，进行支票登记和管理，进行银行对账并编制银行存款余额调节表。

4）账簿管理

账簿管理包括查询和打印各种已记账凭证、总账、明细账、日记账、辅助账及各种汇总表。

5）辅助核算管理

辅助核算管理包括个人往来、客户往来、供应商往来、部门核算、项目核算等辅助核算管理。

6）期末处理

期末处理主要完成期末结转业务，记账凭证的自动编制和期末对账、结账工作，包括月末的"月结"和年末的"年结"。

4.1.2 总账系统的操作流程

第一次使用总账时，操作流程如图4.1所示。

①安装总账系统。

②增加新账套。

③进入总账系统。系统安装完毕后，即可启动账务系统。

④建立会计科目开始到设置凭证类别（即图中虚线所括部分），是对账套进行的初始设置，应根据本企业的特点进行相应的设置。

⑤当会计科目、各辅助项目录、期初余额及凭证类别等已录入完毕，就可以使用计算机进行填制凭证、记账等工作。图4.1中，从第⑨步到第⑫步是每月进行的日常业务。

⑥图4.1中第⑬步到第⑮步是月末需进行的工作，包括月末转账、对账、结账，以及对会计档案进行备份等。

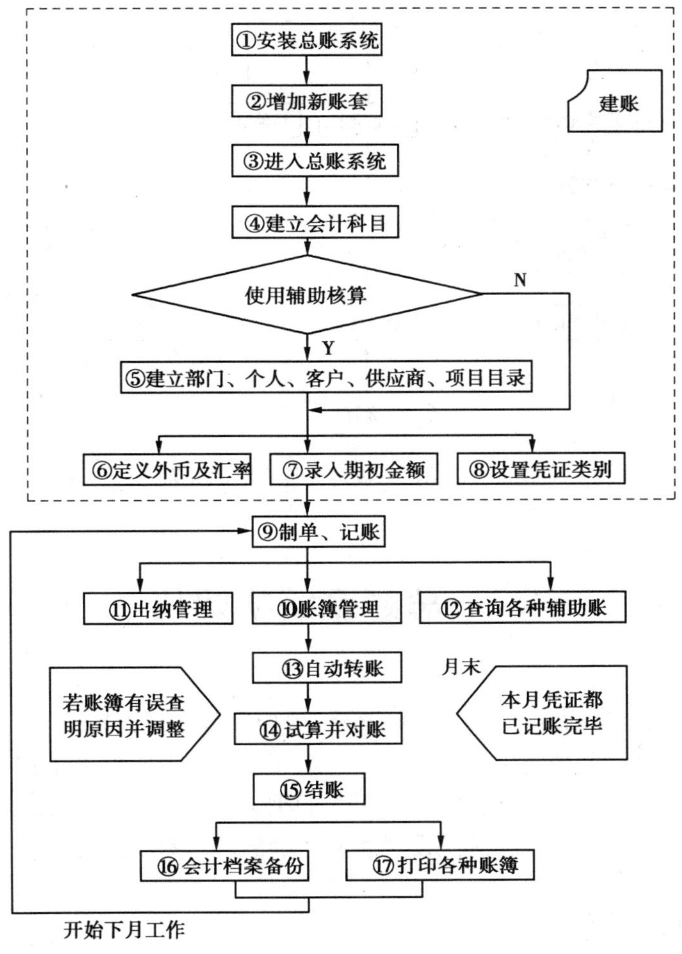

图 4.1 总账系统的操作流程

4.1.3 总账系统在电算化会计信息系统中的地位

一个完整的会计信息系统包括总账系统、报表处理系统、工资核算系统、固定资产核算系统、材料核算系统、产成品销售核算系统、成本核算系统、往来核算系统等。总账系统是整个会计信息系统的一部分,是整个会计核算系统的中枢,其他账务和业务子系统有关资金的数据最终要归集到总账系统中以生成完整的会计账簿。报表系统编制会计报表和进行有关的账务分析时,其数据主要取自总账系统。

企事业单位开展会计电算化工作一般都是从总账系统开始,逐步实现工资、固定资产核算等其他业务核算的电算化。总账系统是整个会计信息系统的基础,其他子系统所采用的会计科目、凭证格式等都要通过总账系统进行设置,离开总账系统其他业务核算系统难以真正地发挥作用。因此,总账系统是会计信息系统的基础和核心,是整个会计信息系统最基本和最重要的内容,如图 4.2 所示。

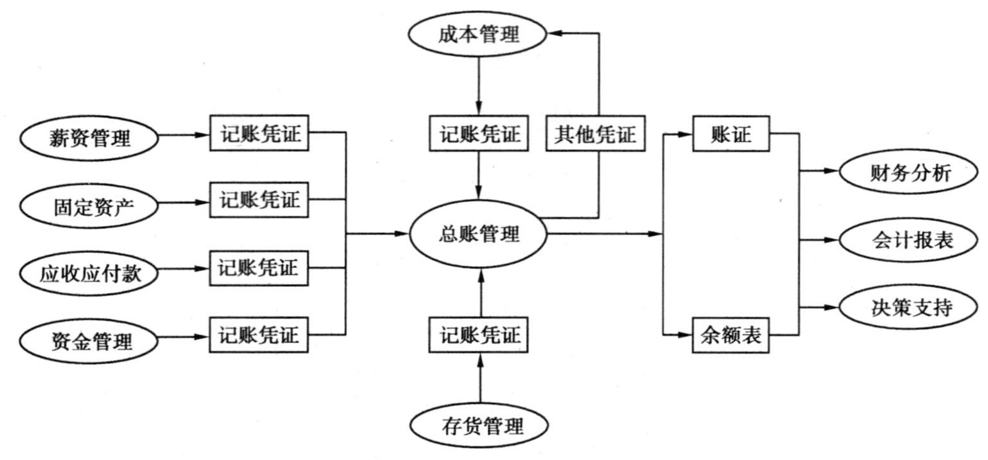

图4.2 总账系统与其他系统的关系

4.2 总账系统初始化

在开始使用总账系统前,应先启用总账系统,然后进行基础设置,包括分类定义、编码档案、会计科目、外币设置、凭证类别、结算方式、自定义项等。完成以上工作后,在总账系统能正常提供凭证处理、出纳管理、账簿管理、辅助核算管理、期末处理等功能之前,需要启动总账系统进行初始化操作,主要包括选项设置和期初余额录入两项内容。

4.2.1 选项设置

在进入新的账套后,需要对业务处理控制参数进行设置,这些参数设置决定了账务处理系统的数据输入、处理、输出的内容及形式。需要设置的业务控制参数一般有凭证设置、账簿设置、凭证打印、预算控制、权限设置、会计日历、其他设置及自定义项核算。

【例4.1】按表4.1的要求设置总账控制参数。

表4.1 总账控制参数

选项卡	参数设置
凭证	☑制单序时控制 ☑支票控制 赤字控制:资金往来科目 赤字控制方式:提示 可以使用应收款、应付款、存货受控科目 取消"现金流量科目必须录入现金流量项目"选项 凭证编号方式采用系统编号
账簿	账簿打印位数宽度采用默认设定 明细账打印按年排页
凭证打印	打印凭证的制单、出纳、审核、记账等人员姓名
预算控制	控制科目包含贷方科目、超出预算允许保存

续表

选项卡	参数设置
权限	出纳凭证必须经由出纳签字　　取消允许修改、作废他人填制的凭证 可查询他人凭证　　明细账查询权限控制到科目
会计日历	会计日历为1月1日—12月31日　　数量小数单位和单价小数单位设置为2位
其他	外币核算采用固定汇率　　部门、个人、项目修改为按编码方式排序

[操作步骤]

进入账务处理系统，在“设置”菜单下选择“选项”命令，系统弹出“选项”设置对话框，单击“编辑”按钮，即可进行相关设置的修改。修改完毕，单击“确定”按钮保存修改设置结果。

1)“凭证”选项卡设置

(1)制单控制

制单控制主要设置在填制凭证时系统应对哪些操作进行控制。“制单序时控制”选项和“系统编号”选项联用，制单时凭证编号必须按日期顺序排列，如1月10日编至20号凭证，则1月11日只能开始编制21号凭证，即制单序时。如果有特殊需要，可以将其改为不序时制单。

支票控制：若选择此项，在制单使用银行科目编制凭证时，系统针对票据管理的结算方式进行登记。如果录入支票号在支票登记簿中已存，系统提供登记支票报销的功能；否则，系统提供登记支票登记簿的功能。

赤字控制：若选择此项，在制单时，当“资金及往来科目”或“全部科目”的最新余额出现负数时，系统将予以提示或不允许保存。

(2)受控系统

可以使用应收受控科目：若科目为应收款系统的受控科目，为了防止重复制单，只允许应收系统使用此科目进行制单，总账系统是不能使用此科目制单的。所以，如果单位希望在总账系统中也能使用这些科目填制凭证，则应选择此项。

可以使用应付受控科目：若科目为应付款系统的受控科目，为了防止重复制单，只允许应付系统使用此科目进行制单，总账系统是不能使用此科目制单的。所以，如果单位希望在总账系统中也能使用这些科目填制凭证，则应选择此项。

可以使用存货受控科目：若科目为存货核算系统的受控科目，为了防止重复制单，只允许存货核算系统使用此科目进行制单，总账系统是不能使用此科目制单的。所以，如果单位希望在总账系统中也能使用这些科目填制凭证，则应选择此项。

(3)凭证控制

现金流量科目必录现金流量项目：选择此项后，在录入凭证时，如果使用现金流量科目，则必须输入现金流量项目及金额。

自动填补凭证断号：如果选择凭证编号方式为系统编号，则在新增凭证时，系统按凭证类别自动查询本月的第一个断号默认为本次新增凭证的凭证号。如无断号则为新号，与原编号规则一致。

批量审核凭证,进行合法性校验:批量审核凭证时,针对凭证进行二次审核,提高凭证输入的正确率,合法性校验与保存凭证时的合法性校验相同。

同步删除外部系统凭证:选中此项后,外部系统删除凭证时相应地将总账的凭证同步删除。否则,将总账凭证作废,不予删除。

(4)凭证编号方式

系统在"填制凭证"功能中一般按照凭证类别按月自动编制凭证编号,即"系统编号";但有的企业需要系统允许在制单时手工录入凭证编号,即"手工编号"。

"凭证"选项卡设置内容如图4.3所示。

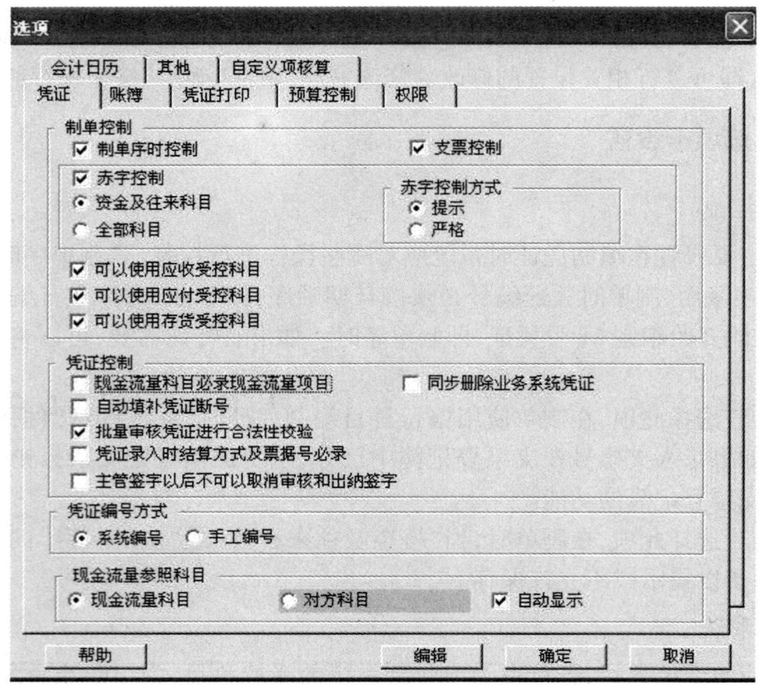

图4.3 "凭证"选项卡

2)"账簿"选项卡设置

①打印位数宽度:定义正式账簿打印时各栏目的宽度,包括摘要、金额、外币、数量、汇率、单价。

②凭证、账簿套打:打印凭证、账簿是否使用套打纸进行打印。套打纸是指财务软件公司为账务专门印制的各种凭证、账簿的标准表格线。选择套打打印时,系统只将凭证、账簿的数据内容打印到相应的套打纸上,而不打印各种表格线。用套打纸打印凭证速度快,且美观。明细账套打分为金额式明细账和外币数量式明细账。日记账套打分为金额式日记账、外币金额式日记账、数量金额式日记账和外币数量式明细账。多栏账套打只有金额式多栏账。

③明细账(日记账、多栏账)打印输出方式:打印正式明细账、日记账或多栏账时,需要选择按年排页还是按月排页。

按月排页:即打印时从所选月份范围的起始月份开始将明细账顺序排页,再从第一页开始将其打印输出,打印起始页号为“1 页”。这样,若所选月份范围不是第一个月,则打印结果的页号必然从“1 页”开始排。

按年排页:即打印时从本会计年度的第一个会计月开始将明细账顺序排页,再将打印月份范围所在的页打印输出,打印起始页号为所打月份在全年总排页中的页号。这样,若所选月份范围不是第一个月,则打印结果的页号有可能不是从“1 页”开始排。

“账簿”选项卡设置如图 4.4 所示。

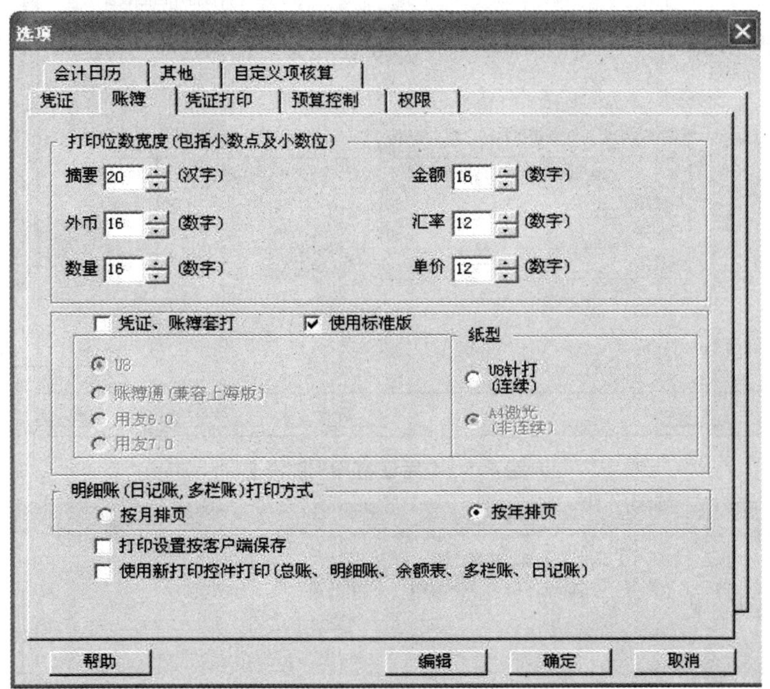

图 4.4 “账簿”选项卡

3)“凭证打印”选项卡设置

①合并凭证显示、打印:选择此项,则在填制凭证、查询凭证、出纳签字和审核凭证时,以系统选项中的设置显示;在科目明细账显示或打印时,凭证按照“按科目、摘要相同方式合并”或“按科目相同方式合并”合并显示,并在明细账显示界面提供是否“合并显示”的选项。

②打印凭证页脚姓名:打印凭证时,是否自动打印制单人、出纳、审核人、记账人的姓名。

“凭证打印”选项卡设置如图 4.5 所示。

4)“预算控制”选项卡设置

超出预算允许保存:选择“预算控制”选项后此项才起作用,从财务分析系统取预算数,如果制单输入分录时超过预算,也可以保存超预算分录,否则不予保存。

“预算控制”选项卡设置如图 4.6 所示。

5)“权限”选项卡设置

①制单权限控制到科目:要在系统管理的“功能权限”中设置科目权限,再选择此项,权

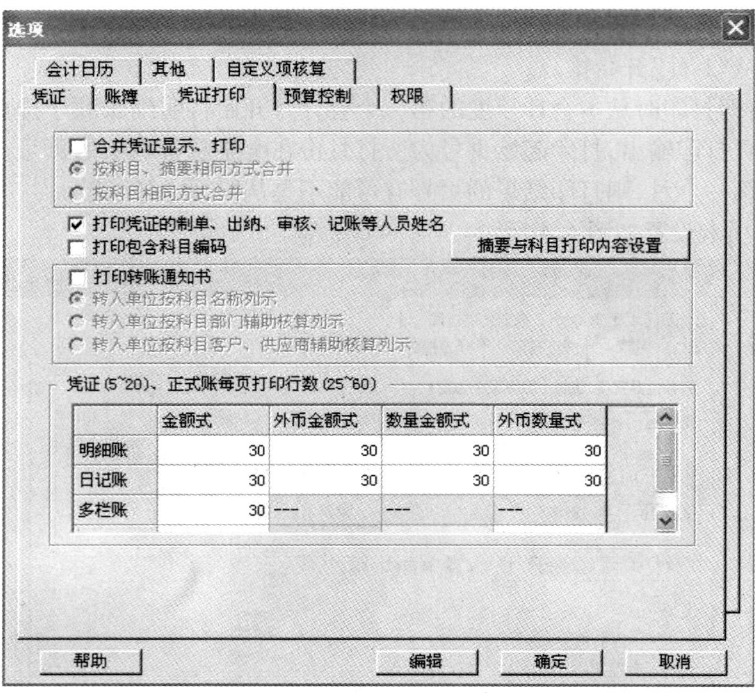

图 4.5 “凭证打印”选项卡

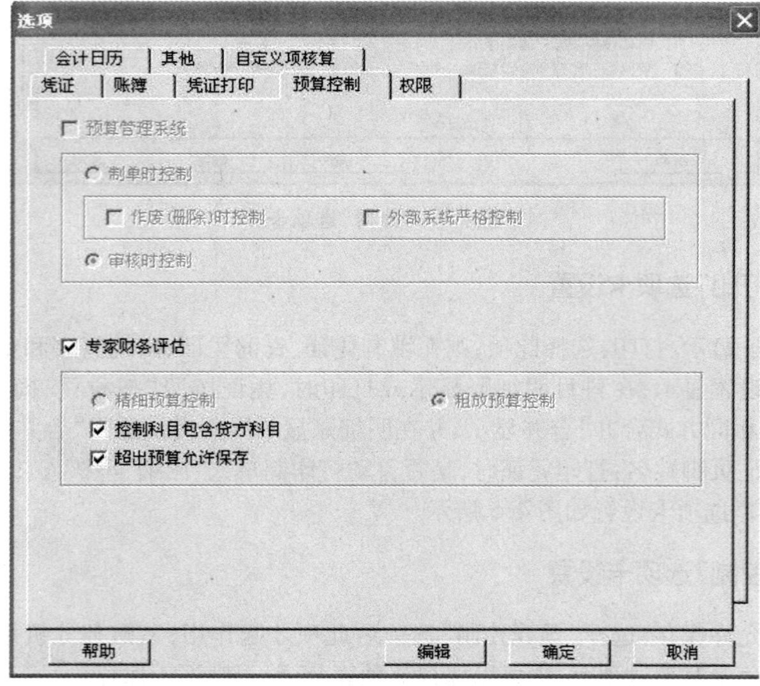

图 4.6 “预算控制”选项卡

限才设置有效。选择此项,则在制单时,操作员只能使用具有相应制单权限的科目制单。

②制单权限控制到凭证类别:要在系统管理的“功能权限”中设置凭证类别权限,再选择此项,权限设置才有效。选择此项,则在制单时,只显示此操作员有权限的凭证类别,同时在

凭证类别参照中按人员的权限过滤出有权限的凭证类别。

③操作员进行金额权限控制：选择此项，可以对不同级别的人员进行金额大小的控制，例如财务主管可以对100万元以上的经济业务制单，一般财务人员只能对50万元以下的经济业务制单，这样可以减少由于不必要的责任事故带来的经济损失。如为外部凭证或常用凭证调用生成，则处理与预算处理相同，不做金额控制。

④凭证审核控制到操作员：如只允许某操作员审核其本部门操作员填制的凭证，则应选择此选项。

⑤出纳凭证必须经由出纳签字：若要求现金、银行科目凭证必须由出纳人员核对签字后才能记账，则选择此项。

⑥凭证必须经由主管会计签字：如要求所有凭证必须由主管签字后才能记账，则选择此项。

⑦可查询他人凭证：如允许操作员查询他人凭证，则选择此项。

⑧明细账查询权限控制到科目：这里是权限控制的开关，在系统管理中设置明细账查询权限，必须在总账系统选项中打开，才能起到控制作用。

⑨制单、辅助账查询控制到辅助核算：设置此项权限，制单时才能使用有辅助核算属性的科目录入分录，辅助账查询时只能查询有权限的辅助项内容。

"权限"选项卡设置如图4.7所示。

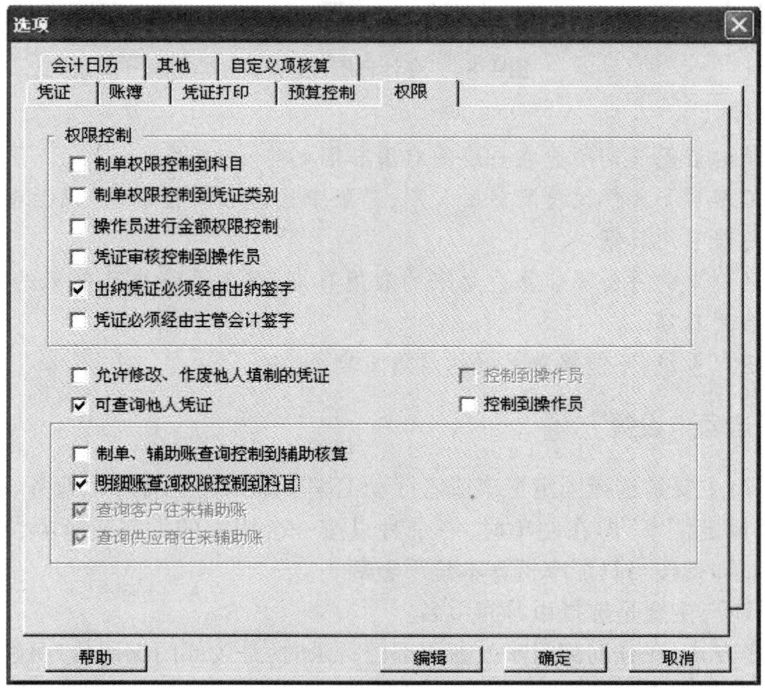

图4.7 "权限"选项卡

6)"会计日历"选项卡设置

单击"会计日历"页签，可查看各会计期间的起始日期与结束日期，以及启用会计年度和启用日期。此处仅能查看会计日历的信息，如需修改应到系统管理中进行。

“会计日历”选项卡设置如图 4.8 所示。

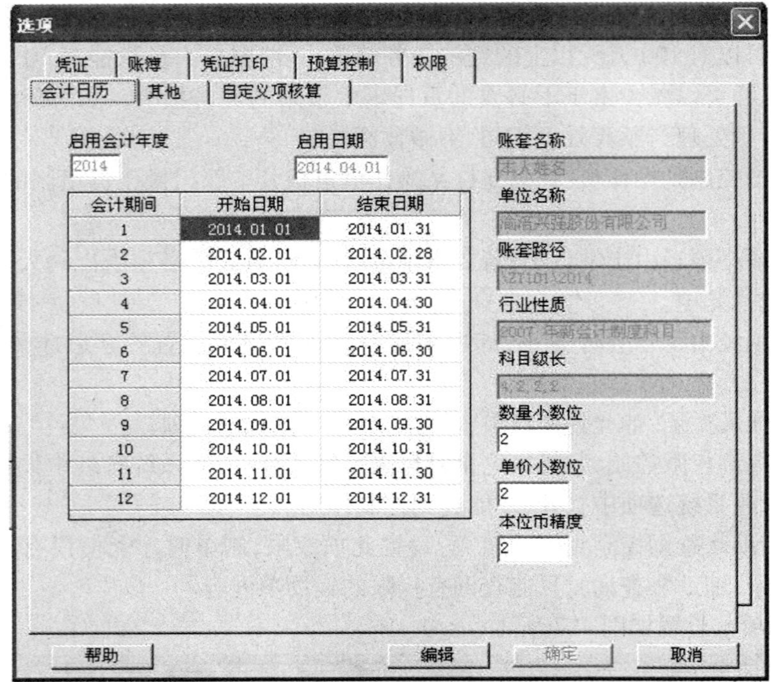

图 4.8 “会计日历”选项卡

温馨提示

✧ 总账系统的启用日期不能在系统的启用日期之前。

✧ 已录入汇率后不能修改总账启用日期;总账中已录入期初余额(包括辅助期初)则不能修改总账启用日期。

✧ 总账中已制单的月份不能修改总账的启用日期,其他系统中已制单的月份不能修改总账的启用日期。

✧ 第二年进入系统,不能修改总账的启用日期。

7)“其他”选项卡设置

①外币核算:主要是选择固定汇率或者浮动汇率。如果企业有外币业务,则应选择相应的汇率方式。“固定汇率”即在制单时,一个月只按一个固定的汇率折算本位币金额。“浮动汇率”即在制单时,按当日汇率折算本位币金额。

②本位币核算:主要是选择币符和币名。

③部门排序方式:在查询部门账或参照部门目录时,是按部门编码排序还是按部门名称排序,可根据需要在这里设置。

④个人排序方式:在查询个人账或参照个人目录时,是按个人编码排序还是按个人名称排序,可根据需要在这里设置。

⑤项目排序方式:在查询项目账或参照项目目录时,是按项目编码排序还是按项目名称排序,可根据需要在这里设置。

“其他”选项卡设置如图 4.9 所示。

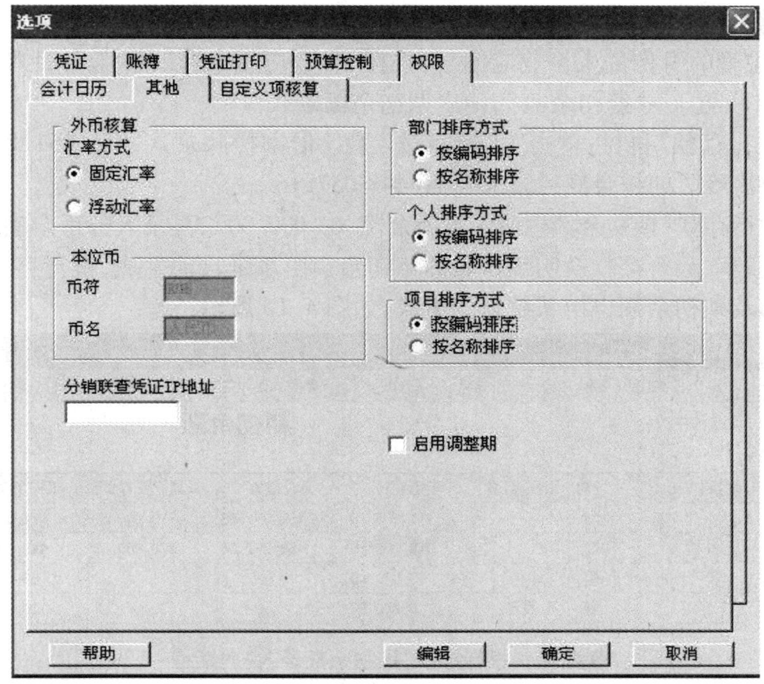

图 4.9 “其他”选项卡

4.2.2 期初余额设置

在首次使用总账系统时,应将经过整理的手工账目的期初余额录入系统,以保证账簿数据的连续与完整。若企业是年初建账,则期初余额为年初数;若企业是年中启用总账,则应将各账户启用月的月初余额及年初到该月的累计借贷方发生额计算清楚并录入到系统中,年初总账余额将自动计算出来。

1)录入期初余额

单位如果是第一次使用账务处理系统,必须使用此功能输入科目余额。如果总账系统中已有上年的数据,在使用“结转上年余额”后,上年各账户余额将自动结转到本年。

期初余额的录入方法可以分为以下几种情况:

一是只需录入末级会计科目的余额,非末级会计科目(深灰色背景科目)余额不需直接录入,系统可自动计算得出。一般末级会计科目余额可在其对应栏目直接输入数据。

二是数量或外币核算的科目,必须先录入本币余额,再录入数量余额、外币余额。

三是对含有往来、部门及项目等辅助核算的会计科目,应双击其期初余额栏,进入辅助期初余额栏录入信息。其中,无论在总账还是在应收应付系统中含有往来核算辅助核算的会计科目,其期初余额应在辅助期初余额栏中的“期初往来明细”窗口中录入,累计借、贷方发生额在“辅助期初余额”窗口中直接录入。

【例 4.2】录入银行存款期初余额,其中“工行存款”累计借方发生额为 469 251.88,累计贷方发生额为 370 000.35,期初余额为 448 057.16;“中行存款”期初余额中本币余额为 63 000,外币(美元)余额为 10 000。

[操作步骤]

①以账套主管的身份进入企业应用平台,在"企业应用平台"的"业务处理"页签中依次单击"总账"→"设置"→"期初余额",弹出期初余额录入窗口。

②找到"银行存款"科目,单击"工行存款"累计借方栏并录入"469 251.88",累计贷方栏录入"370 000.35",期初余额栏录入金额"448 057.16"。

③单击"中行存款"期初余额栏录入本币余额"63 000.00",再录入外币余额"10 000.00"。输入完毕后按回车,银行存款及明细科目的年初余额由系统自动生成,银行存款栏目的累计借、贷方发生额及期初余额也由系统自动生成,如图 4.10 所示。

期初余额录入

设置 输出 方向 刷新 试算 查找 对账 清零 退出

期初余额

期初:2014年04月

科目名称	方向	币别/计量	年初余额	累计借方	累计贷方	期初余额
银行存款	借		411,805.63	469,251.88	370,000.35	511,057.16
工行存款	借		348,805.63	469,251.88	370,000.35	448,057.16
中行存款	借		63,000.00			63,000.00
	借	美元	10,000.00			10,000.00

图 4.10 银行存款"期初余额录入"对话框

【例 4.3】录入其他应收款期初余额,其中"应收单位款"期初余额为 0;"应收个人款"期初余额为 3 800(涪兴强 2 000,孙健 1 800)。

[操作步骤]

①以账套主管的身份进入企业应用平台,在"企业应用平台"的"业务处理"页签中依次单击"总账"→"设置"→"期初余额",弹出期初余额录入窗口。

②找到"其他应收款"科目,"应收单位款"为客户往来核算,由于科目期初余额为 0,不用录入。

③"应收个人款"为个人往来核算,科目期初余额为 3 800.00,不能从应收个人款栏目直接输入,应双击应收个人款栏目即弹出"辅助期初余额"窗口,选择科目名称为"122102 应收个人款"后单击"往来明细"按钮,进入"期初往来明细"窗口,单击"增行"按钮录入日期、凭证号、部门、个人、摘要、方向、期初余额等信息,如图 4.11 所示。

④录入完毕后,单击"汇总"按钮返回"辅助期初余额"窗口并由系统自动生成辅助期初数据,在该窗口录入累计借、贷方发生额后单击"退出"按钮,如图 4.12 所示。

⑤单击"退出"按钮,返回应收个人款期初余额录入窗口,由系统自动生成年初余额数据。

期初往来明细

输出 增行 删行 查找 汇总 退出

期初往来明细

科目名称 122102 应收个人款

日期	凭证号	部门	个人	摘要	方向	金额	票号	票据日期
2014-03-21	付-118	总经理办公室	涪兴强	出差借款	借	2,000.00		
2014-03-27	付-156	销售部	孙健	出差借款	借	1,800.00		

图 4.11 应收个人款"期初往来明细"对话框

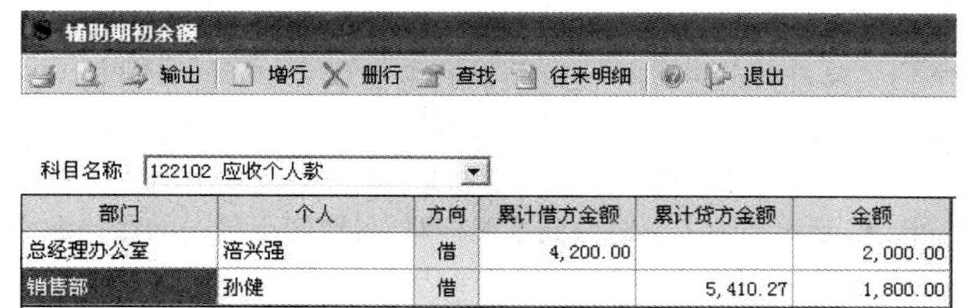

部门	个人	方向	累计借方金额	累计贷方金额	金额
总经理办公室	涪兴强	借	4,200.00		2,000.00
销售部	孙健	借		5,410.27	1,800.00

图 4.12 应收个人款“辅助期初余额”对话框

温馨提示

✧ 在录入辅助核算期初余额之前，必须先设置各辅助核算目录。如果输入过程中发现某项输入有误需要更正时，按 Esc 键取消当前项输入内容即可。

✧ 对于客户往来及供应商往来科目，如果应收应付系统与总账系统启用日期相同，且在应收应付系统中已录入期初数据，则可通过“引入”功能引入应收应付期初数据。

2）主要功能按键操作功能

①“方向”：可修改科目的余额方向（即科目性质）。每个科目的余额方向由科目性质确定，资产、成本、费用类科目余额方向为借，负债、所有者权益、收入类科目余额方向为贷。账套中只能调整一级科目的余额方向，且须在该科目及其下级科目尚未录入期初余额之前调整。当一级科目方向调整后，其下级科目也随一级科目相应调整方向。

②“试算”：显示期初试算平衡表，显示试算结果是否平衡。如果不平衡，请重新调整至平衡后，再进行下一步工作。

【例 4.4】总账期初余额试算平衡。

［操作步骤］

在全部录入期初余额完毕后，单击“期初余额”窗口上方的“试算”按钮，即可对科目期初余额进行试算平衡检查。结果如图 4.13 所示，期初余额试算平衡后可以进入其他日常业务处理操作。

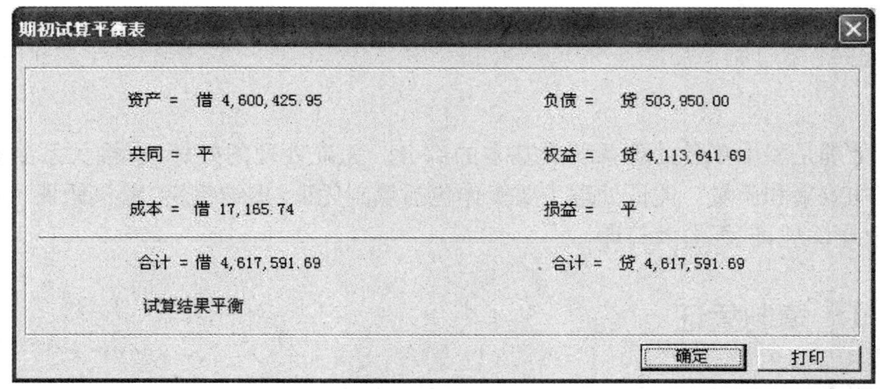

图 4.13 “期初试算平衡表”对话框

温馨提示

✧ 若账套的期初余额试算不平衡，那么将不能记账，但可以填制凭证。

✧ 若单位已经使用本系统记过账，期初余额窗口为“只读”状态，即不能再录入、修改期初余额,也不能执行“结转上年余额”的功能。

③“查找”:输入科目编码或名称,或通过科目参照输入要查找的科目,可快速显示此科目所在的记录行。如果在录入期初余额时使用查找功能,可以提高输入速度。

④“对账”:期初余额对账功能。在录入期初余额时,不经意中会发生总账与辅助账、总账与明细账之间数据错误。为了及时做到账账核对,尽快修正错误的账务数据,企业应进行期初对账。

【例 4.5】总账系统期初对账。

[操作步骤]

在全部录入期初余额完毕后,单击“期初余额”窗口上方的“对账”按钮,系统弹出“期初对账”窗口,单击“开始”按钮,自动进行总账上下级之间、总账与明细账之间、总账与辅助账之间的核对。对账完毕后,显示对账结果,如果对账不符,可查看错误原因,如图 4.14 所示。

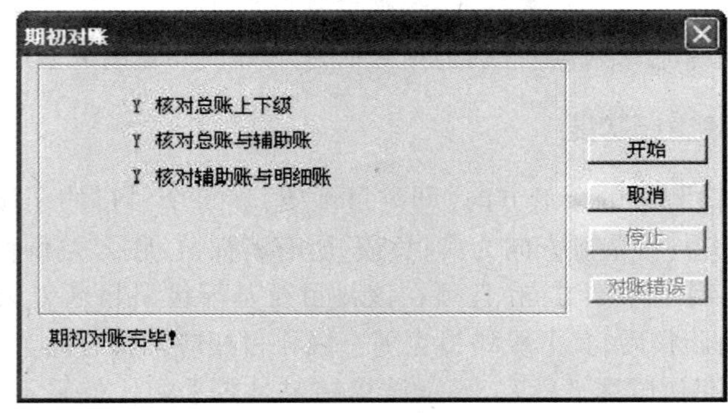

图 4.14 “期初对账”对话框

⑤“清零”:期初余额清零功能,当此科目的下级科目的期初数据互相抵消,使本科目的期初余额为零时,清除此科目的所有下级科目的期初数据。存在已记账凭证时,此按钮呈现灰色。

4.3 总账系统的凭证处理

凭证处理是整个账务处理系统最基本的部分。凭证处理的好坏,直接关系到整个账务处理系统的效果和质量。凭证处理主要工作包括填制凭证、出纳签字、审核凭证、查询凭证、记账、修改删除凭证、汇总及打印。

4.3.1 填制凭证

登记账簿的依据是记账凭证。记账凭证是总账系统的数据源,填制凭证也是最基础和最频繁的工作。凭证的内容一般包括两部分:一是凭证头部分,包括凭证类别、凭证编号、日期等内容;二是凭证正文部分,包括摘要、科目名称和金额等内容。单位的日常账务处理首先从填制凭证开始。

【例 4.6】2014 年 4 月 2 日,采购部莫丽购买了 200 元的办公用品,以现金支付,附原始凭证 2 张。

［操作步骤］

①以总账会计的身份进入企业应用平台依次单击“业务处理”→“财务会计”→“总账”→“凭证”→“填制凭证”，显示单张凭证。

②单击“增加”按钮或按“F5”键，增加一张新凭证，光标定位在凭证类别上，选择收款凭证。

③系统对凭证自动编号，自动取当前业务日期为记账凭证填制的日期，可修改。将凭证日期确定为“2014.04.02”。

④在“附单据数”处输入原始单据张数“2”。

⑤输入凭证分录的摘要，按“F2”键参照录入常用摘要或直接录入摘要“采购办公用品”。

⑥在第一行科目名称栏按“F2”键参照录入或直接录入末级科目“管理费用/办公费”，如图 4.15 所示。由于该科目设有部门核算，回车后系统弹出“辅助项”对话框，按“F2”键参照录入或直接录入“采购部”后单击“确定”按钮退出，如图 4.16 所示，借方金额栏输入“200.00”。

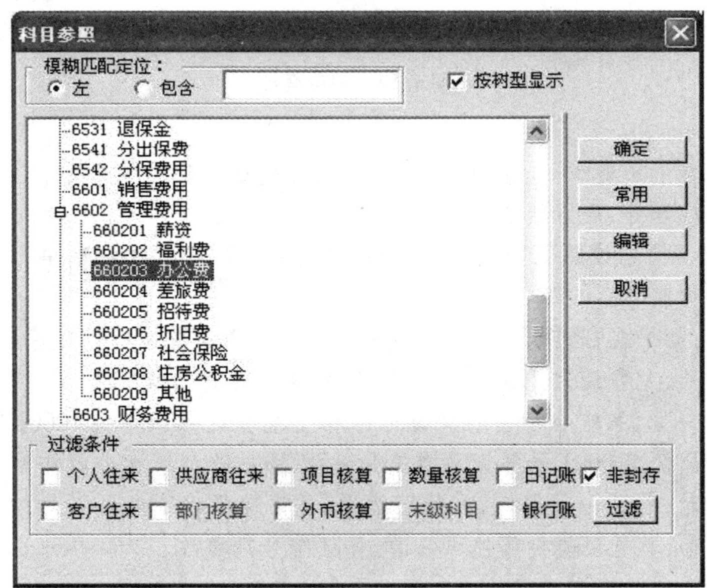

图 4.15　科目参照

图 4.16　部门核算辅助项

⑦回车后第二行摘要自动生成为“采购办公用品”，录入科目名称栏“库存现金”，贷方金额栏输入“200.00”。

⑧当凭证全部录入完毕后，单击“保存”按钮或按“F6”键保存这张凭证，若系统自动计算的借方金额合计栏与贷方金额合计栏相等，系统弹出“凭证已成功保存”提示窗口，单击“确定”按钮，如图 4.17 所示。

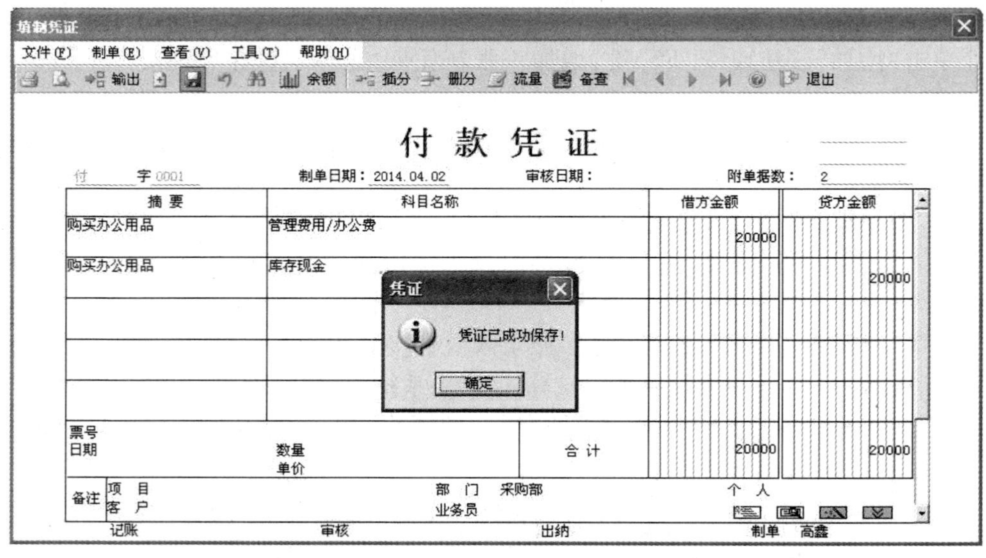

图 4.17 保存凭证

温馨提示

✧ 在合并状态下不能录入、修改凭证，必须先切换到展开状态再操作。按“Ctrl+A”组合键可以切换合并、展开状态。

✧ 如果在“选项”中设置了“制单权限控制到科目”选项，那么在制单时不能使用无权限的科目进行制单。

✧ 凭证编号：如果在“选项”中选择“系统编号”，则由系统按时间顺序自动编号。否则，请手工编号，允许最大凭证号为 32767。系统规定每页凭证可以有 5 笔分录，当某号凭证不只一页，系统自动将在凭证号后标上几分之一，如：付-0001 号 0002/0003 表示为付款凭证第 0001 号凭证共有三张分单，当前光标所在分录在第二张分单上。在系统编号时，凭证一旦保存，其凭证类别、凭证编号将不能再修改；在手工编号时，凭证一旦保存，其凭证类别不能再修改、凭证编号可修改。

✧ 录入科目名称时需要注意：

- 若科目为银行科目，且在结算方式设置中确定要进行票据管理，在“选项”中设置“支票控制”，那么这里会要求要输入“结算方式”“票号”及“发生日期”，如图 4.18 所示。在保存凭证时系统会弹出提示登记支票窗口，单击“是”按钮，如图 4.19 所示，按要求在“票号登记”窗口录入支票登记信息，如图 4.20 所示。

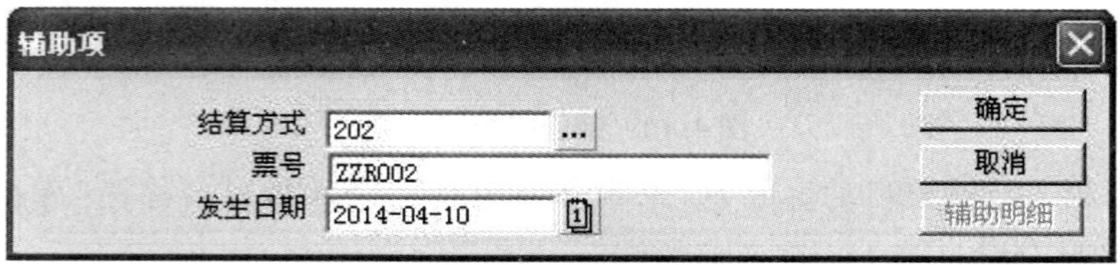

图 4.18 银行科目辅助项

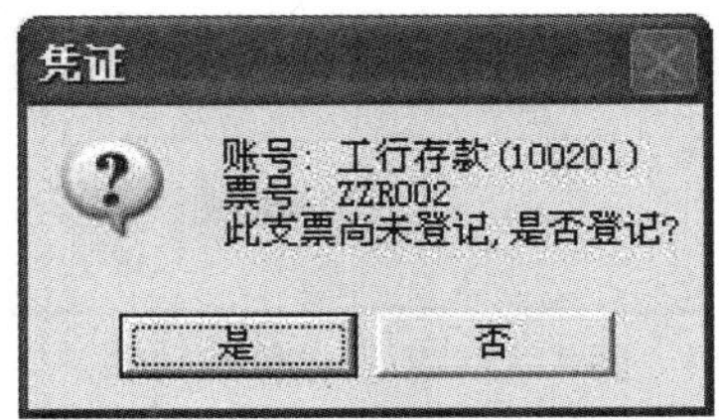

图 4.19 提示框

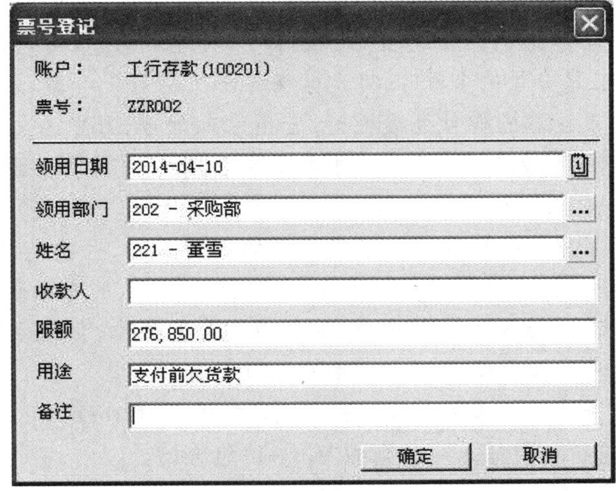

图 4.20 票号登记

- 若科目为数量核算，在录入科目名称后需要输入数量、单价，如图 4.21 所示。录入完毕后单击"确定"按钮，系统自动计算出金额显示在本科目借方金额栏，可自行调整金额方向。

图 4.21 数量核算辅助项

- 若科目为往来核算，在录入科目名称后需要输入客户、业务员、票号、发生日期等，如图 4.22 所示。对于同一个往来单位来说，名称要前后一致，比如"华明公司"若误写为"华月公司"，名称前后不一致，系统则将其当成两个单位。

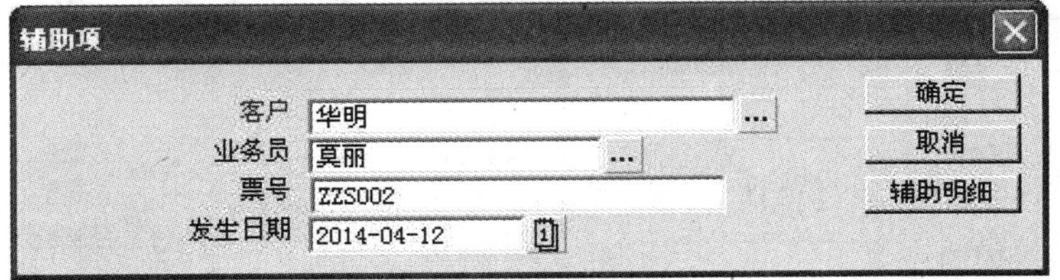

图 4.22 客户往来辅助项

- 若科目为项目核算，必须先在项目定义中设置相应的项目大类，才能在制单中使用，且此处只能输入项目名称，不能输入项目分类，如图 4.23 所示。

图 4.23　项目核算辅助项

- ✧ 录入分录的借方或贷方本币发生额，金额不能为零，但可以是红字。红字金额以负数形式输入。如果方向不符，可按空格键调整金额方向。在金额处按“=”键，系统将根据借贷方差额自动计算此笔分录的金额。例如：填制某张凭证时，前两笔分为借 200，借 500，在录入第三笔分录的金额时，将光标移到贷方，按下“=”键，系统自动填写 700。
- ✧ 在录入含有外币核算的科目金额栏时，若不录入外币，只录入汇率和金额，系统可反算出外币数；若不录入汇率，只录入外币和金额，系统可反算出汇率，提高录入效率和准确度。
- ✧ 如果修改影响了原来外币、汇率、金额三方的平衡关系，也就是说，外币折算误差（即外币、汇率按折算公式计算出的本币金额与实际上输入的本币金额之间的误差）超过在“外币及汇率”中定义的折算误差，系统将会提醒注意；如果希望重新计算，那么在要重算的地方按“F11”键，系统将按折算公式重新计算。
- ✧ 若想放弃当前未完成分录的输入，按“删行”按钮或“Ctrl+D”组合键删除当前分录即可；若想在当前行之前插入一行则按“Ctrl+I”组合键。

4.3.2　出纳签字

出纳凭证由于涉及企业现金的收入与支出，应加强对出纳凭证的管理。出纳人员可通过出纳签字功能对制单员填制的带有库存现金、银行存款科目的凭证进行检查核对，主要核对出纳凭证的出纳科目的金额是否正确。审查认为错误或有异议的凭证，应交与填制人员修改后再核对。

1）出纳签字查询操作

①以出纳的身份进入企业应用平台，依次单击“业务处理”→“财务会计”→“总账”→“凭证”→“出纳签字”，显示“出纳签字查询条件”界面。

②输入要查询的条件；选择 2014-04-01 到 2014-04-30 期间内所有未签字凭证，如图4.24所示。

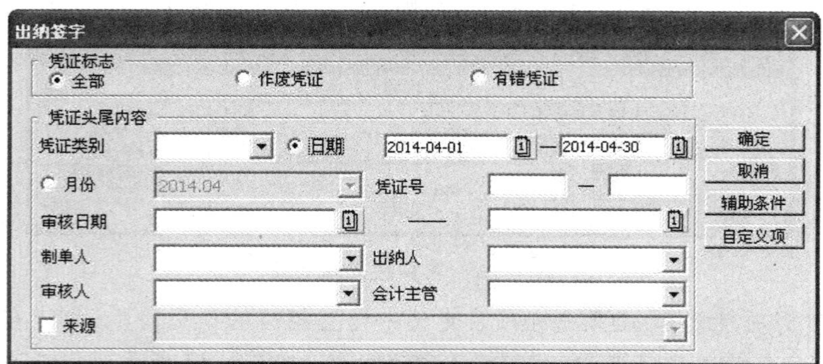

图 4.24　出纳签字查询条件

③系统根据输入的查询条件,显示所有符合条件的凭证列表,输出"凭证一览表",如图4.25所示。

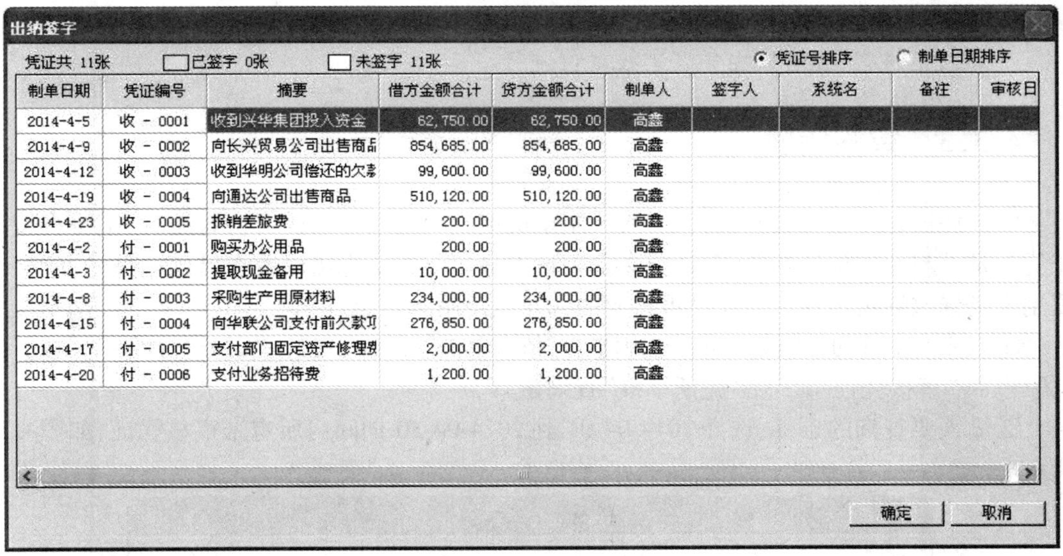

出纳签字

凭证共 11张　已签字 0张　未签字 11张　凭证号排序　制单日期排序

制单日期	凭证编号	摘要	借方金额合计	贷方金额合计	制单人	签字人	系统名	备注	审核日
2014-4-5	收 - 0001	收到兴华集团投入资金	62,750.00	62,750.00	高鑫				
2014-4-9	收 - 0002	向长兴贸易公司出售商品	854,685.00	854,685.00	高鑫				
2014-4-12	收 - 0003	收到华明公司偿还的欠款	99,600.00	99,600.00	高鑫				
2014-4-19	收 - 0004	向通达公司出售商品	510,120.00	510,120.00	高鑫				
2014-4-23	收 - 0005	报销差旅费	200.00	200.00	高鑫				
2014-4-2	付 - 0001	购买办公用品	200.00	200.00	高鑫				
2014-4-3	付 - 0002	提取现金备用	10,000.00	10,000.00	高鑫				
2014-4-8	付 - 0003	采购生产用原材料	234,000.00	234,000.00	高鑫				
2014-4-15	付 - 0004	向华联公司支付前欠款项	276,850.00	276,850.00	高鑫				
2014-4-17	付 - 0005	支付部门固定资产修理费	2,000.00	2,000.00	高鑫				
2014-4-20	付 - 0006	支付业务招待费	1,200.00	1,200.00	高鑫				

确定　取消

图4.25　出纳签字凭证一览表

2)凭证签字窗口显示

①已签字凭证背景为黄色。摘要栏显示凭证第一条分录的摘要;系统栏显示凭证来源;备注栏中,作废凭证则显示"作废",有错则显示"有错"。

②在凭证一览表中双击某张凭证,则屏幕显示此张凭证。

③单击"查询"按钮,可重新设置查询条件。

3)出纳签字操作

①签字批量处理方式。为了提高工作效率,系统提供对已审核的凭证进行成批签字的功能,选择横向菜单"出纳"中的"成批出纳签字"和"成批取消签字",可进行签字的成批操作。

②补结算方式和票号功能。如果在录入凭证时没有录入结算方式和票据号,系统提供在出纳签字时还可以补充录入。选择横向菜单中的"票据结算",列示所有需要进行填充结算方式、票据号、票据日期的分录,包括已填写的分录;填制结算方式和票号时,针对票据的结算方式进行相应支票登记判断。已签字的凭证不能填写票据,取消签字后才能填写。

③凭证合并状态可以进行出纳签字,但不能填补结算方式和票号。

④已签字的凭证不能被修改、删除,取消签字后才能进行。

⑤取消签字只能由出纳人自己进行。

⑥企业可根据实际需要决定是否要对出纳凭证进行出纳签字管理,如果需要进行出纳签字操作,则应满足以下三个条件:

- 在总账系统的"选项"中已经设置了"出纳凭证必须经由出纳签字";
- 在会计科目中进行了"指定科目"的操作;
- 凭证中所使用的会计科目已经在总账系统中设置了"日记账"辅助核算内容的会计科目。

若不需要此功能，可在“选项”中取消“出纳凭证必须经由出纳签字”的设置。

温馨提示

✧ 进行出纳签字的操作员应已在系统管理中赋予了出纳的权限。该操作既可以在凭证审核后进行，也可以在凭证审核之前进行。

4.3.3 审核凭证

审核凭证是审核员按照财会制度，对制单员填制的记账凭证进行检查核对，主要审核记账凭证是否与原始凭证相符，会计分录是否正确等。审查认为错误或有异议的凭证，应交与填制人员修改后再审核。只有具审核权的人才能使用本功能。

①以账套主管的身份进入企业应用平台，依次单击“业务处理”→“财务会计”→“总账”→“凭证”→“审核凭证”，出现“凭证审核”查询窗口。

②输入要查询的条件；选择 2014-04-01 到 2014-04-30 期间内所有未审核凭证，如图4.26所示。

图 4.26 凭证审核查询条件

③系统根据输入的查询条件显示所有符合条件的凭证列表，输出“凭证一览表”，如图4.27所示。

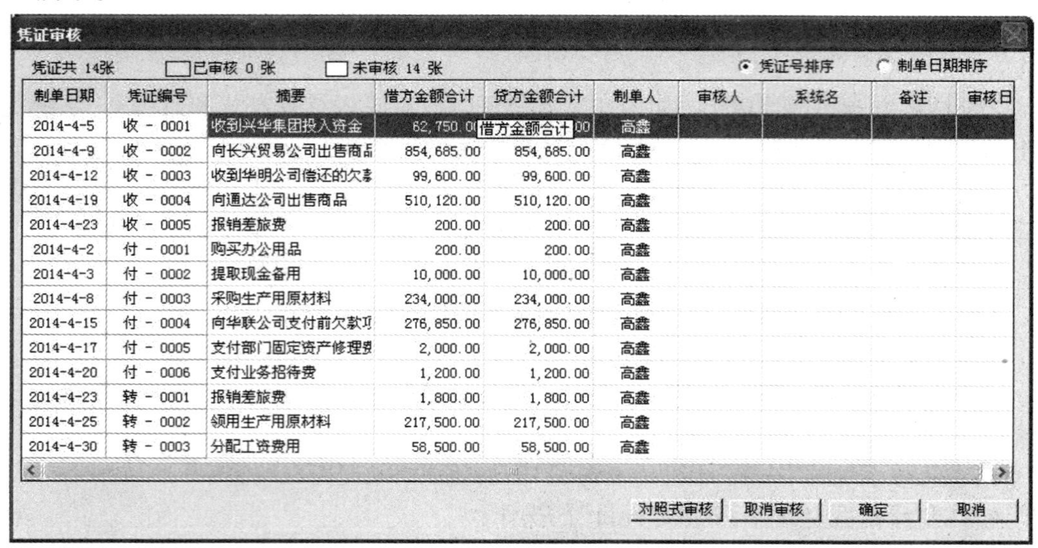

制单日期	凭证编号	摘要	借方金额合计	贷方金额合计	制单人	审核人	系统名	备注	审核日
2014-4-5	收 - 0001	收到兴华集团投入资金	62,750.0[illegible]	借方金额合计 [illegible]00	高鑫				
2014-4-9	收 - 0002	向长兴贸易公司出售商品	854,685.00	854,685.00	高鑫				
2014-4-12	收 - 0003	收到华明公司偿还的欠款	99,600.00	99,600.00	高鑫				
2014-4-19	收 - 0004	向通达公司出售商品	510,120.00	510,120.00	高鑫				
2014-4-23	收 - 0005	报销差旅费	200.00	200.00	高鑫				
2014-4-2	付 - 0001	购买办公用品	200.00	200.00	高鑫				
2014-4-3	付 - 0002	提取现金备用	10,000.00	10,000.00	高鑫				
2014-4-8	付 - 0003	采购生产用原材料	234,000.00	234,000.00	高鑫				
2014-4-15	付 - 0004	向华联公司支付前欠款项	276,850.00	276,850.00	高鑫				
2014-4-17	付 - 0005	支付部门固定资产修理费	2,000.00	2,000.00	高鑫				
2014-4-20	付 - 0006	支付业务招待费	1,200.00	1,200.00	高鑫				
2014-4-23	转 - 0001	报销差旅费	1,800.00	1,800.00	高鑫				
2014-4-25	转 - 0002	领用生产用原材料	217,500.00	217,500.00	高鑫				
2014-4-30	转 - 0003	分配工资费用	58,500.00	58,500.00	高鑫				

图 4.27 审核凭证一览表

④选择第一张凭证后单击“确定”按钮，进入凭证审核窗口。单击凭证上方的“审核”按钮，完成凭证审核操作，如图 4.28 所示。

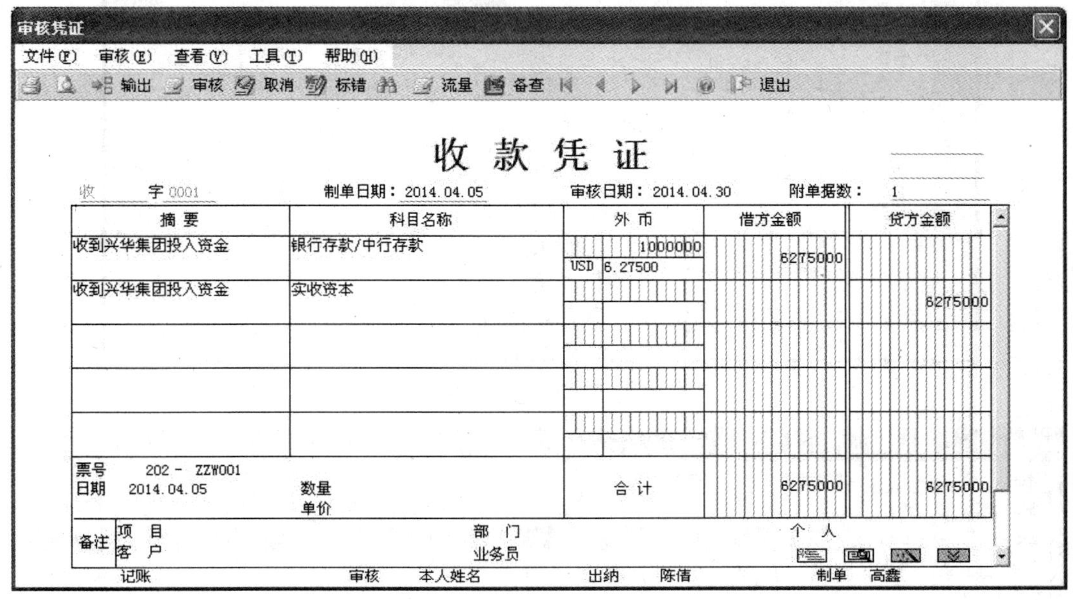

图 4.28 审核凭证

⑤进行成批审核凭证或取消审核。在“审核”菜单下有“成批审核凭证”和“成批取消审核”命令，可以批量审核和取消审核凭证。

温馨提示

- ✧ 审核人和制单人不能是同一个人。
- ✧ 凭证一经审核，就不能被修改、删除，只有被取消审核签字后才可以进行修改或删除。审核人除了要具有审核权外，还需要有对待审核凭证制单人所制凭证的审核权，这个权限在“基础设置”的“数据权限”中设置。
- ✧ 若想对已审核的凭证取消审核，单击“取消”按钮取消审核。取消审核签字只能由审核人自己进行。
- ✧ 采用手工制单的用户，在凭单上审核完后还须对录入机器中的凭证进行审核。
- ✧ 作废凭证不能被审核，也不能被标错。已标错的凭证不能被审核，若想审核，需先取消标错后才能审核。已审核的凭证不能标错。

4.3.4 查询凭证

查询凭证可用于查询已记账及未记账凭证。

①以账套主管的身份进入企业应用平台，依次单击“业务处理”→“财务会计”→“总账”→“凭证”→“查询凭证”，出现“凭证查询”窗口。

②输入要查询的条件；选择 2014-04-01 到 2014-04-30 期间内所有凭证，如图4.29所示。

③输入查询凭证的条件后，单击“确认”按钮进入凭证查询一览表，如图 4.30 所示。

④在凭证一览表中双击某张凭证，则屏幕显示此张凭证的信息。

图 4.29 凭证查询条件

凭证审核

凭证共 14张　已审核 0 张　未审核 14 张　凭证号排序　制单日期排序

制单日期	凭证编号	摘要	借方金额合计	贷方金额合计	制单人	审核人	系统名	备注	审核日
2014-4-5	收 - 0001	收到兴华集团投入资金	62,750.0	借方金额合计 00	高鑫				
2014-4-9	收 - 0002	向长兴贸易公司出售商品	854,685.00	854,685.00	高鑫				
2014-4-12	收 - 0003	收到华明公司偿还的欠款	99,600.00	99,600.00	高鑫				
2014-4-19	收 - 0004	向通达公司出售商品	510,120.00	510,120.00	高鑫				
2014-4-23	收 - 0005	报销差旅费	200.00	200.00	高鑫				
2014-4-2	付 - 0001	购买办公用品	200.00	200.00	高鑫				
2014-4-3	付 - 0002	提取现金备用	10,000.00	10,000.00	高鑫				
2014-4-8	付 - 0003	采购生产用原材料	234,000.00	234,000.00	高鑫				
2014-4-15	付 - 0004	向华联公司支付前欠款项	276,850.00	276,850.00	高鑫				
2014-4-17	付 - 0005	支付部门固定资产修理费	2,000.00	2,000.00	高鑫				
2014-4-20	付 - 0006	支付业务招待费	1,200.00	1,200.00	高鑫				
2014-4-23	转 - 0001	报销差旅费	1,800.00	1,800.00	高鑫				
2014-4-25	转 - 0002	领用生产用原材料	217,500.00	217,500.00	高鑫				
2014-4-30	转 - 0003	分配工资费用	58,500.00	58,500.00	高鑫				

对照式审核　取消审核　确定　取消

图 4.30 凭证查询操作

4.3.5 记账

记账凭证经审核签字后，即可用来登记总账和明细账、日记账、部门账、往来账、项目账以及备查账等。本系统记账采用向导方式，使记账过程更加明确。

1）记账操作

以账套主管的身份进入企业应用平台，依次单击“业务处理”→“财务会计”→“总账”→“凭证”→“记账”，出现“记账”向导界面，如图 4.31 所示。

①记账向导一：列示各期间的未记账凭证清单和其中的空号与已审核凭证编号，若编号不连续，则用逗号分隔；若显示宽度不够，可用鼠标拖动表头，调整列宽查看。

选择记账范围时，可输入连续编号范围，例如“1—6”表示 1 号至 6 号凭证；也可输入不连续编号，例如“6,8,10”表示第 6 号、8 号、10 号凭证为此次要记账的凭证。

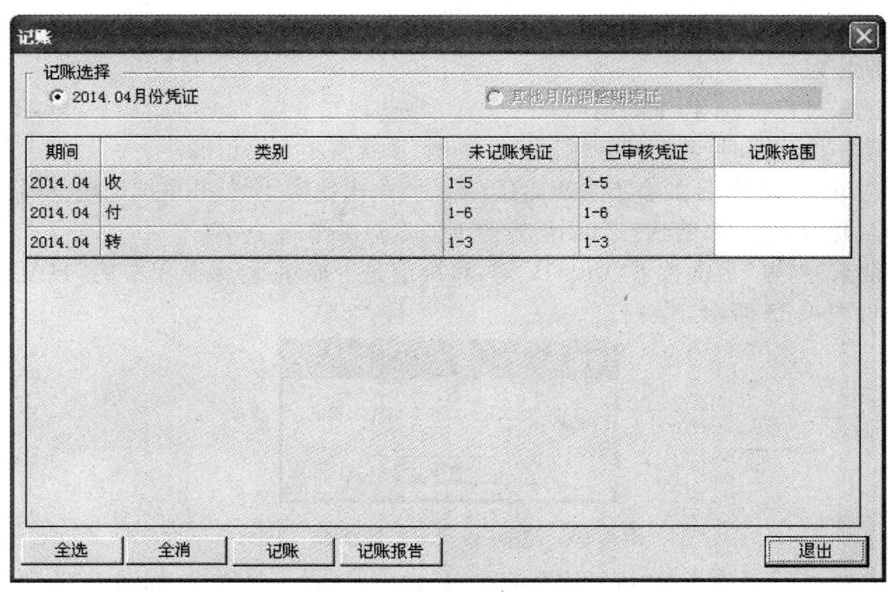

图 4.31　选择记账范围

②记账向导二：显示记账报告，是经过合法性检验后的操作注意信息。例如此次要记账的凭证中有些凭证没有审核或未经出纳签字，属于不能记账的凭证，可根据操作注意修改后再记账。

③记账向导三：当以上工作都确认无误后，单击“记账”按钮，系统开始登录有关的总账和明细账，包括正式总账、明细账；数量总账与明细账；外币总账与明细账；项目总账与明细账，部门总账与明细账；个人往来总账与明细账；银行往来账等有关账簿，如图 4.32 所示。

记账

记账选择

2014.04月份凭证　　其他月份调整期凭证

凭证张数：14

科目编码	科目名称	外币名称	数量单位	金额合计	
				借方	贷方
1001	库存现金			10,200.00	200.00
1002	银行存款			1,527,155.00	524,050.00
100201	工行存款			1,464,405.00	524,050.00
100202	中行存款			62,750.00	
1122	应收账款				99,600.00
1221	其他应收款				2,000.00
122102	应收个人款				2,000.00
1403	原材料			200,000.00	130,500.00
140301	生产用原材料			200,000.00	130,500.00
14030101	主机		盒	200,000.00	60,000.00
14030102	显示器		台		66,000.00

总账　记账完毕！　确定

正在记明细账

记账　记账报告　退出

图 4.32　记账

2）恢复记账前状态

在实际记账过程中出现以下情况的，需要“恢复记账前状态”：

①记账过程一旦断电或因其他原因造成中断后，系统将自“恢复记账前状态”恢复数据，然后再重新记账。

②在记账过程中，不得中断退出。

③在第一次记账时，若期初余额试算不平衡，系统将不允许记账。

④所选范围内的凭证如有不平衡凭证，系统将列出错误凭证，并重选记账范围。

如果需要“恢复记账前状态”，则需按照下列步骤操作：

①在期末“对账”界面按下“Ctrl+H”键，将决定是否显示/隐藏菜单中的“恢复记账前状态”功能，如图 4.33 所示。

图 4.33　激活“恢复记账前状态”功能

②单击“凭证”菜单下的“恢复记账前状态”功能，选择恢复方式，如图 4.34 所示。单击“确定”按钮，弹出“请输入主管口令”提示框，输入账套主管口令，如图 4.35 所示。单击“确定”按钮即可完成取消记账后续操作。

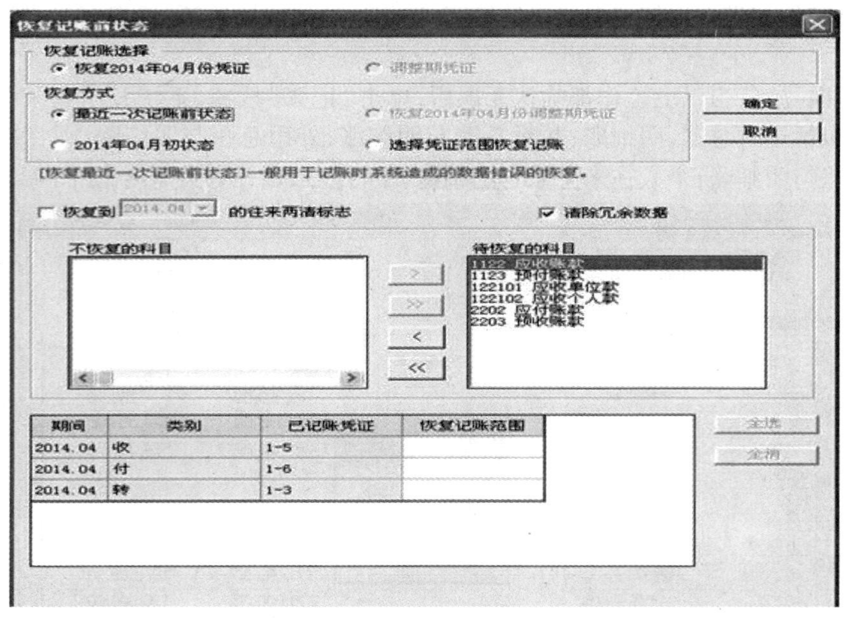

图 4.34　恢复记账前状态

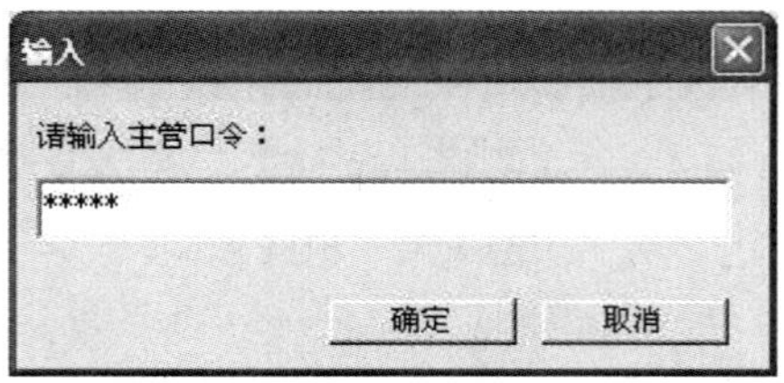

图 4.35　输入主管口令

温馨提示

✧ 已结账的月份不能恢复到记账前状态

✧ 只有账套主管才能恢复到月初的状态

4.3.6 修改凭证

1)直接修改已填制凭证

对于已经填制完毕,但是没有审核、出纳签字及记账的凭证可直接进行修改,主要步骤如下:

①在填制凭证中,通过按“首页”“上页”“下页”“末页”按钮翻页查找或按“查询”按钮输入查询条件,找到要修改的凭证。

②将光标移到制单日期处,可修改制单日期。

③若要修改附单据数、摘要、科目、外币、汇率、金额,直接将光标移到需修改的地方进行修改即可。

④凭证下方显示每条分录的辅助项信息,若要修改某辅助项,则将光标移到要修改的辅助项处,双击鼠标,屏幕显示辅助项录入窗,直接在上面修改即可。

⑤若要修改金额方向,可在当前金额的相反方向按空格键。

⑥若希望当前分录的金额为其他所有分录的借贷方差额,则在金额处按“=”键即可。

⑦按“插行”按钮或按“Ctrl+I”键可在当前分录前插入一条分录。按“删行”按钮或按“Ctrl+D”,可删除当前光标所在的分录。

⑧修改完毕后,单击“保存”按钮保存当前修改,单击“放弃”按钮放弃当前凭证的修改。

温馨提示

✧ 若在“选项”中设置了“制单序时”的选项,那么,修改制单日期时,不能在上一编号凭证的制单日期之前。4 月份制的凭证不能将制单日期改为 5 月份的日期。

✧ 若在“选项”中设置了“不允许修改、作废他人填制的凭证”,则不能修改作废他人填制的凭证。

✧ 若在“选项”中设置了“合并凭证显示、打印”的选项,那么,在合并状态下不能录入、修改凭证,只有切换到展开状态才可以。使用快捷键“Ctrl+A”自动切换合并与展开。

✧ 如果某笔涉及银行科目的分录已录入支票信息,并对该支票做过报销处理,当修改该分录时,将不会影响“支票登记簿”中的内容。

✧ 修改外部系统传过来的凭证不能在总账系统中进行修改,只能在生成该凭证的系统中进行修改。

2)制作红字冲销凭证

如果所填制的凭证已经审核、出纳签字并记账,按照有痕迹修改的要求,应该先制作红字冲销凭证。

制作红字冲销凭证时,单击“冲销凭证”按钮,则可制作红字冲销凭证。输入要冲销凭证所在的月份、凭证类别和凭证号,系统自动制作一张红字冲销凭证,以抵消原来错误的凭证内容。

4.3.7 删除凭证

1)作废、恢复凭证

当某张凭证不想要或出现不便修改的错误时,可将其作废。

进入填制凭证界面后,通过单击"首页""上页""下页""末页"按钮翻页查找或单击"查询"按钮输入条件,查找要作废的凭证。

①单击"制单"下的"作废/恢复",凭证左上角显示"作废"字样,表示已将该凭证作废,如图 4.36 所示。

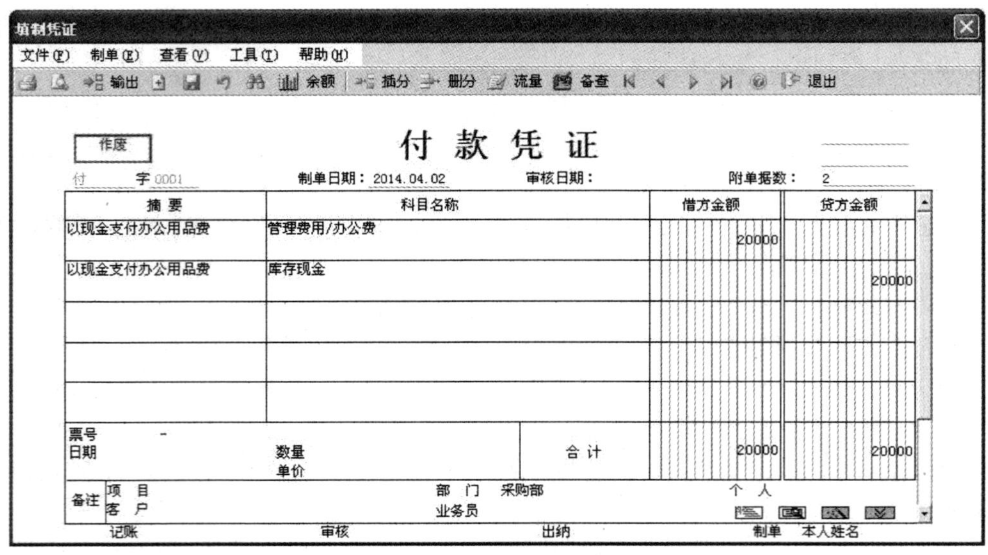

图 4.36 作废凭证

②作废凭证仍保留凭证内容及凭证编号,只在凭证左上角显示"作废"字样。作废凭证不能修改,不能审核。在记账时,不对作废凭证作数据处理,相当于一张空凭证。在账簿查询时,也查不到作废凭证的数据。

③若当前凭证已作废,用鼠标单击菜单"制单"下的"作废/恢复",可取消作废标志,并将当前凭证恢复为有效凭证。

2)凭证整理

有些作废凭证不想保留,可以通过凭证整理功能将这些凭证彻底删除,并利用留下的空号对未记账凭证重新编号。

①进入填制凭证界面,单击菜单"制单"下的"整理凭证",选择整理凭证的期间"2014.04",如图 4.37 所示。

图 4.37 整理凭证期间选择

②选择要整理的月份后,单击“确定”按钮,显示作废凭证整理列表,选择要删除的作废凭证后单击删除栏显示出“Y”,如图4.38所示。

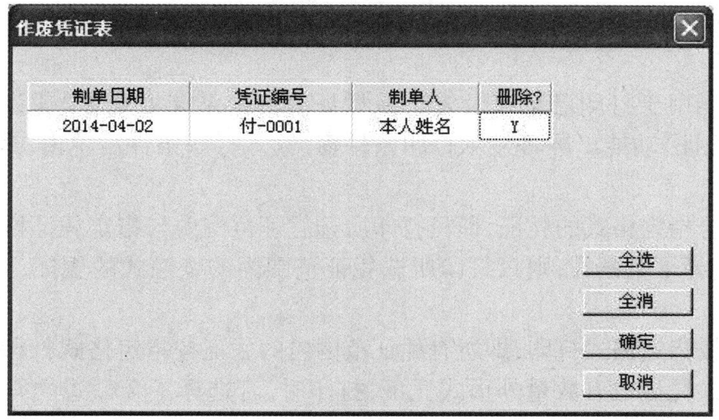

图4.38　删除已作废凭证

③单击“确定”按钮,系统将这些凭证从数据库中删除,并对剩下的凭证重新排号,选择重排方式,如图4.39所示。

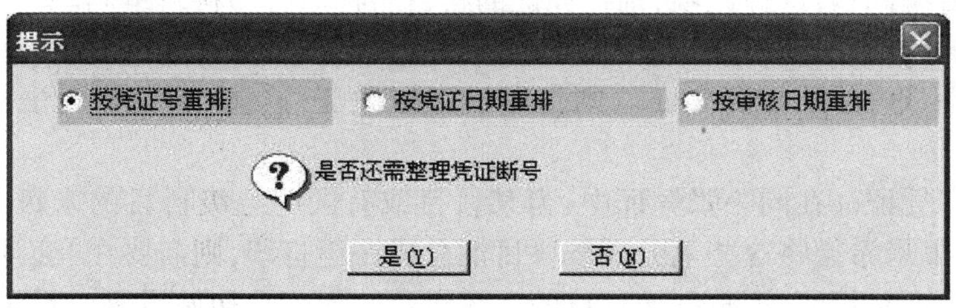

图4.39　凭证重排

温馨提示

✧ 若本月有凭证已记账,那么,本月最后一张已记账凭证之前的凭证将不能作凭证整理,只能对其后面的未记账凭证作凭证整理。若想对已记账凭证作凭证整理,请先到“恢复记账前状态”功能中恢复本月月初的记账前状态,再作凭证整理。

✧ 若由于手工编制凭证号造成凭证断号,也可通过此功能进行整理。方法是不选作废凭证,直接单击“确定”按钮即可。对于凭证由系统编号时,删除凭证后系统提醒是否整理空号凭证,若选取“是”,则将作废凭证删除并重新排凭证编号。

4.3.8　汇总及打印凭证

1)科目汇总

本功能可根据输入的汇总条件,有条件地对记账凭证进行汇总并生成科目汇总表。

①单击系统主菜单“凭证”下的“科目汇总”,进入“科目汇总”功能。输入汇总条件后,单击“汇总”按钮,屏幕显示科目汇总表。

②当光标在科目汇总表的某一科目行上时,单击“详细”按钮,则显示对方明细科目汇总表。

③单击“级次”按钮,可指定汇总的级次。

④单击“还原”按钮,恢复系统默认的栏目列宽。

⑤科目汇总窗口还可以查询专项明细,查询对方科目明细。

2)打印凭证

打印凭证功能用于打印已记账及未记账凭证。单击系统主菜单“凭证”下的“打印凭证”,进入“打印凭证”功能。屏幕显示打印条件窗,输入打印条件后单击“确定”按钮,开始进行打印。

①只打印符合指定格式的凭证,即只打印所选凭证范围内与指定凭证格式相同的凭证。例如:凭证格式选择了金额式,则只打印所选凭证范围内的金额式的凭证,数量外币式的凭证不打印。

②所选凭证按指定格式打印,即所有凭证范围内的凭证按指定格式打印。例如:所选凭证范围中有金额式凭证也有数量外币式凭证,打印时,若选择了金额式的凭证格式,则那些数量外币式的凭证也都按金额式打印。

③当前凭证:若当前凭证有多页分单,可以在这里输入要打印的分单号,如输入“3-4”,表示打印第3张凭证的第4分单。

④打印科目编码:若选择此项,则在凭证的科目名称后打印科目编码。

⑤制单人:可能打印某一操作员填制的凭证。

⑥记账范围:选择“已记账凭证”,则打印已记账凭证;选择“未记账凭证”,则打印未记账凭证。

⑦汇总打印凭证。在同一张凭证中,当某科目或有同一上级科目的末级科目有多笔同方向的分录时,如果希望将这些笔分录按科目汇总成一笔打印,则需要在“会计科目”设置中将该科目设置为汇总打印,汇总到该科目的上级科目。如果在初始设置时设置汇总打印,则这里可进行科目汇总打印。

只有会计科目修改状态才能设置汇总打印和封存。只有末级科目才能设置汇总打印,且汇总到的科目必须为该科目的上级科目。当将该科目设成汇总打印时,系统登记明细账仍按明细登记,而不是按汇总数登记,此设置仅供凭证打印输出。

⑧按凭证引入文本格式引出凭证数据。单击“输出”按钮可将所选凭证内容按Access、Excel、dBF、txt等数据结构进行输出,为二次开发提供数据来源。当选择按文本类型(.txt)输出数据时,系统将按凭证引入文本格式引出凭证数据,可实现不同机器间的凭证资源共享。

4.4 总账系统的出纳管理

4.4.1 日记账

1)现金日记账

若查询现金日记账,必须在“会计科目”功能下的“指定科目”中预先指定现金科目。

(1)查询条件设置

“按月查”:显示查询月的现金日记账。

“按日查”:显示查询日的现金日记账。

“编码”:现金日记账显示对方科目编码。

“名称+编码”:现金日记账可以显示对方科目编码及名称,可以选择显示一级科目或显示至末级。

“是否按对方科目展开”:选择此项,则必须选择显示对方科目“名称+编码”。

“包含未记账凭证”:由于未审核等原因,可能会有部分凭证尚未记账,所以如果要查询真实的现金收支情况时,最好选择“包含未记账凭证”。

(2)现金日记账查询

查询条件设定后,单击“确认”按钮,进入“现金日记账”界面。

“凭证”:单击可查看相应的凭证。

“总账”:单击可查看现金科目的三栏式总账。

“过滤”:快速过滤查询。单击“过滤”按钮,输入相关过滤条件,包括自定义项,可缩小查询范围,快速查出需要的凭证。

“查询”:重新选择查询条件。

“摘要”:设置摘要显示内容。

“锁定”“还原”:调整、还原栏目列宽。单击“锁定”按钮,则不可调整栏目列宽,单击“还原”按钮返回系统默认的列宽。

【例4.7】查询渝涪兴强股份有限公司2014年4月份的现金日记账。

[操作步骤]

①以出纳人员陈倩的身份进入企业应用平台,在“企业应用平台”的“业务处理”页签中依次单击“业务处理”→“总账”→“出纳”→“现金日记账”,打开“现金日记账查询条件”窗口,如图4.40所示。

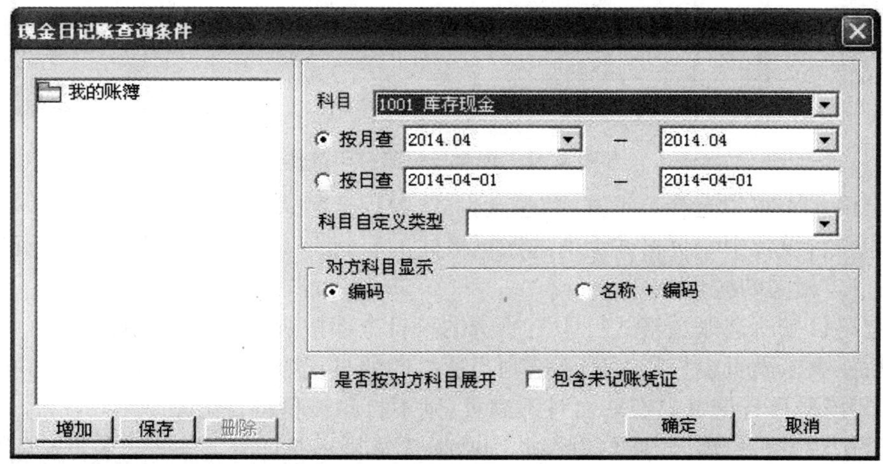

图4.40　现金日记账查询条件

②选择科目“1001”,默认月份“2014.04”,单击“确认”按钮,进入“现金日记账”窗口,如图4.41所示。

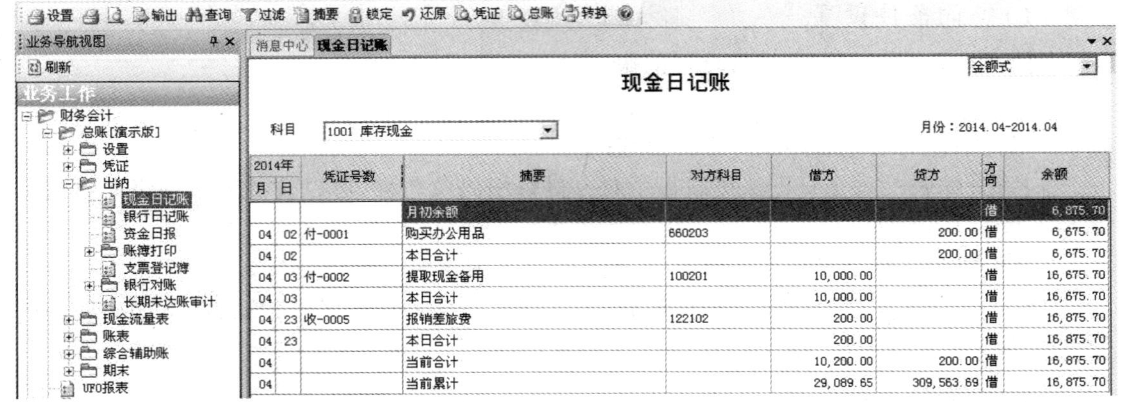

2014年 月	日	凭证号数	摘要	对方科目	借方	贷方	方向	余额
			月初余额				借	6,875.70
04	02	付-0001	购买办公用品	660203		200.00	借	6,675.70
04	02		本日合计			200.00	借	6,675.70
04	03	付-0002	提取现金备用	100201	10,000.00		借	16,675.70
04	03		本日合计		10,000.00		借	16,675.70
04	23	收-0005	报销差旅费	122102	200.00		借	16,875.70
04	23		本日合计		200.00		借	16,875.70
04			当前合计		10,200.00	200.00	借	16,875.70
04			当前累计		29,089.65	309,563.69	借	16,875.70

图 4.41　现金日记账

③双击某行，或将光标定在某行再单击“凭证”按钮，可查看相应的凭证。

④单击“总账”按钮，可查看此科目的三栏式总账。

⑤单击“退出”按钮，退出现金日记账窗口。

(3)现金日记账打印

①依次选择“出纳”→“账簿打印”→“现金日记账”，显示现金日记账打印条件窗口，如图 4.42 所示。

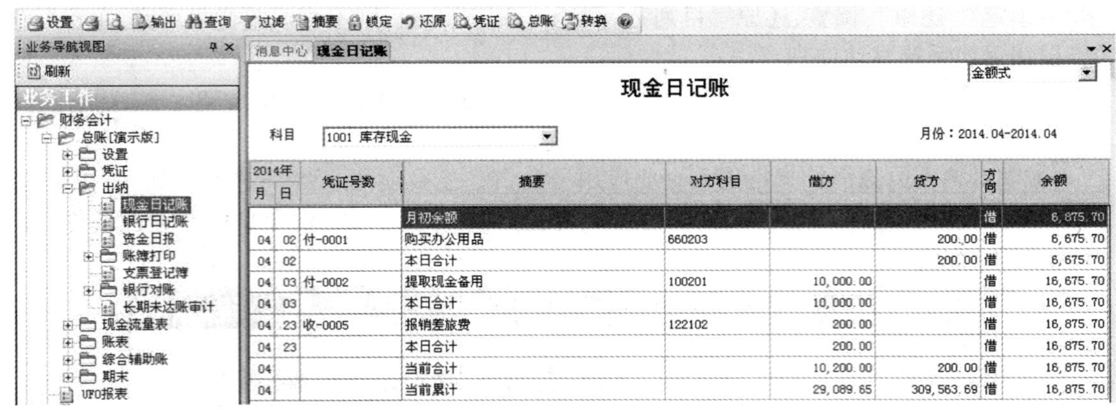

2014年 月	日	凭证号数	摘要	对方科目	借方	贷方	方向	余额
			月初余额				借	6,875.70
04	02	付-0001	购买办公用品	660203		200.00	借	6,675.70
04	02		本日合计			200.00	借	6,675.70
04	03	付-0002	提取现金备用	100201	10,000.00		借	16,675.70
04	03		本日合计		10,000.00		借	16,675.70
04	23	收-0005	报销差旅费	122102	200.00		借	16,875.70
04	23		本日合计		200.00		借	16,875.70
04			当前合计		10,200.00	200.00	借	16,875.70
04			当前累计		29,089.65	309,563.69	借	16,875.70

图 4.42　现金日记账打印条件

“账页格式”：可以选择金额式、数量金额式、外币金额式。

“打印科目设置中账页格式为所选账页格式的科目”：只打印科目设置中账页格式与所选的账页格式相同的科目。

“所选科目按所选账页格式打印”：所选的科目全部按所选账页格式打印。

“最后一页未满页也打印”：若不选则当所打印的日记账最后一页不能打满一页时，不打印该页。若该科目日记账只有一页且不满页，则不打印该科目日记账。

“是否按对方科目展开”：选择此项，则必须选择显示打印对方科目“名称+编码”。“名称+编码”是指现金日记账可以显示打印对方科目编码及名称，并选择显示打印一级科目或显示至末级。

②系统默认日记账与明细账打印每页打印行数一样，都为 30 行，但可通过“选项”进行调整。

若不使用套打功能，系统默认摘要为 20 个汉字，金额、数量、外币打印宽度为 16 位数字，单价、汇率显示宽度为 12 位数字（包括小数点及小数位）。若不想按此宽度打印，可在“选项”中修改金额、数量、外币、单价、汇率的宽度即可。

若将“选项”中的“明细账输出方式”设为“按月排页”，则打印时从所选月份范围的起始月份开始将日记账顺序排页，再从第一页开始将其打印输出，打印起始页号为“1 页”。这样，若所选月份范围不是第一个月，则打印结果的页号必然从“1 页”开始排。若在“选项”中的“明细账输出方式”设为“按年排页”，则打印时从本会计年度的第一个会计月开始将日记账顺序排页，再将打印月份范围所在的页打印输出，打印起始页号为所打月份在全年总排页中的页号。这样，若所选月份范围不是第一个月，则打印结果的页号有可能不是从“1”页开始排。

2）银行日记账

若查询银行日记账，必须在“会计科目”功能下的“指定科目”中预先指定银行科目。

（1）查询条件设置

“科目”：可以查询不同账户的银行存款收支情况。

“按月查”：显示查询月的银行日记账。

“按日查”：显示查询日的银行日记账。

“编码”：银行日记账显示对方科目编码。

“名称+编码”：银行日记账可以显示对方科目编码及名称，可以选择显示一级科目或显示至末级。

“是否按对方科目展开”：选择此项，则必须选择显示对方科目“名称+编码”。

“包含未记账凭证”：由于未审核等原因，可能会有部分凭证尚未记账，所以如果要查询真实的银行存款收支情况时，最好选择“包含未记账凭证”。

（2）银行日记账查询

查询条件设定后，单击“确认”按钮，进入“银行日记账”界面。

“凭证”：单击可查看相应的凭证。

“总账”：单击可查看银行科目的三栏式总账。

“过滤”：快速过滤查询。

“查询”：重新选择查询条件。单击“查询”按钮，输入查询条件或在“我的账簿”选择查询方式重新查询。

“摘要”：设置摘要显示内容。如果该科目设有科目属性，且录入凭证时录入了科目属性的内容，在摘要选项中被选中，则账表显示时，摘要栏显示相关的科目属性内容、自定义项内容和结算方式、票号、日期、业务员等内容。注意该科目必须具有至少一项科目属性，这里的选项才能起作用。

“锁定”“还原”：调整、还原栏目列宽。单击“锁定”按钮则不可调整栏目列宽，单击“还原”按钮返回系统默认的列宽。

【例 4.8】查询渝涪兴强股份有限公司 2014 年 4 月份的银行存款日记账。

［操作步骤］

①以出纳人员陈倩的身份进入企业应用平台，在“企业应用平台”的“业务处理”页签中

依次单击“业务处理”→“总账”→“出纳”→“银行存款日记账”，打开“银行存款日记账查询条件”窗口，如图 4.43 所示。

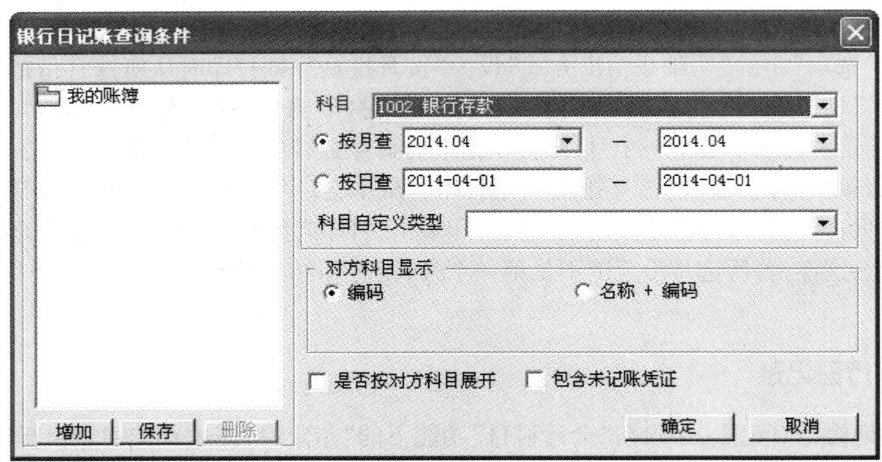

图 4.43 银行日记账查询条件

②选择科目“1002”，默认月份“2014.04”，单击“确认”按钮，进入“银行存款日记账”窗口，如图 4.44 所示。

银行日记账

科目 1002 银行存款　　月份：2014.04-2014.04

2014年 月	日	凭证号数	摘要	结算号	对方科目	借方	贷方	方向	余额
			月初余额					借	511,057.16
04	03	付-0002	提取现金备用_201_XJ001_2014.04.03	现金支票-XJ001	1001		10,000.00	借	501,057.16
04	03		本日合计				10,000.00	借	501,057.16
04	05	收-0001	收到兴华集团投入资金_202_ZZW001_2014.04	转账支票-ZZW001	4001	62,750.00		借	563,807.16
04	05		本日合计			62,750.00		借	563,807.16
04	08	付-0003	采购生产用原材料_202_ZZR001_2014.04.08	转账支票-ZZR001	14030101,222101		234,000.00	借	329,807.16
04	08		本日合计				234,000.00	借	329,807.16
04	09	收-0002	向长兴贸易公司出售商品_202_ZZS001_2014.	转账支票-ZZS001	600101,600102,2	854,685.00		借	1,184,492.16
04	09		本日合计			854,685.00		借	1,184,492.16
04	12	收-0003	收到华明公司偿还的欠款_202_ZZS002_2014.	转账支票-ZZS002	1122	99,600.00		借	1,284,092.16
04	12		本日合计			99,600.00		借	1,284,092.16
04	15	付-0004	向华联公司支付前欠款项_202_ZZR002_2014.	转账支票-ZZR002	2202		276,850.00	借	1,007,242.16
04	15		本日合计				276,850.00	借	1,007,242.16
04	17	付-0005	支付部门固定资产修理费_202_ZZR003_2014.	转账支票-ZZR003	660209		2,000.00	借	1,005,242.16
04	17		本日合计				2,000.00	借	1,005,242.16
04	19	收-0004	向通达公司出售商品_202_ZZS003_2014.04.1	转账支票-ZZS003	600101,600102,2	510,120.00		借	1,515,362.16
04	19		本日合计			510,120.00		借	1,515,362.16
04	20	付-0006	支付业务招待费_202_ZZR004_2014.04.20	转账支票-ZZR004	660205		1,200.00	借	1,514,162.16
04	20		本日合计				1,200.00	借	1,514,162.16
04	30	付-0007	汇兑损益结转		660302		2,750.00	借	1,511,412.16
04	30		本日合计				2,750.00	借	1,511,412.16
04			当前合计			1,527,155.00	526,800.00	借	1,511,412.16
04			当前累计			1,996,406.88	896,800.35	借	1,511,412.16

图 4.44 银行日记账

③双击某行，或光标定在某行再单击“凭证”按钮，可查看相应的凭证。

④单击“总账”按钮，可查看此科目的三栏式总账。

⑤单击“退出”按钮退出银行日记账窗口。

(3)银行日记账打印

依次选择“出纳”→“账簿打印”→“银行日记账”，显示银行日记账打印条件窗口，如图 4.45 所示。

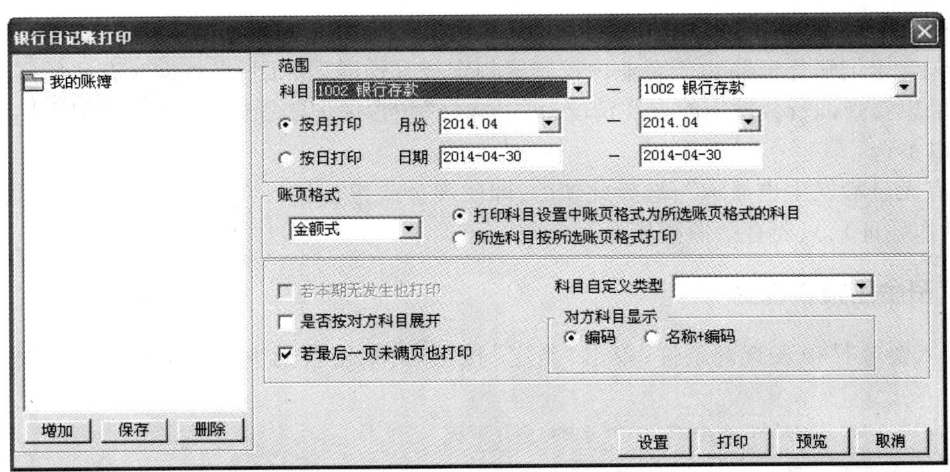

图 4.45　银行日记账打印条件

"账页格式":可以选择金额式、数量金额式、外币金额式。

"打印科目设置中账页格式为所选账页格式的科目":只打印科目设置中账页格式与所选的账页格式相同的科目。

"所选科目按所选账页格式打印":所选的科目全部按所选账页格式打印。

"最后一页未满页也打印":若不选,则当所打印的日记账最后一页不能打满一页时,不打印该页。若该科目日记账只有一页且不满页,则不打印该科目日记账。

"是否按对方科目展开":选择此项,则必须选择显示打印对方科目"名称+编码"。"名称+编码"是指银行日记账可以显示打印对方科目编码及名称,并选择显示打印一级科目或显示至末级。

4.4.2　资金日报表

本功能用于查询输出现金、银行存款科目某日的发生额及余额情况。

1)查询条件设置

在"企业应用平台"的"业务处理"页签中依次单击"业务处理"→"总账"→"出纳"→"资金日报",打开"资金日报表查询条件"窗口,如图 4.46 所示。

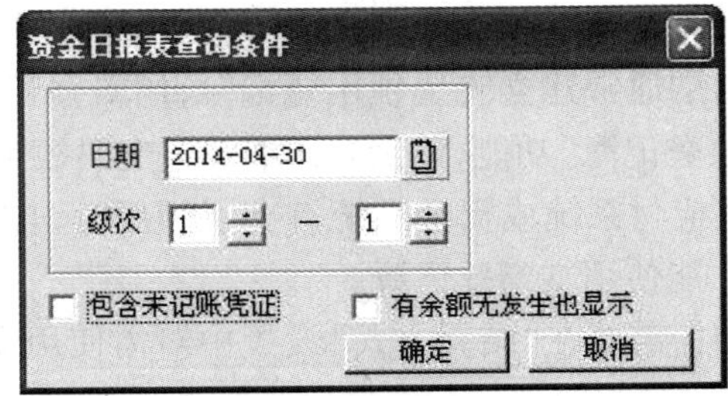

图 4.46　资金日报表查询条件

"日期":可单击日历图标选择要查询的资金日报日期。

"级次":选择查询科目的级次。如果选择多级查询,可以在一张资金日报表上看到所有资金发生的明细情况。

“包含未记账凭证”:由于企业内控制度规定或其他滞后原因,在查询时有些凭证尚未记账,如果想要查询资金发生的真实情况,可以选择“包含未记账凭证”。如果只想查询账面数据,可以不选。

“有无余额发生也显示”:选择此项后,即使现金或银行科目在查询日没有发生业务(即没有制作凭证),只要有余额则显示。

2)资金日报表说明

录入资金日报表查询条件,单击“确定”按钮后,系统自动生成资金日报表,如图 4.47 所示。

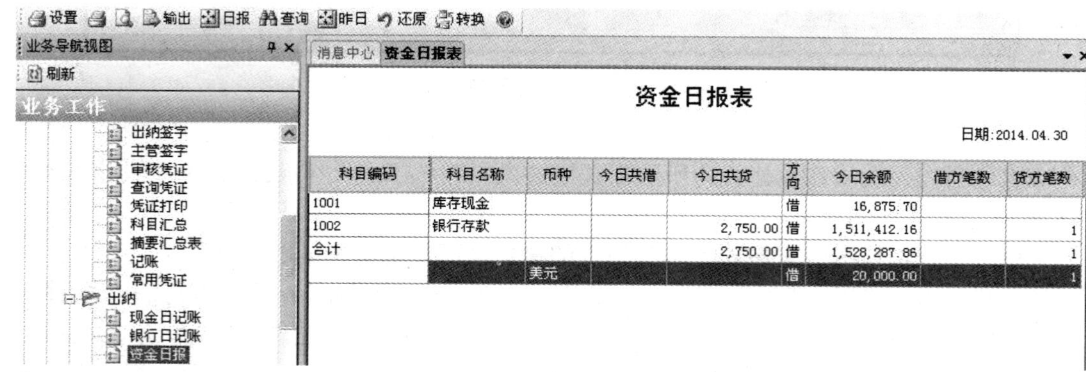

图 4.47 资金日报表

报表显示今日余额、今日共借、今日共贷、余额方向、借方发生凭证笔数、贷方发生凭证笔数。

“日报”:单击可显示、打印光标所在科目的日报单。

“昨日”:单击可在表头增加“昨日余额”列,可查看各现金、银行科目的昨日余额。

“还原”:还原列宽。在查看报表过程中,由于调整视图效果可能会改变列宽,如果不使用“还原”按钮返回原视图效果而直接退出,那么下次进入该界面时就会看到这次修改过的视图效果。

4.4.3 支票登记簿

在手工记账时,银行出纳通常建立支票领用登记簿,用来登记支票领用情况。为此,本系统为出纳员提供了“支票登记簿”功能,以供其详细登记支票领用人、领用日期、支票用途、是否报销等情况。当应收、应付系统或资金系统有支票领用时,自动填写。只有在“会计科目”中设置银行账的科目才能使用支票登记簿。

使用支票登记簿功能时,需要在“结算方式”设置中对需使用支票登记簿的结算方式在“是否票据管理”前打“√”。

【例 4.9】查看渝涪兴强股份有限公司 2014 年 4 月份的支票登记簿。

[操作步骤]

①以出纳人员陈倩的身份进入企业应用平台,在“企业应用平台”的“业务处理”页签中

依次单击“业务处理”→“总账”→“出纳”→“支票登记簿”，打开“银行科目选择”窗口，如图4.48所示。

②选择“工行存款100201”，单击“确定”按钮，进入“支票登记簿”窗口，如图4.49所示。

③单击“增加”按钮，增加相关的资料后，单击“保存”按钮。

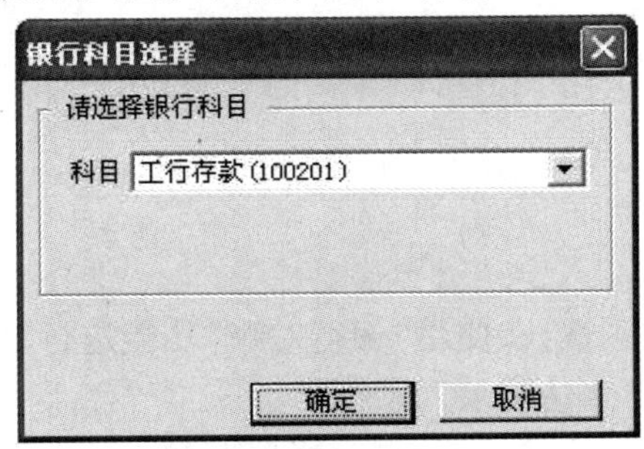

图4.48 选择银行科目

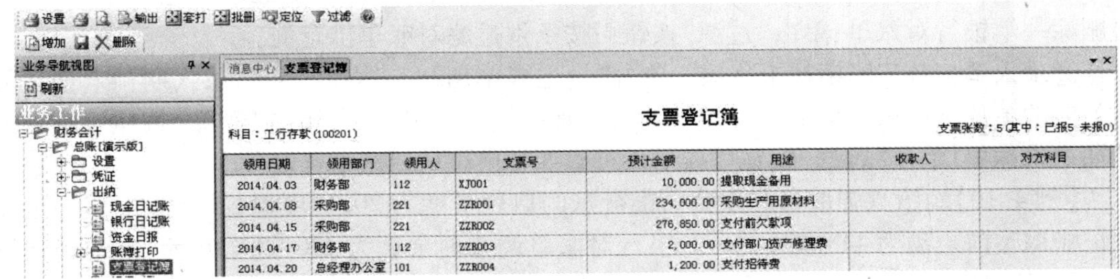

图4.49 支票登记簿

1)主要按键功能

“增加”：增加记录。单击“增加”按钮，新增一空行，登记支票领用人、领用日期、支票用途、是否报销等信息。新增记录为未报销记录。

“定位”：查找支票记录。在查找窗口输入支票领用日期或支票号，确定后光标停在符合条件的记录上。

“批删”：删除一批已报销的支票。单击“批删”后，输入需要删除已报销支票的起止日期，即可删除此期间内的已报销支票。

“过滤”：按领用人或部门统计支票情况。

2)支票登记簿说明

屏幕显示所有已登记的记录情况，右上角显示已报销和未报销支票数。未报销支票背景呈现白色，已报销支票背景呈现黄色。屏幕下方显示预计未报金额和本科目的截止余额。

当支票支出后，经办人持原始单据(发票)到财务部门报销，会计人员据此填制记账凭证。当在系统中录入该凭证时，系统要求录入该支票的结算方式和支票号，在系统填制完成该凭证后，系统自动在支票登记簿中将该号支票写上报销日期，该号支票即为已报销。

温馨提示

◇ 本系统对于不同的银行账户分别登记支票登记簿，所以需先选择要登记的银行账户，才能进入支票登记簿界面。

✧ 将光标移到需要修改的数据项上可直接修改支票登记簿内容。支票登记簿中，报销日期为空时，表示该支票未报销，否则系统认为该支票已报销。已报销的支票不能进行修改，可以成批删除。若想取消报销标志，只要将光标移到报销日期处，按空格键后删掉报销日期即可。

4.4.4 银行对账

1）银行对账期初录入

为了保证银行对账的正确性，在使用“银行对账”功能进行对账之前，必须在开始对账的月初先将日记账、银行对账单未达项录入系统中。

①录入银行对账单期初未达项。单击“对账单期初未达项”按钮，可录入启用日期前尚未进行两清勾对的银行对账单。单击“增加”按钮可增加一笔银行对账单；单击“删除”按钮可删除一笔银行对账单；单击“过滤”按钮可按条件过滤对账单供查询。

②录入单位日记账期初未达项。单击“日记账单期初未达项”按钮，录入期初未进行两清勾对的单位日记账。单击“增加”按钮可增加一笔期初未达项；单击“删除”按钮可删除一笔期初未达项；单击“过滤”按钮可按条件过滤期初单位日记账供查询。

【例 4.10】渝涪兴强股份有限公司银行账的启用日期为 2014-04-01，工行人民币户企业日记账调整前余额为 448 057.16 元，银行对账单调整前余额为 470 829.16 元，未达账项一笔，系银行已收企业未收款 22 772.00 元（2014 年 3 月 31 日，结算方式 202，借方），录入银行对账期初。

［操作步骤］

①以出纳人员陈倩的身份进入企业应用平台，在“企业应用平台”的“业务处理”页签中，依次单击“业务处理”→“总账”→“出纳”→“银行对账”→“银行对账期初录入”，打开“银行科目选择”窗口，如图 4.50 所示。

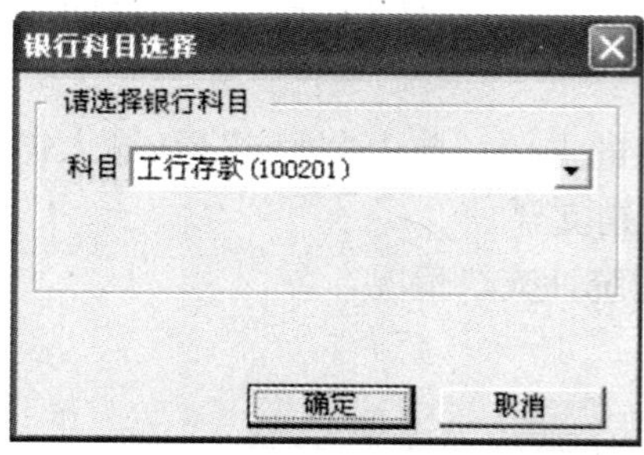

图 4.50 选择银行科目

②选择科目“工行存款（100201）”，单击“确定”按钮，进入“银行对账期初”窗口。

③确定启用日期“2014.04.01”。

④输入单位日记账的调整前余额“448 057.16”及银行对账单的调整前余额“470 829.16”。

⑤单击“对账单期初未达项”按钮，打开“银行方期初”窗口，单击“增加”按钮输入相关信息，单击“保存”按钮，如图 4.51 所示。

⑥退出“银行方期初”窗口后，系统将根据调整前余额及期初未达项自动计算出银行对

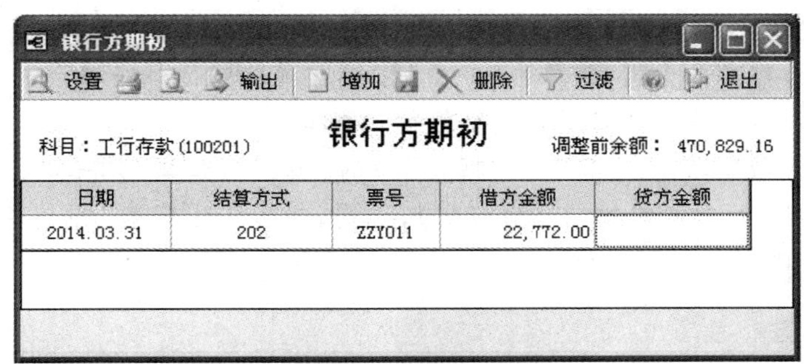

图 4.51　银行方期初

账单与单位日记账的调整后余额，如图 4.52 所示。

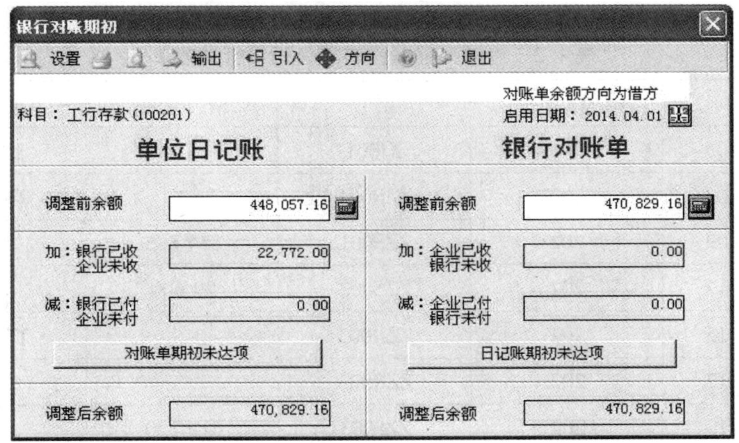

图 4.52　银行对账期初

温馨提示

✧ 如果科目有外币核算，那么应在这里录入外币余额、外币未达项。

✧ 单位日记账与银行对账单的“调整前余额”应分别为启用日期时该银行科目的科目余额及银行存款余额；“期初未达项”分别为上次手工勾对截止日期到启用日期前的未达账项；“调整后余额”分别为上次手工勾对截止日期的该银行科目的科目余额及银行存款余额。若录入正确，则单位日记账与银行对账单的调整后余额应平衡。

✧ 录入的银行对账单、单位日记账的期初未达项的发生日期不能大于等于此银行科目的启用日期。

✧ “银行对账期初”功能用于第一次使用银行对账模块前录入日记账及对账单未达项，在开始使用银行对账之后一般不再使用。

✧ 当第一次开始使用账务处理系统时便开始使用银行对账模块，或是年初时便开始使用银行对账模块，则在做完建账后还需进“银行对账期初”中录入期初日记账未达项和期初银行对账单未达项，然后再开始制单记账，待月末再录入银行对账单，然后开始对账。

✧ 若某银行科目已进行过对账，在期初未达项录入中，对于已勾对或已核销的记录不能再修改。

✧ 银行对账单余额方向为借方时，借方发生表示银行存款增加，贷方发生表示银行存款减少；反之，借方发生表示银行存款减少，贷方发生表示银行存款增加。系统默认银行对账单余额方向为借方，单击“方向”按钮可调整银行对账单余额方向。已进行过银行对账勾对的银行科目不能调整银行对账单余额方向。

✧ 在执行对账功能之前，应将“银行期初”中的“调整后余额”调平（即单位日记账的调整后余额=银行对账单的调整后余额），否则，在对账后编制“银行存款余额调节表”时，会造成银行存款与单位银行账的账面余额不平。

2）银行对账单

出纳需要在总账系统中录入银行对账单，以实现系统对单位日记账与银行对账单之间的自动核对。

【例4.11】录入渝涪兴强股份有限公司4月份银行对账单，信息如表4.2所示。

表4.2 渝涪兴强股份有限公司银行对账单

日期	结算方式	票号	借方金额	贷方金额
2014-04-03	201	XJ001		10 000
2014-04-08	202	ZZR001		234 000
2014-04-09	202	ZZS001	854 685	
2014-04-12	202	ZZS002	99 600	
2014-04-15	202	ZZR002		276 850
2014-04-17	202	ZZR003		2 000
2014-04-19	202	ZZS003	510 120	
2014-04-20	202	ZZR004		1 200

[操作步骤]

①以出纳人员陈倩的身份进入企业应用平台，在“企业应用平台”的“业务处理”页签中依次单击“业务处理”→“总账”→“出纳”→“银行对账”→“银行对账单”，打开“银行科目选择”窗口，如图4.53所示。

②选择“工行存款(100201)”，月份“2014.03—2014.04”，单击“确认”按钮，进入“银行对账单”窗口。

③单击“增加”按钮，输入银行对账单数据，单击“保存”按钮，结果如图4.54所示。

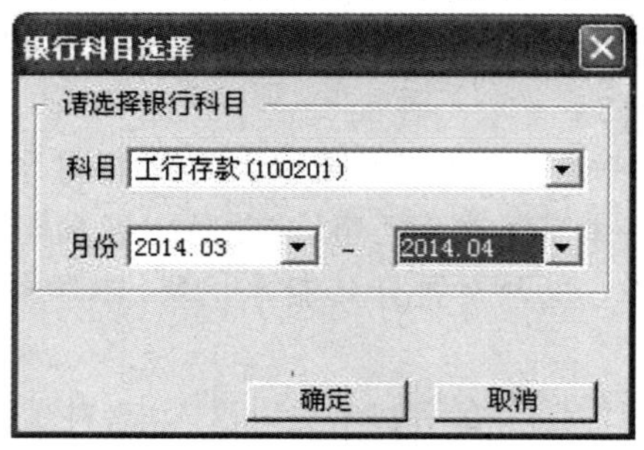

图4.53 选择银行科目

银行对账单

科目：工行存款(100201)　　　　对账单账面余额:1,411,184.16

日期	结算方式	票号	借方金额	贷方金额	余额
2014.03.31	202	ZZY011	22,772.00		470,829.16
2014.04.03	201	XJ001		10,000.00	460,829.16
2014.04.08	202	ZZR001		234,000.00	226,829.16
2014.04.09	202	ZZS001	854,685.00		1,081,514.16
2014.04.12	202	ZZS002	99,600.00		1,181,114.16
2014.04.15	202	ZZR002		276,850.00	904,264.16
2014.04.17	202	ZZR003		2,000.00	902,264.16
2014.04.19	202	ZZS003	510,120.00		1,412,384.16
2014.04.20	202	ZZR004		1,200.00	1,411,184.16

图4.54　银行对账单

温馨提示

录入银行对账单时，其余额由系统根据银行对账期初自动计算生成，已对账的银行对账单呈现出黄色。

3)银行对账

银行对账采用自动对账与手工对账相结合的方式。自动对账是计算机根据对账依据自动进行核对、勾销。对于已核对上的银行业务，系统将自动在银行存款日记账和银行对账单双方写上两清标志，并视为已达账项；对于在两清栏未写上两清符号的记录，系统则视其为未达账项。手工对账是对自动对账的补充。使用完自动对账后，可能还有一些特殊的已达账没有对出来，而被视为未达账项，为了保证对账更彻底正确，可用手工对账来进行调整。

①单击“银行对账”菜单，选择要对账的银行科目(账户)，选择要对账的月份范围，终止月份大于等于起始月份。若选择“显示已达账”选项，则显示已两清勾对的单位日记账和银行对账单。

②单击“对账”按钮，进行自动银行对账，并显示动态进度条，表示对账进行的程度及状态。如果已进行过自动对账，可直接进行手工调整。

③对账完成后，屏幕显示对账界面，左边为单位日记账，右边为银行对账单。单击“方向”按钮，可由水平改变为上下显示方式。

④单击“检查”按钮，检查对账是否有错，如果有错误，应进行调整。

⑤单击“对照”按钮可以根据选中的单位账或银行对账单，在对应的银行对账单或单位账中查找金额相同的记录。

若所选银行科目是核算外币的科目，则单位日记账中为外币账，同时也只对外币账进行勾对。

系统提供两种取消对账标志的方式，即手动取消某一笔的对账标志和自动取消指定时间内的所有对账标志。

手动取消勾对：双击要取消对账标志业务的“两清”区即可。

自动取消勾对：单击“取消”按钮，显示反勾对月份范围录入窗，选择要进行反对账的期间和取消的数据范围(全部数据、自动勾对数据和手工勾对数据)，单击“确定”按钮，系统将自动对此期间已两清的银行账取消两清标志。

【例4.12】对渝涪兴强股份有限公司4月份的账务进行银行对账。

[操作步骤]

①以出纳人员陈倩的身份进入企业应用平台,在“企业应用平台”的“业务处理”页签中依次单击“业务处理”→“总账”→“出纳”→“银行对账”→“银行对账”子选项,打开“银行科目选择”窗口,如图 4.55 所示。

②选择科目“工行存款(100201)”,月份“2014.03—2014.04”,单击“确定”按钮,进入“银行对账”窗口。

③单击“对账”按钮,打开“自动对账”窗口,输入截止日期“2014.04.30”,默认系统提供的其他对账条件,如图 4.56 所示。

④单击“确定”按钮,显示自动对账结果,如图 4.57 所示。

图 4.55 选择银行科目

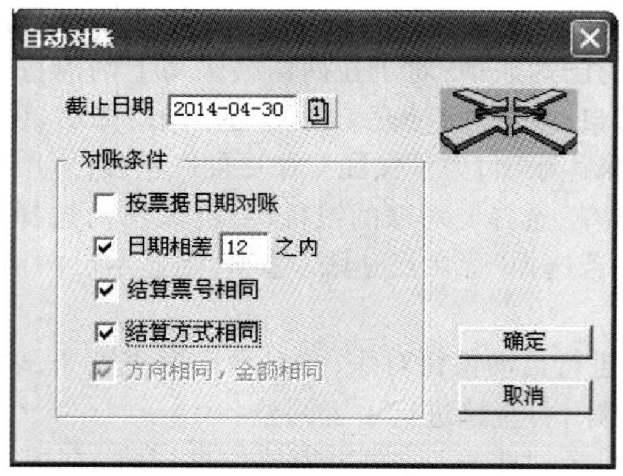

图 4.56 选择对账条件

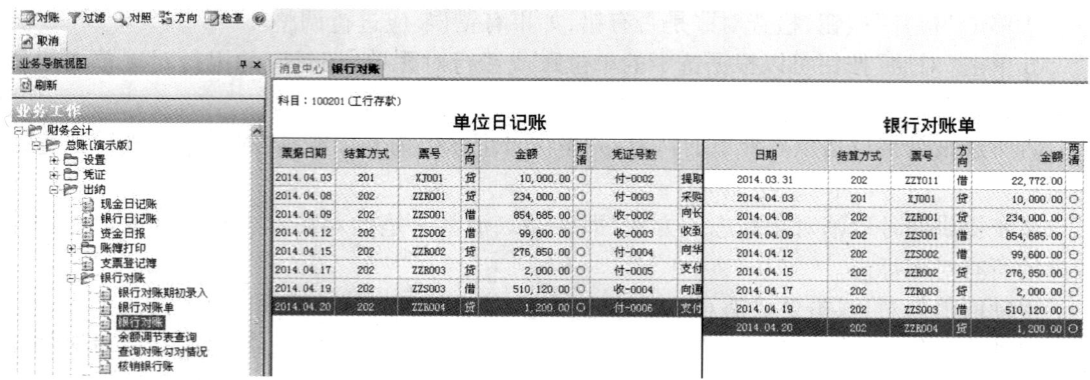

票据日期	结算方式	票号	方向	金额	两清	凭证号数
2014.04.03	201	XJ001	贷	10,000.00	O	付-0002
2014.04.08	202	ZZR001	贷	234,000.00	O	付-0003
2014.04.09	202	ZZS001	借	854,685.00	O	收-0002
2014.04.12	202	ZZS002	借	99,600.00	O	收-0003
2014.04.15	202	ZZR002	贷	276,850.00	O	付-0004
2014.04.17	202	ZZR003	贷	2,000.00	O	付-0005
2014.04.19	202	ZZS003	借	510,120.00	O	收-0004
2014.04.20	202	ZZR004	贷	1,200.00	O	付-0006

日期	结算方式	票号	方向	金额	两清
2014.03.31	202	ZZY011	借	22,772.00	
2014.04.03	201	XJ001	贷	10,000.00	O
2014.04.08	202	ZZR001	贷	234,000.00	O
2014.04.09	202	ZZS001	借	854,685.00	O
2014.04.12	202	ZZS002	借	99,600.00	O
2014.04.15	202	ZZR002	贷	276,850.00	O
2014.04.17	202	ZZR003	贷	2,000.00	O
2014.04.19	202	ZZS003	借	510,120.00	O
2014.04.20	202	ZZR004	贷	1,200.00	O

图 4.57 显示对账结果

4)余额调节表查询

在对银行账进行两清勾对后,便可依次单击“总账”→“出纳”→“银行对账”→“余额调节表查询”,调用此功能查询打印银行存款余额调节表,以检查对账是否正确,如图 4.58 所示。

银行存款余额调节表

银行科目(账户)	对账截止日期	单位账账面余额	对账单账面余额	调整后存款余额
工行存款(100201)	2014.04.30	1,388,412.16	1,411,184.16	1,411,184.16
中行存款(100202)		10,000.00	0.00	10,000.00

图 4.58 查询银行存款余额调节表

屏幕显示所有银行科目的账面余额及调整余额。如要查看某科目的调节表,则将光标移到该科目上,然后用鼠标单击“查看”按钮或双击该行,即可查看该银行账户的银行存款余额调节表。在银行余额调节表中有“详细”按钮,单击“详细”按钮,显示当前光标所在行的详细情况,并提供打印功能。

5)查询对账勾对情况

查询对账勾对情况用于查询单位日记账及银行对账单的对账结果。

①依次单击“总账”→“出纳”→“银行对账”→“查询对账勾对情况”,进入银行科目选择窗口,如图 4.59 所示。

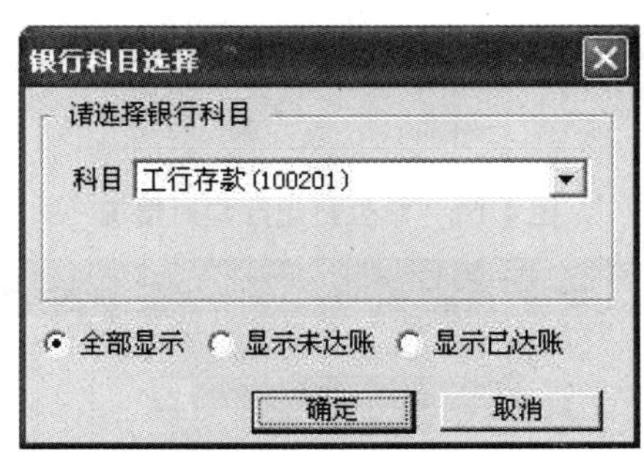

图 4.59 选择银行科目

②输入要查找的银行科目,然后选择查询方式。系统提供三种查询方式供选择,即:显示全部、显示未达账、显示已达账,系统默认显示全部。

③输入查询条件后,单击“确定”按钮,屏幕显示查询结果。可以通过单击银行对账单、单位日记账页签切换显示对账情况,如图 4.60、图 4.61 所示。

6)核销银行账

本功能用于将核对正确并确认无误的已达账删除。对于一般用户来说,在银行对账正确后,如果想将已达账删除并只保留未达账时,可使用本功能。

单击“总账”→“出纳”→“银行对账”→“核销银行账”,进入核销银行科目选择窗口,选择要核销的银行科目后单击“确定”按钮,如图 4.62 所示。

如果银行对账不平衡时,请不要使用本功能,否则将造成以后对账错误。本功能不影响

银行对账单

□已对账

□未对账

科目 工行存款(100201)

银行对账单 | 单位日记账

日期	结算方式	票号	借方金额	贷方金额	两清标志
2014.03.31	202	ZZY011	22,772.00		
2014.04.03	201	XJ001		10,000.00	O
2014.04.08	202	ZZR001		234,000.00	O
2014.04.09	202	ZZS001	854,685.00		O
2014.04.12	202	ZZS002	99,600.00		O
2014.04.15	202	ZZR002		276,850.00	O
2014.04.17	202	ZZR003		2,000.00	O
2014.04.19	202	ZZS003	510,120.00		O
2014.04.20	202	ZZR004		1,200.00	O
合计			1,487,177.00	524,050.00	

图 4.60　银行对账单勾对情况

单位日记账

□已对账

□未对账

科目 工行存款(100201)

银行对账单 | 单位日记账

凭证日期	票据日期	结算方式	票号	借方金额	贷方金额	两清	凭证号数	摘　要
2014.04.03	2014.04.03	201	XJ001		10,000.00	O	付-2	提取现金备用
2014.04.08	2014.04.08	202	ZZR001		234,000.00	O	付-3	采购生产用原材料
2014.04.09	2014.04.09	202	ZZS001	854,685.00		O	收-2	向长兴贸易公司出售商
2014.04.12	2014.04.12	202	ZZS002	99,600.00		O	收-3	收到华明公司偿还的欠
2014.04.15	2014.04.15	202	ZZR002		276,850.00	O	付-4	向华联公司支付前欠款
2014.04.17	2014.04.17	202	ZZR003		2,000.00	O	付-5	支付部门固定资产修理
2014.04.19	2014.04.19	202	ZZS003	510,120.00		O	收-4	向通达公司出售商品
2014.04.20	2014.04.20	202	ZZR004		1,200.00	O	付-6	支付业务招待费
合计				1,464,405.00	524,050.00			

图 4.61　单位日记账勾对情况

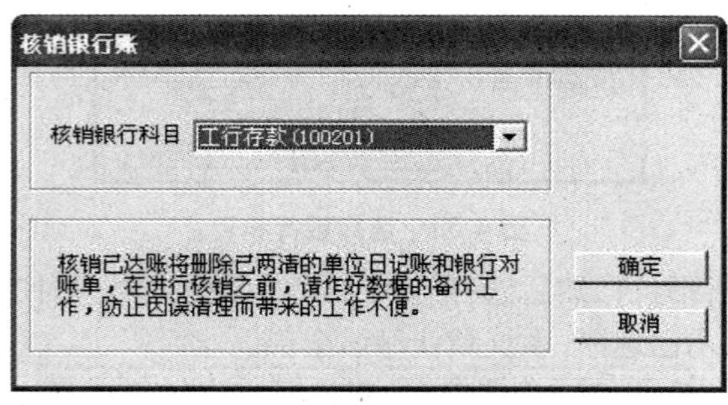

图 4.62　选择核销银行科目

银行日记账的查询和打印。按“Alt+U”组合键可以进行反核销。

7)长期未达账审计

本功能用于查询至截止日期为止未达天数超过一定天数的银行未达账项,以便企业分析长期未达原因,避免资金损失。

①依次单击“总账”→“出纳”→“长期未达账审计”,显示长期未达账审计查询条件窗口,如图 4.63 所示。

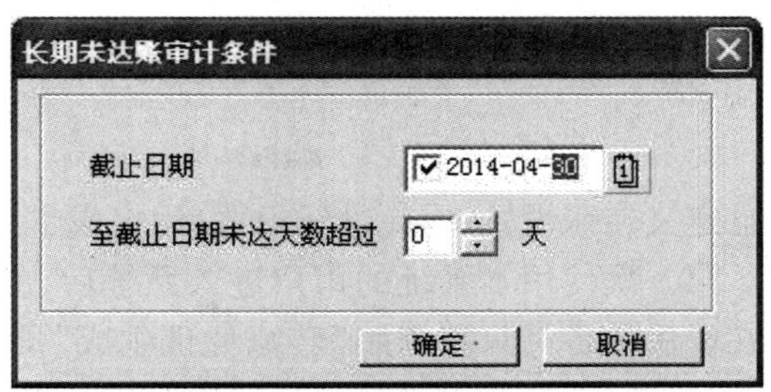

图 4.63　长期未达账审计条件

②录入查询的截止日期及至截止日期未达天数超过天数，单击“确定”按钮，显示查询结果。可以通过单击“银行对账单”和“单位日记账”页签来切换显示不同查询内容。

4.5　总账系统的期末业务处理

总账系统的期末业务处理是在将本月所发生的经济业务全部登记入账后所要做的工作，主要包括计提、分摊、结转、对账和结账。

在电算化方式下，预先将有规律性出现的会计业务定义好转账凭证模板，再把各种取数依据及计算公式存入计算机，形成自动转账凭证，由计算机自动生成转账凭证。这种预先定义好分录的结构，再由计算机自动编制凭证的过程为自动转账，由此而生成的凭证称为自动转账凭证。

温馨提示

✧ 转账凭证模板必须事先进行设置。

✧ 转账凭证中各科目的数据都是从账簿中提取，经处理后生成的。为了保证数据的完整、正确，在调用转账凭证模板生成转账凭证前必须将本月发生的各种具体业务登记入账。

✧ 期末的分摊、计提、结转业务具有严格的处理顺序，其基本的处理顺序如图 4.64 所示。结转顺序如果发生错误，即使所有的转账凭证模板设置都正确，转账凭证中的数据也可能是错误的。为了避免结转顺序发生错误，转账凭证模板提供了转账序号，进行期末的分摊、计提、结转业务处理时，通过指定转账顺序号就可以分期、分批完成转账和记账工作。

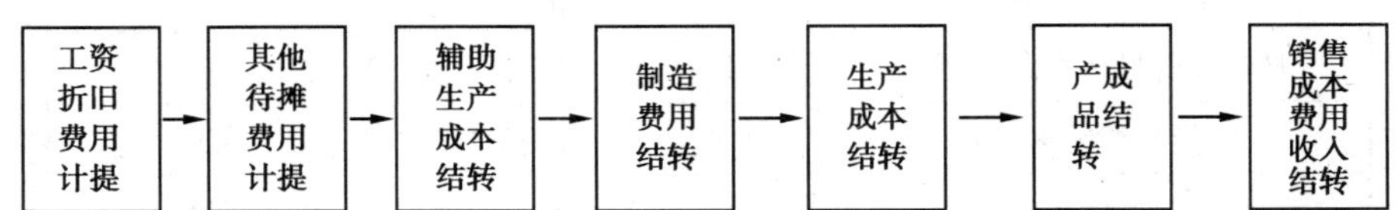

图 4.64　期末业务处理顺序

✧ 结转生成的记账凭证系统将存于未记账凭证库，这些凭证还需要进行审核和记账操作才能记入账簿。对这些凭证的审核主要是审核结转是否正确。对于错误的结转凭证，系统一般不提供修改功能，修改这些凭证的错误只能通过修改设置来进行。

4.5.1 转账

转账定义分为五种:自定义转账设置、对应结转设置、销售成本结转设置、汇兑损益结转设置、期间损益结转设置。第一次使用本系统的用户进入系统后,应先执行"转账定义",用户在定义完转账凭证后,在以后的各月只需调用"转账凭证生成"即可。但当某转账凭证的转账公式有变化时,需先在"转账定义"中修改转账凭证内容,然后再转账。

1)自定义转账

(1)自定义转账设置

自定义转账功能可以完成的转账业务主要有:"费用分配"的结转,如工资分配等;"费用分摊"的结转,如制造费用等;"税金计算"的结转,如增值税等;"提取各项费用"的结转,如提取福利费等;"部门核算"的结转;"项目核算"的结转;"个人核算"的结转;"客户核算"的结转;"供应商核算"的结转。如果客户和供应商使用本公司的应收、应付系统管理,那么,在总账系统中,不能按客户、供应商辅助项进行结转,只能按科目总数进行结转。

在定义结转设置时,要对结转分录的金额取数进行确定。该金额需要通过系统提供的各项取数公式进行定义并生成,因此,用户应首先熟悉系统提供的取数公式。

取自总账子系统数据的取数函数称为账务函数。账务函数公式的格式如下:

函数名("科目编码","会计期间",【方向】,【账套号】,【会计年度】,【编码1】,【编码2】)

公式中:【】表示该参数可选,可以省略;,(逗号)用于隔开各参数。

注意:函数中使用的字母和符号,如函数名、()(括号)、" "(引号)、,(逗号)、=(等号)等,均应为"半角"状态下输入的半角字符。若为全角字符,则不能正确取数。

①函数名。常用函数名如表4.3所示。

表4.3 常用函数名

函数名	金额式	外币式	数量式
期末余额函数	QM( )	WQM( )	SQM( )
期初余额函数	QC( )	WQC( )	SQC( )
净额函数	JE( )	WJE( )	SJE( )
发生额函数	FS( )	WFS( )	SFS( )
累计发生额函数	LFS( )	WLFS( )	SLFS( )
取对方科目计算结果函数	JG( )	WJG( )	SJG( )
借贷平衡差额函数	CE( )	WCE( )	SCE( )
对方科目发生额函数	DFS( )	WDFS( )	SDFS( )

其中,QM( )表示取当前分录左边科目栏定义的科目的月末余额;WQM( )表示取当前分录左边科目栏定义的科目的外币月末余额;SQM( )表示取当前分录左边科目栏定义的科目的数量月末余额。

②科目编码:用于确定取哪个科目的数据。科目编码必须是总账系统中已定义的会计

科目编码。如果转账凭证明细科目栏的科目与公式中的科目编码相同,则公式中的科目编码可省去不写。

③会计期间:可输为“年”或“月”或输入1,2,…,12。如果输入“年”,则按当前会计年度取数;如果输入“月”,则按结转月份取数;如果输入“1”“2”等数字时,表示取此会计月的数据。

温馨提示

✧ 会计期可以为空,为空时默认为“月”。当输入1~12的数字时,代表从1~12的会计期,而不是自然月。

④方向:发生额函数或累计发生额函数的方向用“J”或“j”或“借”或“Dr”(英文借方缩写)表示借方;用“D”或“d”或“贷”或“Cr”(英文贷方缩写)表示贷方,其意义为取该科目所选方向的发生额或累计发生额。余额函数的方向表示方式同上,但允许为空,其意义为取该科目所选方向上的余额,即:若余额在相同方向,则返回余额;若余额在相反方向,则返回0;若方向为空,则根据科目性质返回余额,如1001现金科目为借方科目,若余额在借方,则正常返回其余额,若余额在贷方,则返回负数。

【例4.13】解释函数方向。

FS(500101,月,J)表示取500101科目的结转月份借方发生额。

FS(600101,月,D)表示取600101科目的结转月份贷方发生额。

SFS(140501,月,Dr)表示取140501科目的结转月份借方发生数量。

LFS(660101,4,贷)表示取660101科目的截止到4月的贷方累计发生数。

QM(2221,月,贷)表示取2221科目的结转月份的贷方余额。

⑤账套号:取数的账套号,在特定条件下可以省略。

⑥会计年度:数据取数时的年度,在特定条件下可以省略。

⑦编码1和编码2:在辅助类账中取数。

当科目为辅助核算科目(即科目账类设为辅助核算)时,可以指定辅助项取数。如果科目有两种辅助核算,则可输入两个末级辅助项。辅助项可输入编码,也可输入名称,或者输入“*”,也可以不输入。如果输入辅助项,则按所输入的辅助项取数;如果输入“*”,则取科目总数;如果不输入,则按当前分录左边各辅助项栏中定义的辅助项取数。

【例4.14】660101为部门核算科目,一车间为某部门,122102为个人往来科目,解释期末余额函数。

QM(660101,月,一车间)表示取一车间660101科目的期末余额。

QM(660101,月,*)表示取660101科目各部门期末余额的总余额。

QM(660101,月)表示取当前科目所定义的转账发生部门的期末余额。

QM(122102,月,二车间,李四)表示取二车间的李四122102科目的期末余额。

QM(122102,月,*,*)表示取122102科目的各个人期末余额的总余额。

QM(122102,月,三车间,*)表示取122102科目的属于三车间的各个人期末余额的总余额。

QM(122102,月)表示取当前科目所定义的转账发生个人的期末余额。

温馨提示

✧ 如果想从本公司的其他产品中直接取数,如从工资系统中取应交个人所得税合计,从固定资产系统中取固定资产清理收入、清理费用等。由于这些数据都在SQL数据库中,可以使用通用转账公式,指定相应的数据库、数据表和数据字段取到相应的数据。

由于涉及数据库的操作，所以最好由计算机专业人员来操作。

✧ 函数格式：TY（SQL 数据库文件名，数据表名，计算表达式，条件表达式）。

✧ 数据库文件名：必须为已存在的数据库，且应录入全部路径及数据库文件全名。如 C:\\Ufsoft80\\zt999\\1998\\ufdata.mdb。

✧ 数据表名：必须为已存在的数据表。计算表达式：可录入字段名，也可输入 SQL 语句中的统计函数。

✧ 条件表达式：可以录入查找条件，相当于 SQL 语句中 where 子句中的内容。执行公式时，系统自动将输入内容拼写成 SQL 数据库查询语句，可从数据库中取到相应的数据。若执行结果有多个值，则函数返回第一个符合条件的值。

【例 4.15】解释公式组合。

QM（1001，月）+QM（1002，月），含义：将 1001 科目和 1002 科目当月的期末余额相加。

JE（2001，月）×0.07，含义：将 2001 科目当月的净发生额乘以 0.07。

（2）转账定义

【例 4.16】2014 年 4 月 30 日，按短期借款期末余额的 0.2% 计提短期借款利息。

［操作步骤］

①以账套主管的身份进入企业应用平台，在“企业应用平台”的“业务处理”页签中依次单击“总账”→“期末”→“转账定义”→“自定义转账”，进入“自定义转账设置”窗口。

②单击“增加”按钮，打开“转账目录”设置对话框，如图 4.65 所示。

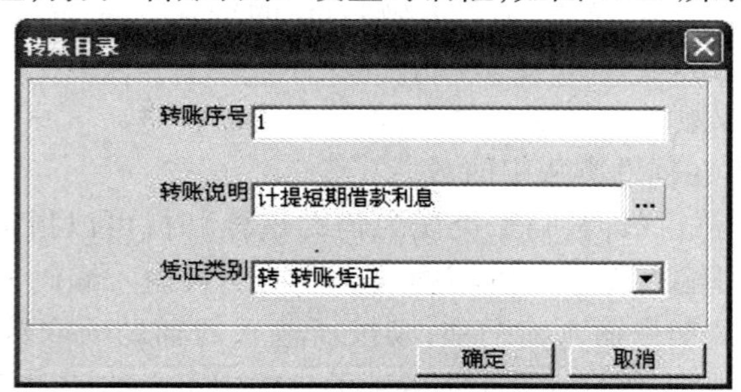

图 4.65 “转账目录”设置

③输入转账序号“1”，转账说明“计提短期借款利息”；选择凭证类别“转账凭证”。单击“确定”按钮，继续定义转账凭证分录信息。

④单击“增行”，选择科目编码“660301”，方向“借”，双击金额公示栏，选择参照按钮，打开“公式向导”对话框一，如图 4.66 所示。

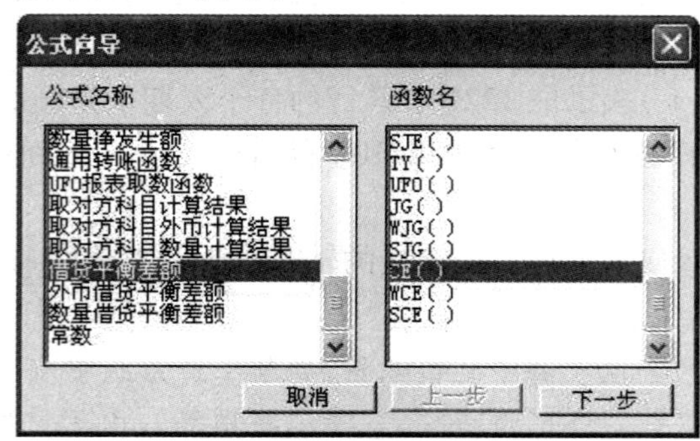

图 4.66 “公式向导”对话框一

⑤选择“借贷平衡差额”函数,单击“下一步”按钮进入“公式向导”对话框二,单击“完成”按钮,如图 4.67 所示。

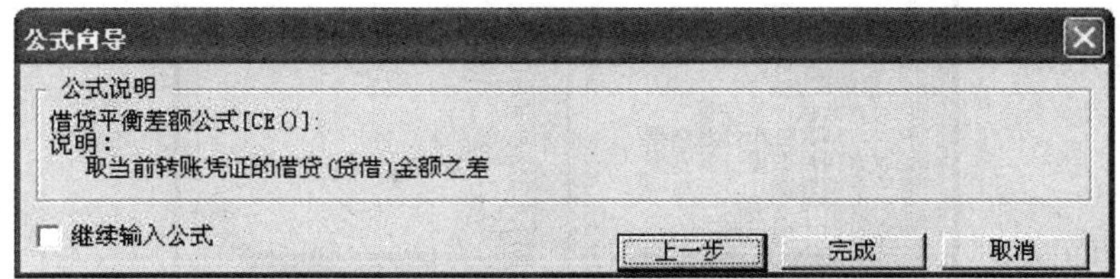

图 4.67　“公式向导”对话框二

⑥单击“增行”,选择科目编码“223101”,方向“贷”,双击金额公式栏,选择参照按钮,打开“公式向导”对话框三,选择“期末余额”函数,如图 4.68 所示。

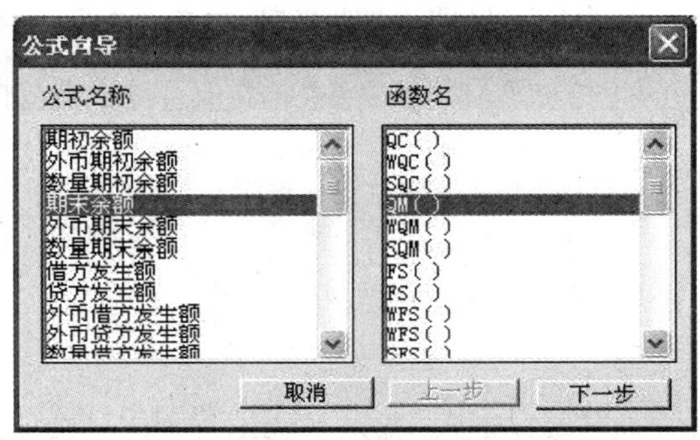

图 4.68　“公式向导”对话框三

⑦单击“下一步”按钮进入“公式向导”对话框四,选择科目“2001”,期间“月”,方向“贷”,在继续输入公式前打钩,选择运算符“ *(乘)”。单击“下一步”按钮,进入“公式向导”对话框五,选择“常数”,如图 4.69 所示。单击“下一步”按钮,进入“公式向导”对话框六,输入常数“0.002”,如图 4.70 所示。

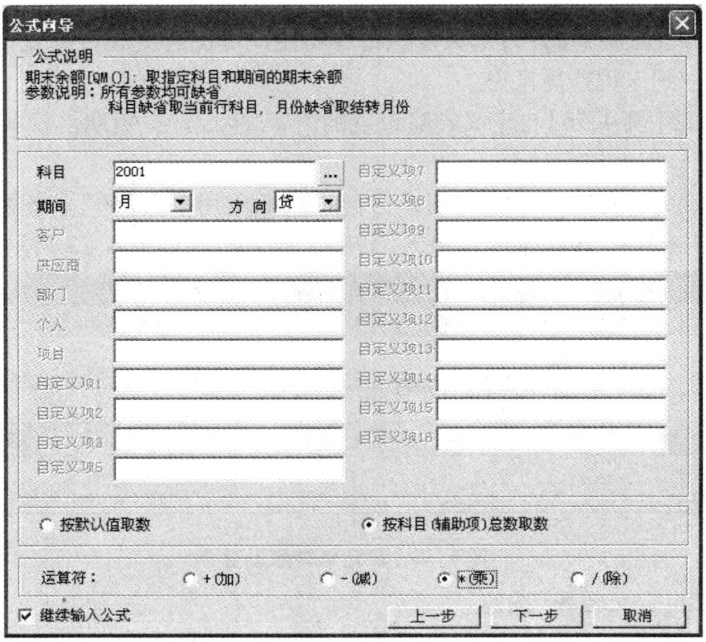

图 4.69　“公式向导”对话框四

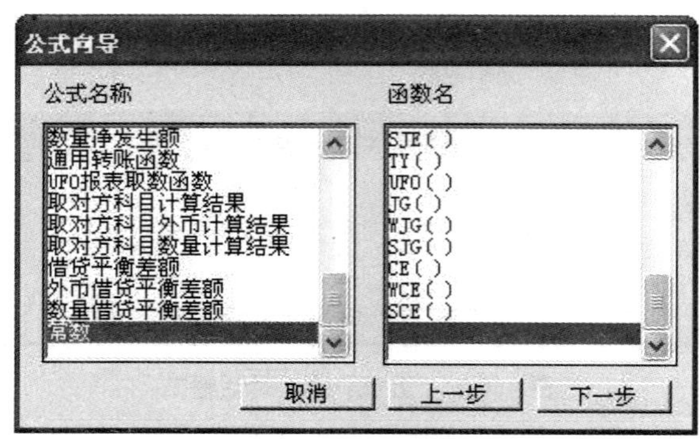

图 4.70 “公式向导”对话框五

⑧单击“完成”按钮返回“自定义转账设置”窗口，再单击“保存”按钮，如图 4.71 所示。

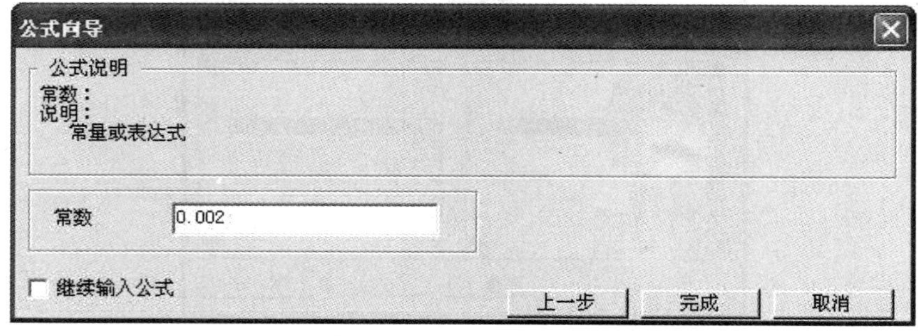

图 4.71 “公式向导”对话框六

温馨提示

✧ 第⑦步中，选择科目“2001”后，也可以将其他设置采取系统默认，单击“完成”按钮，金额公式带回自定义转账设置界面。将光标移至末尾，输入“ *0.002”，回车确认。

(3) 转账生成

在定义完转账凭证后，每月月末只需执行本功能即可快速生成转账凭证，在此生成的转账凭证将自动追加到未记账凭证中。

【例 4.17】承接【例 4.16】自定义转账设置的内容，生成计提短期借款利息的转账凭证。

［操作步骤］

①以账套主管的身份进入企业应用平台，在“企业应用平台”的“业务处理”页签中依次单击“总账”→“期末”→“转账生成”，进入“转账生成”窗口，如图 4.72 所示。

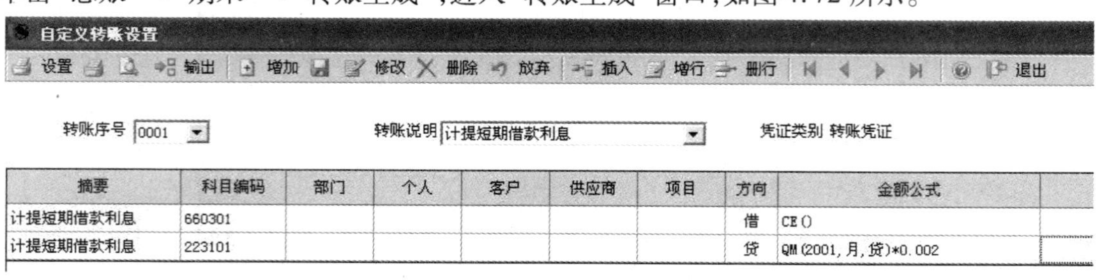

摘要	科目编码	部门	个人	客户	供应商	项目	方向	金额公式
计提短期借款利息	660301						借	CE()
计提短期借款利息	223101						贷	QM(2001,月,贷)*0.002

图 4.72 自定义转账设置

②单击左侧“自定义转账”按钮。

③单击“全选”按钮（或者选中要结转的凭证所在行），单击“确定”按钮，生成计提短期

借款利息的转账凭证,如图 4.73 所示。

④单击"保存"按钮,凭证左上角出现"已生成"的标志,如图 4.74 所示,单击"退出"按钮。

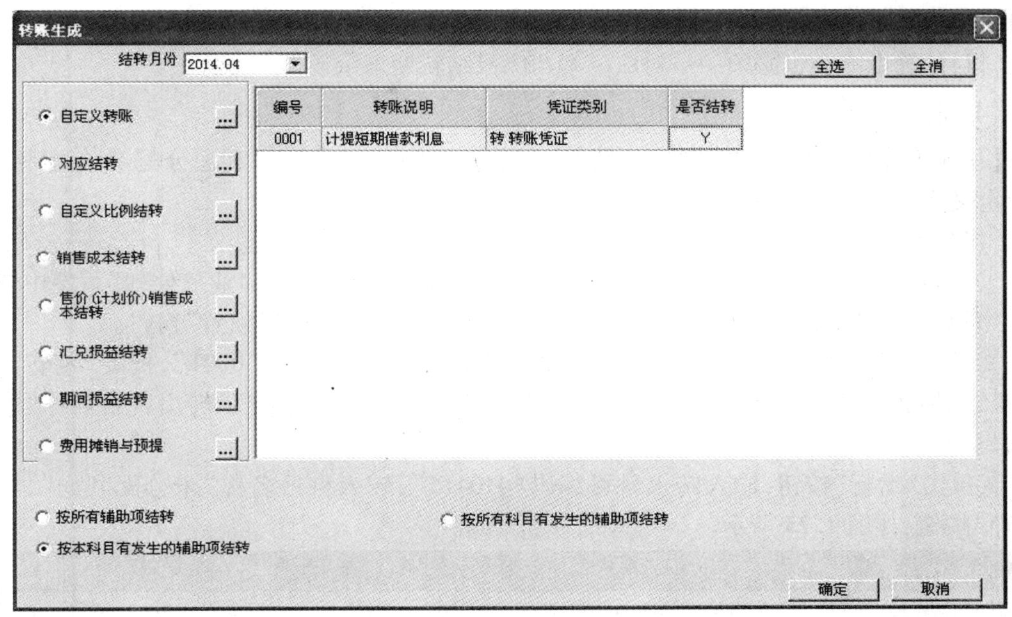

图 4.73　自定义转账生成

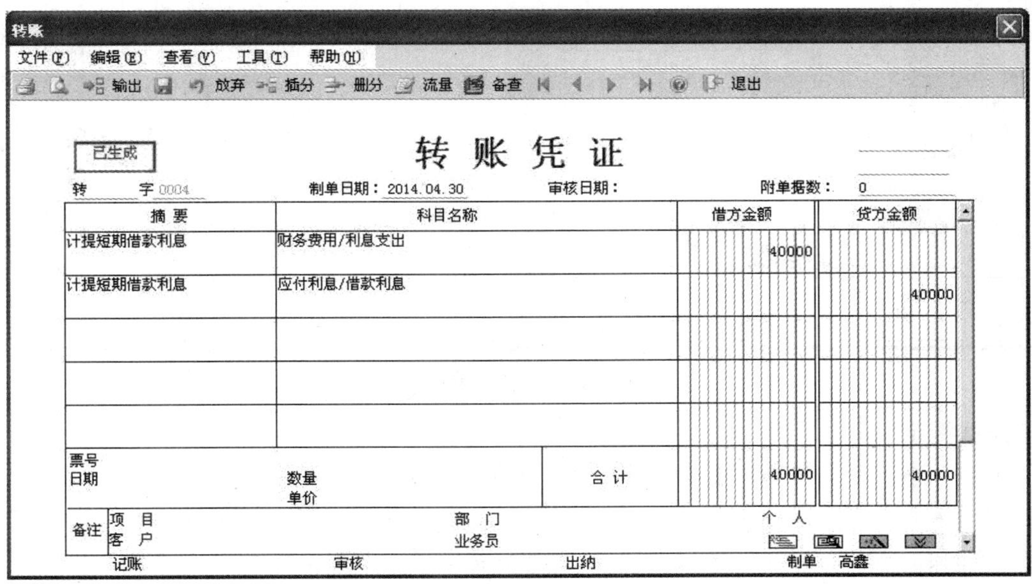

图 4.74　生成自定义转账凭证

温馨提示

✧ 第③步操作中,单击"确定"按钮后,系统若弹出"2014.04 月之前有未记账凭证,是否继续结转?"信息提示框。如果确认该笔未记账的业务对此时正在结转的业务没有影响则可以选择继续,否则应停止当前的操作,将未记账的凭证审核并记账后再进行期末转账操作。

2)对应结转

对应结转不仅可进行两个科目一对一结转,还提供科目的一对多结转功能,对应结转的科目可为上级科目,但其下级科目的科目结构必须一致(相同明细科目)。如有辅助核算,则两个科目的辅助账类也必须一一对应。本功能只结转期末余额。

(1)转账定义

【例4.18】月末,结转本年利润。将"本年利润"账户余额转入"利润分配-未分配利润"账户定义为对应结转分录。

[操作步骤]

①以账套主管的身份进入企业应用平台,在"企业应用平台"的"业务处理"页签中依次单击"总账"→"期末"→"转账定义"→"对应"命令,进入"对应结转设置"窗口。

②用鼠标单击"增加"按钮,开始增加对应转账模板,输入编号"0001",摘要"结转本年利润",选择凭证类别"转 转账凭证",转出科目"4103",系统自动显示转出科目名称"本年利润"。

③单击"增行"按钮,输入转入科目编码"410415",转入科目名称"未分配利润",单击"保存"按钮,如图4.75所示。

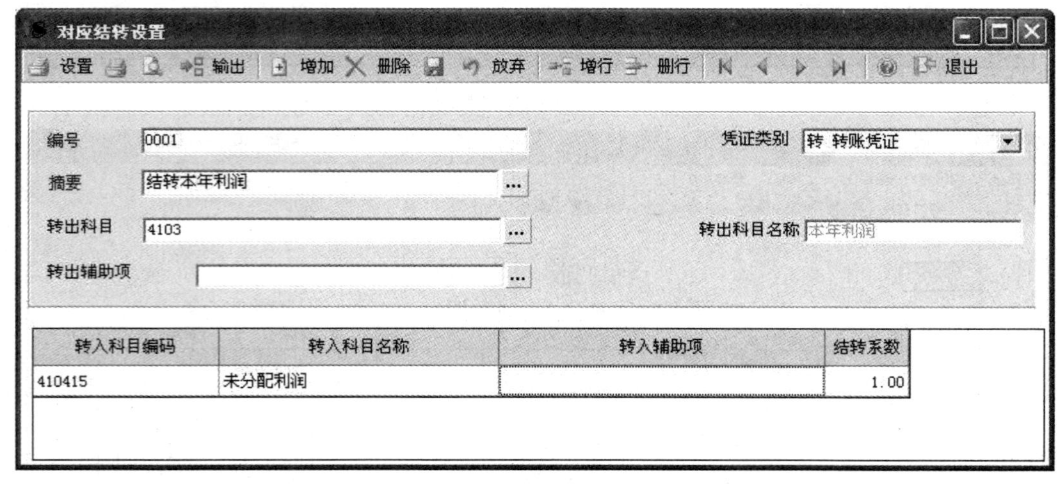

图4.75 对应结转设置

温馨提示

✧ 按"删除"按钮,可删除光标所在行的对应结转凭证。

✧ 转入科目可定义多个。转入、转出科目可为上级科目,但其下级科目的科目结构必须相同。若转出科目定义辅助项,则转入科目的辅助项不能为空。

✧ 本功能只结转期末余额。如果想转发生额,请到自定义结转中设置。

(2)转账生成

【例4.19】承接【例4.18】对应结转设置的内容,生成结转本年利润的转账凭证。

[操作步骤]

①以账套主管的身份进入企业应用平台,在"企业应用平台"的"业务处理"页签中依次单击"总账"→"期末"→"转账生成",进入"转账生成"窗口,如图4.76所示。

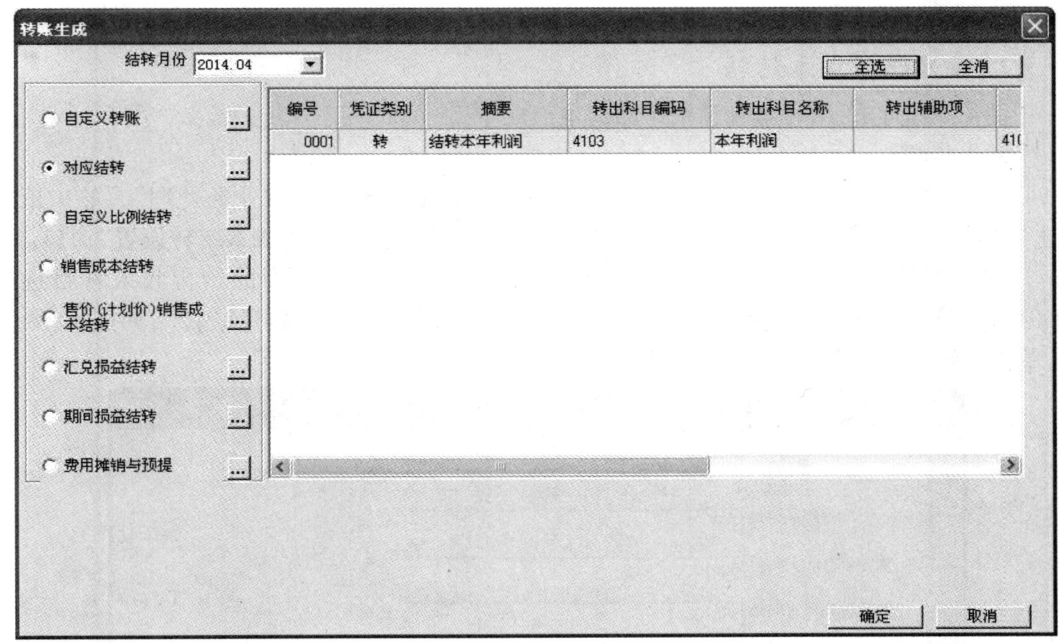

图 4.76　对应结转转账生成

②单击左侧"对应结转"按钮。

③单击"全选"按钮(或者选中要结转的凭证所在行),单击"确定"按钮,生成对应结转的转账凭证,如图 4.77 所示。

④单击"保存"按钮,凭证左上角出现"已生成"的标志,单击"退出"按钮。

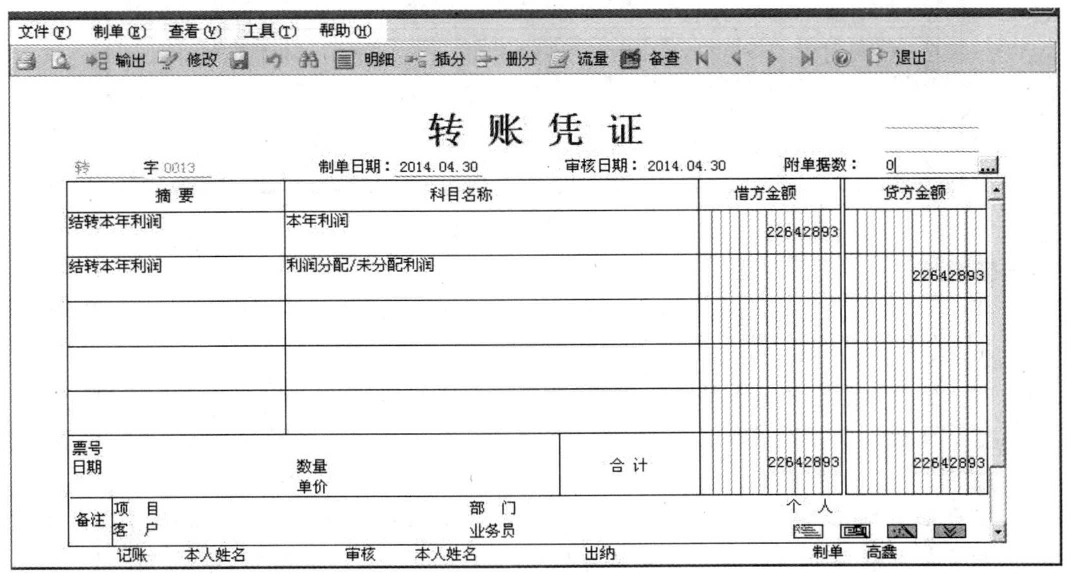

图 4.77　生成对应结转转账凭证

3)销售成本结转

销售成本结转是将月末商品(或产成品)销售数量乘以库存商品(或产成品)的平均单

价计算各类商品销售成本并进行结转。

(1)设置销售成本结转

【例4.20】月末,结转本月已销产品的生产成本。

[操作步骤]

①以账套主管的身份进入企业应用平台,在"企业应用平台"的"业务处理"页签中依次单击"总账"→"期末"→"转账定义"→"销售成本结转",进入"销售成本结转设置"窗口。

②凭证类别选择"转账凭证",库存商品科目选择"140501",商品销售收入科目选择"600101",商品销售成本选择"640101",选择"按商品销售(贷方)数量结转",如图4.78所示,单击"确定"按钮保存设置。

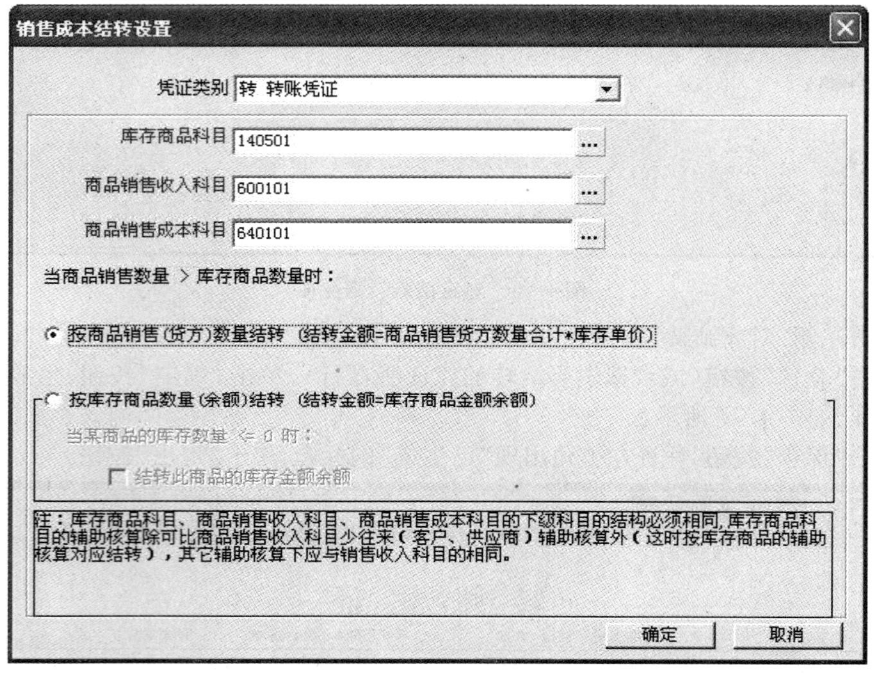

图4.78 销售成本结转设置

温馨提示

- ✧ 库存商品科目、销售收入科目、销售成本科目可以有部门、项目核算,但不能有往来核算。
- ✧ 当库存商品科目的期末数量余额小于商品销售收入科目的贷方数量发生额,若不希望结转后造成库存商品科目余额为负数,可选择按库存商品科目的期末数量余额结转。
- ✧ 库存商品科目、商品销售收入科目、商品销售成本科目及下级科目的结构必须相同,并且都不能带辅助账类。如果想对带辅助账类的科目结转成本,请到"自定义转账"中定义。在"自定义转账"中的转账公式处作如下定义也可得到相应的销售成本(与执行"销售成本结转"功能相同):商品销售收入科目下某商品的贷方数量×(库存商品科目下某商品的月末金额/月末数量)。

(2)生成销售成本结转凭证

单击期末菜单的“转账生成”功能,单击“销售成本结转”,销售成本结转可按全月平均法结转销售成本。单击“全月平均销售成本结转”,则屏幕显示成本科目信息。单击“确定”按钮,屏幕显示销售成本试算表。金额栏即为计算出的销售成本。输入凭证类别、摘要后,单击“确定”按钮,即按计算结果生成转账凭证。

单击“期末”菜单下的“转账生成”,选择“销售成本结转”,单击“确定”按钮,即可生成销售成本结转凭证。

【例4.21】承接【例4.20】销售成本结转设置的内容,生成销售成本结转的转账凭证。

[操作步骤]

①以账套主管的身份进入企业应用平台,在“企业应用平台”的“业务处理”页签中依次单击“总账”→“期末”→“转账生成”,进入“转账生成”窗口,如图4.79所示。

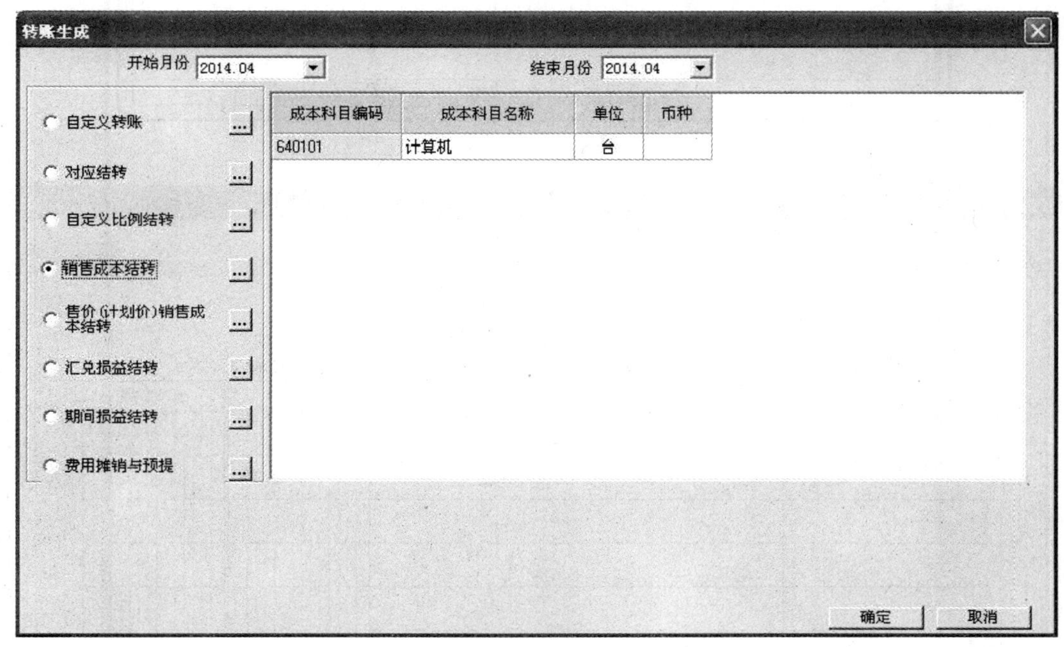

图4.79 销售成本结转转账生成

②单击左侧“销售成本结转”按钮。

③单击“确定”按钮,系统弹出销售成本结转一览表,如图4.80所示。核对信息无误后单击“确定”按钮,生成销售成本结转的转账凭证。

④单击“保存”按钮,凭证左上角出现“已生成”的标志,如图4.81所示,单击“退出”按钮。

4)售价(计划价)销售成本结转

本功能提供按售价(计划价)结转销售成本或调整月末成本。实际操作中,以账套主管的身份进入企业应用平台,在“企业应用平台”的“业务处理”页签中依次单击“总账”→“期末”→“转账定义”→“售价(计划价)销售成本结转”,进入“售价(计划价)销售成本结转”设置窗口,如图4.82所示。

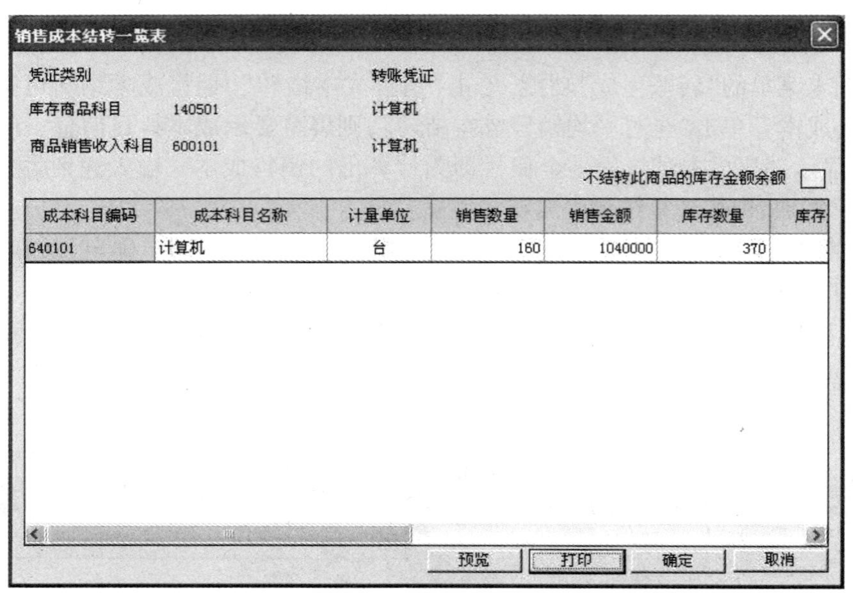

图 4.80　销售成本结转一览表

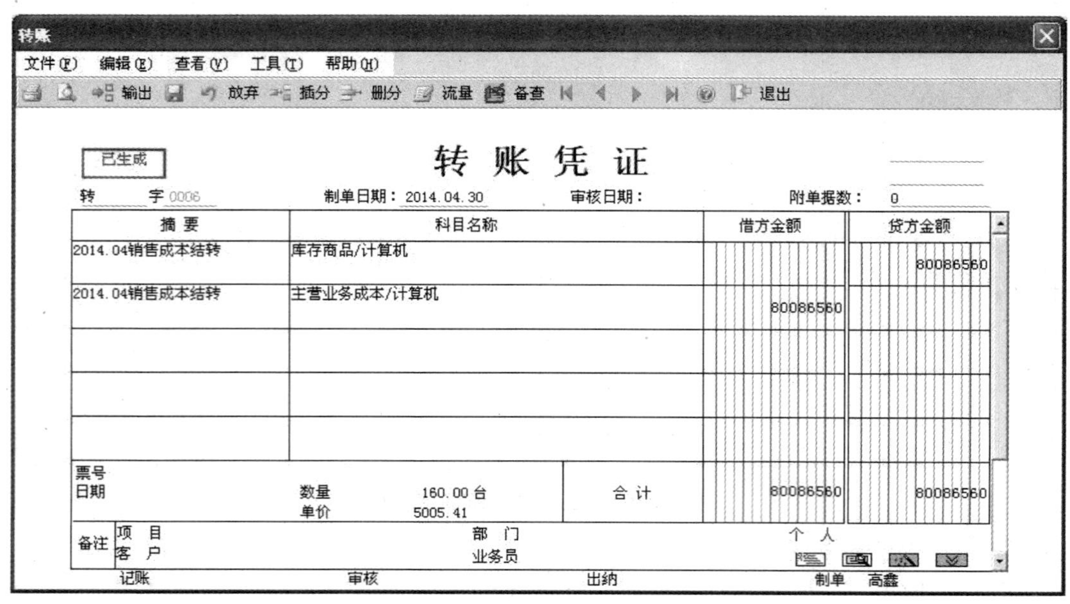

图 4.81　生成销售成本结转转账凭证

(1)项目说明

差异额计算方法分为售价法/计划价法。售价法：差异额=收入余额×差异率(商业企业多用此法)；计划价法：差异额=成本余额×差异率(工业企业多用此法)。

(2)计算科目

用户指定库存商品科目、商品销售收入科目、商品销售成本科目、进销差价科目四个科目。用户可输入总账科目或明细科目，但输入要求这三个科目具有相同结构的明细科目，即要求库存商品科目和商品销售收入科目下的所有明细科目必须都有数量核算，且这三个科

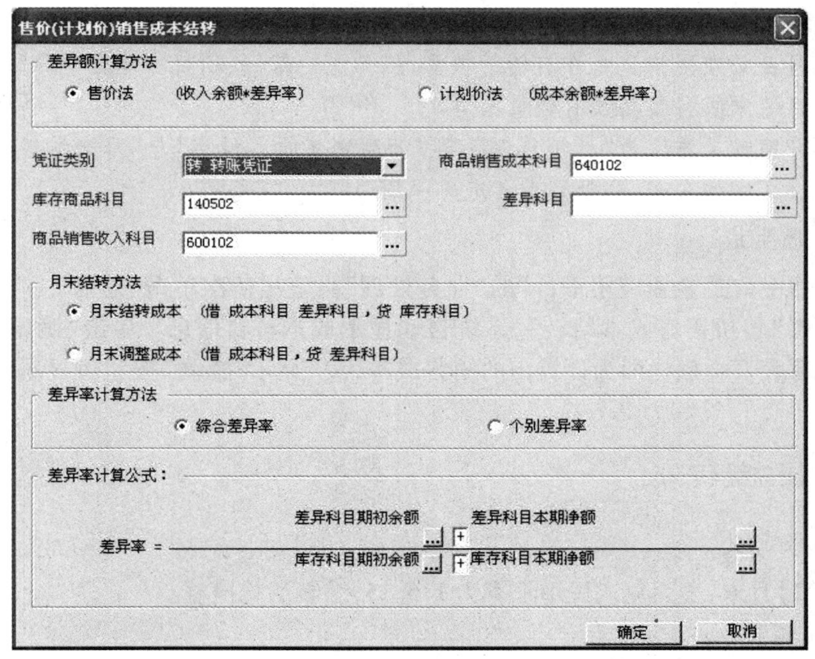

图 4.82 售价(计划价)销售成本结转设置

目的下级必须一一对应。

(3)结转方式

提供两种转账生成分录的方式:月末结转成本方式/月末调整成本方式。

(4)月末结转成本

有些商业企业月中发生销售业务时不计算成本,在月末按当月销售情况结转成本。生成凭证分录为:

借:成本　　　　库存-差异
　差异　　　　差异额
　贷:库存　　　　收入余额(售价法)/成本借方发生额(计划价法)

月末调整成本:有些工业企业平时在发生销售业务时即结转成本,到月末对成本及差异科目进行调整。生成凭证分录为:

借:差异　　　　差异额
　贷:成本　　　　差异额

差异率分为综合差异率和个别差异率。(注:综合差异率即按当前结转科目的上一级科目取数所计算出当前科目的差异率,若当前结转科目为一级科目,则按该科目本身取数计算差异率。若当前结转的是项目,则按其隶属的科目进行计算。个别差异率即按当前结转科目或项目本身取数计算差异率。)

差异率计算公式:提供$[A+(-)B]/[C+(-)D]$形式的计算公式。其中A,B,C,D由用户指定,运算符为"+"或"-"。A,B按差异科目取数,C,D按库存科目取数。A,B,C,D为取数内容,预置为[期初余额]、[期末余额]、[借方发生额]、[贷方发生额]、[净发生额]。初始预置一个常用差异公式。

温馨提示

✧ 计算科目必须同构。允许有辅助核算,但只能是部门、项目。库存商品科目与销售收入科目的末级科目必须有数量核算。

✧ 若差异额计算方法为“计划价法”,则“商品销售收入科目”与“月末结转成本”置灰。

✧ 差异公式中的分子、分母至少各定义一项。

(5)转账生成

实际操作中,在“企业应用平台”的“业务处理”页签里依次单击“总账”→“期末”→“转账生成”,选择“售价销售成本结转”,系统自动显示成本科目信息。单击“确定”按钮,显示销售成本试算表。金额栏即为计算出的销售成本,按“显示/隐藏”按钮可显示/隐藏详细计算信息。

5)汇兑损益结转

(1)转账定义

【例4.22】月末,美元兑人民币汇率为1∶6.15,结转汇兑损益。

[操作步骤]

①以账套主管的身份进入企业应用平台,在“企业应用平台”的“基础设置”页签中依次单击“基础档案”→“财务”→“外币设置”,进入“外币设置”窗口,输入月份“2014.04”,调整汇率“6.15”,如图4.83所示,单击“确认”按钮后退出。

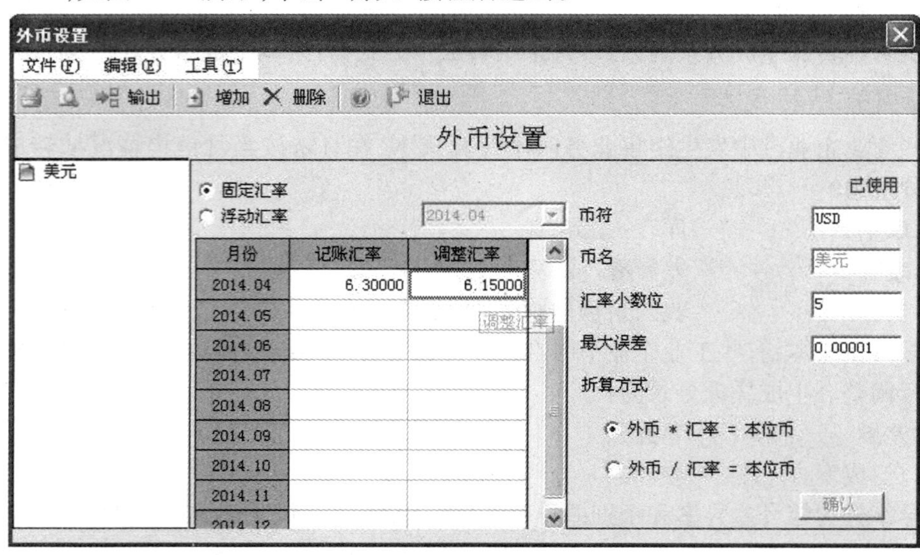

图4.83 调整汇率

②在“企业应用平台”的“业务处理”页签中依次单击“总账”→“期末”→“转账定义”→“汇兑损益”,进入“汇兑损益结转设置”窗口。

③选择凭证类别“付 付款凭证”,汇兑损益入账科目“660302”,双击中行存款“是否计算汇兑损益”栏,使该栏显示“Y”,如图4.84所示。

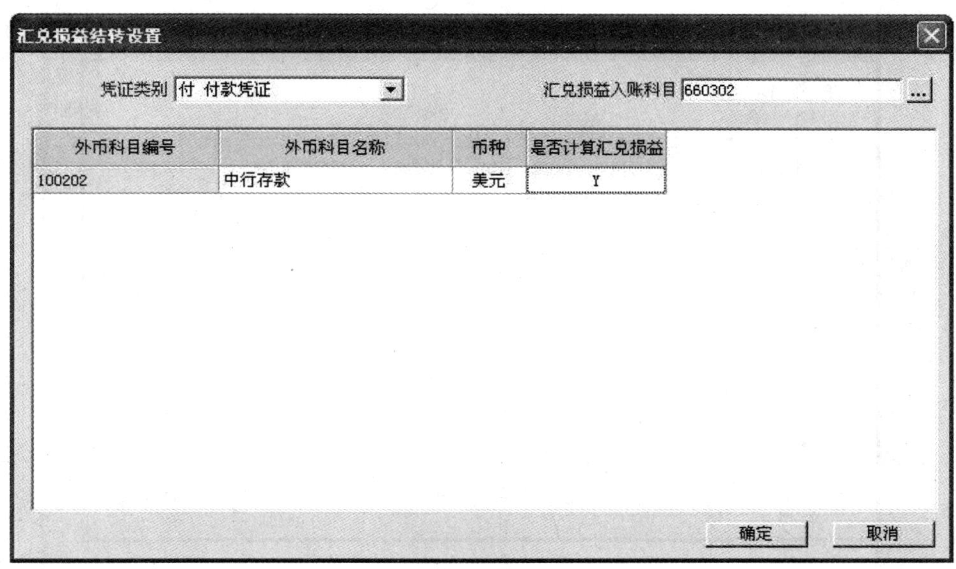

图 4.84　汇兑损益结转设置

（2）转账生成

【例 4.23】承接【例 4.22】汇兑损益结转设置的内容，生成汇兑损益结转的转账凭证。

［操作步骤］

①在“企业应用平台”的“业务处理”页签中依次单击“总账”→“期末”→“转账生成”，选择“汇兑损益结转”，外币币种选择“美元 USD”，如图 4.85 所示。

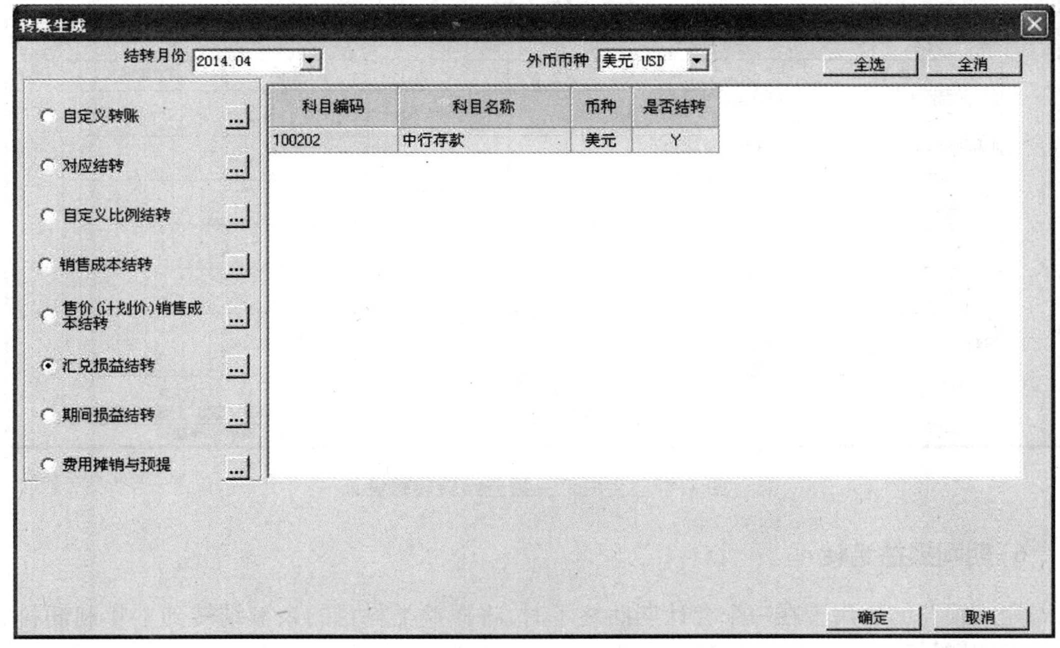

图 4.85　汇兑损益结转转账生成

②单击“确定”按钮，系统弹出“汇兑损益试算表”窗口，显示外币余额、本币余额等信息，如图 4.86 所示。

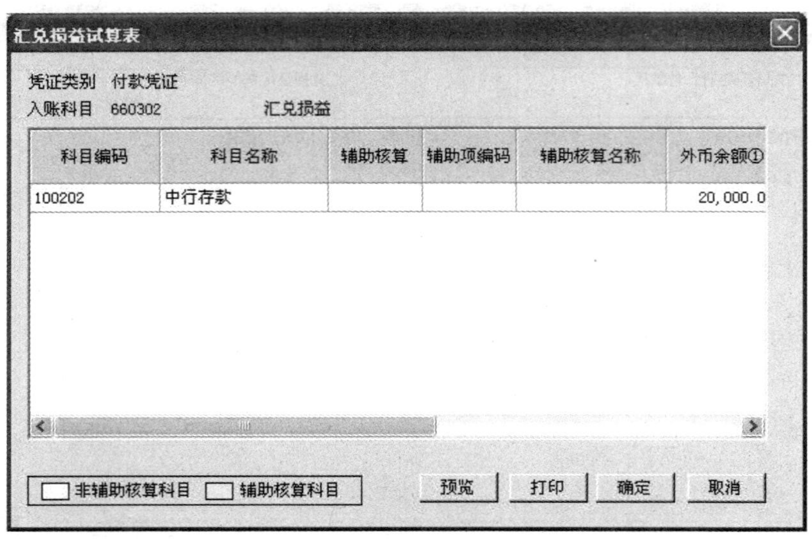

图 4.86 汇兑损益试算表

③单击“确定”按钮，系统自动生成凭证，如图 4.87 所示，单击“保存”按钮，凭证左上方显示“已生成”字样。

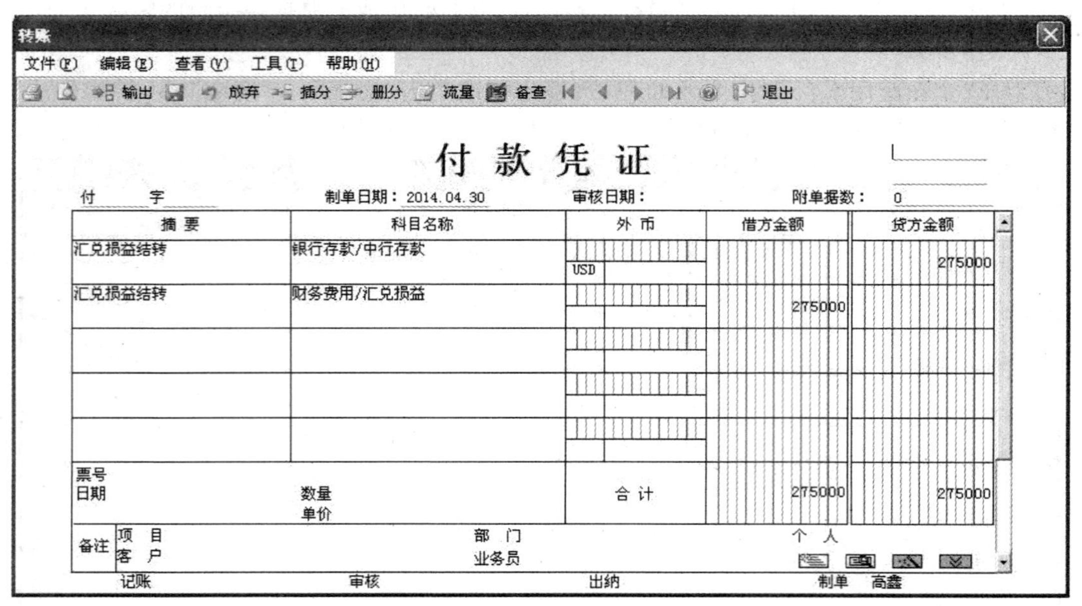

图 4.87 生成汇兑损益结转转账凭证

6）期间损益结转

期间损益结转用于在一个会计期间终了时，将损益类科目的余额结转到本年利润科目中，从而及时反映企业的盈亏情况，主要是对于管理费用、销售费用、财务费用、销售收入、营业外收支等科目的结转。

(1)转账定义

【例4.24】结转本月发生的所有收入。

[操作步骤]

①以账套主管的身份进入企业应用平台,在“企业应用平台”的“业务处理”页签中依次单击“总账”→“期末”→“转账定义”→“期间损益”,进入“期间损益结转设置”窗口。

②选择凭证类别“转 转账凭证”,本年利润科目“4103”,单击“确定”按钮后退出,如图4.88所示。

图4.88　期间损益结转设置

温馨提示

✧ 损益科目结转表每一行中的损益科目的期末余额将转到该行的本年利润科目中去。若损益科目结转表每一行中的损益科目与本年利润科目都有辅助核算,则辅助账类必须相同。损益科目结转表中的本年利润科目必须为末级科目,且为本年利润入账科目的下级科目。

(2)转账生成

【例4.25】承接【例4.24】期间损益结转设置的内容,生成期间损益结转的转账凭证。

[操作步骤]

①在“企业应用平台”的“业务处理”页签中依次单击“财务会计”→“总账”→“期末”→“转账生成”,选择“期间损益结转”,单击“全选”按钮,如图4.89所示。

②单击“确定”按钮,生成转账凭证。单击“保存”按钮,凭证左上角呈现“已生成”字样,如图4.90所示。

温馨提示

✧ 在“转账生成”窗口的类型选择时选择“全部”,系统就将本期收入和支出类科目一起结转到“本年利润”科目。

转账生成

结转月份 2014.04　　类型 收入　　全选　全消

- 自定义转账
- 对应结转
- 自定义比例结转
- 销售成本结转
- 售价(计划价)销售成本结转
- 汇兑损益结转
- 期间损益结转
- 费用摊销与预提

损益科目编码	损益科目名称	损益科目账类	利润科目编码	利润科目名称	利润科目账类	是否结
600101	计算机		4103	本年利润		Y
600102	HP激光打印机		4103	本年利润		Y
6011	利息收入		4103	本年利润		Y
6021	手续费及佣金		4103	本年利润		Y
6031	保费收入		4103	本年利润		Y
6041	租赁收入		4103	本年利润		Y
6051	其他业务收入		4103	本年利润		Y
6061	汇兑损益		4103	本年利润		Y
6101	公允价值变动		4103	本年利润		Y
6111	投资收益		4103	本年利润		Y
6201	摊回保险责任		4103	本年利润		Y
6202	摊回赔付支出		4103	本年利润		Y
6203	摊回分保费用		4103	本年利润		Y

按科目+辅助核算+自定义项展开

确定　取消

图 4.89　期间损益结转生成

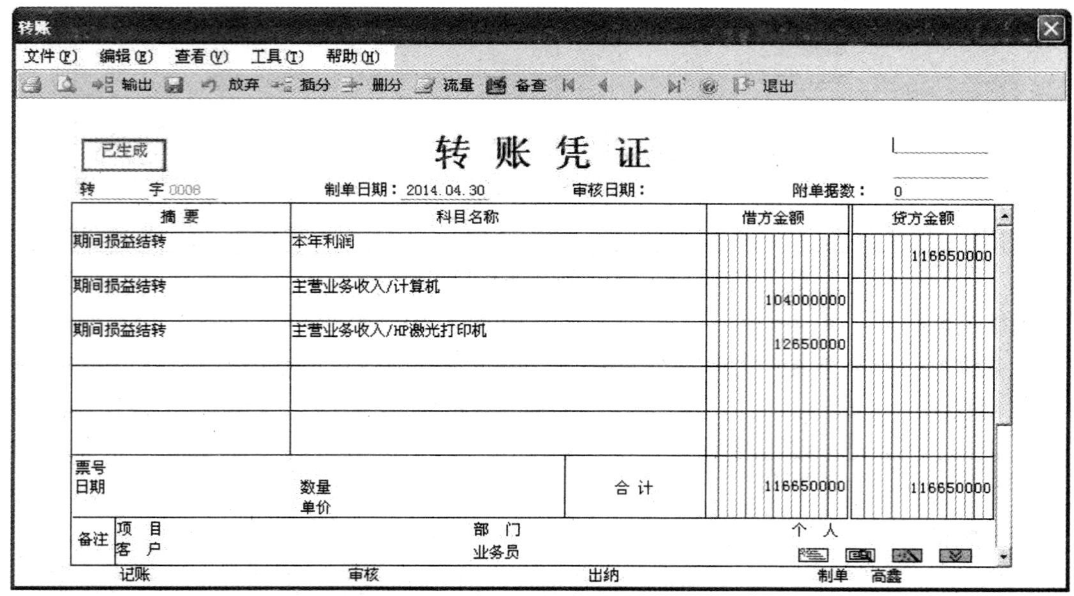
转账

文件(F)　编辑(E)　查看(V)　工具(T)　帮助(H)

输出　放弃　插分　删分　流量　备查　退出

已生成

转账凭证

转 字 0008　　制单日期：2014.04.30　　审核日期：　　附单据数：0

摘要	科目名称	借方金额	贷方金额
期间损益结转	本年利润		116650000
期间损益结转	主营业务收入/计算机	104000000	
期间损益结转	主营业务收入/HP激光打印机	12650000	
票号 日期　数量 单价	合计	116650000	116650000

备注　项目　部门　个人
　　　客户　业务员

记账　审核　出纳　制单 高鑫

图 4.90　生成期间损益结转转账凭证

4.5.2　对账

对账是将各类账簿的数据进行核对，以检查记账是否正确以及账簿是否平衡。它主要通过核对总账与明细账、总账与辅助账、辅助账与明细账等数据来完成账账核对。通常只要记账凭证录入正确，计算机自动记账后各种账簿都应是正确、平衡的。但由于非法操作或计算机病毒或其他原因，有时可能会造成某些数据被破坏，因而引起账账不符。为了保证账证相符、账账相符，单位财务应经常使用对账功能进行对账，至少一个月一次，一般可在月末结账前进行。

①在“企业应用平台”的“业务处理”页签中依次单击“财务会计”→“总账”→“期末”→“对账”，打开“对账”窗口，如图 4.91 所示。

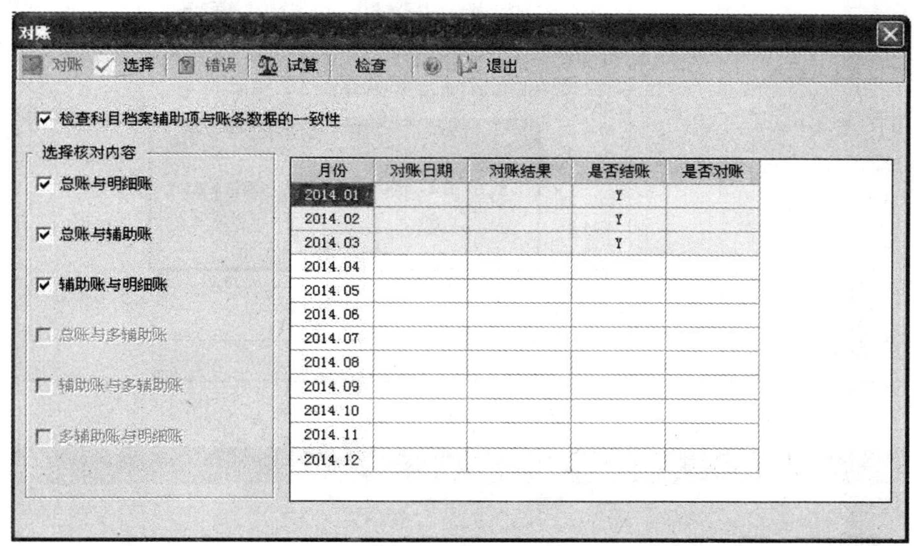

图 4.91 选择对账期间

②单击“试算”按钮，出现“2014.04 试算平衡表”，如图 4.92 所示。

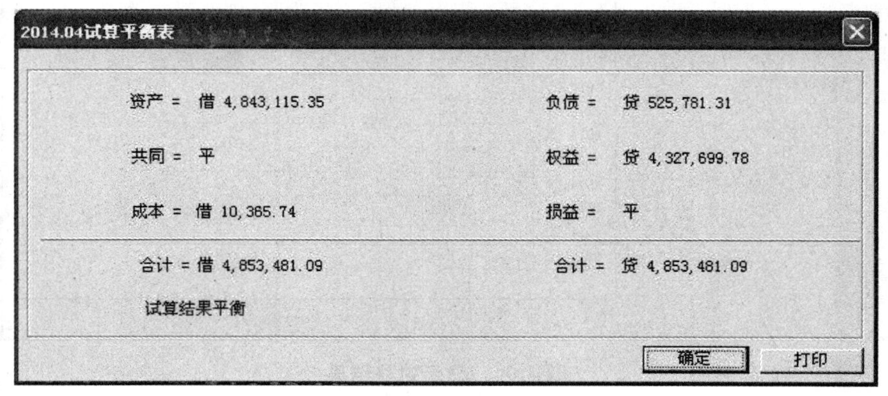

图 4.92 试算平衡表

③单击“确定”按钮，再单击“选择”按钮，在“2014.04”的“是否对账”栏出现“Y”标志。选中要对账的月份，再单击“对账”按钮，系统开始对账，并显示对账结果。在对账过程中，单击“对账”按钮可停止对账，如图 4.93 所示。

④若对账结果为账账相符，则对账月份的对账结果处显示“正确”，如图 4.94 所示。若对账结果为账账不符，则对账月份的对账结果处显示“错误”。单击“错误”按钮，可查看引起账账不符的原因。单击“退出”按钮，退出。

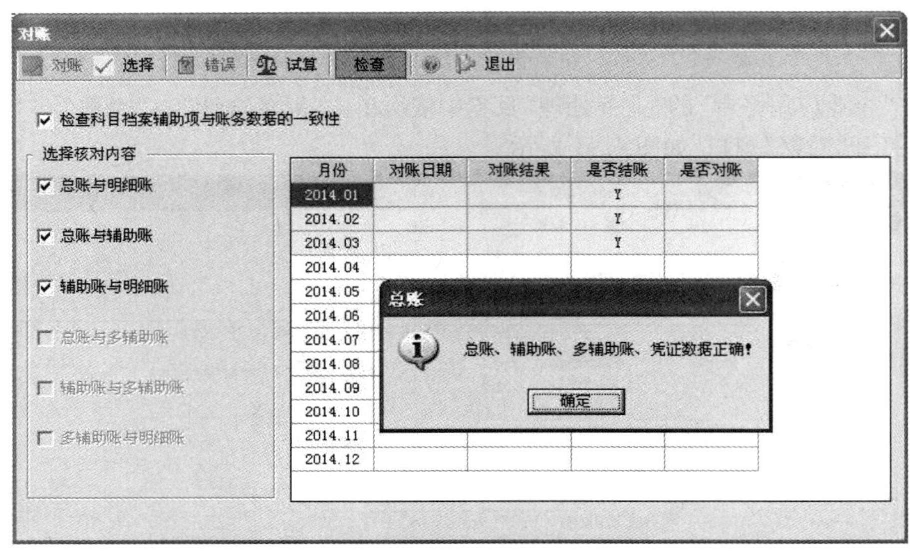

图 4.93 “对账”窗口

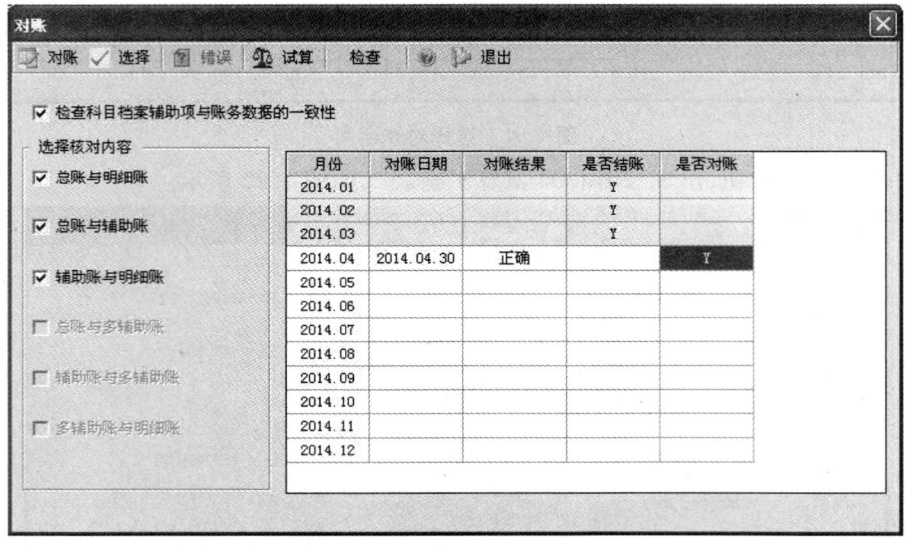

图 4.94 显示对账结果

4.5.3 结账

手工会计处理中都有结账的过程,在计算机会计处理中也应有这一过程,以符合会计制度的要求,因此账务处理系统也提供了“结账”功能。结账只能每月进行一次。

单位月末进行结账时条件如下:上月未结账,则本月不能记账,但可以填制、复核凭证;如本月还有未记账凭证时,则本月不能结账;已结账月份不能再填制凭证;结账只能由有结账权的人进行;若总账与明细账对账不符,则不能结账;若其他相关系统本月未结账,则总账不能结账。

①在“企业应用平台”的“业务处理”页签中依次单击“财务会计”→“总账”→“期末”→

"结账",打开"结账"窗口一,如图 4.95 所示。

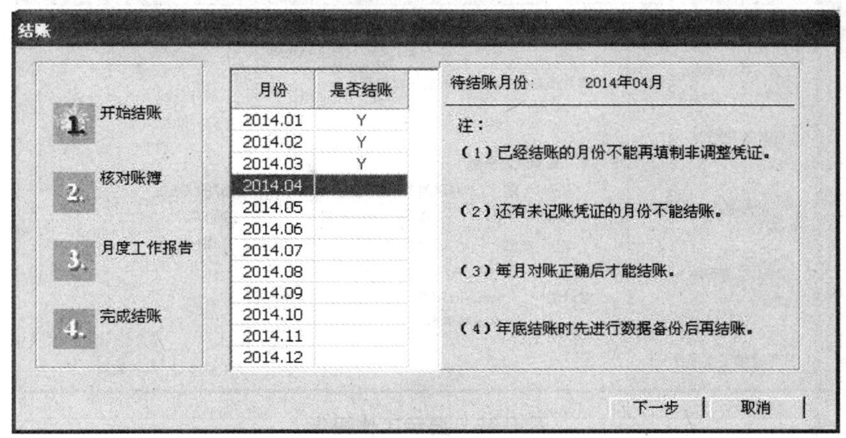

图 4.95 选择对账期间

②选择结账月份"2014.04",单击"下一步"按钮,将弹出"结账"窗口二。系统要求在结转前核对账簿,单击"对账"按钮,系统自动进行对账完毕后,在结果报告栏中显示"对账完毕",如图 4.96 所示。

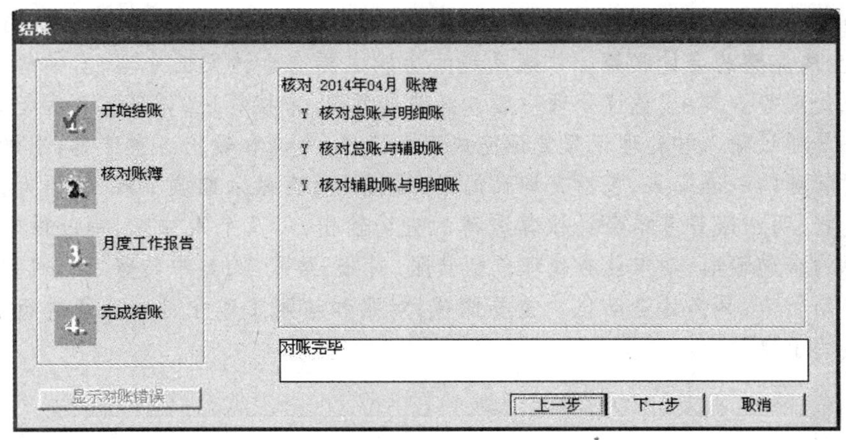

图 4.96 核对账簿

③单击"下一步"按钮,弹出"结账"对话框三,显示对账工作报表。报告的信息主要有本月损益类未结转为 0 的一级科目数、本月账面试算平衡结果、本月账账核对的结果、本月的凭证工作量、其他系统的结账状态等,如图 4.97 所示。

④若需打印工作报告单,则单击"打印月度工作报告"按钮,可将月度工作报告打印出来。

⑤单击"下一步"按钮,弹出"对账"对话框四。单击"结账"按钮,若符合结账要求,系统将进行结账,否则不予结账。

⑥系统在进行月末结账处理后,若需要取消结账,使系统恢复到未结账前的状态,则可以通过系统提供的取消结账功能来实现。以账套主管的身份进入企业应用平台,在"企业应用平台"的"业务处理"页签中依次单击"财务会计"→"总账"→"期末"→"结账",打开"结账"对话框。选择要取消结账的月份,然后按"Ctrl+Shift+F6"组合键(先按下"Ctrl"键和"Shift"键不放,然后再按下"F6"键),弹出"确认口令"对话框,输入账套主管口令,单击"确

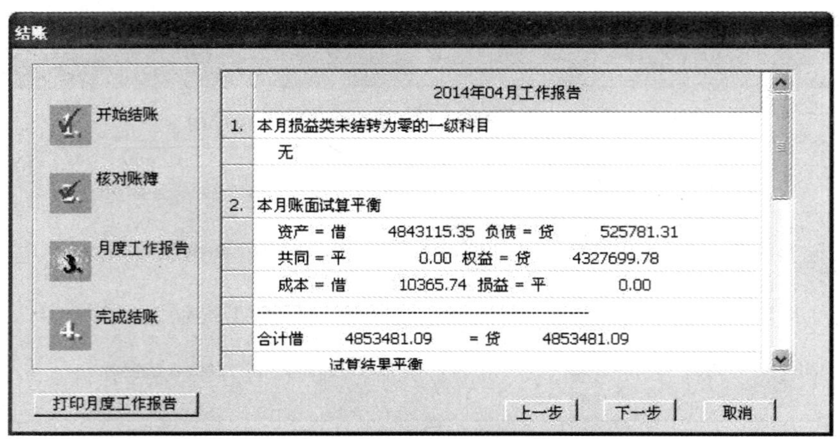

图 4.97 显示工作报告

认"按钮,系统将自动取消结账,使各种账簿记录恢复到未结账前的状态。

本章小结

作为会计信息系统的基础和核心,总账系统归集了其他财务和业务子系统有关资金的数据,最终生成完整的会计账簿。总账系统的功能主要有会计凭证处理、出纳管理、账簿管理以及期末处理等。其中,凭证处理一般包括填制凭证、审核凭证、凭证汇总和记账等内容,其主要任务是通过输入和处理记账凭证完成记账工作,查询和输出各种账簿;出纳管理是出纳人员进行管理的一套工具,包括查询日记账、编制银行存款余额调节表、银行对账等;账簿管理包括总账、明细账等基本会计核算账簿的查询输出,以及个人往来、单位往来等各种辅助核算账簿的查询输出;期末业务处理包括转账、对账、结账等,其中转账工作可以由计算机系统完成自动转账,是会计自动化的重要体现,对账和结账工作在月末必须进行,是会计前后期间衔接的重要内容。

第5章

UFO 报表系统

学习目标

- 了解报表系统的主要功能
- 理解报表系统的有关概念
- 熟悉报表处理的基本流程
- 掌握报表的格式设计以及公式设置与函数应用
- 掌握常用报表的编制

5.1 UFO 报表系统的概述

会计报表是反映企业某一特定日期的财务状况和某一会计期间经营成果、现金流量等会计信息的书面文件。UFO 报表系统是报表处理的工具。利用 UFO 报表系统既可以编制对外报表,也可以编制对内报表。其主要任务是设计报表的格式和编制公式,从总账系统或其他业务系统中取得相关会计信息,自动编制各种会计报表,对报表进行审核、汇总,生成各种分析图,并按照预定的格式输出各种会计报表。

5.1.1 UFO 报表系统的主要功能

①提供各行业报表模板。UFO 报表系统提供 33 个行业的标准财务报表模板,可轻松生成复杂报表;提供自定义模板的新功能,可以根据本单位的实际需要定制模板。

②文件管理功能。UFO 报表系统提供了各类文件管理功能,并且能够进行不同文件格式的转换:文本文件、*.MDB 文件、EXCEL 文件、LOTUS1-2-3 文件;支持多个窗口同时显示和处理,可同时打开的文件和图形窗口多达 40 个;提供了标准财务数据的“导入”和“导出”功能,可以和其他流行财务软件交换数据。

③格式管理功能。UFO 报表系统提供了丰富的格式设计功能,如设组合单元、画表格线(包括斜线)、调整行高列宽、设置字体和颜色、设置显示比例等,可以制作各种要求的报表。

④数据处理功能。UFO 报表系统以固定的格式管理大量不同的表页,能将多达 99 999 张具有相同格式的报表资料统一在一个报表文件中管理,并且在每张表页之间建立有机的

联系；提供了排序、审核、舍位平衡、汇总功能；提供了绝对单元公式和相对单元公式，可以方便、迅速地定义计算公式；提供了种类丰富的函数，可以从用友账务系统以及其他业务系统中提取数据，生成财务报表。

⑤图表功能。UFO 报表系统将数据表以图形的形式进行表示。它采用图文混排，可以很方便地进行图形数据的组织，制作包括直方图、立体图及折线图等 10 种图式的分析图表。可以编制图表的位置、大小及标题等，打印输出图表。

⑥打印功能。UFO 报表系统采用“所见即所得”的打印，报表和图形都可以打印输出；提供“打印预览”，可以随时观看报表或图形的打印效果。报表打印时，可以打印格式或数据，可以设置财务表头和表尾，可以在 0.3 ~3 倍缩放打印，可以横向或纵向打印等；支持对象的打印及预览（包括 UFO 报表系统生成的图表对象和插入 UFO 报表系统中的嵌入和链接对象）。

⑦二次开发功能。UFO 报表系统提供批命令和自定义菜单，可自动记录命令窗中输入的多个命令，可将有规律性的操作过程编制成批命令文件。UFO 报表系统提供了 Windows 风格的自定义菜单，综合利用批命令，可以在短时间内开发出本企业的专用系统。

5.1.2 相关概念

1）格式状态与数据状态

报表格式设计工作和报表数据处理工作是在不同的状态下进行的。单击“格式/数据”按钮，可以实现格式状态和数据状态的切换。

（1）格式状态

在格式状态下可以设计报表的格式，如表尺寸、行高列宽、单元属性、组合单元、关键字和可变区等。报表的三类公式，即单元公式（计算公式）、审核公式和舍位平衡公式也是在格式状态下定义。在格式状态下所做的操作对本报表的所有表页都发生作用。在格式状态下不能进行数据的录入、计算等操作。在格式状态下所看到的是报表的格式，报表的数据全部都隐藏了。

（2）数据状态

在数据状态下管理报表的数据，如输入数据、增加或者删除表页、审核、舍位平衡、图形分析、汇总、合并报表等。在数据状态下不能修改报表的格式。在数据状态下所看到的是报表的全部内容，包括格式和数据。

2）单元

单元是组成报表的最小单位。单元名称由所在行、列标识，行号用数字 1 ~9 999 表示，列标用字母 A—IU 表示。例如：D3 表示第 D 列第 3 行对应的单元。

报表的单元类型有三种，即数值单元、字符单元和表样单元，应用时还会有组合单元。

（1）数值单元

数值单元是报表的数据，在数据状态下（“格式/数据”按钮显示为“数据”时）输入。数值单元的内容可以是 1.7×（10E-308）~1.7×（10E+308）范围内的任何数（15 位有效数字），数字可以直接输入或由单元中存放的单元公式运算生成。建立一个新表时，所有单元的类型缺省为数值。

(2)字符单元

字符单元是报表的数据，在数据状态下（“格式/数据”按钮显示为“数据”时）输入。字符单元的内容可以是汉字、字母、数字以及各种键盘可以输入的符号组成的一串字符，一个单元中最多可以输入63个字符或者31个汉字。字符单元的内容可以由单元公式生成。

(3)表样单元

表样单元是报表的格式，是定义一个没有数据的空表所需的所有文字、符号或者数字。一旦单元被定义为表样，那么在其中输入的内容对所有表页都有效。在格式状态下（“格式/数据”按钮显示为“格式”时）输入和修改，在数据状态下（“格式/数据”按钮显示为“数据”时）不允许修改。一个单元中最多可以输入63个字符或者31个汉字。

(4)组合单元

组合单元是由相邻的两个或者更多的单元组成，这些单元必须是同一种单元类型（如表样、数字和字符等）。UFO报表系统在处理报表时将组合单元视为一个单元。可以组合同一行相邻的几个组合单元，可以组合同一列相邻的几个组合单元，也可以把一个多行多列的平面区域设为一个组合单元。组合单元的名称可以用区域的名称或者区域中的单元的名称来表示。例如，把D2到D3定义为一个组合单元，这个组合单元可以用“D2”“D3”或“D2:D3”来表示。

3)区域

区域由一张表页上的一组单元组成，从起点单元至终点单元是一个完整的长方形矩阵。在UFO报表系统中，区域是二维的，最大的区域是一个二维表的所有单元（整个表页），最小的区域是一个单元。报表可以根据需要设置固定区和可变区。

固定区是组成一个区域的行数、列数的数量是固定的数目。一旦设定好以后，在固定区域内的单元总数是不变的。

可变区是屏幕显示一个区域的行数或者列数是不固定的数字，可变区的最大行数或最大列数在格式设计中设定。在一个报表中只能设置一个可变区，或是行可变或是列可变区。行可变区是指可变区中的行数是可变的，列可变区是指可变区中的列是可变的。设置可变区后，屏幕只显示可变区的第一行或第一列，其他的可变行列隐藏在表体内。在以后的数据操作中，可变行列数随着需要而增减。有可变区的报表称为可变表，没有可变区的报表称为固定表。

4)关键字

关键字是游离于单元之外的特殊数据单元，可以唯一标识一个表页，用于大量表页中快速选择表页。关键字的显示位置在格式状态下设置，关键字的值则在数据状态下录入，每个报表可以定义多个关键字。报表提供了六种关键字。

①单位名称：字符型（最大28个字符），为该报表表页编制单位的名称。

②单位编号：字符型（最大10个字符），为该报表表页编制单位的编号。

③年：数字型（1980～2099），为报表表页反映的年度。

④季:数字型(1～4),为该报表表页反映的季度。

⑤月:数字型(1～12),为该报表表页反映的月份。

⑥日:数字型(1～31),为该报表表页反映的日期。

除此之外,报表还有自定义关键字功能,当定义为"周"和"旬"时,有特殊意义,可以用于业务函数中代表取数日期,可以从其他系统中提取数据。在实际工作中,可根据具体需要灵活运用这些关键字。

5.1.3 UFO 报表系统的基本操作流程

UFO 报表系统的基本操作流程如图 5.1 所示。

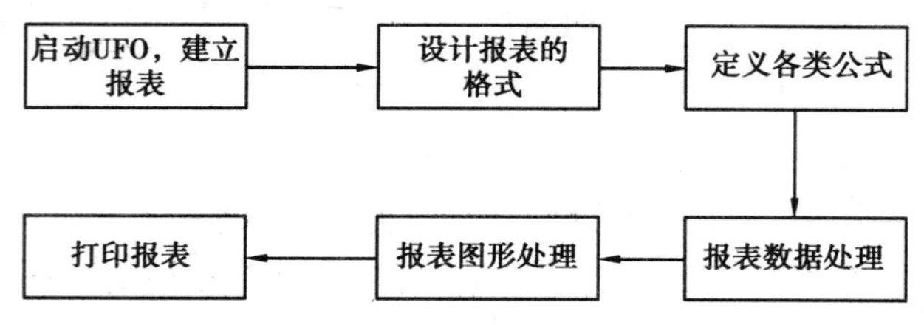

图 5.1 UFO 报表系统操作流程

5.2 自定义报表

【例 5.1】自定义一张货币资金表,资料如下:

表 5.1 货币资金表

单位名称: 年 月 日 单位:元

项目	行次	期初数	期末数
库存现金	1		
银行存款	2		
合计	3		

制表人:

表头:标题"货币资金表"设置为黑体、14 号,居中;单位名称、年、月、日设置为关键字;"单位:元"设置为宋体、10 号,右对齐第 4 栏。

表体:标题中文字设置为楷体、12 号,居中。

表尾:"制表人:"设置为宋体、10 号,右对齐第 4 栏。

5.2.1 启用 UFO 报表系统

①以账套主管身份注册进入企业应用平台,执行"业务工作"→"财务会计"→"UFO 报表"命令,启动 UFO 报表管理系统。

②创建报表文件,执行"文件"→"新建"命令,或单击工具栏中的" 🗋 "按钮,创建一张名为"report1"的空白报表文件,并进入格式状态。

5.2.2 自定义一张货币资金表

1)报表格式的设计

(1)设置表尺寸

设置表尺寸,是指设置报表的大小。设置前,应根据所定义的报表大小计算该表所需要的行数和列数,然后进行设置。报表行数应包括表头、表体和表尾。

[操作步骤]

在格式状态下,执行"格式"→" 表尺寸"命令,打开"表尺寸"对话框,输入行数"7",列数"4",单击"确认"按钮,如图5.2所示。

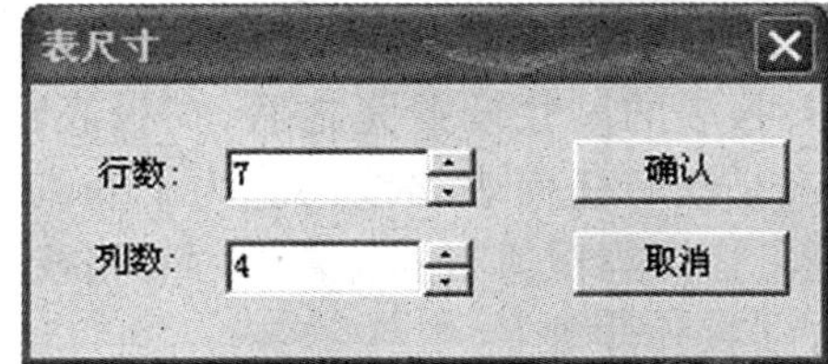

图5.2 表尺寸

(2)定义行高和列宽

[操作步骤]

①选中单元A1。

②执行"格式"→"行高"命令,打开"行高"对话框,设置A1单元所在行的行高为"8",单击"确定"按钮,如图5.3所示。

③执行"格式"→"列宽"命令,打开"列宽"对话框,设置A1单元所在列的列宽为"50",单击"确定"按钮,如图5.4所示。

④同理设置其他单元的行高和列宽,本例中A2:D6区域的行高为"6",B列列宽10,C列列宽50,D列列宽50。

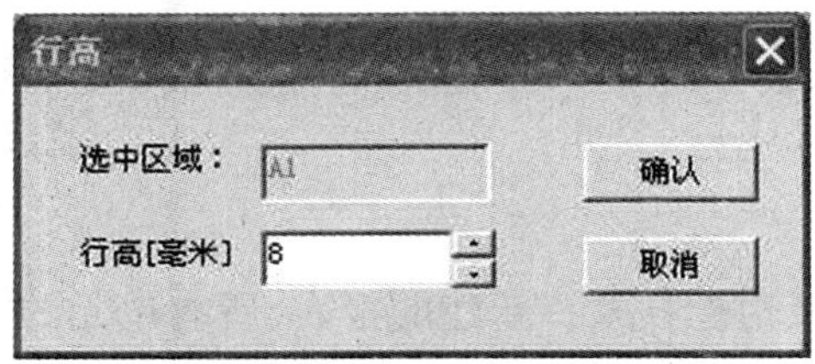

图5.3 行高

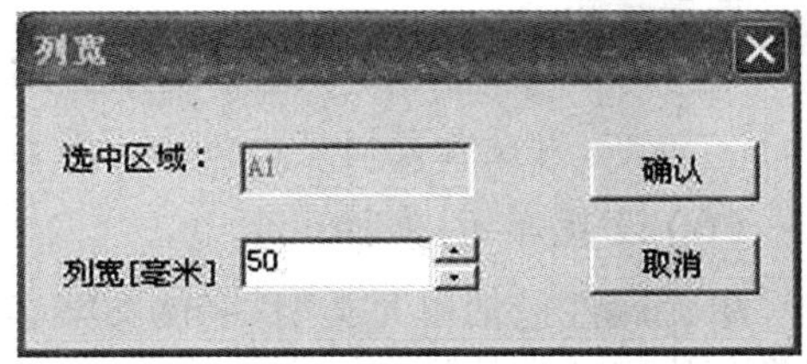

图5.4 列宽

(3)定义组合单元

组合单元是把几个单元当成一个单元来使用。组合单元是一个大单元,所有针对单元的操作对组合单元均无效。

[操作步骤]

①选取单元格式区域A1:D1。

②执行"格式"→"组合单元"命令,或单击工具栏上的" "按钮,打开"组合单元"对话框,如图5.5所示。

③单击"整体组合"按钮,将第一行组合为一个单元。

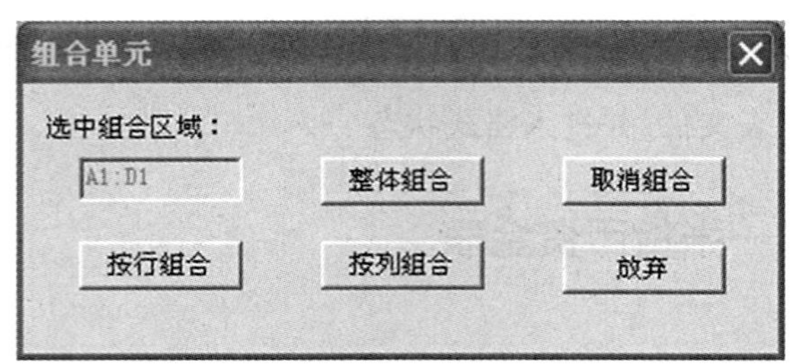

图 5.5　组合单元

温馨提示

✧ 组合单元既可以按行组合，也可以整体组合，即将选中的单元合并为一个整体。

(4)画表格线

报表的尺寸设置完之后，在报表输出时，该报表是没有任何表格线的。为了查询和打印的需要，还应当在适当的位置上画表格线。

[操作步骤]

①选取表格要画线的区域 A3：D6。

②执行"格式"→"区域画线"命令，或单击工具栏上的" "按钮，系统弹出"区域画线"对话框，如图 5.6 所示。

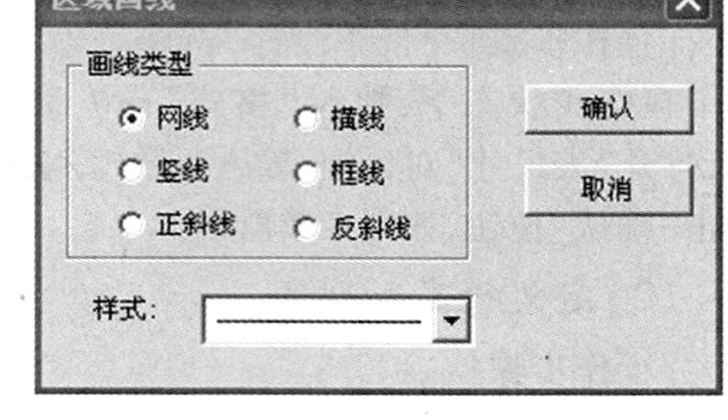

图 5.6　区域画线

③选择画线类型，单击"确认"按钮。

温馨提示

✧ 画表格线时可以根据需要选择不同的画线类型及样式。

(5)输入报表项目

根据所给资料在对应单元中输入相关内容。

温馨提示

✧ 在录入报表项目时，单位名称及日期不需手工录入，UFO 报表系统一般将其设置为关键字，用设置关键字的方法设置。

(6)设置单元属性

单元属性包括单元类型、字体图案、对齐方式及边框样式。新建的报表，所有单元的单元类型均默认为数值型。格式状态下输入的内容均默认为表样单元。字符单元和数值单元只对本表页有效，表样单元输入后对所有的表页有效。

[操作步骤]

①选取标题所在组合单元 A1。

②执行"格式"→"单元属性"命令，打开"单元属性"对话框。

③单击"字体图案"选项卡，设置字体为"黑色"，字号为"14"，如图 5.7 所示。

④单击"对齐"选项卡，选择水平方向"居中"及垂直方向"居中"，单击"确定"按钮。

⑤同理设置表头中"单位:元"为宋体、10 号、右对齐第 4 栏；表体中的文字为楷体、12 号、居中；表尾中的文字为宋体、10 号、右对齐第 4 栏；"期初数"与"期末数"栏的数字右对齐。

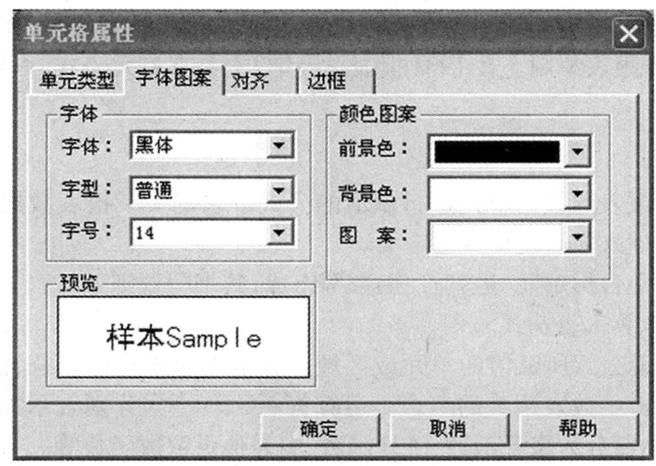

图 5.7 单元格属性

(7)定义关键字

定义关键字主要包括设置关键字和调整关键字在表页的位置。

[操作步骤]

①选中 A2 单元。

②执行"数据"→"关键字"→"设置"命令,打开"设置关键字"对话框。

③选择"单位名称"单选框,如图 5.8 所示,单击"确定"按钮。

④同理,在 C2 单元设置关键字"年""月""日"。

⑤执行"数据"→"关键字"→"偏移"命令,打开"定义关键字偏移"对话框。

⑥设置年偏移"-60",月偏移"-30",如图 5.9 所示,单击"确定"按钮。

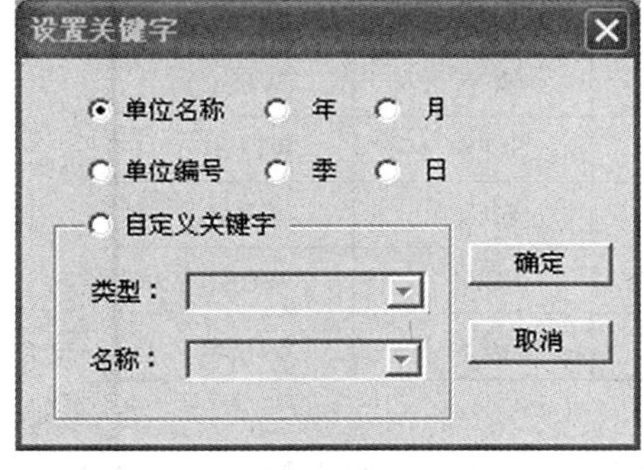

图 5.8 设置关键字

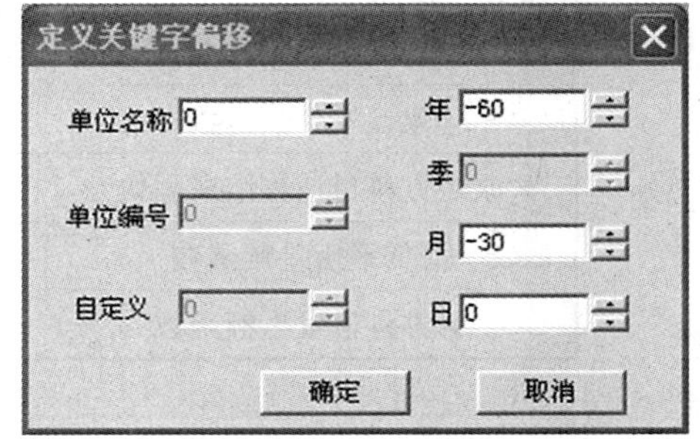

图 5.9 定义关键字偏移

温馨提示

✧ 一个关键字在一个表中只能定义一次,即同一个表中不能有重复的关键字。

✧ 关键字在格式状态下设置,如果设置错误可以取消。关键字的值在数据状态下录入。

✧ 同一个单元或组合单元的关键字定义完成后,可能会重叠在一起,可在设置关键字时输入关键字的相对偏移量。偏移量为负数时表示向左移,为正数时表示向右移。

2)报表公式的定义

报表公式是指报表数据单元的赋值规则或运算规则,便于报表从各种账表取数。通过设置公式、定义报表数据计算规则来完成报表中各种数据的采集、计算和钩稽，以便系统能够自动、准确地进行报表编制。在 UFO 报表系统中，主要有单元公式、审核公式和舍位平衡公式。

(1)单元公式

单元公式是为报表的数据单元进行赋值的公式。它定义了报表数据之间的运算关系，在报表数值单元中键入"="就可直接定义。

单元公式一般由目标单元、运算符、函数等组成，其书写规则如下：

<目标区域>=<算术表达式>

目标区域是单元公式所赋值的单元或区域。算术表达式是运算符、区域和单元、常数、变量、关键字、非逻辑函数表达式的组合。运算符+、-、*、/、^分别表示加、减、乘、除、乘方。函数按用途不同，主要分为账务函数、统计函数、本表他页取数函数等。

①账务函数是报表系统中使用最为频繁的函数，其基本格式为：函数名("科目编码")，会计期间，【方向】【账套号】【会计年度】【编码 1】【编码 2】。其中，科目编码也可以是科目名称，其必须使用双引号；会计期间可以是"年""季""月"等变量，也可以是具体数字表示的年、季、月；方向即为"借"或"贷"，也可以省略；账套号为数字，缺省时默认为第一个账套；【编码 1】【编码 2】与科目编码的核算账类有关，可以取科目的辅助账。常用的账务取数函数如表 5.2 所示。

表 5.2 常用账务取数函数表

函数名	金额式	数量式	外币式
期初余额函数	QC()	SQC()	WQC()
期末余额函数	QM()	SQM()	WQM()
净额函数	JE()	SJE()	WJE()
发生额函数	FS()	SFS()	WFS()
累计发生额函数	LFS()	SLFS()	WLFS()
取对方科目计算结果函数	JG()	SJG()	WJG()
借贷平衡差额函数	CE()	SCE()	WCE()
对方科目发生额函数	DFS()	SDFS()	WDFS()

②统计函数主要是为了实现本表页有关数据的计算，包括求和、平均值、记数、最大值、最小值、方差与偏方差等，也称为本表页取数函数。常见的统计函数如表 5.3 所示。

表 5.3 常用统计函数表

函数	固定区	可变区	立体方向
合计	PTOTAL()	GTOTAL()	TOTAL()
平均值	PAVG()	GPAVG()	AVG()
计数	PCOUNT()	GCOUNT()	COUNT()
最小值	PMIX()	GMIX()	MIX()

续表

函数	固定区	可变区	立体方向
最大值	PMAX( )	GMAX( )	MAX( )
方差	PVAR( )	GVAR( )	VAR( )
偏方差	PSTD( )	GSTD( )	STD( )

例如,在 D9 单元取 D4 至 D8 单元的合计数,则单元公式:C9＝PTOTAL(D5 ∶ D8)。

③本表他页取数函数是指用于从同一报表文件的其他表页中采集数据,可直接以页标号作为定位依据,或利用某个关键字作为表页定位的依据。

目标区域从指定的表页取数,其格式为:<目标区域>＝<数据源区域> @ <页号>。例如,A2＝B2@3,表示当前页 A2 单元取第 3 表页 B2 单元的值。

依据一定的关键字,利用 SELECT( )函数从本表其他表页取数。例如利润表 D 列本年累计数据是本月利润表 C 列加上同年上个月利润表累计数(D 列的值),则公式可表示为D＝C+ SELECT(D,年@年 and 月@＝月+1)

④他表取数函数是报表与报表间的取数公式,用于从另一报表某页的某个单元中采集数据。

取他表确定页号表页的数据,其格式为:<目标区域>＝“<他表表名>”-><数据源区域>[@<页号>],例如 D5＝“lr. rmp”->D5@4,表示当前表页 D5 单元取“lr. rmp”第 4 页 D5 的值。

当从他表取数时,已知条件并不是页号,而是希望按照年、月、日等关键字的对应关系来取他表数据,就必须用到关联条件。其格式为:RELATION<单元|关键字|变量|常量>WITH “<他表表名>”-><单元|关键字|常量|变量>,例如 B2＝“SYB”->B2 FOR ALL RELATION 月 WITH “SYB” -> 月,表示当前表 B2 单元取 “SYB”表与当前表页相同月 B2 单元的值。

下面以上述自定义一张货币资金表为例,说明单元公式的定义。

[操作步骤]

①选择需要定义公式的 C4 单元。

②执行“数据”→“编辑公式”→“单元公式”命令,或单击工具栏上“fx”按钮或按键盘的“＝”键,打开“定义公式”对话框,如图 5.10 所示。

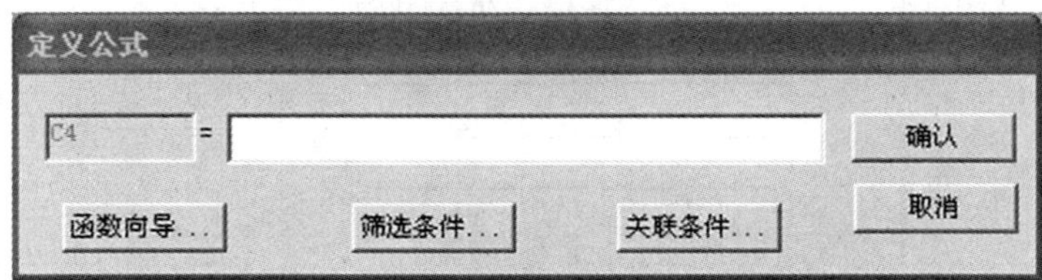

图 5.10　定义公式

③单击“函数向导”按钮,打开“函数向导”窗口。在函数分类列表中选择“用友账务函数”,函数名选择“期初(QC)”,如图 5.11 所示。

④单击“下一步”按钮,打开“用友账务函数”对话框,如图 5.12 所示。

⑤单击“参照”按钮,打开“账务函数”对话框,科目选择“1001”,期间为“月”,其他取默认值,如图 5.13 所示。

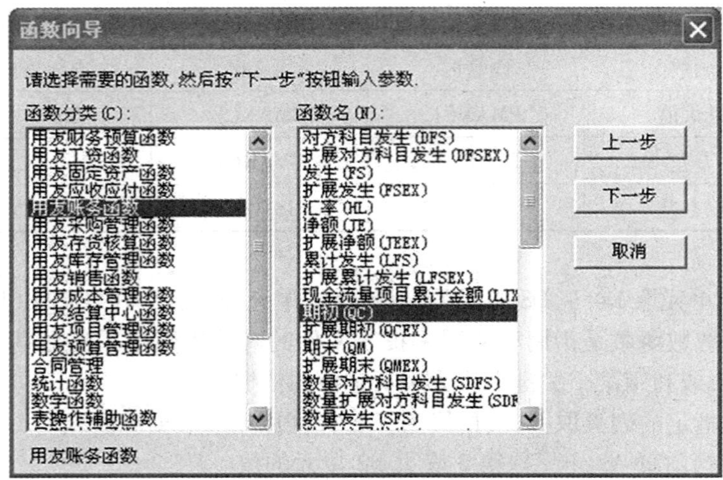

图 5.11 函数向导

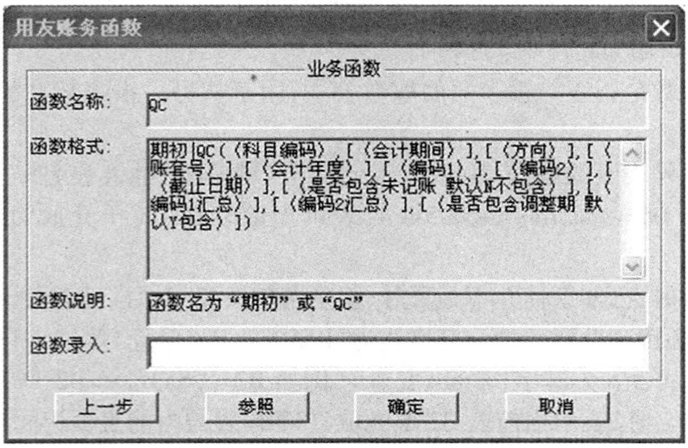

用友账务函数

业务函数

函数名称: QC

函数格式: 期初|QC(<科目编码>,[<会计期间>],[<方向>],[<账套号>],[<会计年度>],[<编码1>],[<编码2>],[<截止日期>],[<是否包含未记账 默认N不包含>],[<编码1汇总>],[<编码2汇总>],[<是否包含调整期 默认Y包含>])

函数说明: 函数名为"期初"或"QC"

函数录入:

上一步 参照 确定 取消

图 5.12 用友账务函数

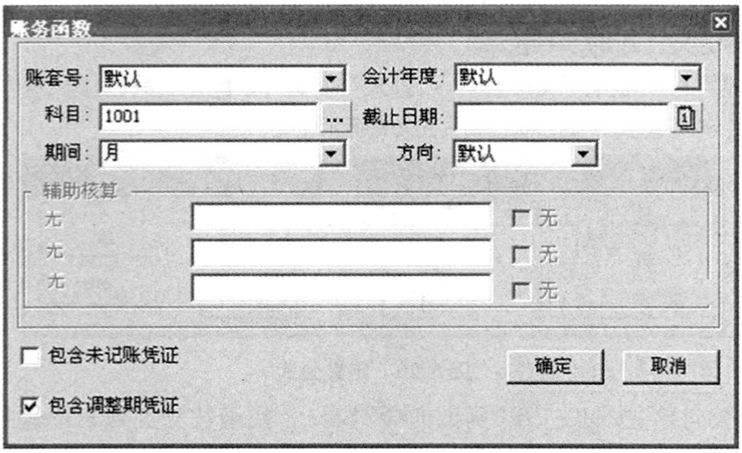

账务函数

账套号: 默认 会计年度: 默认

科目: 1001 截止日期:

期间: 月 方向: 默认

辅助核算

无 □无

无 □无

无 □无

□ 包含未记账凭证

☑ 包含调整期凭证

确定 取消

图 5.13 账务函数

⑥在"账务函数"对话框中单击"确定"按钮,返回"用友账务函数"对话框,如图 5.14 所示。单击"确定"按钮,返回"定义公式"对话框,如图 5.15 所示。

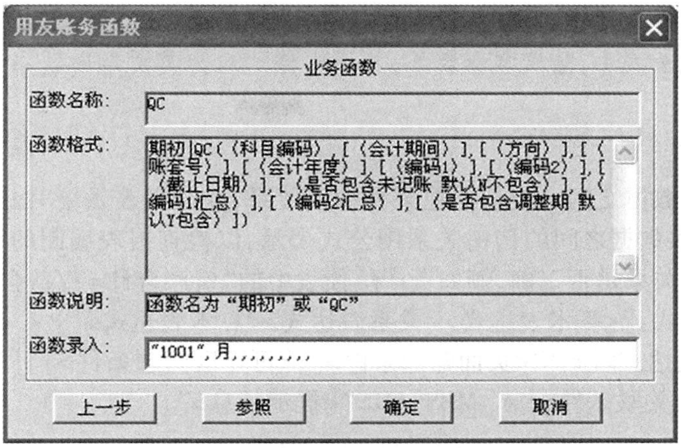

图 5.14　**用友账务函数结果**

图 5.15　**定义公式结果 1**

⑦单击“确认”按钮，完成公式定义。

⑧同理，设置 C5、D4、D5 单元公式。

⑨设置“C6 = C4+ C5”“D6 = D4+D5”单元公式。C6 与 D6 单元的公式可以在“定义公式”对话框中直接输入，如图 5.16 所示。完成公式定义后的单元均显示为“单元公式”，如图 5.17 所示。

图 5.16　**定义公式结果 2**

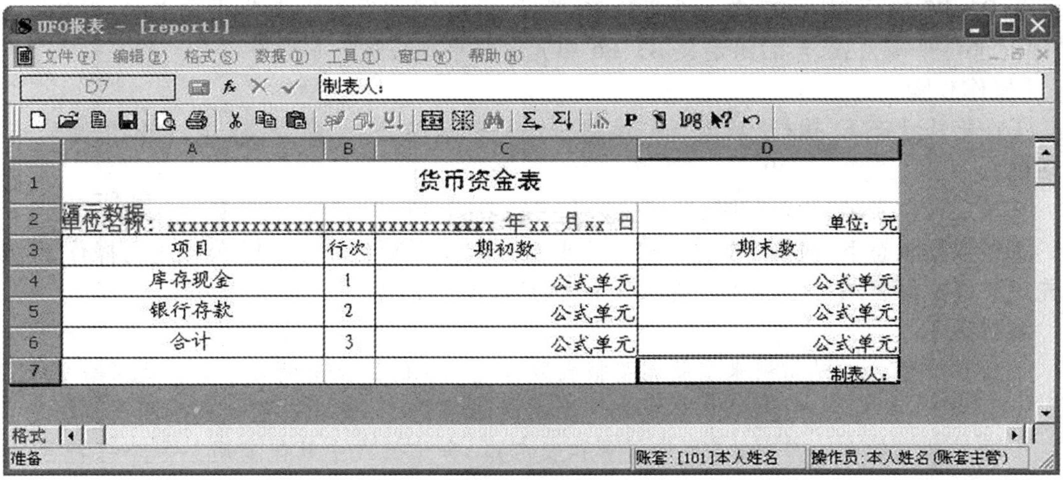

图 5.17　**货币资金表公式设置结果**

温馨提示

✧ 录入的单元公式中，除汉字参数外，其余字符均应为英文半角状态，否则会导致公式输入失败。

(2)审核公式

报表中的各项数据之间一般都存在某种钩稽关系，软件报表系统对此提供了数据的审核公式，用以将报表数据之间的钩稽关系用公式表示，以检查报表编制的结果，验证报表内或报表之间的钩稽关系是否正确，例如资产负债表中的“资产合计=权益合计”。

审核公式的格式：[<算术表达式><关系表达式><算术表达式>,]＊ <算术表达式><关系表达式><算术表达式>[FOR<页面筛选条件>[;<可变区筛选条件>]][RELATION <页面关联条件>[,<页面关联条件>]＊]MESSAGE“<提示信息>”

[操作步骤]

①在格式状态下，执行“数据”→“编辑公式”→“审核公式”命令，打开“审核公式”对话框。

②在“编辑框”中输入相应的审核公式。

③设置完毕，检查无误后单击“确定”按钮。

“货币资金表”中不存在这种钩稽关系。若要定义审核公式，按照上述步骤进行即可。

(3)舍位公式

报表数据在使用时，有时会调整计数单位，如将“元”变为“万元”。在执行数据转换过程中，原来的数据在四舍五入时可能会打破报表原有的平衡关系，因此，需对报表进行平衡关系调整，需要设置舍位平衡公式。

执行舍位平衡操作，并不改变原表数据，而是生成一个新的报表文件。因此，在定义舍位平衡公式时，需定义舍位表名，设置舍位范围、舍位位数及平衡公式。

舍位表名：和当前文件名不能相同，默认在当前目录下。

舍位范围：舍位数据的范围，要把所有要舍位的数据包括在内。

舍位位数：可定义1~8位。舍位位数为1，区域中的数据除以10；舍位位数为2，区域中的数据以100，以此类推。

平衡公式：公式定义时按原计算过程的倒顺序书写，如B3单元为B1、B2单元合计，B6单元为B4、B5单元合计，B7单元为B3、B6单元合计，则在进行平衡公式定义时，需先定义B7单元舍位平衡公式，然后再定义B3、B6单元舍位平衡公式。

[操作步骤]

①在格式状态下，执行“数据”→“编辑公式”→“舍位公式”命令，打开“舍位平衡公式”对话框。

②输入舍位表名、舍位范围、舍位位数和平衡公式，单击“完成”按钮即可。

③在数据状态下，执行“数据”→“舍位平衡”命令，系统自动按舍位公式进行操作，生成事先定义好文件名的舍位表，即“货币资金舍位表.REP”文件。

温馨提示

✧ 舍位平衡公式是指用来重新调整报表数据进位后的数据平衡关系的。定义舍位平衡公式时，每个公式一行，各公式之间用半角逗号隔开，最后一条公式不用写逗号。等号左边只能为一个单元(不带页号和表名)。舍位公式中只能使用“+”、“-”符号，不能使用其他运算符及函数。

3)保存报表文件

[操作步骤]

①执行“文件”→“保存”命令。如果第一次保存,则打开“另存为”对话框。

②选择保存文件路径,将系统默认的文件名“report1. rep”修改为“货币资金表. rep”,选择保存类型“(*. ERP)”,如图5.18 所示。单击“另存为”按钮后,可以看到标题栏的文件名变为“货币资金表”。

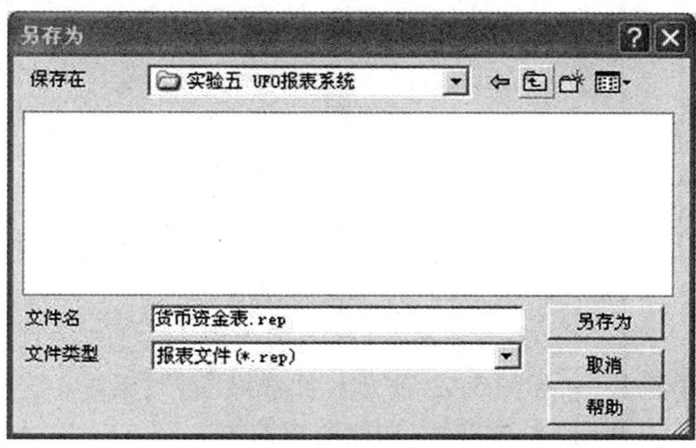

图5.18 生成“货币资金表”文件

温馨提示

✧ 报表的格式设置完以后,一定要及时保存,以便以后随时调用。如果没有保存,系统会提示“是否保存报表?”信息提示窗口,以防丢失。

4)报表数据的处理

以上述货币资金表为例来说明报表数据的处理。

[操作步骤]

①打开报表文件。执行“文件”→“打开”命令,打开“货币资金表. REP”文件,如图5.19 所示,并使其处于“数据”状态。

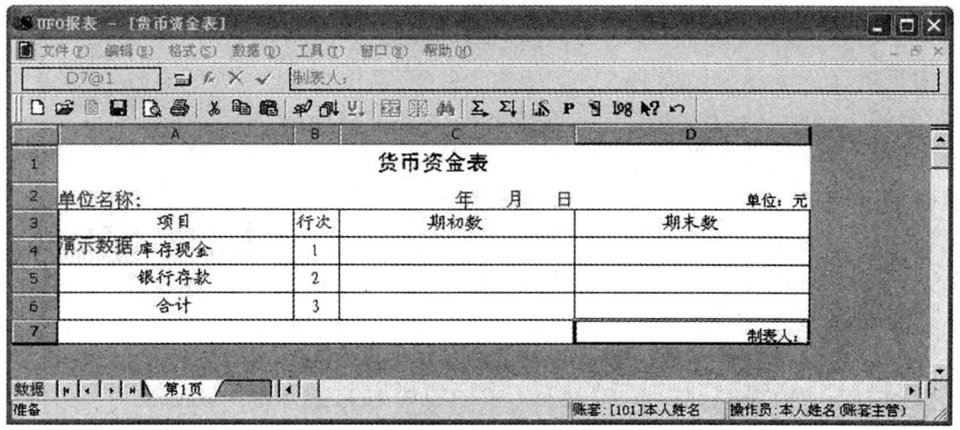

图5.19 打开“货币资金表”

图 5.20　插入表页

②追加表页。执行“编辑”→“追加”→“表页”命令,打开“追加表页”对话框,输入需要增加的表页数,如“3”,如图 5.20 所示,单击“确认”按钮。

③录入关键字。执行“数据”→“关键字”→“录入”命令,打开“录入关键字”对话框,如图 5.21 所示,录入相应的关键字,单击“确认”按钮。

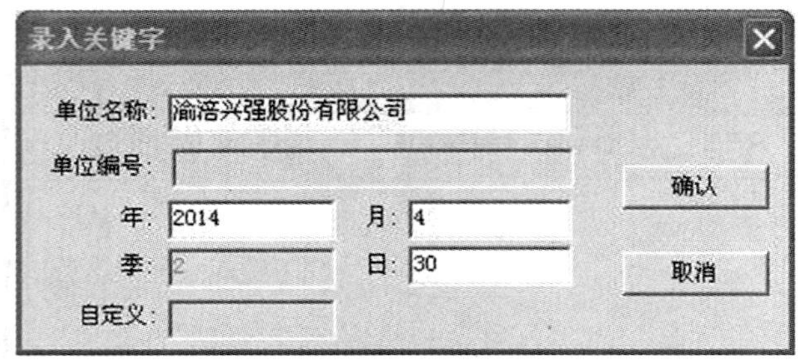

图 5.21　录入关键字

④生成报表。系统提示“是否重复第 1 页?”,若选择“是”,系统自动根据单元公式计算生成的 2014 年 4 月份的数据,如图 5.22 所示。如选择“否”,系统不计算数据,此时,关键字的值已存在于表页中,可利用“表页重算”功能生成数据。

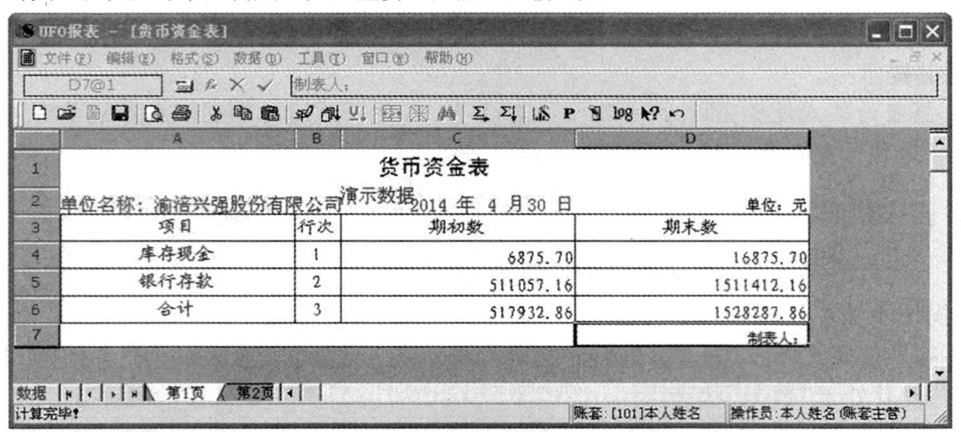

项目	行次	期初数	期末数
库存现金	1	6875.70	16875.70
银行存款	2	511057.16	1511412.16
合计	3	517932.86	1528287.86

图 5.22　生成报表数据

⑤表页重算。执行“数据”→“表页重算”命令,系统提示“是否重复第 1 页?”,如图 5.23 所示。选择“是”,系统自动根据关键字的值与单元公式计算生成数据。

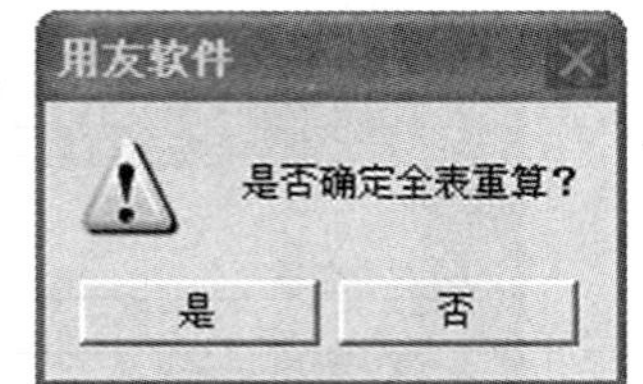

图 5.23　表页重算

温馨提示

✧ 报表数据的处理必须在“数据”状态下进行。

✧ 追加表页是在最后一张表页后追加空白表页,插入表页则是在当前表页后面插入空白表页。

✧ 每一张表页均对应不同的关键字值,输出时随同单元一起显示。日期关键字可以确认报表数据取数的时间范围,即确定数据生成的具体日期。

✧ 表页重算只针对当前表页,并根据关键字的值与单元公式重新计算生成报表数据,而整表重算是将所有表页按各自的关键字的值与单元公式重新计算取数。表页重算或整表重算多用于账套数据变更时。

5.3　利用报表模板生成报表

5.3.1　调用资产负债表模板

［操作步骤］

①在 UFO 报表系统中，执行“文件”→“新建”命令，新建一张报表文件，并自动处于“格式”状态。

②执行“格式”→“报表模板”命令，打开“报表模板”对话框。

③选择“您所在的行业”为“2007 年新会计制度科目”，“财务报表”为“资产负债表”，如图 5.24 所示。

④单击“确定”按钮，系统弹出“模板格式将覆盖本表格式！是否继续?”提示信息对话框。

⑤单击“确定”按钮，即可打开“资产负债表”模板，如图 5.25 所示。

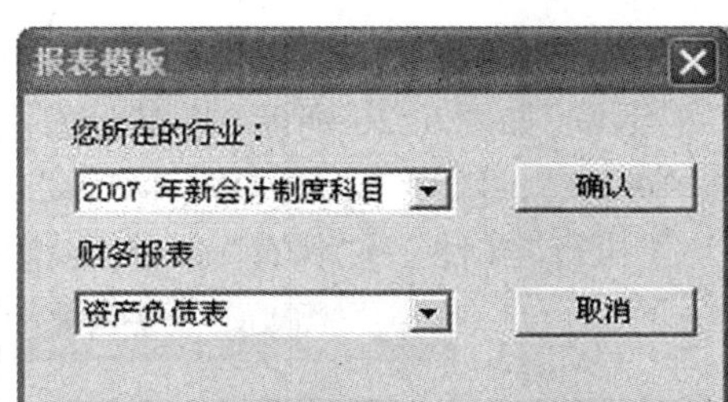

图 5.24　报表模板

UFO报表 - [report1]

	A	B	C	D	E	F	G	H
1					资产负债表			
2								会企01表
3	编制单位：		xxxx 年	xx 月	xx 日			单位：元
4-5	资　产	行次	期末余额	年初余额	负债和所有者权益（或股东权益）	行次	期末余额	年初余额
6	流动资产：				流动负债：			
7	货币资金	1	公式单元	公式单元	短期借款	32	公式单元	公式单元
8	交易性金融资产	2	公式单元	公式单元	交易性金融负债	33	公式单元	公式单元
9	应收票据	3	公式单元	公式单元	应付票据	34	公式单元	公式单元
10	应收账款	4	公式单元	公式单元	应付账款	35	公式单元	公式单元
11	预付款项	5	公式单元	公式单元	预收款项	36	公式单元	公式单元
12	应收利息	6	公式单元	公式单元	应付职工薪酬	37	公式单元	公式单元
13	应收股利	7	公式单元	公式单元	应交税费	38	公式单元	公式单元
14	其他应收款	8	公式单元	公式单元	应付利息	39	公式单元	公式单元
15	存货	9	公式单元	公式单元	应付股利	40	公式单元	公式单元
16	一年内到期的非流动资产	10			其他应付款	41	公式单元	公式单元
17	其他流动资产	11			一年内到期的非流动负债	42		

检查公式已经完成　账套：[101]本人姓名　操作员：本人姓名（账套主管）

图 5.25　资产负债表模板

温馨提示

✧ 在调用报表模板时一定注意选择正确的所在行业相应的会计报表，否则不同行业的会计报表其内容不同。

✧ 如果被调用的报表模板与实际需要的报表格式或公式不完全一致，可以在此基础上进行修改。

✧ 用户可以根据本单位的实际需要定制报表模板，并可以将自定义的报表模板加入系统提供的模板库中，也可对其进行修改、删除操作。

5.3.2 调整报表模板

[操作步骤]

①在“格式”状态下，选中 A3 单元，将“编制单位”删除。

②仍选中 A3 单元，执行“数据”→“关键字”→“设置”命令，设置关键字“单位名称”，单击“确定”按钮。

③选中 G35 单元（即“未分配利润”账户期末余额），单击图标“fx”，系统弹出“定义公式”对话框，如图 5.26 所示，将其计算公式删除，然后按照单元公式定义步骤定义“G35 = QM("4103",月,,,年,,)+QM("4104",月,,,年,,)”，如图 5.27 所示。

④执行“文件”→“保存”命令，在指定文件路径中将文件保存为“资产负债表”。

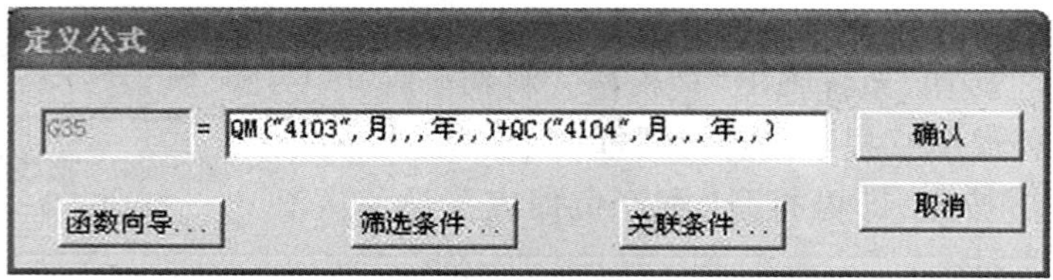

图 5.26 定义公式—未分配利润 1

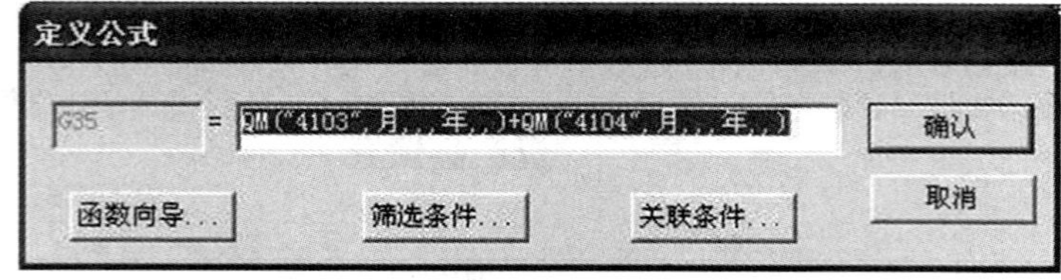

图 5.27 定义公式—未分配利润 2

温馨提示

✧ 如果报表的编制单位是固定的，则可以在格式状态下直接录入编制单位的有关内容，不用设置关键字。关键字应采用系统提供的定义关键字功能定义，而不应该直接录入。若所调用的报表模板，在 A3 单元中已经录入“编制单位”，应当先删除后再定义。

✧ 通过设置关键字可以在每次生成报表数据时以录入关键字的形式录入单位名称等。

5.3.3 生成资产负债表数据

[操作步骤]

①单击“格式/数据”按钮，使“资产负债表”处于“数据”状态。

②执行“数据”→“关键字”→“录入”命令，打开“录入关键字”对话框。

③录入关键字单位名称、年、月，如图 5.28 所示。

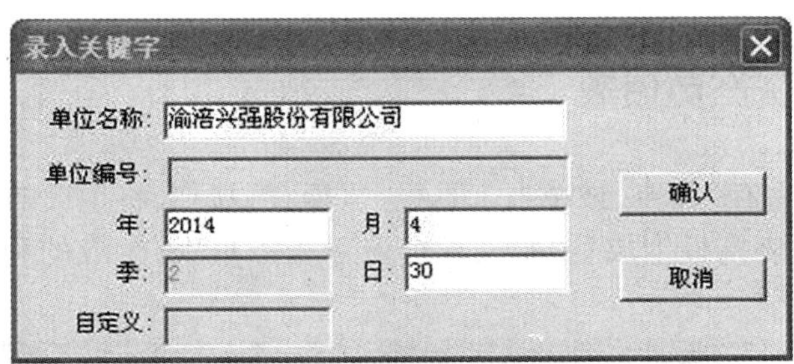

图 5.28 录入关键字

④单击“确认”按钮,系统弹出“是否重算第 1 页?”提示信息对话框。

⑤单击“是”按钮,系统会自动根据单元公式计算 4 月份的数据,计算结果,如图 5.29 所示。

	资产	行次	期末余额	年初余额	负债和所有者权益（或股东权益）	行次	期末余额	年初余额
1				资产负债表				
2								会企01表
3	单位名称：渝涪兴强股份有限公司		2014 年	4 月		30 日		单位:元
4-5	资　产	行次	期末余额	年初余额	负债和所有者权益（或股东权益）	行次	期末余额	年初余额
6	流动资产:				流动负债:			
7	货币资金	1	1,528,287.86	709,155.37	短期借款	32	200,000.00	
8	交易性金融资产	2			交易性金融负债	33		
9	应收票据	3			应付票据	34		
10	应收账款	4	57,212.00	117,012.00	应付账款	35		367,407.26
11	预付款项	5			预收款项	36		
12	应收利息	6			应付职工薪酬	37	66,700.00	4,800.00
13	应收股利	7			应交税费	38	256,581.31	37,999.64
14	其他应收款	8	1,800.00	5,010.27	应付利息	39	400.00	
15	存货	9	2,993,942.14	3,330,165.10	应付股利	40		
16	一年内到期的非流动资产	10			其他应付款	41	2,100.00	
17	其他流动资产	11			一年内到期的非流动负债	42		
18	流动资产合计	12	4,581,242.00	4,161,342.74	其他流动负债	43		
19	非流动资产:				流动负债合计	44	525,781.31	410,206.90
20	可供出售金融资产	13			非流动负债:			
21	持有至到期投资	14			长期借款	45		
22	长期应收款	15			应付债券	46		
23	长期股权投资	16			长期应付款	47		
24	投资性房地产	17			专项应付款	48		
25	固定资产	18	213,739.09	174,227.20	预计负债	49		
26	在建工程	19			递延所得税负债	50		
27	工程物资	20			其他非流动负债	51		
28	固定资产清理	21			非流动负债合计	52		
29	生产性生物资产	22			负债合计	53	525781.31	410206.90
30	油气资产	23			所有者权益（或股东权益）:			
31	无形资产	24	58,500.00	117,000.00	实收资本（或股本）	54	3,982,248.54	3,919,498.54
32	开发支出	25			资本公积	55		
33	商誉	26			减：库存股	56		
34	长期待摊费用	27			盈余公积	57		
35	递延所得税资产	28			未分配利润	58	345,451.24	122,864.50
36	其他非流动资产	29			所有者权益（或股东权益）合计	59	4,327,699.78	4,042,363.04
37	非流动资产合计	30	272239.09	291227.20				
38	资产总计	31	4853481.09	4452569.94	负债和所有者权益（或股东权益）总计	60	4,853,481.09	4,452,569.94

图 5.29 生成资产负债表数据

温馨提示

✧ 在数据状态下录入关键字后,系统会提示“是否重算第 1 页?”,可以单击“是”按钮直接计算,也可单击“否”按钮暂不计算。

5.3.4 保存资产负债表

执行“文件”→“保存”命令，或单击工具栏上“保存”按钮，将生成的报表数据保存。

同理可以利用报表模板生成利润表、现金流量表等报表，生成的利润表数据如图 5.30 所示。

UFO报表 - [report2]

文件(F) 编辑(E) 格式(S) 数据(D) 工具(T) 窗口(W) 帮助(H)

C3@1

利润表

会企02表

单位名称：渝涪兴强股份有限公司 2014 年 4 月 单位:元

项　　目	行数	本期金额	上期金额
一、营业收入	1	1,166,500.00	
减：营业成本	2	910,865.60	
营业税金及附加	3		
销售费用	4		
管理费用	5	25,700.00	
财务费用	6	3,150.00	
资产减值损失	7		
加：公允价值变动收益（损失以“-”号填列）	8		
投资收益（损失以“-”号填列）	9		
其中：对联营企业和合营企业的投资收益	10		
二、营业利润（亏损以“-”号填列）	11	226784.40	
加：营业外收入	12		
减：营业外支出	13		
其中：非流动资产处置损失	14		
三、利润总额（亏损总额以“-”号填列）	15	226784.40	
减：所得税费用	16	75,476.31	
四、净利润（净亏损以“-”号填列）	17	151308.09	
五、每股收益：	18		
（一）基本每股收益	19		
（二）稀释每股收益	20		

图 5.30 生成利润表数据

5.4 报表管理

5.4.1 报表的格式管理

报表在格式设计过程中或在使用过程中发现格式设计有误或表格与预定模板有出入时，则需要修改报表格式，进行行(列)的插入、追加、交换或删除等编辑操作。

1)插入行(列)

在固定区中插入行列时,需要在格式状态下进行。选择需要插入行所在位置的行号或单元,执行"编辑"→"插入"→"行(列)"命令,在"插入数量"编辑框中输入插入的行(列)数,系统自动在当前行(列)的上面(或左侧)插入指定数量的行(列)数。插入行(列)后,表尺寸随之增加,单元公式的绝对引用不变,相对引用随之变化。在固定区中插入的(列)是带格式的行(列),它沿用插入位置行的格式,包括表格线、单元属性和单元风格。

在可变区插入行(列)时,需要在数据状态下进行。如果插入的可变行数量超过了在格式状态下设置的可变区的大小,则只能插入可变行允许的最大行数,超过的部分将省略。

2)追加行(列)

在固定区的最后追加行(列)时,需要在格式状态下进行。执行"编辑"→"追加"→"行(列)"命令,在"追加数量"编辑框中输入要追加的行(列)数。追加行(列)后,表尺寸随之增加。在固定区中追加的行(列)是不带格式的行(列)。

报表设置了行(列)可变区,可以在可变区的最后一行(列)的后面增加新的可变行(列);追加行(列)时,需要在数据状态下进行。如果追加的可变数量超过了在格式状态下设置的可变区大小,则只追加可变行(列)允许的最大行数,超过的部分将省略。

3)交换行(列)

在固定区中交换行(列)是将一张表页的指定行的原有内容进行交换,需要在格式状态下进行。执行"编辑"→"交换"→"行(列)"命令,在"源行号"和"目标行号"编辑框中输入要交换位置的行号。一次可交换多行,多行间用逗号隔开,如图5.31所示。交换多行时,源行数与目标行数应当保持一致。

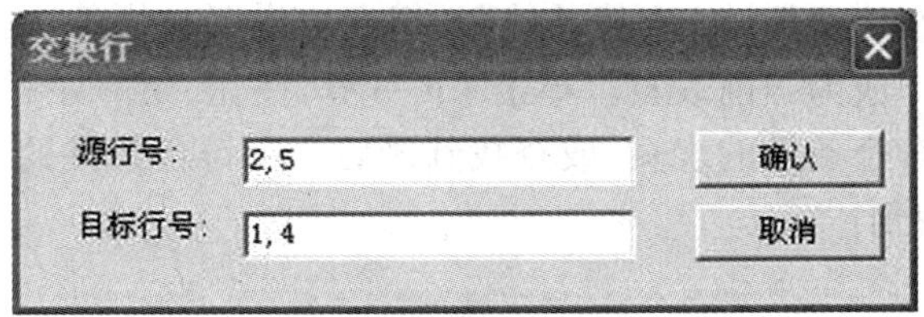

图5.31 交换行

报表中设置了行(列)可变区,可以交换可变区中的可变行(列),交换时需要在数据状态下进行。值得注意的是,固定区的行(列)和可变区的行(列)不能交换。

5.4.2 表页管理

灵活应用表页的相关管理功能可以极大地提高数据查询输出的效率,方便地查找到需要的报表数据。表页管理主要包括表页增加、表页交换、表页排序、表页查找、表页删除等。

1)表页增加

在一个报表中增加表页有插入表页和追加表页两种方式。插入表页则是在当前表页后面插入空表页,追加表页是在最后一张表页后追加空表页。以追加表页为例,在“数据”状态下执行“编辑”→“追加”→“表页”命令,打开“追加表页”对话框,输入需要增加的表页数,如“3”,单击“确认”按钮,即可见当前表页较之前增加了3页。

2)交换表页

交换表页是将指定的任何表页中的全部数据进行交换,需要在数据状态下进行。执行“编辑”→“交换”→“表页”命令,在“源表页号”和“目标表页号”编辑框中输入要交换位置的表页页号。一次可交换多表页,多表页间用逗号隔开。

3)表页排序

在生成表页数据后,表页的顺序可能与我们的阅读习惯不一致。软件报表提供了表页排序功能,可以按照表页关键字的值或者按照报表中任何一个单元的值重新排列表页。表页排序需要在数据状态下进行,执行“数据”→“排序”→“表页”命令,在“表页排序”对话框中的“第一关键值”编辑框选择一个关键字或输入一个单位名称,选择“递增”或“递减”,依次定义第二关键值和第三关键值,单击“确认”按钮即可完成表页排序。其中,“第一关键值”是指根据什么内容对表页进行排序,“第二关键值”是指当有表页的第一关键值相等时,按照此关键值排序,“第三关键值”是指当有多张表页按照第一关键值和第二关键值还不能排序时,按照此关键值排序。

4)表页查找

存在多张相同格式的表页时,逐一查阅则比较烦琐。报表系统提供了表页查找功能,可以根据指定的查找条件,在多张表页中找到符合条件的表页,并使之成为当前表页。查找可以以某关键字或任意单元为依据。表页查找需要在数据状态下进行,执行“数据”→“查找”命令,确定查找内容为“表页”,在“查找条件”编辑框中设置查找条件。单击“查找”按钮,符合条件的第一张表页即成为当前表页。单击“下一步”按钮,下一个符合条件的表页将成为当前表页。如果没有符合条件的表页,或查找到最后一个符合条件的表页时,状态栏将显示“满足条件的记录未找到!”。

5)表页删除

表页删除是指将指定的一个或多个表页删除。表页删除,需要在数据状态下进行,执行“数据”→“删除”→“表页”命令,在“删除表页”编辑框中输入要删除的表页号即可。删除时,可一次删除多个表页,多个表页之间用逗号隔开。如果要删除指定条件的表页,在“删除条件”编辑框中输入删除条件,或者单击“条件”按钮,在“定义条件”对话框中定义删除条件;如果不指定表页号和删除条件,则删除当前表页。

5.4.3 数据管理

1)数据透视

在报表系统中,所有数据都存放在表页中,正常情况下只能看到一张表页,一页页翻看费时费力。报表系统提供了数据透视功能，可以把多张表页的某些局部内容同时在一个窗口中显示。

[操作步骤]

①打开报表文件，进入数据状态。

②选择要透视的第一张表页，然后对它和它之后的表页的数据进行透视。

③单击"数据"菜单中的"透视"，弹出"多区域透视"对话框，在编辑框中输入区域范围，例如 C3：C4。区域范围可以是单元，也可以是区域，还可以是不连续的多个区域，不同区域之间用逗号隔开。

④输入完毕后，按"确定"按钮，生成"透视"窗口，拉水平滚动条到最右边，可以看到各个表页的关键字的值显示在相应数据的右边。

⑤单击对话框中的"保存"按钮，可以把数据透视结果保存为报表，单击"确认"按钮关闭对话框，数据透视结果将保存在报表中。

2）数据汇总

数据汇总是报表数据的不同形式的叠加。软件报表提供了表页汇总和可变区汇总两种汇总方式。表页汇总是把整个报表的数据进行立体方向的叠加，汇总数据可以存放在本报表的最后一张表页或生成一个新的汇总报表。汇总时既可以汇总报表中所有表页，也可以汇总符合指定条件的表页。可变区汇总是指把指定表页中可变区的数据进行平面方向的叠加，执行可变区汇总后，在可变区汇总的表页中自动追加一个可变行或可变列，把汇总数据保存其中。下面以表页汇总为例，介绍数据汇总的一般操作步骤。

[操作步骤]

①打开报表文件，进入数据状态。

②执行"数据"→"汇总"→"表页"命令，出现"表页汇总—步骤 1/3"对话框，此对话框用于指定汇总数据保存的位置。如果要将汇总结果保存在本报表中，选择"汇总到本表的最后一张表页"，报表系统将自动追加一张表页，并把汇总数据保存在这张表页中。如果要将汇总结果保存在一个新的报表中，选择"汇总到新的表页"，并且在编辑框中输入保存的路径和新的报表名，缺省路径为当前目录。如果指定的报表名已经存在，则将覆盖原报表内容。

③单击"下一步"按钮，出现"表页汇总—步骤 2/3"对话框，此对话框用于指定报表汇总条件。如果汇总全部表页，则无须输入条件，可以以单元的值为汇总条件，也可以以表关键字的值为汇总条件，还可以以表页号为汇总条件。汇总条件可以有多个，它们之间是"并且"或"或者"的关系。单击"并且""或者""加入"按钮可以使汇总条件进入"汇总条件"编辑框，也可以在"汇总条件"编辑框中输入或修改汇总条件。

④单击"下一步"按钮，出现"表页汇总—步骤 3/3"对话框，此对话框用于处理报表的可变区。单击"按物理位置汇总"按钮，报表系统将把可变区的数据按位置叠加。单击"按关键值汇总"按钮，需要在关键值列表框中选择一个关键值，关键值为行可变区的某一列或列可变区的某一行。如果此关键字为字符型，则将按照关键值的顺序汇总；如果此关键字为数值型，则将对此关键值进行物理汇总，可变区中的其他数据不汇总。

⑤单击"完成"按钮，生成汇总结果。报表系统将自动给汇总表页设置"表页不计算"标志。

5.5 图表功能

在 UFO 报表系统中，可以将报表数据制作各种图表，将其所包含的经济含义直观反映出来，是企业管理、数据分析的重要工具。

UFO 报表系统提供了直方图、圆饼图、折线图、面积图四大类共 10 种格式的图表。图表与报表存在着紧密的联系。图表是利用报表文件中的数据生成的，当报表中的源数据发生变化时，图表也随之变化。一个报表文件可以生成多个图表，最多可以保留 12 个图表。图表以图表窗口的形式存在。图表并不是独立的文件，它的存在依附于源数据所在的报表文件。只有打开报表文件后，才能打开有关的图表。报表文件被删除后，由该报表文件中的数据生成的图表也同时删除。在报表中可以插入多个图表对象。

仍以上述货币资金表为例来说明图表功能，具体要求如下：根据“A3：D6”数据区域，按数据组“行”生成“立体成组直方图”，图表名称为“货币资金分析图”，图表标题为“货币资金分析图”，X 轴标题为“时间”，Y 轴标题为“余额”。

5.5.1 选择图表显示区域

[操作步骤]

①打开“货币资金表.REP”，在“格式”状态下，执行“编辑”→“追加”→“行”命令，打开“追加行”对话框。

②输入追加行数量“12”，如图 5.32 所示，单击“确认”按钮。

图 5.32 追加行

温馨提示

✧ 追加行或列必须在“格式”状态下进行。

5.5.2 插入图表对象

插入图表对象就是根据选择的报表数据生成相应的图表。报表数据与图表同时存在于一个报表文件中，插入的图表对象与创建它的报表数据相衔接。当报表数据发生改变时，图表对象也随之改变。

[操作步骤]

①在“数据”状态下，选取数据区域“A3：D6”，执行“工具”→“插入图表对象”命令，打开“区域作图”对话框。

②选择数据组“行”，操作范围为“当前表页”，输入图表名称为“货币资金分析图”，图表标题为“货币资金分析图”，X 轴标题为“时间”，Y 轴标题为“余额”，选择图表格式“立体成组直方图”，如图 5.33 所示。单击“确认”按钮，系统在报表当前页插入图表。

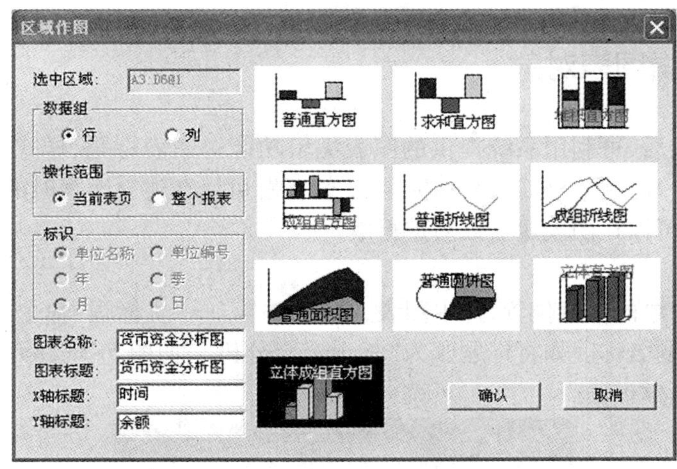

图 5.33 插入图标对象

③选择图表，可按住鼠标左键拖动边框调整图表大小后将其拖动到适合位置，如图 5.34 所示。

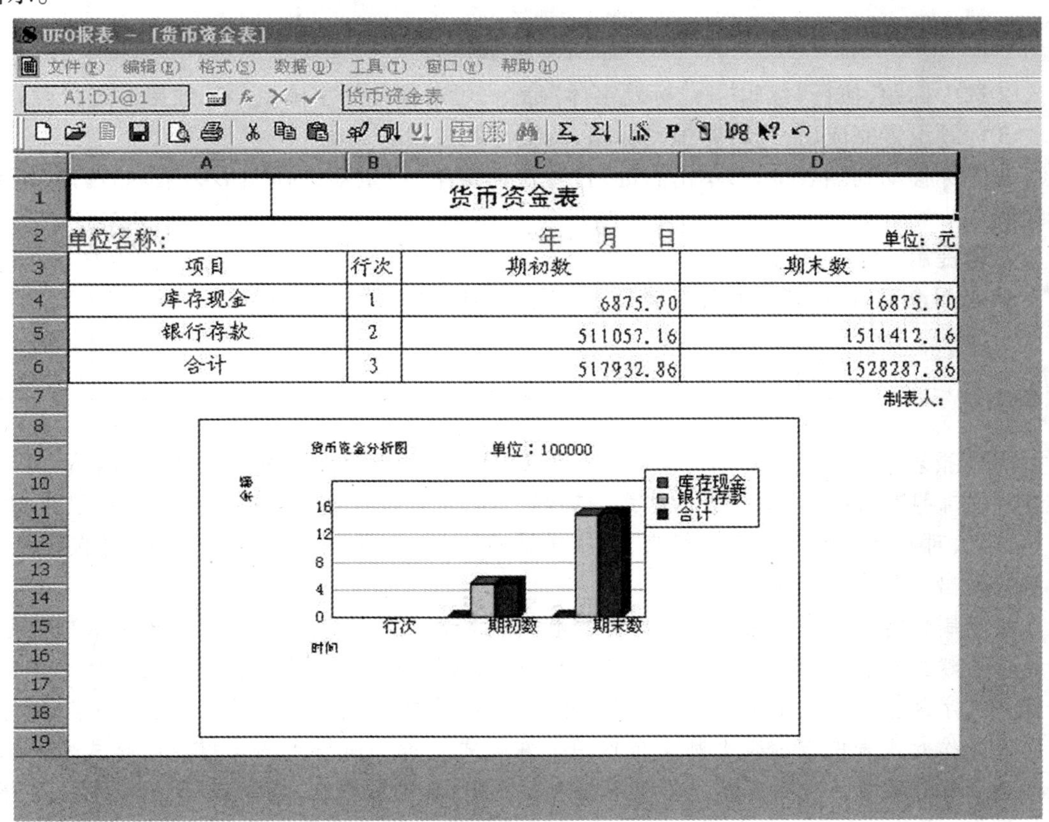

图 5.34 制作图表

温馨提示

✧ 有关图表的操作必须在“数据”状态下进行。

✧ 选择作图区域时，不能少于 2 行 2 列，否则系统会提示错误。

5.5.3 编辑图表对象

图表制作完成后，可利用系统提供的图表编辑功能对图表标题、样式等进行修改，并可对图表对象进行管理。图表标题、X 轴标题、Y 轴标题可以在建立图表时的“区域作图”对话框中输入内容，也可以在图表建立以后进行编辑。

[操作步骤]

①双击图表对象的任意位置，选中图表，执行“编辑”→“主标题”命令，打开“编辑标题”对话框，可修改标题名称。如将标题改为“货币资金分析”，如图 5.35 所示。单击“确定”按钮。同理可编辑坐标标题。

图 5.35　编辑标题

②选中标题，执行“编辑”→“标题字体”命令，可对标题的字体、字号、效果等进行设置。

③标题设置完成后，选中并拖动标题，调整标题位置。

④光标移动到图表位置，单击右键，打开快捷菜单，可重新选择图形类型，如选择“成组折线图”。

温馨提示

✧ 在图表窗口中，不仅可以编辑图表标题，还可以修改图表样式。

本章小结

UFO 报表系统是报表处理的工具。利用 UFO 报表系统既可以编制对外报表，又可以编制各种内部报表；通过设计报表的格式和编制公式，从总账系统或其他业务系统中取得相关会计信息，可自动编制各种会计报表，对报表进行审核、汇总，生成各种分析图，并按照预定的格式输出各种会计报表。

报表制作时的状态有格式状态和数据状态。在格式状态下可以进行报表格式的设计，主要包括建立新表、定义表的尺寸、定义行高列宽、区域画线、定义单元属性、定义组合单元、设置关键字及报表模板定义和调用，定义单元公式、审核公式、舍位平衡公式。在格式状态下所做操作对本表所有的表页都发生作用。在格式状态下所看到的是报表的格式，报表的数据全部都隐藏了。在数据状态下管理报表的数据，如输入数据、增加或者删除表页、审核、舍位平衡、做图形、汇总、合并报表等。在数据状态下不能修改报表的格式。在数据状态下所看到的是报表的全部内容，包括格式和数据。

第 6 章

薪资管理

学习目标

- ➢ 了解薪资管理系统的任务特点和主要功能
- ➢ 了解工资账套与企业账套的区别
- ➢ 熟悉薪资管理系统的业务流程
- ➢ 掌握建立工资账套、人员类别、设置工资项目和计算公式的方法
- ➢ 掌握工资数据计算、个人所得税计算的方法
- ➢ 掌握工资分摊和生成转账凭证的方法
- ➢ 熟悉查询有关账表资料并进行统计分析的方法

薪资的核算和管理是人力资源管理的基本内容。对于职工较多的单位,其薪资核算是一项任务繁重、时效性较强的工作,这也是所有单位会计核算中最基本的业务之一,关系到每个职工的切身利益,是直接影响产品成本核算的重要因素。因此,薪资管理系统也是会计人员广泛使用的一个子系统。

6.1　薪资管理系统概述

薪资管理系统是用友 ERP-U872 系统中的一个子系统,主要是以职工个人的薪资原始数据为基础,计算应发薪资、代扣款项和实发合计,编制薪资结算单;按部门和人员类别进行汇总,进行个人所得税计算;薪资费用分配与计提,并实现自动转账处理等。通过转账处理,薪资管理系统将数据传递给总账系统。

薪资管理系统适用于企业、行政、事业及科研单位等各个行业,它提供了简单易行的工资核算功能,以及强大的工资分析和管理功能,并提供了同一企业存在多种工资核算类型的解决方案。

6.1.1　薪资管理系统的任务

薪资管理的任务是:

①及时准确地计算每个职工的应付工资,反映和监督企业与职工的工资结算情况。

②正确地计算企业工资总额，反映和监督工资总额计划执行情况，有计划地对工资总额进行控制。

③按照工资用途正确地将工资费用计入产品成本及其他相关用户。

④正确提取职工各项经费。

6.1.2 薪资管理系统的应用方案

不同的企业其管理模式不同，工资核算模式也不同，为此，用友 ERP-U8 薪资管理系统提供了单类别工资核算和多类别工资核算两种应用方案。

1）单类别工资核算

如果企业中所有人员的工资统一管理，而人员的工资项目、工资计算公式全部相同，那么就可以对全部员工实行统一的核算方案，即选用系统提供的单类别工资核算应用方案。

2）多类别工资核算

如果单位按周或月多次发放工资，或者是有多种不同类别的人员，工资发放项目不尽相同，计算公式也不相同，但需要进行统一工资核算管理，则需要根据不同的情况来选用系统提示的多类别工资核算应用方案。

①企业中存在不同类别的人员，不同类别的人员其工资发放项目不同，计算公式也不相同，需要进行统一工资核算管理。如企业需要分别在对在职人员、退休人员、离休人员进行工资核算，或者企业需要将临时工同正式职工区别开来，分别进行核算等。

②企业每月进行多次工资发放，月末需要进行统一核算，如企业采用周薪制或工资奖金分次发放等。

③企业在不同地区设有分机构，而工资核算由总部统一管理。

④工资发放时使用多种货币，如人民币、美元等。

对于存在以上业务的单位，建议进行多类别工资核算。通过这种设置方式，如果以后的业务模式发生了重大变化，则可以轻易而迅速地修改软件设置以符合业务流程，从而减少未来变化后设置的工作量。

6.1.3 薪资管理系统的功能模块

在会计电算化系统中，薪资管理系统主要与总账系统和成本管理系统存在凭证传递关系，薪资管理系统根据用途计提工资费用，生成转账凭证传递到总账系统，并将工资费用分配表数据向成本管理系统传递。薪资管理系统主要功能包括以下三个方面：

1）系统初始化设置

尽管各个单位的工资核算有很多共性，但也存在一些差异。通过工资系统初始化设置，可以根据企业需要建立工资账套数据，设置薪资管理系统运行所需要的各项基础信息，为日常处理建立应用环境。系统初始化设置的主要内容如下：

(1)工资账套参数设置

系统提供了工资类别核算、工资核算的币种、个人所得税扣税处理、是否核算计件工资等账套参数设置。

(2)基础档案设置

系统提供发放次数管理、人员附加信息设置、工资项目设置、人员档案设置等功能。可由企业自行设计工资项目及计算公式,并提供计件工资标准设置和计件工资方案选择。

2)工资日常业务处理

薪资管理系统管理企业所有人员的工资数据,对人员增减、工资变动进行处理;自动计算个人所得税,向代发工资的银行传输工资数据;自动计算、汇总工资数据;支持计件工资核算模式;自动完成工资分摊、计提等业务,并将自动生成的凭证传递到总账系统。

3)期末处理

薪资管理系统可进行月末结转和年末结转,还可提供多层次、多角度的薪资报表管理。期末,薪资管理系统将当期工资数据经过处理后结转至下期,并生成各种工资表和工资分析表,如工资发放签名表、部门工资汇总表、工资项目分析表等。

6.1.4 薪资管理系统的操作流程

进入薪资管理系统后,必须按正确的顺序调用系统的各项功能,只有按正确的次序使用,才能保证少走弯路,并保证数据的正确性,特别是第一次使用的用户,更应遵守使用顺序。薪资管理系统业务流程如图6.1所示。

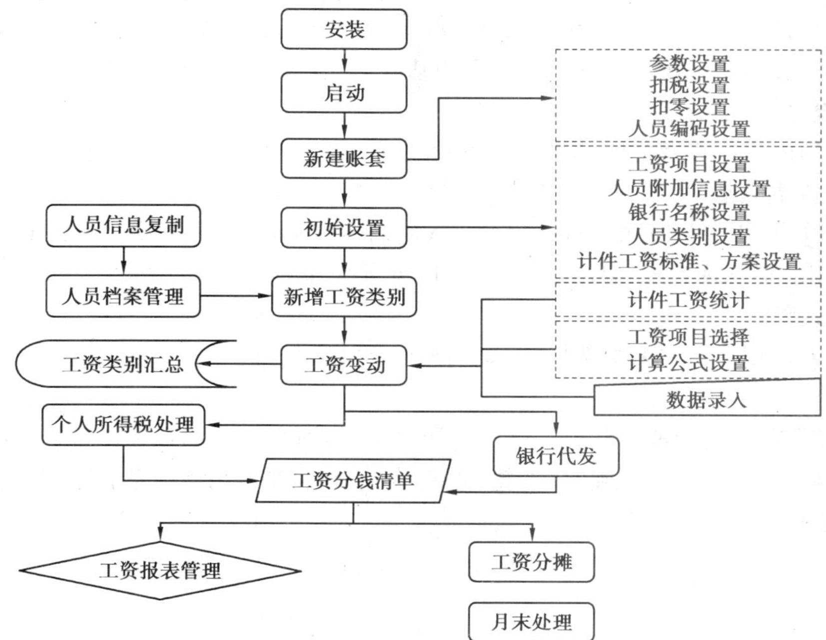

图6.1 薪资管理业务流程图

新用户操作时，若选择多工资类别进行核算管理的企业首次启用工资管理系统时，应按下列步骤进行操作：

①启用工资管理系统，设置工资账套参数（多个工资类别）。

②设置所涉及的部门、所有工资项目、人员类别、银行名称和账号长度。

③建立第一个工资类别，选择所管理的部门，录入人员档案。

④设置计件工资类别和方案。

⑤选择第一个工资类别所涉及的工资项目并设置工资公式，录入工资数据。

⑥建立第二个工资类别并选择所管理的部门。

⑦录入人员档案或从第一个工资类别中复制人员档案。

⑧选择第二个工资类别所涉及的工资项目并设置工资公式，录入工资数据。

⑨建立第三个工资类别并选择所管理的部门。

6.2 系统初始化设置

系统初始化设置就是根据工资电算化核算的特点，设置薪资管理系统的工作模式。薪资管理系统初始化设置包括建立工资账套和基础设置两部分。初始化设置是首次使用薪资管理系统时不可缺少的步骤。

6.2.1 建立工资账套

薪资系统启用后，具有相应权限的操作员就可以登录本系统了。如果是第一次进入，系统会自动启动建账向导，通过系统提供的工资建账向导可逐步完成整套工资建账工作。正确建立工资账套是整个薪资管理系统运行的基础，系统提供的建账向导共分为四步，即参数设置、扣税设置、扣零设置、人员编码。

在建立新的工资账套之前，应先启用薪资管理系统，然后在“企业应用平台”中单击“人力资源”中的“薪资管理”选项。

【例6.1】由10101账套的账套主管“本人姓名”（编号：10101；密码：10101）在“企业应用平台”中启用薪资管理系统，启用日期为“2014年4月1日”。

［操作步骤］

①在企业应用平台中依次选择“基础信息”→“基本信息”→“系统启用”，打开“系统启用”窗口。

②选中“WA薪资管理”复选框，弹出日历窗口，如图6.2所示。选择薪资系统启用日期为“2014年4月1日”，单击“确定”按钮，系统弹出“确实要启用当前系统吗?”的提示信息窗口，单击“是”按钮。

图 6.2 启用薪资管理系统对话框

温馨提示

✧ 工资账套与企业核算账套是不同的概念。企业核算账套是在系统管理中建立的，是针对整个 U8 系统的薪资管理，是企业核算账套中的一个组成部分。

1)参数设置

工资账套参数设置共有三项内容。第一，选择本账套所需要处理的工资类别个数；第二，选择币别名称，系统提供"币别参照"供用户选择，若选择账套本位币以外的其他币别，则还应在工资类别参数维护中设置汇率，核算币种经过一次工资数据处理后不能再修改；第三，是否核算计件工资。计件工资是按计件单价支付劳动报酬的一种形式。由于对计时工资和计件工资的核算方法不同，因此，在薪资管理系统中对于企业是否存在计件工资特别设置了确认选项。

【例 6.2】由 10101 账套主管建立工资账套，账套参数设置：选择所需处理的工资类别个数为"多个"，工资账套处理的核算币别为"人民币"且核算计件工资。

[操作步骤]

①在"企业应用平台"中，单击"人力资源"→"薪资管理"选项，系统弹出"请先设置工资类别"的对话框，单击"确定"按钮，打开"建立工资账套"窗口。

②选择本账套需要处理的工资类别，个数为"多个"。

③选择币别名：人民币 RMB。

④选中是否核算计件工资。

⑤设置完毕，单击"下一步"进入建账向导"扣税设置"界面，如图 6.3 所示。

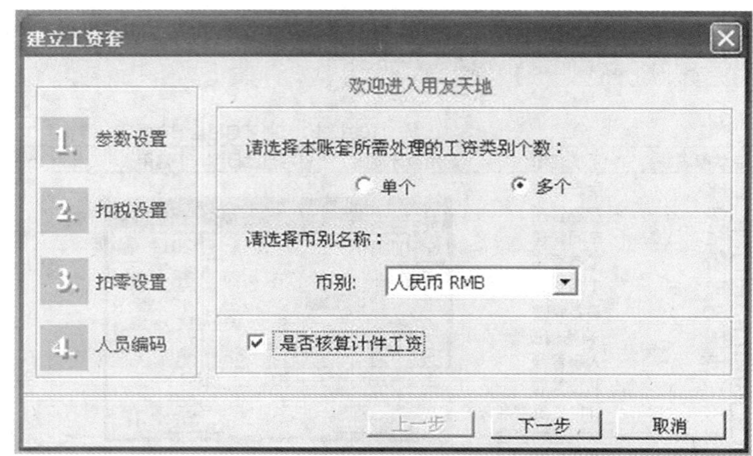

图 6.3 建立工资账套—参数设置

温馨提示

✧ 在建立工资账套前一定要启用薪资管理系统，如果薪资核算要求核算计件工资则还应该启用计件工资管理系统。

✧ 如果企业工资发放有多个，发放项目、计算公式都不同，但需要在一个工资账套中进行统一管理，则工资类别选择“多个”。

2）扣税设置

如果企业要从工资中代扣个人所得税，则用鼠标单击复选框，打上选择标记。

【例 6.3】设置工资账套的扣税设置：代扣个人所得税。

［操作步骤］

①选中“是否从工资中代扣个人所得税”，设置完毕。

②单击“下一步”按钮进入建账向导“扣零设置”界面，如图 6.4 所示。

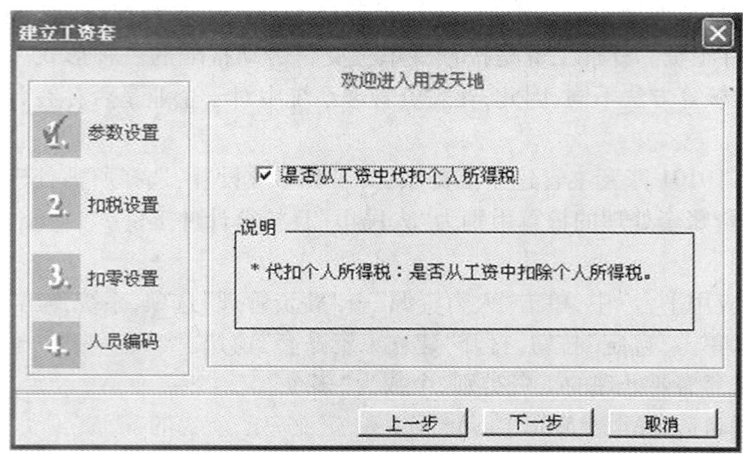

图 6.4 建立工资账套—扣税设置

3）扣零设置

扣零处理通常是在发放现金工资时使用，现在大多数单位采用银行代发工资，则很少做此设置。用户一旦选择了“扣零处理”，系统将自动增加“本月扣零”和“上月扣零”两个固定工资项目,用户不必在计算公式中设置有关扣零处理的计算公式。

【例6.4】设置10101账套的工资账套扣零设置:不进行扣零设置。

[操作步骤]

①不勾选"扣零",设置完毕。

②单击"下一步"按钮进入建账向导"人员编码"界面,如图6.5所示。

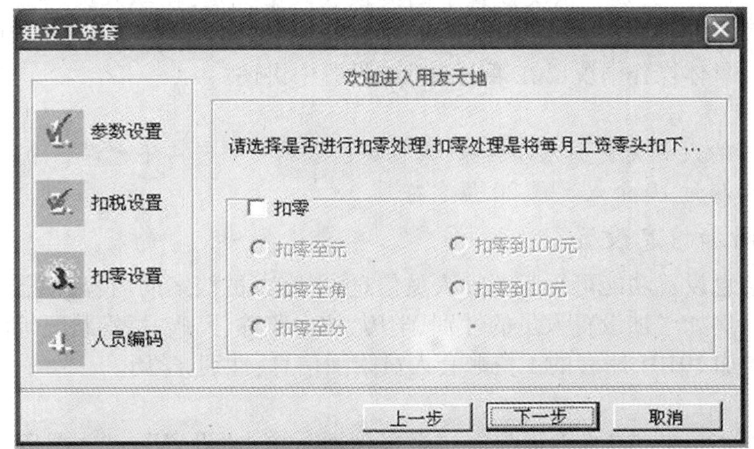

图6.5 建立工资账套—扣零设置

4)人员编码

定义人员编码就是定义单位人员的编码长度,以数字作为人员编码。企业应根据需要来定义人员编码长度,但总长度不能超过10位字符。一旦设置了人员档案,则人员编码长度不能再作修改。在设置人员编码长度时,一定要考虑以后人数的增长情况。

温馨提示

✧ 建账完成后,部分建账参数可以选择"业务工作"→"人力资源"→"薪资管理"→"设置"→"选项"进行修改。

上述四项内容设置完成后,单击"完成"按钮,结束工资账套建立过程。若选择了多个工资类别,还可以继续进行工资类别的设置,也可以暂时先退出设置。若需要修改设置,可在薪资管理窗口中展开"设置"菜单,单击"编辑"按钮修改上述初始化设置。

6.2.2 基础设置

建立工资账套后,需要对薪资管理系统运行所需要的一些基础信息进行设置,包括部门档案设置、人员类别设置、银行档案设置、发放次数管理、人员附加信息设置、工资类别设置、工资项目设置、人员档案设置、计件工资标准设置、计件工资方案设置、选项设置等。其中,部门档案设置、人员类别设置、银行档案设置应在企业应用平台的"基础设置"页签中的"基础档案"设置中进行设置。

1)公共基础设置

(1)部门设置

为了按部门进行各类人员工资的核算,需要设置部门档案。部门档案与其他系统是共享的，设计时一定要考虑周详。具体操作情况已在第3章基础设置中讲述。

(2)人员类别设置

人员类别是指按某种特定的分类方式将企业的职工分成若干类型。不同类别的人员工资水平可能不同，设置人员类别有助于实现工资的多级化管理。为了进行工资费用的汇总和分配，需要设置人员类别。系统预置了四类顶级人员类别：在职人员、离退人员、离职人员、其他人员；顶级类别可以修改，但不允许增加和删除；当某类别已有人员引用时，不允许增加其子类别。具体操作情况已在第3章基础设置中讲述。

温馨提示

✧ 已经使用的人员类别不允许删除；人员类别只剩一个时将不允许删除；人员类别名称长度不得超过10个汉字或20位字符。

(3)人员附加信息设置

人员附加信息设置功能可用于增加人员信息，丰富人员档案的内容，便于对人员进行更加有效的管理。例如增加设置人员的性别、学历、技术职称、民族、婚姻状况等内容。

【例6.5】增加10101账套的工资账套人员附加信息：性别、学历。

[操作步骤]

①选择"业务处理"→"人力资源"→"薪资管理"，单击"设置"→"人员附加信息设置"，进入人员附加信息设置界面。

②系统弹出人员类别设置编辑窗口，单击"增加"按钮，光标停在类别栏处，输入人员类别名称"性别"。

③单击"增加"按钮，再在"信息名称"文本框中输入"学历"，如图6.6所示。

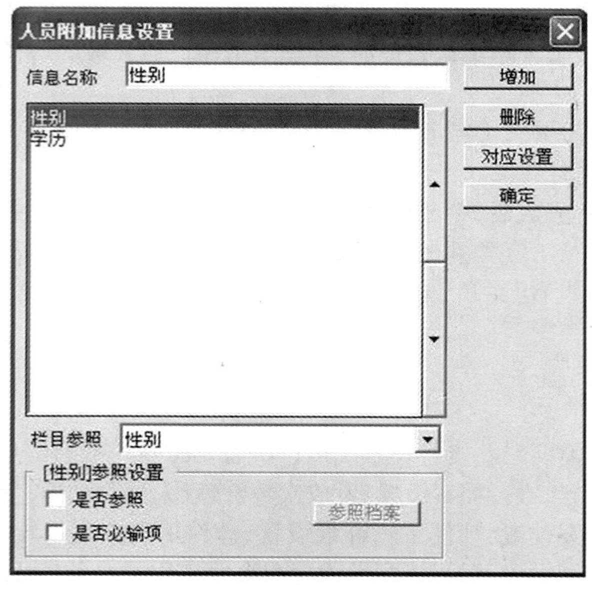

图6.6 人员附加信息设置

温馨提示

✧ 可以利用栏目参照来输入：选中"是否参照"，单击"参照档案"按钮，可以设置人员附加信息的参照值。

✧ 确认增加的附加信息是否为必输项。如果为必输项，则在录入人员档案时此附加信息必须输入内容,不能为空。单击“删除”按钮,可删除光标所在行的附加信息。已使用过的人员附加信息不可删除,但可以修改。

(4)公共工资项目设置

工资项目设置主要是用来定义工资项目的名称、类型、长度、小数位、增减项等项目,可根据需要自由设置工资项目,如基本工资、岗位工资、扣款合计等。另外,系统还自动设置了“应发合计”“扣款合计”“实发合计”三项,这些项目不能删除和重命名,其他项目可根据单位的实际情况定义或参照增加。需要说明的是这里设置的工资项目是不同工资类别之间共享的公共项目,建立不同工资项目时,只能在这些项目中选择。

【例6.6】10101账套的工资账套所需工资项目如表6.1所示。

表6.1 公共工资项目表

项目名称	类型	长度	小数位数	增减项
基本工资	数字	8	2	增项
奖励工资	数字	8	2	增项
交通补贴	数字	8	2	增项
应发合计	数字	10	2	增项
事假天数	数字	8	2	其他
事假扣款	数字	8	2	减项
三险合计	数字	8	2	减项
五险合计	数字	8	2	其他
住房公积金(个人)	数字	8	2	减项
住房公积金(企业)	数字	8	2	其他
扣税基础	数字	8	2	其他
代扣税	数字	8	2	减项
扣款合计	数字	10	2	减项
实发合计	数字	10	2	增项
计件工资	数字	10	2	其他

[操作步骤]

①选择“业务处理”→“人力资源”→“薪资管理”,单击“设置”→“工资项目设置”,进入工资项目设置界面,如图6.7所示。

②单击“增加”按钮,在工资项目列表末增加一空行。

③单击“名称参照”下拉列表,从名称下拉列表中选择并双击“基本工资”选项,系统自动把“基本工资”加到“工资项目名称”栏中(可直接输入工资项目或在“名称参照”中选择工资项目名称)。

④双击“类型”,单击下拉列表框,从下拉列表中选择“数字”选项,长度为8位、小数位数为2。

⑤双击“增减项”栏,单击下拉列表框,从下拉列表中选择“增项”选项。

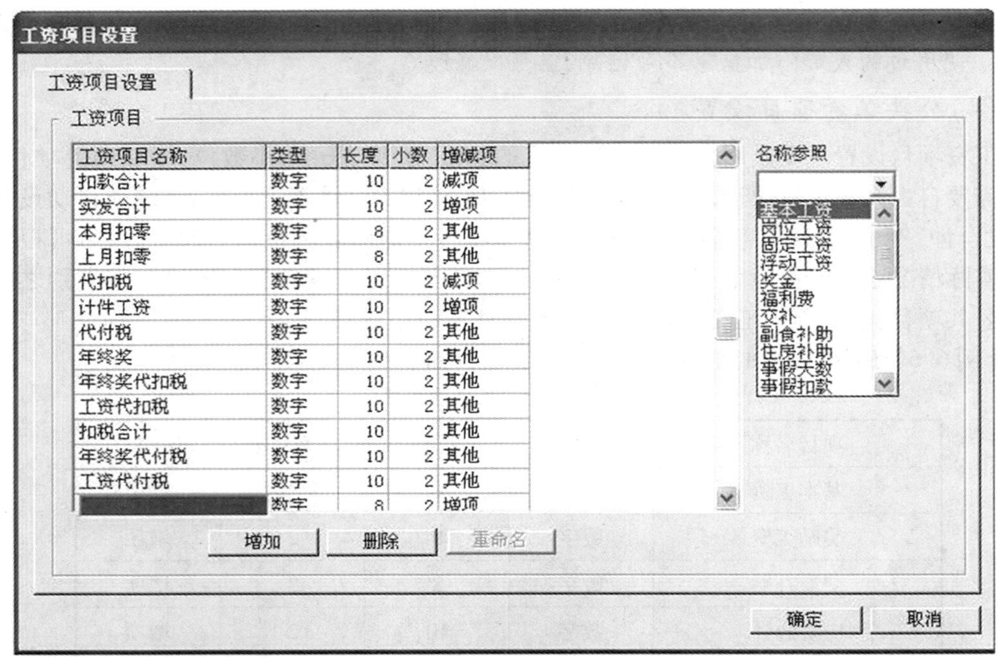
工资项目设置
工资项目设置
工资项目

工资项目名称	类型	长度	小数	增减项
扣款合计	数字	10	2	减项
实发合计	数字	10	2	增项
本月扣零	数字	8	2	其他
上月扣零	数字	8	2	其他
代扣税	数字	10	2	减项
计件工资	数字	10	2	增项
代付税	数字	10	2	其他
年终奖	数字	10	2	其他
年终奖代扣税	数字	10	2	其他
工资代扣税	数字	10	2	其他
扣税合计	数字	10	2	其他
年终奖代付税	数字	10	2	其他
工资代付税	数字	10	2	其他
	数字	8	2	增项

图 6.7　工资项目设置—利用“名称参照”设置

⑥重复第②至第⑥操作步骤，增加“奖励工资”“交通补贴”“事假天数”等工资项目设置，如图 6.8 所示。若放弃设置单击“取消”返回。单击“重命名”按钮，可修改工资项目名称；选择要删除的工资项目，单击“删除”按钮，确认后即可删除。

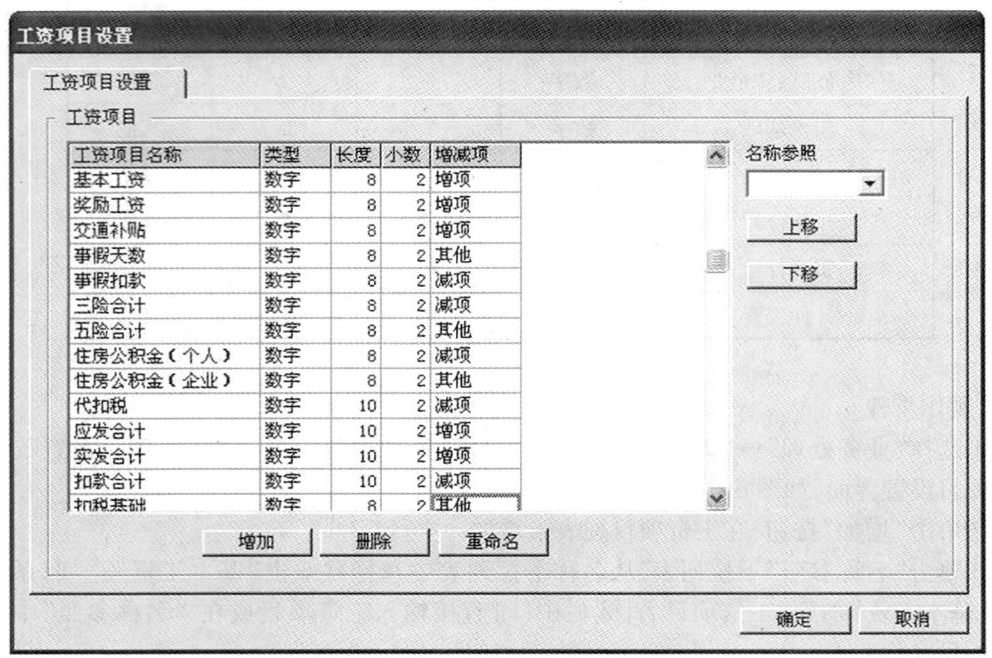
工资项目设置
工资项目设置
工资项目

工资项目名称	类型	长度	小数	增减项
基本工资	数字	8	2	增项
奖励工资	数字	8	2	增项
交通补贴	数字	8	2	增项
事假天数	数字	8	2	其他
事假扣款	数字	8	2	减项
三险合计	数字	8	2	减项
五险合计	数字	8	2	其他
住房公积金（个人）	数字	8	2	减项
住房公积金（企业）	数字	8	2	其他
代扣税	数字	10	2	减项
应发合计	数字	10	2	增项
实发合计	数字	10	2	增项
扣款合计	数字	10	2	减项
扣税基础	数字	8	2	其他

图 6.8　工资项目设置—全部工资项目设置

⑦单击“确认”按钮保存设置，弹出“工资项目已经改变，请确认各工资类别的公式是否正确?”的对话框，单击“确认”按钮。

温馨提示

✧ 此处所设置的工资项目是所有工资类别需要使用的工资项目。
✧ 多类别薪资管理时,关闭工资类别后,才能新增工资项目。
✧ 增项直接计入应发合计,减项直接计入扣款合计;增减项为其他,则工资的数据既不计入应发合计,也不计入扣款合计。
✧ 工资项目名称必须唯一;工资项目一经使用,数据类型不允许修改。
✧ 若在建立工资账套时设置了"扣税处理"、选择了"是否核算计件工资",则系统自动在工资项目中生成"代扣税"和"计件工资"两个项目。

(5)银行名称设置

当企业发放工资采用银行发放形式时,需要确定银行名称及账号长度。银行名称设置中可设置多个发放工资的银行,以适应不同的需要。例如,同一工资类别中的人员由于在不同的工作地点,需在不同的银行代发工资,或者不同类别的工资由不同的银行代发。

【例 6.7】10101 账套的薪资核算所有员工的代发银行为工商银行中关村分理处。账号长度为 11 位,自动带出的账号长度为 8 位。

[操作步骤]

①在企业应用平台"基础设置"选项卡中选择"基础档案"→"收付结算"→"银行档案",进入"银行档案"窗口。

②单击"增加"按钮,输入银行名称"中国工商银行中关村分理处",确定银行账号长度"11 位"及是否为定长,定义录入时需自动带出的账号长度,如图 6.9 所示。

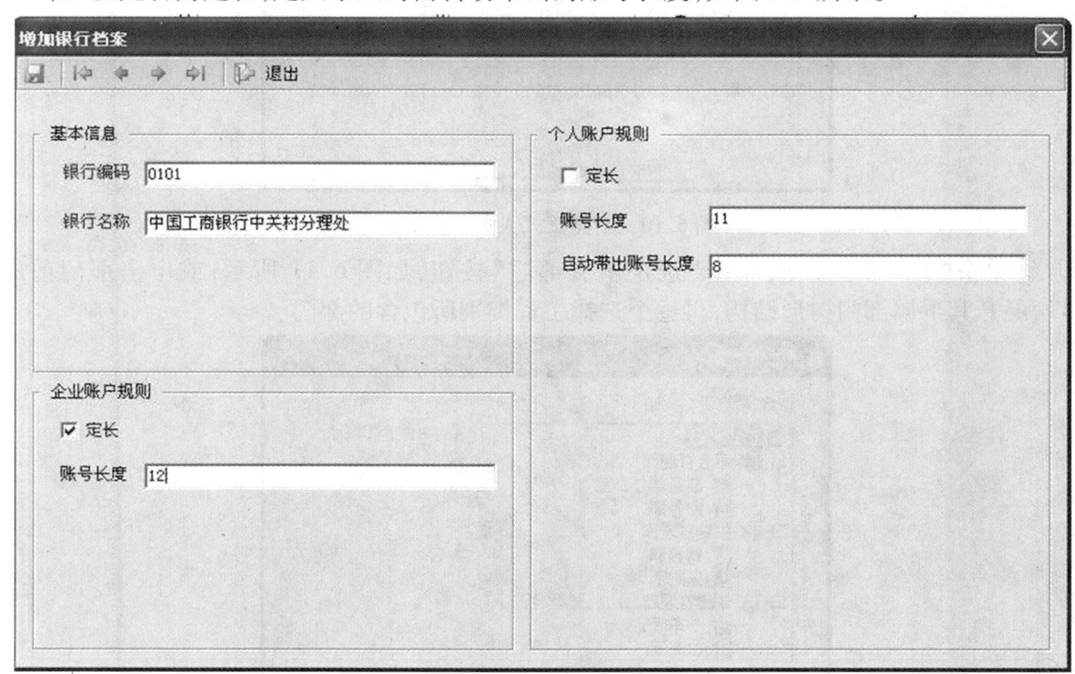

图 6.9 银行名称设置

温馨提示

✧ 系统预设置了 16 个银行名称,如果不能满足需要可以在此基础上删除或增加新的银行名称。如果修改账号长度,则必须按键盘上的回车键确认。

2)工资类别设置

工资类别是指在同一工资账套中,根据不同情况而建立的数据管理类别。如企业将正式职工和临时职工分设为两个工资类别,再针对这两个工资类别分别进行设置。

(1)建立工资类别

在建立工资账套后,系统自动提示"未建立工资类别!",可以就此单击"确定"按钮,进入"新建工资类别"向导。也可以单击取消按钮,采用下述步骤建立工资类别。

【例6.8】建立10101账套中工资账套工资类别。工资类别1:正式人员,部门选择:所有部门(包括二级部门);工资类别2:临时人员,部门选择:制造管理部及下属部门。

[操作步骤]

①选择"业务处理"→"人力资源"→"薪资管理"→"工资类别"→"新建工资类别"命令,打开"新建工资类别"对话框。

②输入工资类别名称"正式人员",如图6.10所示。

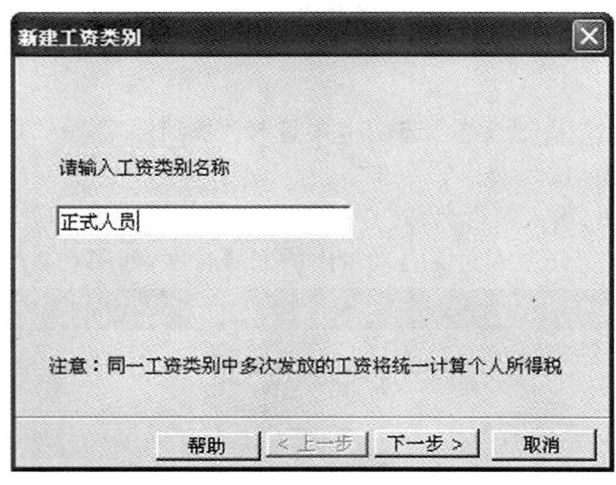

图6.10 新建正式人员工资类别

③单击"下一步"按钮,单击"选定所有部门"按钮,如图6.11所示;或单击部门前的"+",展开其下属部门树形结构,再逐个选择工资类别所包含的部门。

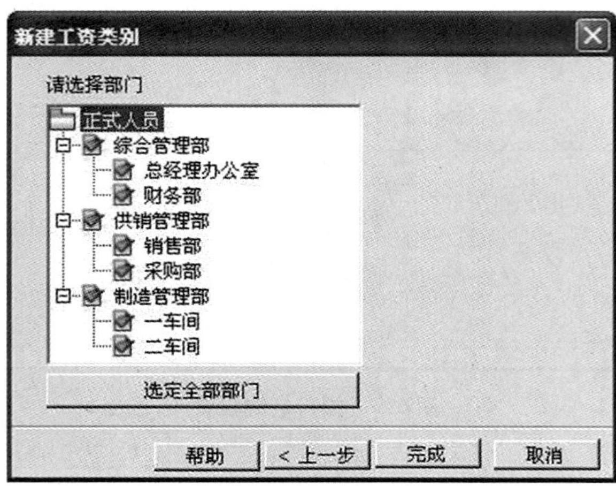

图6.11 新建正式人员工资类别—请选择部门对话框

④单击“完成”按钮，确定工资类别的启用日期，建立工资类别完成，系统自动打开新建的工资类别。

⑤重复第①至第④操作步骤，建立临时人员工资类别。

(2)删除工资类别

在关闭工资类别的情况下，执行“工资类别”→“删除工资类别”命令，打开“删除工资类别”对话框，如图6.12所示。在工资类别列表中选择工资类别后，单击“确认”按钮，系统提示是否进行删除，单击“是”按钮将删除工资类别。

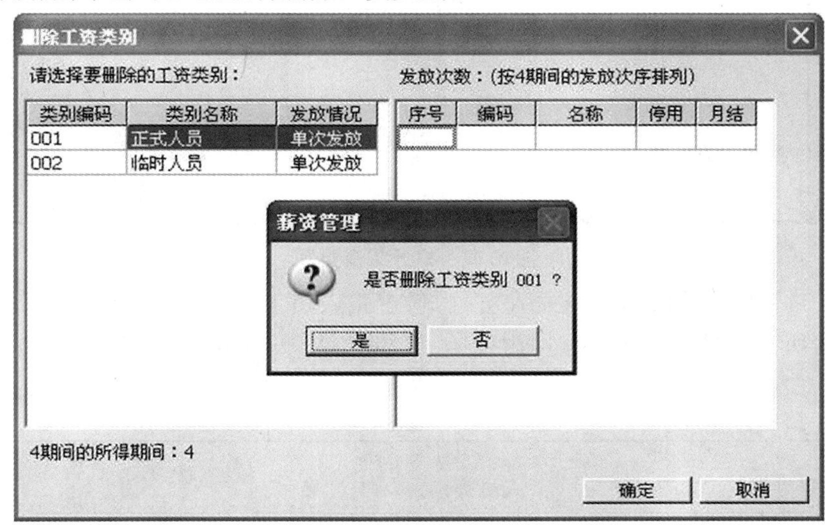

图6.12 删除工资类别

3)工资类别的初始设置

基础信息设置完毕后，需要对各工资类别再进行初始设置。设置内容包括选择部门、建立人员档案、定义工资项目计算公式、设置所得税参数等。

(1)打开工资类别

在多类别工资管理中，要进行某工资类别下信息设置和日常核算，必须先打开工资类别。如公司10101账套中设置正式人员与临时人员两个工资类别，若进行工资类别初始设置，则应分别打开，分别设置。

【例6.9】打开10101账套中临时人员工资类别。

[操作步骤]

①选择“业务处理”→“人力资源”→“薪资管理”→“工资类别”→“打开工资类别”，如图6.13所示。

②选择工资类别名称为“临时人员”。

③单击“确认”按钮。

(2)人员档案设置

人员档案设置用于登记工资发放人员的姓名、职工编号、所在部门、人员类别等信息，员工的增减变动必须先在本功能中处理。在薪资管理中，人员档案必须包含所有需要发放工资的人员，只能多，不能少。这里的人员档案与总账系统中的职员档案不同，要单独设置。

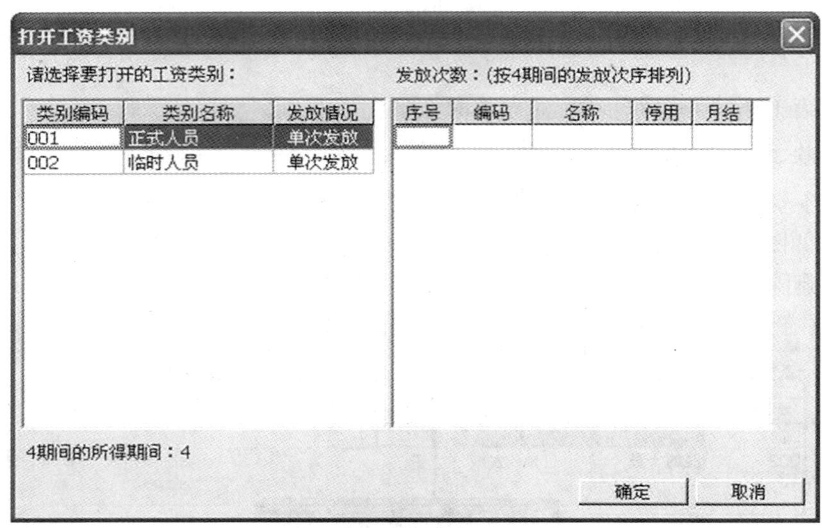

图 6.13 打开工资类别

【例 6.10】设置 101 账套中正式人员档案，正式人员工资类别人员档案如表 6.2 所示。要求：该账套所有人员的代发银行均为中国工商银行中关村分理处；正式人员不采用计件工资方式。

表 6.2 正式人员档案

人员编号	人员姓名	部门名称	人员类别	账号	中方人员	是否计税	计件工资	学历
101	涪兴强	总经理办公室	综合管理人员	20060080001	是	是	否	本科
111	本人姓名	财务部	综合管理人员	20060080002	是	是	否	本科
112	陈倩	财务部	综合管理人员	20060080003	是	是	否	本科
113	高鑫	财务部	综合管理人员	20060080004	是	是	否	本科
221	董雪	采购部	经营人员	20060080005	是	是	否	高中
222	张伟	采购部	经营人员	20060080006	是	是	否	高中
211	莫丽	销售部	经营人员	20060080007	是	是	否	本科
212	孙键	销售部	经营人员	20060080008	是	是	否	高中
301	周月	一车间	车间管理人员	20060080009	是	是	否	本科
302	孟强	一车间	生产人员	20060080010	是	是	否	本科

[操作步骤]

①选择“薪资管理”→“工资类别”→“打开工资类别”→“正式人员工资类别”，单击“确定”按钮。

②单击“设置”→“人员档案设置”，进入人员档案设置窗口。

③单击“增加”按钮，打开“人员档案明细”对话框，并在“基本信息”选项卡中单击“人员名称”参照按钮，选择“涪兴强”，带出其他相关信息。（为简化工作量，也可以进行批增，在

临时人员档案设置中介绍)

④设置属性:选中“计税”“中方人员”复选框;不选中“核算计件工资”。

⑤在“银行名称”下拉列表中选择“工商银行中关村分理处”。

⑥在银行账号文本框中输入账号“20060080001”,如图 6.14 所示。

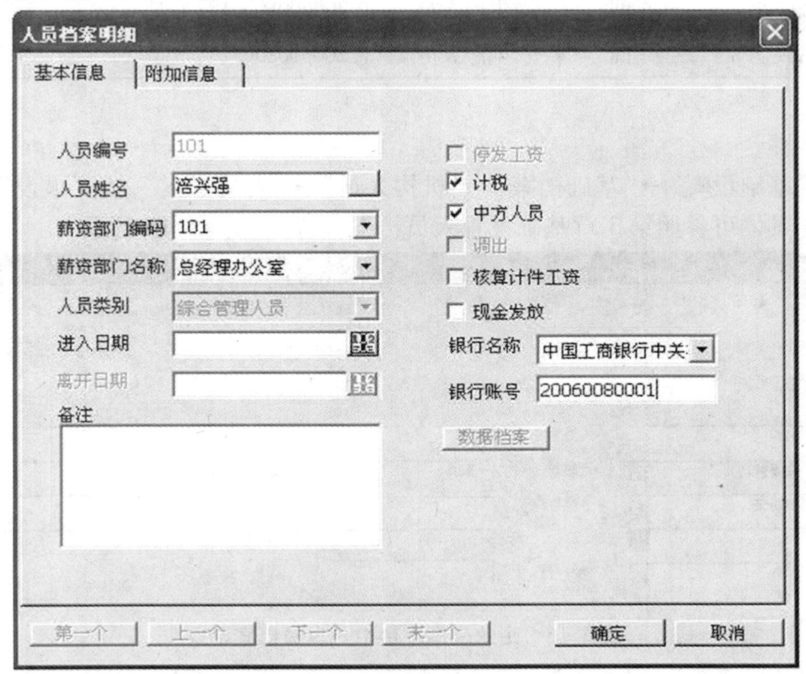

图 6.14　正式人员类别—基本信息设置

⑦单击“附加信息”选项卡,在“性别”栏录入“男”,在“学历”栏录入“大学”,单击“确认”按钮保存并退出该窗口。

⑧同理,重复第④至第⑧操作步骤,输入其他人员档案。需要说明的是“周月”和“孟强”应该先在“基础设置”→“基础档案”→“机构人员”→“人员档案”中增加之后,再进行上述操作步骤。录入完成之后如图 6.15 所示。

人员档案　　总人数

薪资部门名称	人员编号	人员姓名	人员类别	账号	中方人员	是否计税	工资停发	核算计件工资	现金发放	性别	学历
总经理办公室	101	涪兴强	综合管理人员	20060080001	是	是	否	否	否	男	本科
财务部	111	本人姓名	综合管理人员	20060080002	是	是	否	否	否	男	本科
财务部	112	陈倩	综合管理人员	20060080003	是	是	否	否	否	女	本科
财务部	113	高鑫	综合管理人员	20060080004	是	是	否	否	否	男	本科
销售部	211	莫丽	经营人员	20060080007	是	是	否	否	否	女	本科
销售部	212	孙健	经营人员	20060080008	是	是	否	否	否	男	高中
采购部	221	董雪	经营人员	20060080005	是	是	否	否	否	女	高中
采购部	222	张伟	经营人员	20060080006	是	是	否	否	否	男	高中
一车间	301	周月	车间管理人员	20060080009	是	是	否	否	否	女	本科
一车间	302	孟强	生产人员	20060080010	是	是	否	否	否	男	本科

图 6.15　正式人员档案

【例 6.11】设置 101 账套中临时人员档案,临时人员工资类别人员档案如表 6.3 所示。

要求:该账套所有人员的代发银行均为中国工商银行中关村分理处;临时人员采用计件工资方式。

表 6.3　临时人员档案

人员编号	人员姓名	部门名称	人员类别	账号	中方人员	是否计税	计件工资	学历
311	罗江(男)	一车间	生产人员	20060080031	是	是	是	本科
312	刘青(男)	二车间	生产人员	20060080032	是	是	是	本科

[操作步骤]

①选择“基础设置”→“基础档案”→“机构人员”→“人员档案”，按要求设置罗江、刘青的人员档案(具体可参照第 3 章基础设置人员档案设置)，如图 6.16 所示。

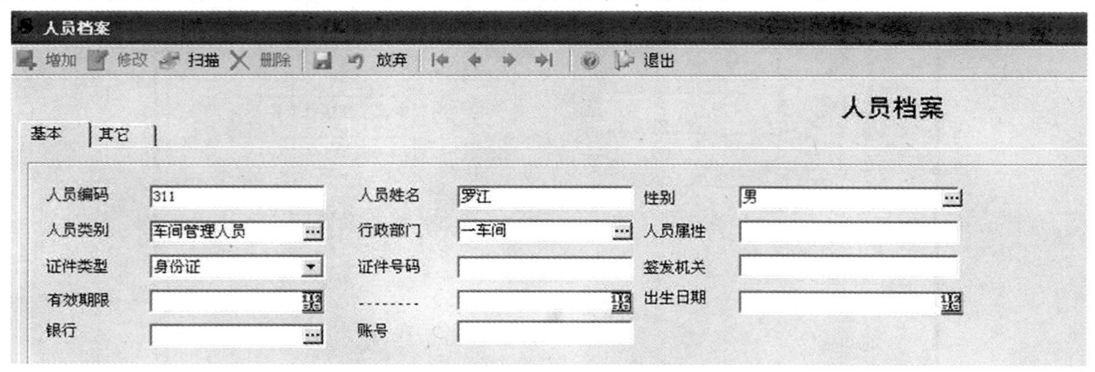

图 6.16　企业应用平台中—人员档案设置

②选择“薪资管理”→“工资类别”→“ 打开工资类别”，打开“工资类别窗口”，选择“临时人员工资类别”，单击“确定”按钮。

③单击“设置”下的“人员档案设置”，进入人员档案设置窗口。

④单击工具栏上的“批增”按钮，系统弹出人员批量增加窗口。

⑤单击左边栏中的“制造管理部门”，选择需要纳入临时员工工资类别的人(罗江、刘青)。单击“确定”按钮，系统自动将人员纳入正式人员档案中。

⑥打开人员档案明细，选中“罗江”，设置属性，选中“计税”“中方人员”复选框；选中核算计件工资。

⑦在“银行名称”下拉列表中选择“中国工商银行中关村分理处”。

⑧在银行账号文本框中输入账号 20060080031。

⑨单击“附加信息”选项卡，录入人员附加信息，单击“确认”按钮保存并退出该窗口。

⑩重复第⑦至⑩的操作步骤，输入“刘青”的人员档案。录入完毕，如图 6.17 所示。

人员档案

薪资部门名称	人员编号	人员姓名	人员类别	账号	中方人员	是否计税	工资停发	核算计件工资	现金发放	性别	学历
一车间	311	罗江	生产人员	20060080031	是	是	否	是	否	男	本科
二车间	312	刘青	生产人员	20060080032	是	是	否	是	否	男	本科

图 6.17　临时人员档案

(3)工资项目设置

在打开工资类别之前，已在基础设置中建立了本单位各种工资类别所需的全部工资项目,由于不同的工资类别其工资发放项目不尽相同,计算公式也不相同,因此,在进入某个工资类别后,应先增加该工资类别所需的工资项目,然后再设置项目间的计算公式。

【例6.12】设置10101账套中正式人员的工资项目。

正式人员包括以下工资项目:基本工资、奖励工资、交补、应发合计、请假扣款、五险合计、三险合计、住房公积金(个人)、住房公积金(企业)、扣款合计、实发合计、代扣税、请假天数、扣税基数。

[操作步骤]

①选择“薪资管理”→“工资类别”→“打开工资类别”,打开“工资类别”窗口。选择“正式人员工资类别”,单击“确定”按钮。

②单击“设置”→“工资项目设置”,进入工资项目设置窗口。

③打开“工资项目(1)”选项卡,单击“增加”按钮,在工资列表中增加一空行。

④单击“名称参照”下拉列表框,从下拉列表框中选择“基本工资”选项,工资项目、名称、类型、长度、小数位数、增减项都自动输入,不能修改。

⑤所示工资项目添加完成后,单击“工资项目设置”窗口中的“上移”和“下移”按钮,按实验资料所给的顺序调整工资项目的排列位置,如图6.18所示。

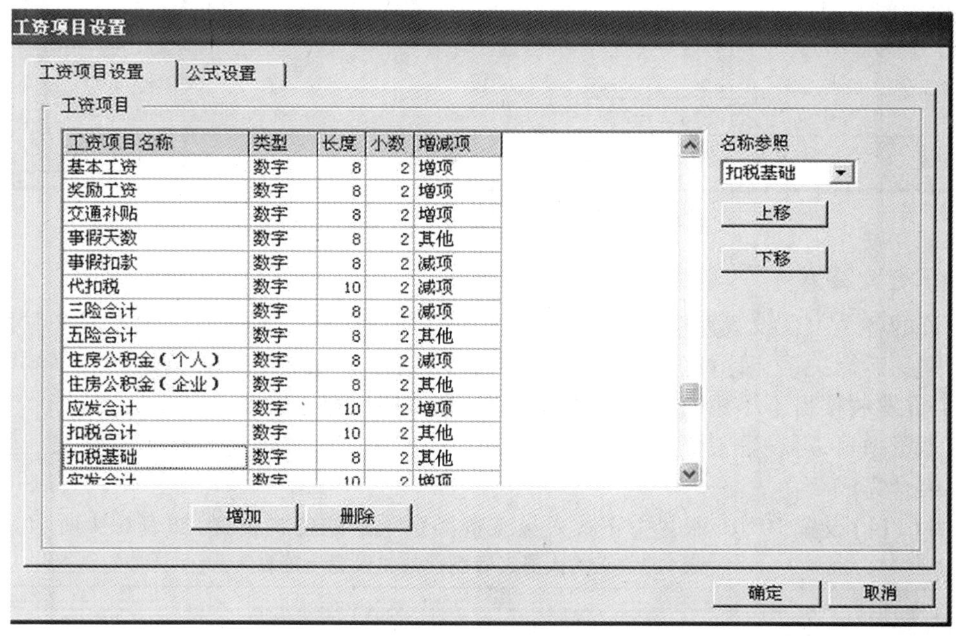

工资项目名称	类型	长度	小数	增减项
基本工资	数字	8	2	增项
奖励工资	数字	8	2	增项
交通补贴	数字	8	2	增项
事假天数	数字	8	2	其他
事假扣款	数字	8	2	减项
代扣税	数字	10	2	减项
三险合计	数字	8	2	减项
五险合计	数字	8	2	其他
住房公积金(个人)	数字	8	2	减项
住房公积金(企业)	数字	8	2	其他
应发合计	数字	10	2	增项
扣税合计	数字	10	2	其他
扣税基础	数字	8	2	其他
实发合计	数字	10	2	增项

图6.18 正式人员工资类别—工资项目设置

温馨提示

✧ 工资项目不能重复选择,没有选择的工资项目不能在计算公式中现,不能删除已输入数据的工资项目和已设置计算公式的工资项目。

【例6.13】设置10101账套中临时人员的工资项目。临时人员包括以下工资项目:计件工资、扣税基础、代扣税、应发合计、扣款合计及实发合计。

[操作步骤]

①选择“薪资管理”→“工资类别”→“打开工资类别”,打开“工资类别”窗口,选择“临时人员工资类别”,单击“确定”按钮。

②单击“设置”→“工资项目设置”，进入工资项目设置窗口。

③打开“工资项目(1)”选项卡，单击“增加”按钮，在工资列表中增加一空行。

④单击“名称参照”下拉列表框，从下拉列表框中选择所需工资项目、名称、类型、长度、小数位数、增减项都自动输入，不能修改，如图 6.19 所示。

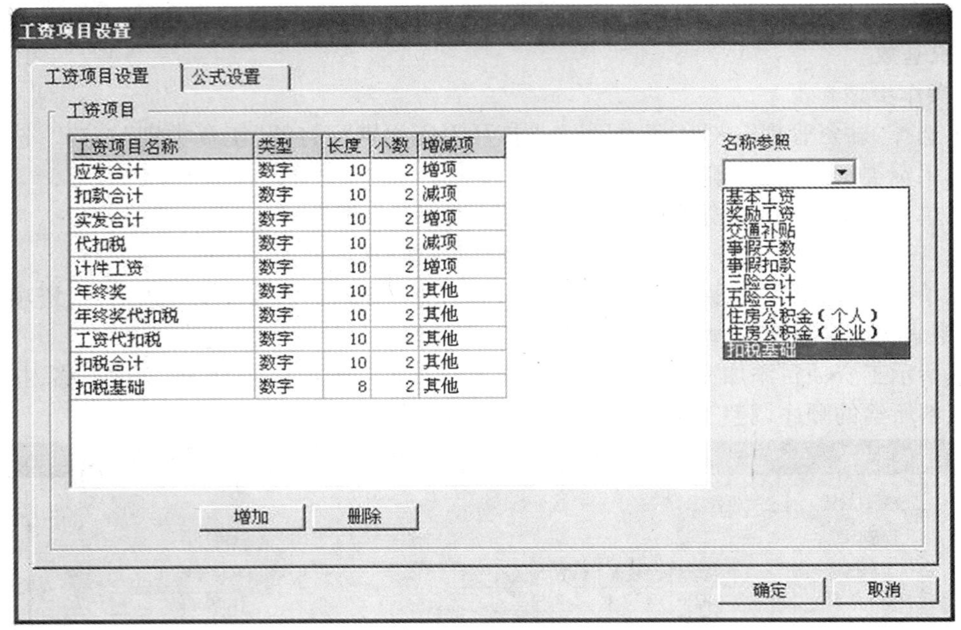

图 6.19　临时人员工资类别—工资项目设置

(4)定义公式

工资的各个项目设置完毕后就可以设置计算公式，即定义工资项目的数据来源及工资项目之间的运算关系。计算公式设置的正确与否关系到工资核算的最终结果。不同的工资类别，工资发放项目不尽相同，计算公式也不相同，在打开某个工资类别后，应选择本类别所需要的工资项目，再设置工资项目间的计算公式。定义公式可通过选择工资项目、运算符、函数等组合完成。

【例 6.14】设置 10101 账套中正式人员工资类别项下的公式设置，如表 6.4 所示。

表 6.4　正式人员工资类别公式设置一览表

工资项目	公式设置
事假扣款	(基本工资+奖励工资)/22 * 事假天数
交通补贴	IFF(人员类别=“综合管理人员”OR 人员类别=“车间管理人员”,100,50)
三险合计	基本工资 * 0.11
五险合计	基本工资 * 0.314
住房公积金(个人)	基本工资 * 0.08
住房公积金(企业)	基本工资 * 0.08
扣税基础	基本工资+奖励工资+交补-事假扣款-三险合计-住房公积金(个人)

［操作步骤］

方法一：直接输入公式

事假扣款=（基本工资+奖励工资）/22＊事假天数

①选择“薪资管理”→“工资类别”→“打开工资类别”，打开“工资类别”窗口，选择“正式人员工资类别”，单击“确定”按钮。

②单击“设置”→“工资项目设置”，进入工资项目设置界面。

③单击“公式设置(2)”选项卡，可设置工资项目的计算公式，单击“增加”按钮，在工资项目列表中增加一空行。单击该行，在下拉列表中选择“事假扣款”选项。

④单击“事假扣款公式定义”文本框，依次单击“运算符”中的“(”，单击工资项目列表中的“基本工资”，单击“运算符”中的“+”，单击工资项目列表中的“奖励工资”，单击“运算符”中的“)”，单击“运算符”中的“/”，输入数字“22”，单击工资项目列表中的“事假天数”。

⑤公式设置完毕后，单击“公式确认”保存所设置的公式，最后单击“确认”按钮退出，如图6.20所示。

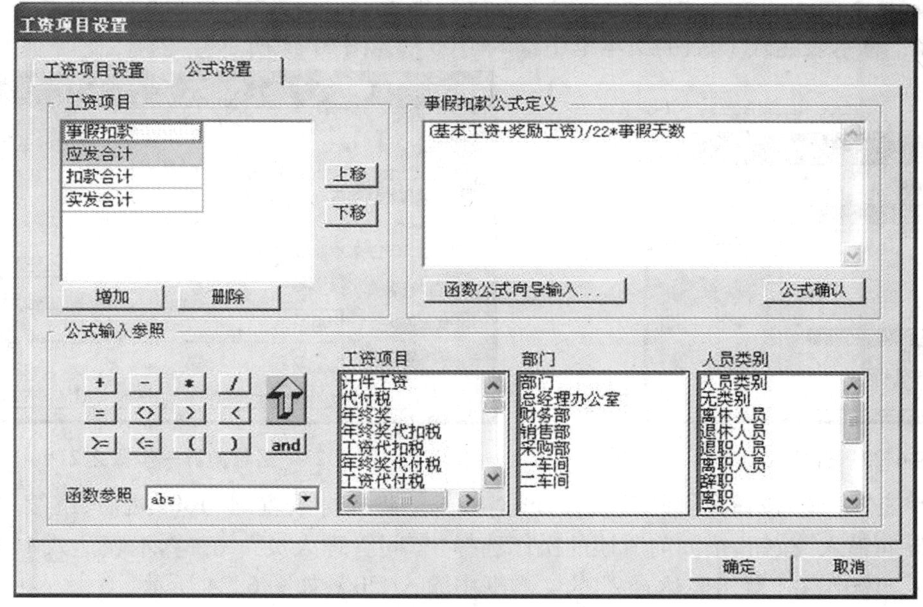

图6.20　正式人员工资类别—事假扣款公式设置

⑥同理，设置“三险合计”“住房公积金”“五险合计”“扣税基础”公式。

方法二：利用函数导向设置公式

交通补贴=IFF(人员类别=“综合管理人员”OR 人员类别=“车间管理人员”，100，50)

①选择“薪资管理”→“工资类别”→“打开工资类别”，打开“工资类别窗口”，选择“正式人员工资类别”，单击“确定”按钮。

②单击“设置”下的“工资项目设置”，进入工资项目设置界面。

③单击“公式设置(2)”选项卡，可设置工资项目的计算公式。单击“增加”按钮，在工资项目列表中增加一空行。单击该行，在下拉列表中选择“交通补贴”选项。

④单击“交通补贴公式定义”文本框，再单击“函数公式向导输入”按钮，打开“函数向导—步骤之1”窗口，如图6.21所示。

⑤从“函数名”列表中选择“IFF”，单击“下一步”按钮，打开“函数向导—步骤之2”窗口。

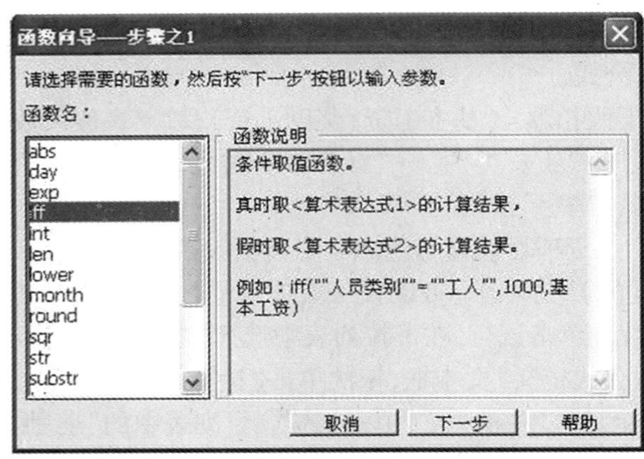

图 6.21 函数导向一步骤之 1

⑥单击“逻辑表达式”参照按钮，打开“参照”对话框，从“参照”下拉列表中选择“人员类别”选项，从下面的列表中选择“综合管理人员”，单击“确认”按钮，如图 6.22 所示。

⑦在“算术表达式 1”后的文本框中输入“100”，如图 6.23 所示。

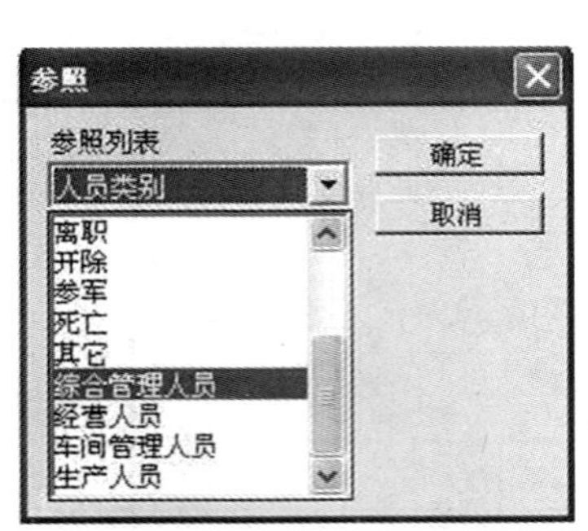

图 6.22 选择人员类别

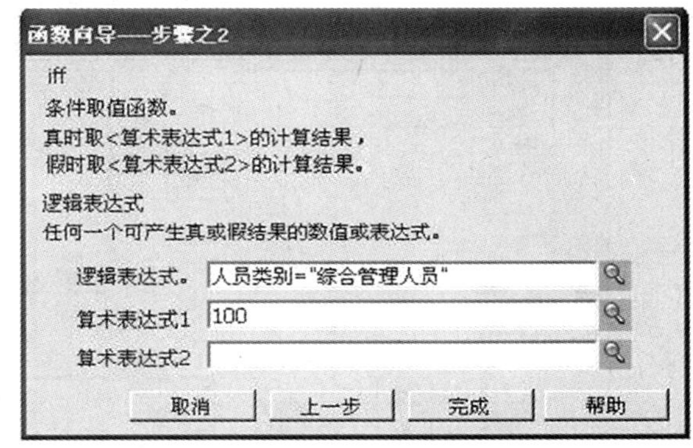

图 6.23 函数向导一步骤之 2

⑧单击“完成”按钮，返回“公式设置”对话框。将光标放置到“100”之后，继续单击“函数公式导向输入”按钮，按如前所述的操作选择“车间管理人员”，在“算术表达式 1”的文本框中输入“100”，在“算术表达式 2”的文本框中输入“50”，如图 6.24 所示。

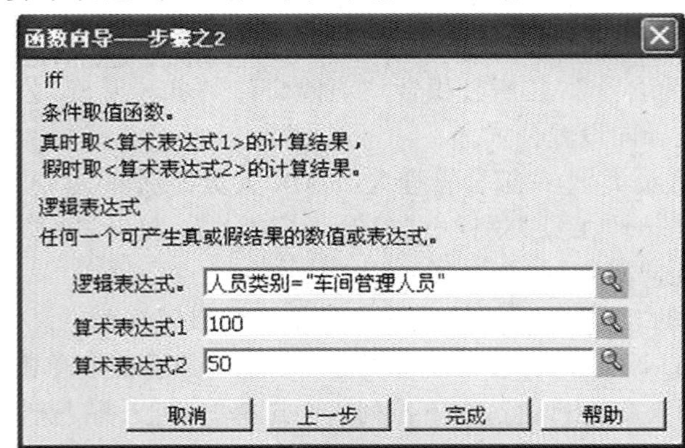

图 6.24 设置算术表达式

⑨单击“完成”按钮，返回“公式设置(2)”选项卡，单击“公式确认”按钮，公式设置完毕。

温馨提示

✧ 在定义公式时,可以使用函数公式导向输入、函数参照、工资项目参照、部门参照和人员类别参照编辑输入该工资项目的计算公式。其中,函数公式向导只支持系统提供的函数。

✧ 工资项目中没有的项目不允许在公式中出现。

✧ 如果有的项目不纳入自动生成的公式中,就需要在设置工资项目的时候将“增减项”属性设置为“其他”。

✧ 应发合计、应扣合计、实发工资公式根据所设置的增减项由系统自动生成。

✧ 公式中可应用已设置公式的项目,相同的工资项目可以重复定义公式,多次计算,以最后的运行结果为准。

✧ 定义公式要注意先后顺序,先得到数应先定义公式。

(5)计件工资设置

如果在薪资管理系统参数设置中选中了核算计件工资这一项,则系统可对计件工资标准进行设置,既可定义统计计件数据的统计标准、口径,又可自定义多达20个的新统计标准。

【例6.15】对10101账套临时人员计件工资进行设置,如表6.5所示。

表6.5 临时人员计件工资标准设置

人员编码	人员姓名	工作岗位	本月工时	工价
311	罗江	装配	180	22
312	刘青	检测	200	18

计件工资标准:工时,有“组装工时”和“检验工时”两项;计件工资单价是组装工时22.00元,检验工时18.00元;计件工资的项目公式定义为:计件工资明细表.装配工时*计件工资明细表.装配单价+计件工资明细表.检验工时*计件工资明细表.检验单价。

[操作步骤]

①启用计件工资。如果在前面没有启用计件工资管理系统,先要进行启用。选择“基础设置”→“基本信息”→“系统启用”,启用“计件工资管理”系统,如图6.25所示。

图6.25 计件工资管理系统启用

②选择“业务工作”→“人力资源”→“薪资管理”→“工资管理”→“打开工资类别”，打开“临时人员工资类别”窗口。

③选择“业务工作”→“人力资源”→“计件工资”→“选项”，单击“编辑”按钮，选择“个人计件”，如图6.26所示，单击“确定”按钮。

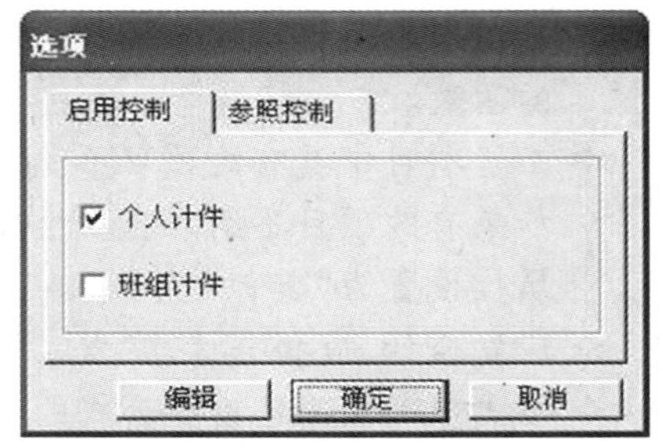

图6.26　选项—个人计件

④选择“业务工作”→“人力资源”→“计件工资”→“设置”→“计件要素设置”，按照本案例要求，先单击“编辑”按钮进行增加操作。设置“工作岗位”“工资数”“工价”，并进行启用（合格数量、废品工价、废品数几个项目必须保持启用，不然后面过程不能进行），设置完成，单击“确定”按钮，如图6.27所示。

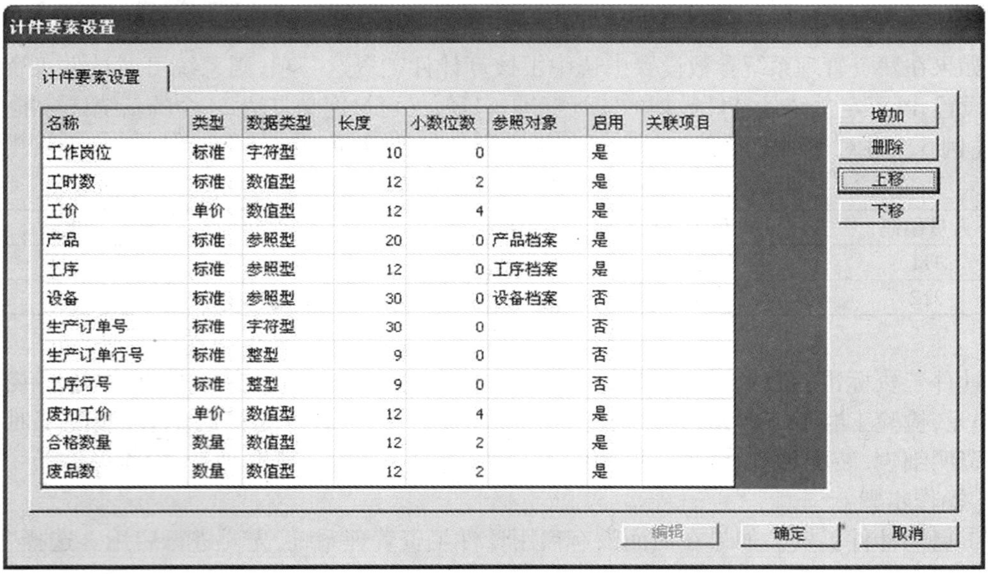

计件要素设置

名称	类型	数据类型	长度	小数位数	参照对象	启用	关联项目
工作岗位	标准	字符型	10	0		是	
工时数	标准	数值型	12	2		是	
工价	单价	数值型	12	4		是	
产品	标准	参照型	20	0	产品档案	是	
工序	标准	参照型	12	0	工序档案	是	
设备	标准	参照型	30	0	设备档案	否	
生产订单号	标准	字符型	30	0		否	
生产订单行号	标准	整型	9	0		否	
工序行号	标准	整型	9	0		否	
废扣工价	单价	数值型	12	4		是	
合格数量	数量	数值型	12	2		是	
废品数	数量	数值型	12	2		是	

增加　删除　上移　下移

编辑　确定　取消

图6.27　计件要素设置

⑤选择“业务工作”→“人力资源”→“计件工资”→“设置”→“计件工价设置”，按照本案例输入，如图6.28所示。设置完成，单击“保存”按钮。

序号	工作岗位	工时数	工价	产品	工序	废扣工价	产品编码	工序编码
1	组装	1.00	22.0000			0.0000		
2	检验	1.00	18.0000			0.0000		

图6.28　计件工价设置

⑥选择“业务工作”→“人力资源”→“计件工资”→“设置”→“计件项目设置”，出现“计件项目设置”窗口，选择“计件项目设置”选项卡，单击“编辑”按钮，增加装配工时、装配单价、检验工时、检验单价四项，均为数值型，长度12，小数位2，单击“确定”按钮，如图6.29所示。

⑦选择“业务工作”→“人力资源”→“计件工资”→“设置”→“计件项目设置”，打开“个人计件公式”选项卡，如图6.30所示。

⑧单击“编辑”按钮，选择“计件工资”项目，再单击“公式定义”按钮。

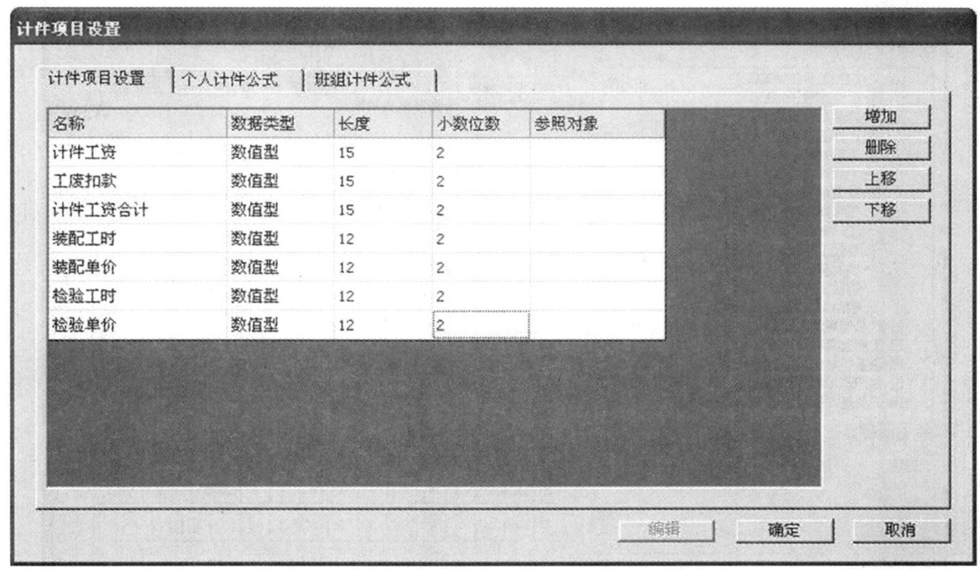

图 6.29 计件项目设置

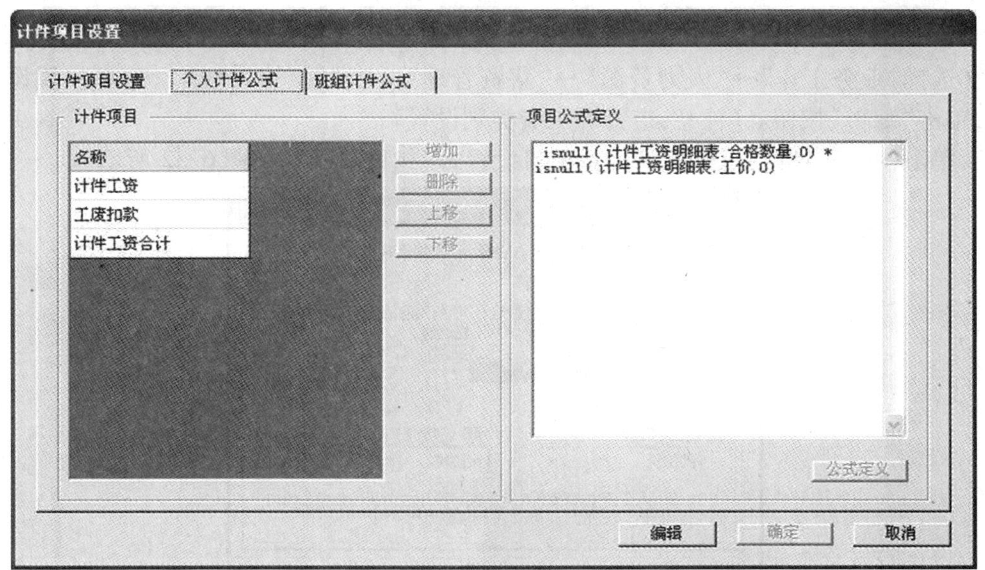

图 6.30 计件项目设置—个人计件公式设置

⑨单击“内容”右侧的按钮,进入“查询表达式”窗口,并设置公式,如图 6.31 所示。公式输入后,单击“验证”按钮,如果正确,系统提示公式定义有效。

⑩单击“确定”按钮,返回到“定义查询”窗口,再单击“确定”按钮回到计件项目设置。单击“确定”按钮逐一退出。

(6)所得税基数设置

【例 6.16】分别设置 10101 账套两个工资类别的所得税基数。

[操作步骤]

①选择“业务工作”→“人力资源”→“薪资管理”→“工资管理”→“打开工资类别”,打开正式人员工资类别。

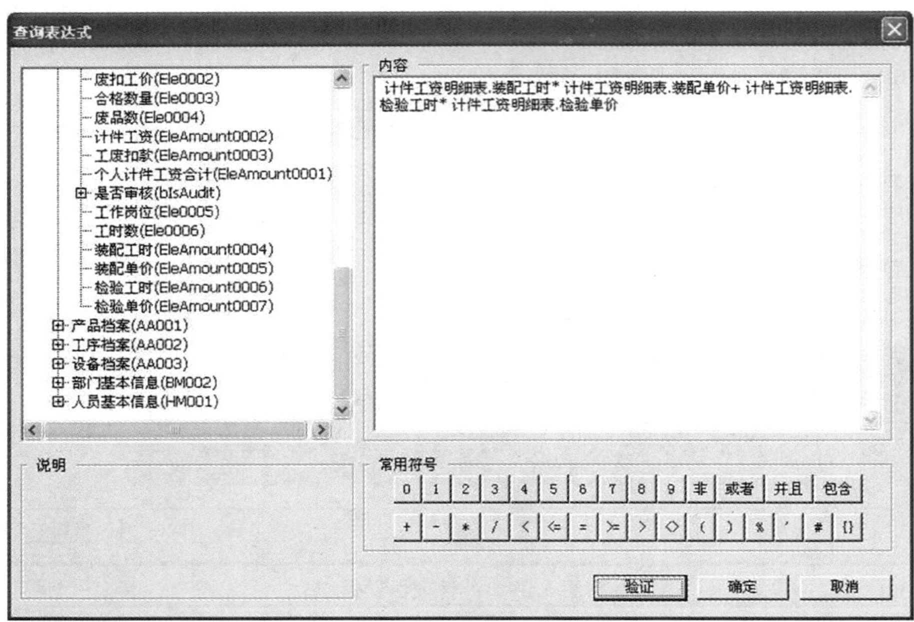

图 6.31 公式定义

②选择“业务工作”→“人力资源”→“薪资管理”→“设置”→“选项”，选择扣税设置选项卡，单击“编辑”按钮。(注意：应打开工资类别设置)

③单击“扣税设置”按钮，应税计算项目设置为“扣税基础”，如图 6.32 所示。

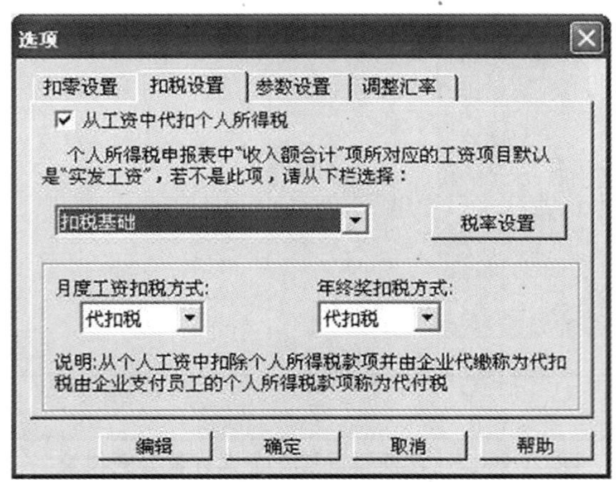

图 6.32 选项—扣税基数设置

④单击“税率设置”，弹出个人所得税申报表—税率表，修改基数为 3 500，附加费用为 1 300，将原系统九级超额累进税改为七级累进税率，如图 6.33 所示。

⑤关闭正式人员工资类别，选择“业务工作”→“人力资源”→“薪资管理”→“工资管理”→“打开工资类别”，打开临时人员工资类别。重复第②至④操作步骤，完成临时人员工资类别相应设置。

图 6.33　修改纳税基数—税率表

6.3　日常业务处理

6.3.1　工资数据管理

1)工资数据管理

(1)工资数据录入

第一次使用薪资管理系统时必须将所有人员的基本工资数据录入计算机，而平时发生的工资数据变动也在此进行调整，比如职工提薪、水电费扣发、事病假扣发、奖金录入等。首次进入本功能前，需先进行工资项目设置，然后再录入数据。

当第一次使用工资系统录入完所有人员信息后，进入“业务处理”下的“工资变动”界面，显示所有人员的所有工资项目。单击“编辑”按钮录入或修改工资数据，但计件工资数据不能在此更改，因为计件工资数据来源于计件工资统计。

【例 6.17】将正式人员工资数据录入，做工资变动处理。正式人员 4 月初工资情况如表 6.6 所示。

表 6.6　正式人员工资数据

姓名	基本工资	奖励工资	姓名	基本工资	奖励工资
涪兴强	5 000	500	张伟	2 000	200
本人姓名	3 000	300	莫丽	4 500	450
陈倩	2 000	200	孙键	3 000	300
高鑫	2 500	200	周月	4 500	450
董雪	3 000	300	孟强	3 500	350

[操作步骤]

①打开正式人员工资类别,进入“薪资管理”→“业务处理”→“工资变动”,进入“工资变动”窗口。

②根据资料录入基本工资、奖励工资等数据,在“工资变动”窗口单击“计算”按钮,计算工资数据后“汇总”并退出,正式人员工资变动。

工资数据可以直接录入,也可以通过“项目过滤器”和“定位器”快速录入或修改数据。

(2)计件工资统计

【例6.18】将临时人员工资数据录入,做工资变动处理。

[操作步骤]

①选择“业务工作”→“人力资源”→“计件工资”→“个人计件”→“计件工资录入”,再选择工资类别为“临时人员”,单击“批增”按钮,输入姓名、工时数、工价等相关信息。输入后单击“计算”按钮,即完成“罗江”计件工资的计算工作,如图6.34所示。

批量增加计件工资(人员)

人员编码 311　姓名 罗江　部门 一车间

计件日期 2014-04-01

序号	工作岗位	工时数	工价	产品	工序	废扣工价	合格数量	废品数	工废扣款	个人计...	计件工资
1	装配	180.00	22.0000			0.0000	0.00	0.00	0.00	3960.00	3960.00

图6.34　计件数据录入

②按照上述步骤录入“刘青”计件工资数据。工资录入完毕后,先单击“计算”按钮,然后单击“全选”按钮,再单击“审核”按钮。

③选择“业务工作”→“人力资源”→“计件工资”→“计件工资汇总”,进入后工资类别选择“临时人员”,单击“汇总”按钮,如图6.35所示。

计件工资汇总

工资类别 临时人员　部门 全部　会计期间 2014-04

序号	部门编码	部门	人员编码	人员	工废扣款	个人计...	合格数量	废品数	计件工资
1	301	一车间	311	罗江	0.00	3960.00	0.00	0.00	3960.00
2	302	二车间	312	刘青	0.00	3600.00	0.00	0.00	3600.00
合计					0.00	7560.00	0.00	0.00	7560.00

图6.35　计件工资汇总

④选择“业务工作”→“人力资源”→“薪资管理”→“业务处理”→“工资变动”,进入工资变动表,计件工资将自动转入。单击工具栏上的“计算”按钮,系统根据定义好的公式自动计算工资表信息,如图6.36所示。

工资变动

过滤器 所有项目　□ 定位器

选择	人员编号	姓名	部门	人员类别	应发合计	扣款合计	实发合计	代扣税	计件工资	扣税基础	工资代扣税	扣税合计
	311	罗江	一车间	生产人员	3,960.00	23.00	3,937.00	23.00	3,960.00	3,960.00	23.00	23.00
	312	刘青	二车间	生产人员	3,600.00	5.00	3,595.00	5.00	3,600.00	3,600.00	5.00	5.00
合计					7,560.00	28.00	7,532.00	28.00	7,560.00	7,560.00	28.00	28.00

图6.36　临时人员—工资变动

(3)人员调动情况

【例6.19】因需要,决定招聘李力(编号213,性别:男,学历:本科)到采购部担任经营人员,以补充力量,其基本工资2 000元,无奖励工资,代发工资银行账号:20060080011。

[操作步骤]

①单击"基础设置"→"基础档案"→"机构人员"→"人员档案",按要求设置上述人员档案李力(具体可参照第3章基础设置中人员档案设置)。

②选择"薪资管理"→"工资类别"→"打开工资类别"。

③选择"正式人员工资类别",单击"确定"按钮。

④单击"设置"→"人员档案设置",进入人员档案设置窗口。

⑤单击"增加"按钮,打开"人员档案明细"对话框,并在"基本信息"选项卡中单击"人员名称"参照按钮,选择"李力",带出其他相关信息。

⑥设置属性:选中"计税""中方人员"复选框;不选中"核算计件工资"。

⑦在"银行名称"下拉列表中选择"工商银行中关村分理处"。

⑧在银行账号文本框中输入账号"20060080011";单击"确认"按钮保存并退出该窗口,变动后的人员档案如图6.37所示。

⑨选择"薪资管理"→"业务处理"→"工资变动",进入"工资变动"窗口,在基本工资栏录入"2 000"。

人员档案

薪资部门名称	人员编号	人员姓名	人员类别	账号	中方人员	是否计税	工资停发	核算计件工资	现金发放
总经理办公室	101	涪兴强	综合管理人员	20060080001	是	是	否	否	否
财务部	111	本人姓名	综合管理人员	20060080002	是	是	否	否	否
财务部	112	陈倩	综合管理人员	20060080004	是	是	否	否	否
财务部	113	高鑫	综合管理人员	20060080005	是	是	否	否	否
销售部	211	莫丽	经营人员	20060080006	是	是	否	否	否
销售部	212	孙健	经营人员	20060080007	是	是	否	否	否
采购部	213	李力	经营人员	20060080011	是	是	否	否	否
采购部	221	董雪	经营人员	20060080008	是	是	否	否	否
采购部	222	张伟	经营人员	20060080009	是	是	否	否	否
一车间	301	周月	车间管理人员	20060080010	是	是	否	否	否
一车间	302	孟强	生产人员	20060080003	是	是	否	否	否

图6.37 变动后的人员档案

2)工资数据替换

当工资变动呈规律性变动时,可以通过替换功能来完成数据更新,将符合条件的人员的某个工资项目的数据统一替换成某个数据。在工资变动界面单击"替换"按钮,即可进入该功能界面。

【例6.20】因去年销售部推广产品业绩较好,正式人员每人增加奖励工资200元。

[操作步骤]

①单击"业务工作"→"工资变动"→"全选"→"替换",进入工资项数据替换窗口。

②单击"将工资项目"下拉框,选择"奖励工资";在"替换成"文本框内,输入"奖励工资+200";替换条件:"部门=销售部";最后单击"确定"按钮,完成销售部门人员奖励工资批量变更,如图6.38所示。

③数据计算与汇总:在"工资变动"窗口进行计算、汇总后退出。

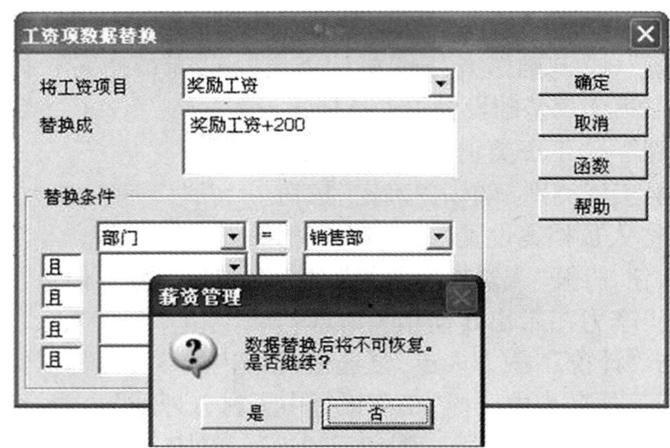

图 6.38 工资数据替换

温馨提示

✧ 如果工资数据的变化具有规律性,可以使用"替换"功能进行成批数据替换。

3)计算与汇总

在修改了某些数据、重新设置了计算公式、进行了数据替换或在个人所得税中执行了自动扣税等操作,最好调用"计算"功能对个人工资数据重新计算,以保证数据正确。通常,实发合计、应发合计、扣款合计在修改完数据后不自动计算合计项,如要检查合计项是否正确,可先执行重算工资;如果不执行重算工资,在退出工资变动时,系统会自动提示重新计算。

若对工资数据的内容进行了变更,在执行了重算工资后,为保证数据的准确性,可调用"汇总"功能对工资数据进行重新汇总。在退出工资变动时,如未执行"工资汇总",系统会自动提示进行汇总操作。

温馨提示

✧ 在修改了某些数据、重新设置了计算公式、进行了数据替换或在个人所得税中执行了自动扣税等操作,必须调用"计算"和"汇总"功能对个人工资数据重新计算,以保证数据正确。

✧ 如果对工资数据只进行了"计算"的操作而未进行"汇总"操作,则退出时系统提示"数据发生变动后尚未进行汇总,是否进行汇总?"如果需要汇总则单击"是",否则,单击"否"即可。

6.3.2 个人所得税计算与申报

如果在建立工资账套时选中了从工资中代扣个人所得税这一项,则系统将根据国家颁布的七级超额累进税率或用户自定义的所得税率进行扣税。

1)税率定义

如果单位的扣除费用及税率与国家规定的不一致,可以对个人所得税的税率进行定义。计算个人所得税的扣税项目为"扣税基数"(实际工作中要按照政策确定),每个职员需选择"征收个人所得税",扣税起征点:每月 3 500 元。个人所得税的征收会随着国家个人所得税法的改变而改变,具体按照当时的法规确定。个人所得税的计算方法如表 6.7 所示。

表 6.7 薪资、薪金所得适用个人所得税七级超额累进税率表

级数	全月应纳税所得额(含税所得额)/元	税率/%	速算扣除数
1	不超过 1 500	3	0
2	超过 1 500 元至 4 500 元	10	105
3	超过 4 500 元至 9 000 元	20	555
4	超过 9 000 元至 35 000 元	25	1 005
5	超过 35 000 元至 55 000 元	30	2 755
6	超过 55 000 元至 80 000 元	35	5 505
7	超过 80 000 元	45	13 505

【例 6.21】查看 10101 账套正式人员个人所得税的税率定义。

①执行“业务处理”→“扣缴所得税”命令,系统弹出“工资管理”信息提示窗口。

②单击“确定”按钮,打开“个人所得税申报表”窗口,单击工具栏上“税率”按钮,打开“税率表”,设置所得税扣除基数、扣除费用和相应等级税率,单击“确定”按钮。

③在所得税申报表中单击工具栏上的“退出”按钮,如图 6.39 所示。

系统扣缴个人所得税年度申报表

2014年4月—2014年4月

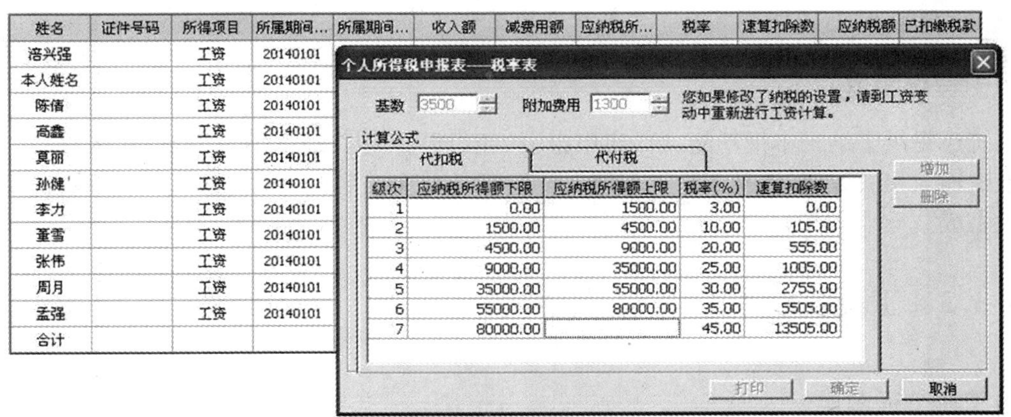

图 6.39 查看个人所得税税率

温馨提示

✧ 系统默认以“实发合计”作为扣税基数。如果想以其他工资项目作为扣税标准,则需要在定义工资项目时单独为应税所得设置一个工资项目。

✧ 在扣缴个人所得税模块只能查看税率不能修改。

2)所得税计算

当税率定义完成后,系统将根据用户的设置自动计算并生成新的个人所得税申报表。用户在退出个人所得税功能后,需要到数据变动功能中执行重新计算功能;否则,系统将保留用户修改个人所得税前的数据状态。

【例 6.22】查看 10101 账套正式人员个人所得税申报表。

①执行“业务处理”→“扣缴所得税”命令，打开“个人所得税申报模板”对话框。

②选择“个人所得税年度申报表”，单击“打开”按钮，进入“所得税申报”窗口，如图6.40 所示。

输出 | 税率 | 栏目 | 内容 | 邮件 | 过滤 | 定位 | 退出

系统扣缴个人所得税年度申报表

2014年4月 -- 2014年4月

姓名	证件号码	所得项目	所属期间...	所属期间...	收入额	减费用额	应纳税所...	税率	速算扣除数	应纳税额	已扣缴税款
涪兴强		工资	20140101	20141231			1150.00	3	0.00	34.50	34.50
本人姓名		工资	20140101	20141231			0.00	0	0.00	0.00	0.00
陈倩		工资	20140101	20141231			0.00	0	0.00	0.00	0.00
高鑫		工资	20140101	20141231			0.00	0	0.00	0.00	0.00
莫丽		工资	20140101	20141231			376.82	3	0.00	11.30	11.30
孙健		工资	20140101	20141231			0.00	0	0.00	0.00	0.00
李力		工资	20140101	20141231			0.00	0	0.00	0.00	0.00
董雪		工资	20140101	20141231			0.00	0	0.00	0.00	0.00
张伟		工资	20140101	20141231			0.00	0	0.00	0.00	0.00
周月		工资	20140101	20141231			695.00	3	0.00	20.85	20.85
孟强		工资	20140101	20141231			0.00	0	0.00	0.00	0.00
合计							2221.82		0.00	66.65	66.65

图 6.40　个人所得税申报表

温馨提示

✧ 在执行完个人所得税计算后，需要到“工资变动”中执行“计算”和“汇总”功能，以保证“代扣税”这个工资项目正确地反映出单位实际代扣个人所得税的金额。

3）所得税申报

系统还提供了纳税申报功能，单击“申报”按钮，即可进入“地区纳税申报”录入，按本单位的报税输入相关数据，选择或输入存储文件的路径及文件名称，单击“确定”后，系统在指定位置生成“.csv”文件。

6.3.3　工资发放

1）工资分钱清单

工资分钱清单是指核算单位在工资发放时的分钱票面额清单，此项功能适用于工资发放采用现金方式的企业，采用银行代发工资的企业一般不需要进行工资分钱清单的操作。

【例 6.23】查看 10101 账套正式人员工资分钱清单。

［操作步骤］

①单击“业务处理”下的“工资分钱清单”选项，进入“分钱清单”界面，如图 6.41 所示。单击选择“部门分钱清单”“人员分钱清单”“工资发放取款单”选项，可进行不同的查询。

②单击工具栏中的“设置”按钮，可进行“票面额设置”。

分钱清单

部门分钱清单 | 人员分钱清单 | 工资发放取款单

请选择部门级别：2级

部门	壹佰元	伍拾元	贰拾元	拾元	伍元	贰元	壹元	伍角	贰角	壹角	伍分	贰分	壹分
总经理办公室	46			1	1			1					
财务部	70		3	1	1								
销售部	67	2	1	2	1			1				1	
采购部	60	2	3	1									
一车间	73	1	2	1	1	2				1	1		
票面合计数	316	5	9	6	4	2	0	2	0	1	1	1	0
金额合计数	31600.00	250.00	180.00	60.00	20.00	4.00	0.00	1.00	0.00	0.10	0.05	0.02	0.00

图 6.41　部门分钱清单

2）银行代发

银行代发业务是指每月末单位应向银行提供银行给定文件格式的数据，然后直接打印或报盘给银行，由指定银行直接将工资发放到人员档案的银行账号中。

【例 6.24】对 10101 账套正式人员工资类别进行银行文件格式设置及银行代发输出格式设置（采用系统默认方式）。

［操作步骤］

①第一次进行银行代发功能时，单击“业务处理”下的“银行代发”选项，进入“银行文件格式设置”对话框。若是以后设置银行代发格式，可在“银行代发”界面下单击“格式”按钮，如图 6.42 所示。在这里可以选择银行模板、设置代发银行所要求的数据内容等。

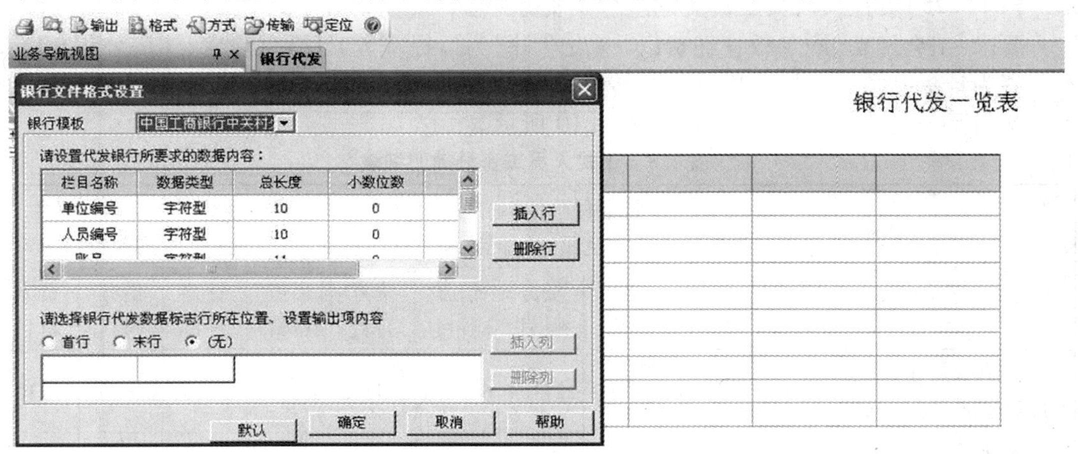

图 6.42　银行文件格式设置窗口

②单击银行代发窗口中的“方式”按钮可以进行银行代发输入格式设置，如图 6.43 所示。系统提供三种文件格式为：txt（定长文件）、dat（不定长文件）、dbf（数据库文件）。另外，还可以在“高级”标签中进行进一步设置。

③用户设置好格式和文件类型后，在银行代发窗口中单击“传输”按钮可以将数据输出到指定的磁盘，输入文件名称、存储路径后单击“保存”按钮即可。

6.3.4　工资分摊

工资分摊是指对当月发生的工资费用进行工资总额的计算、分配及各种经费的计提并生成转账凭证，传递到总账系统。

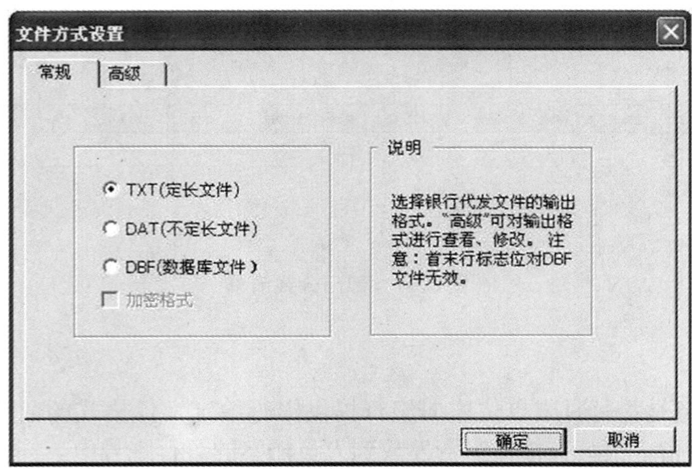

图 6.43 文件方式设置—常规

1)工资分摊设置

首次使用工资分摊功能,应先进行工资分摊设置。所有与工资相关的费用均需建立相应的分摊类型名称及分摊比例。

【例 6.25】对正式人员工资类别进行工资分摊。

要求:工会经费、职工教育经费以"应发合计"为计提基数,社会保险费、住房公积金以基本工资为计提基数。工资费用分配的转账分录如表 6.8 所示;三险一金(职工个人负担)如表 6.9 所示;五险一金(企业负担)如表 6.10 所示。

表 6.8 正式人员工资分摊明细表

工资分摊 / 部门		薪资		社会保险费(企业)		住房公积金(企业)		工会经费(2%)		职工教育附加费(1.5%)	
		借方科目	贷方科目	借方科目	贷方科目	借方科目	贷方科目	借方科目	贷方科目	借方科目	贷方科目
总经理办公室、财务部	企业管理人员	660201	221101	660207	221104	660208	221105	660202	221103	660202	221102
采购部、销售部	经营人员	660101	221101	660107	221104	660108	221105	660101	221103	660101	221102
一车间	车间管理人员	510101	221101	510104	221104	510105	221105	510103	221103	510103	221102
	生产人员	500102	221101	500102	221104	500102	221105	510102	221103	510102	221102
二车间	生产人员	500102	221101	500102	221104	500102	221105	500102	221103	500102	221102

表 6.9 "三险一金"计提比例表

个人负担项目	养老	医疗	失业	住房公积金(个人)	三险合计
比例	8%	2%	1%	8%	11%

表 6.10　“五险一金”计提比例表

企业负担项目	养老	医疗	失业	工伤	生育	住房公积金（企业）	五险合计
比例	20%	8%	2%	0.7%	0.7%	8%	31.4%

[操作步骤]

①打开正式人员工资类别，单击“业务处理”→“工资分摊”选项，打开“工资分摊”对话框，如图 6.44 所示。

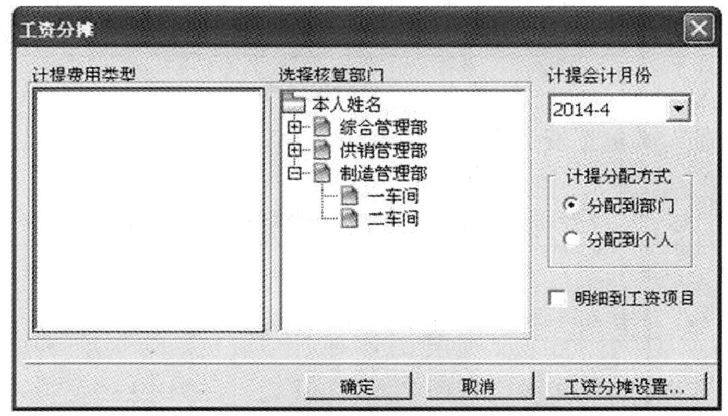

图 6.44　工资分摊设置

②单击“工资分摊设置”按钮，打开“分摊类型设置”对话框。单击“增加”按钮，打开“分摊计提比例设置”的对话框，在“计提类型名称”栏录入“应付工资”分摊计提比例 100%，如图 6.45 所示。

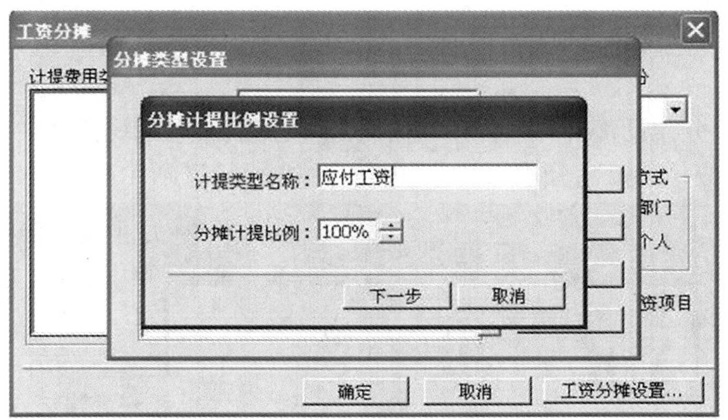

图 6.45　分摊计提比例设置

③单击“下一步”按钮，打开“分摊构成设置”对话框。在“分摊构成设置”对话框中分别选择分摊构成的各个项目内容，如图 6.46 所示。

④单击“完成”按钮，返回到“分摊类型设置”对话框。

⑤按照上述第②至第⑥操作步骤，分别设置应付保险费、住房公积金、工会经费、教育费附加等分摊类型。

分摊构成设置

部门名称	人员类别	工资项目	借方科目	借方项目大类	借方项目	贷方科目	贷方项目大类
总经理办公室,...	综合管理人员	应发合计	660201			221101	
销售部,采购部	经营人员	应发合计	660101			221101	
一车间	车间管理人员	应发合计	510101			221101	
一车间,二车间	生产人员	应发合计	500102			221101	

上一步　完成　取消

图 6.46　分摊构成设置

【例 6.26】对临时人员工资类别进行工资分摊设置。临时人员工资类别分摊处理,如表 6.11 所示。

表 6.11　临时人员分摊明细表

部门 \ 工资分摊		薪资		工会经费(2%)		职工教育附加费(1.5%)	
		借方科目	贷方科目	借方科目	贷方科目	借方科目	贷方科目
一车间 二车间	生产人员	500102	221101	510102	221103	510102	221102

[操作步骤]

①选择"业务工作"→"人力资源"→"薪资管理"→"工资类别"→"打开工资类别",选择"临时人员"类别。

②再选择"业务工作"→"人力资源"→"薪资管理"→"业务处理"→"工资分摊",弹出"工资分摊"窗口。

③单击"工资分摊设置"按钮,打开"分类类型设置"窗口。单击"增加"按钮,在"计提类型名称"栏输入"应付工资",分摊比例为"100%",如图 6.47 所示。

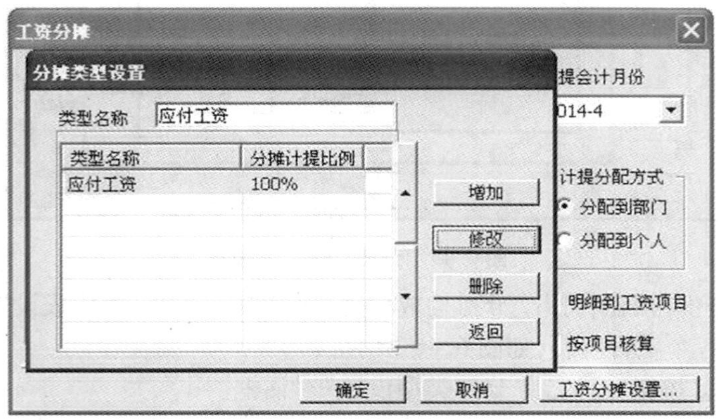

图 6.47　工资分摊设置

④单击“下一步”按钮，进行分摊构成设置，如图6.48所示。

分摊构成设置

部门名称	人员类别	工资项目	借方科目	借方项目大类	借方项目	贷方科目
一车间,二车间	生产人员	应发合计	510101			221101

图6.48 分摊构成设置

⑤单击“完成”按钮，返回“分摊类型设置”窗口，单击“返回”按钮，回到“工资分摊”窗口。

⑥重复上述第③至第⑤操作步骤，设置其他分摊类型。

温馨提示

✧ 所有与工资相关的费用及基金均需建立相应的分摊类型及分类比例。

✧ 不同部门相同人员类别可以设置不同的分摊科目。

✧ 不同部门相同人员类别在设置时，可以一次选择多个部门。

✧ 工资分摊应按分摊类型依次进行。

2)生成转账凭证

上述设置完成后，系统可自动生成工资分配记账凭证。

(1)正式人员分摊生成转账凭证(沿用例6.25)

[操作步骤]

①执行“业务处理”→“工资分摊”命令，打开“工资分摊”对话框。

②选中“应付工资”，计提的月份为4月，选择核算部门，选中“明细到工资项目”复选框，如图6.49所示。

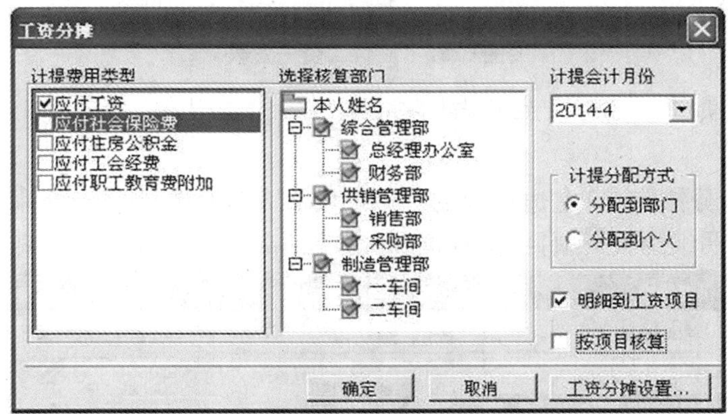

图6.49 工资分摊对话框

③单击“确定”按钮，进入应付工资一览表，如图6.50所示。

④选中“合并科目相同、辅助项相同的分录”复选框，单击“制单”按钮，系统生成记账凭证并传至总账。也可以单击“批制”按钮，即批量制单，可一次将所有本次参与分摊的“分摊类型”所对应的凭证全部生成。填制好的记账凭证可到总账系统中查看，也可在“统计分析”菜单中选择“凭证查询”功能查看。

⑤重复上述第②至第④步骤分别完成应付保险费、住房公积金、工会经费、教育费附加等分摊类型。此外，还可以全部选中应付工资、应付保险费、住房公积金、工会经费、教育费

附加前的复选框，一次性全部计提职工相关工资和经费，如图 6.51 所示。

应付工资一览表

☑ 合并科目相同、辅助项相同的分录

类型 应付工资（应付工资／应付社会保险费／应付住房公积金／应付工会经费／应付职工教育费附加）

部门	人员类别	应发合计		
		分配金额	借方科目	贷方科目
总经理办公室	综合管理人员	5600.00	660201	221101
财务部		8500.00	660201	221101
销售部	经营人员	8750.00	660101	221101
采购部		7650.00	660101	221101
一车间	车间管理人员	5050.00	510101	221101
	生产人员	3900.00	500102	221101

图 6.50　应付工资一览表

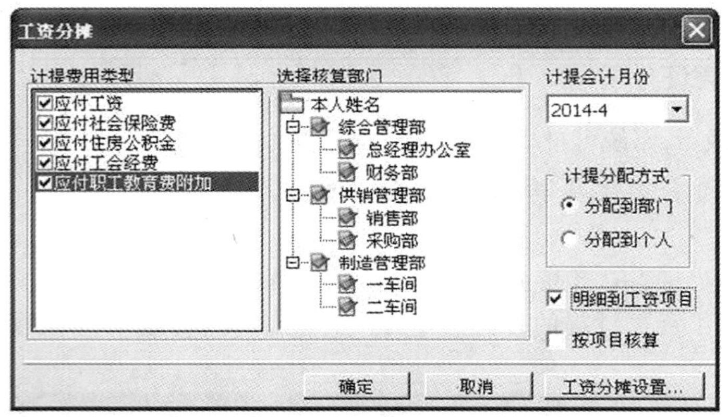

图 6.51　应付工资一览表

(2)临时人员工资分摊，生成转账凭证

[操作步骤]

①选中“工资分摊”窗口左边栏中的“应付工资”，然后选择参与分摊的部门“一车间”“二车间”，选中“明细到工资项目”复选框和“分配到部门”单选按钮，如图 6.52 所示。

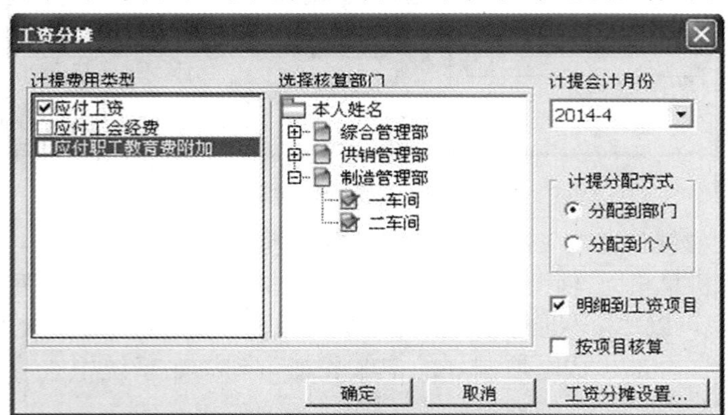

图 6.52　工资分摊设置

②单击“确定”按钮，进入应付工资一览表，选中“合并科目相同、辅助项相同的分录”复

选框,如图6.53所示;然后单击“制单”按钮,生成凭证。凭证类型设为“转账凭证”,单击“保存”按钮,将凭证传递到总账系统,如图6.54所示。

③重复上述步骤,完成其他两项分摊类型。

应付工资一览表

☑ 合并科目相同、辅助项相同的分录

类型 应付工资

部门名称	人员类别	应发合计		
		分配金额	借方科目	贷方科目
一车间	生产人员	3960.00	500102	221101
二车间		3600.00	500102	221101

图6.53　计件工资分摊一览表

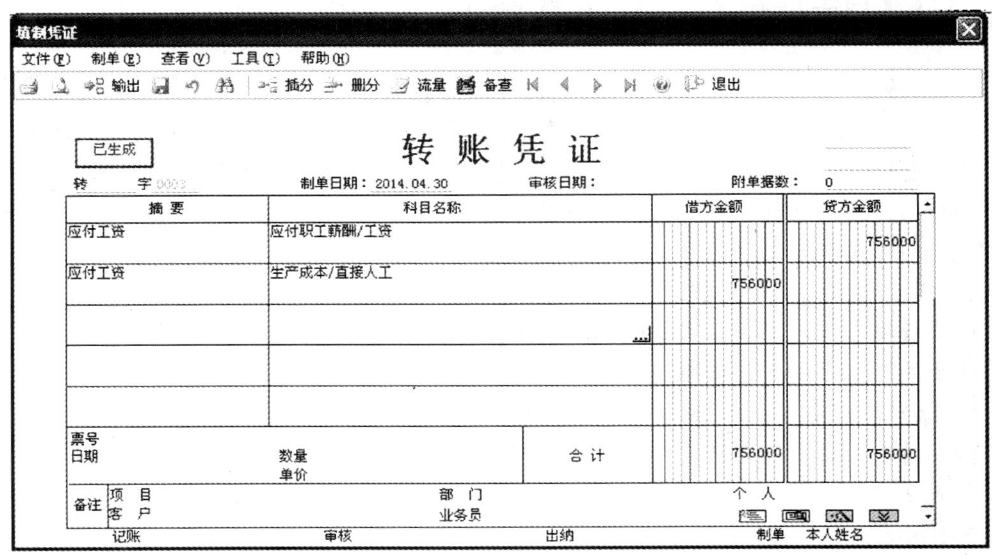

图6.54　生成转账凭证窗口

温馨提示

✧ 在进行工资分摊时,如果不选择“合并科目相同、辅助项相同的分录”,则在生成凭证时将每一条分录都对应一个贷方科目;如果单击“批制”按钮,可以一次将所有本次参与分摊的“分摊类型”所对应的凭证全部生成。

✧ 薪资管理系统中的凭证查询功能可以对薪资管理系统生成的转账凭证进行查询、删除或冲销。而在总账系统中,对薪资管理系统中传递过来的转账凭证只能进行查询、审核或记账等操作,不能进行修改和删除。

✧ 在凭证查询功能中单击“单据”按钮,可以查看该凭证所对应的单据。

6.3.5　统计分析

在薪资管理系统中,可对各种工资表进行查询。工资表主要包括工资发放签名表、工资发放条、工资卡、部门工资汇总表、人员类别汇总表、部门条件汇总表、条件统计表、条件明细表、工资变动明细表、工资变动汇总表等。

温馨提示

✧ 如果要进行工资数据的上报或采集,或者进行不同工资类别之间的人员变动,应在“工资数据维护”功能中完成。

✧ 在“工资数据维护”功能中还可以进行“人员信息复制”及“工资类别”的操作。

6.4 期末业务处理

6.4.1 月末结转

月末结转是将当月数据经过处理后结转至下月。每月工资数据处理完毕后均可进行月末结转。在工资项目中,有的项目每月的数据均不相同,在每月工资处理时,均先需将这些数据清零,而后输入当月的数据,此类项目即为清零项目,例如奖金、缺勤天数等项目。月末处理功能只有账套主管才能执行,所以应以账套主管的身份登录系统,在系统“业务处理”菜单中单击“月末处理”,进入“月末处理”窗口。

如果要处理多个工资类别,则应打开工资类别,分别进行月末结算。如果本月工资数据未汇总,系统将不允许进行月末结转;进行期末处理后,当月数据将不再允许变动。月末结账后,选择的需清零的工资项系统将予以保存,不用每月再重新选择。

月末结转只有在会计年度的 1 月至 11 月进行。新年度到来时,可以由账套主管先建立新年度账,再在系统管理中选择“结转上年数据”后,进行上年工资数据结转。

【例 6.27】分别对正式人员临时人员两工资类别进行月末处理。

[操作步骤]

①选择“业务处理”→“人力资源”→“薪资管理”→“工资类别”→“打开工资类别”→“正式人员”,单击“确定”按钮。

②选择“业务工作”→“人力资源”→“薪资管理”→“业务处理”→“月末处理”,打开“月末处理”窗口,如图 6.55 所示。

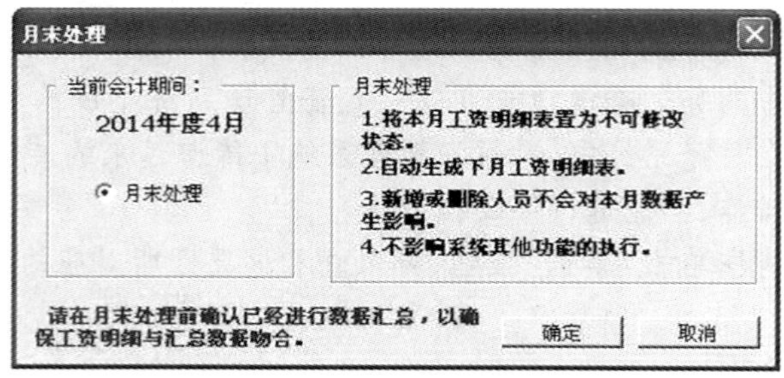

图 6.55 “月末处理”对话框

③单击“确定”按钮,系统提示“月末处理之后,本月薪资将不许变动! 继续月末处理吗?”,单击“是”按钮。系统弹出“是否选择清零项?”提示框,如果单击“是”按钮,系统将打

开“选择清零项目”窗口。可以选择清零项目,系统将对这些项目数据进行清零处理;如果不选择清零项目,系统直接进行月末处理。如图 6.56、图 6.57 所示。

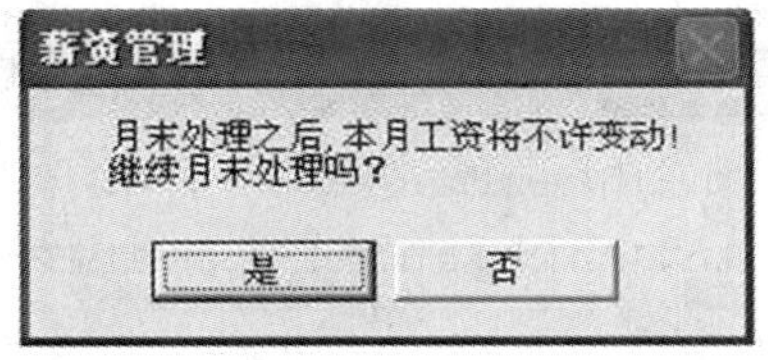

图 6.56 月末处理系统提示

图 6.57 月末处理系统提示

④重复上述操作步骤,对临时人员类别进行月末处理。

温馨提示

✧ 月末处理只有在会计年度的 1 月至 11 月进行。

✧ 如果处理多个工资类别,则应分别打开工资类别,分别进行月末处理。

✧ 如果本月工资数据未汇总,系统将不允许进行月末处理。

✧ 进行月末处理后,当月数据不允许再变动。

✧ 月末处理功能只有账套主管才能执行。

✧ 在进行月末处理后,如果发现还有一些业务或其他事项要在已进行月末处理的月份进行账务处理,可以由账套主管以下月日期登录,使用反结账功能,取消已结账标记。

6.4.2 年末结转

年末结转是将工资数据经过处理后结转至下年。进行年末结转后,新年度账将自动建立。年末处理功能只有账套主管人员才能执行,所以应以账套主管的身份登录系统,处理完所有工资类别的工资数据,对多工资类别应关闭所有工资类别,然后在系统管理中选择“年度账”菜单,进行上年数据结转。其他操作与月末处理类似。

年末结转只有在当月工资数据处理完毕后才能进行。若当月工资数据未汇总,系统将不允许进行年末结转。进行年末结转后,本年各月数据将不允许变动。若用户跨月进行年末结转,系统将予以提示。

6.4.3 反结账

在薪资管理系统结账后,发现还有一些业务或其他事项需要在已结账月进行账务处理,此时需要使用反结账功能,取消已结账标记。反结账只能由账套主管才能执行。

【例 6.28】将 10101 账套已结账的正式人员工资类别进行反结账处理。

[操作步骤]

①选择“业务处理”菜单中“反结账”菜单项,屏幕显示反结账界面,如图 6.58 所示。

②选择要反结账的工资类别,单击“确定”按钮,出现如图 6.59 所示的对话框,单击“确定”按钮。

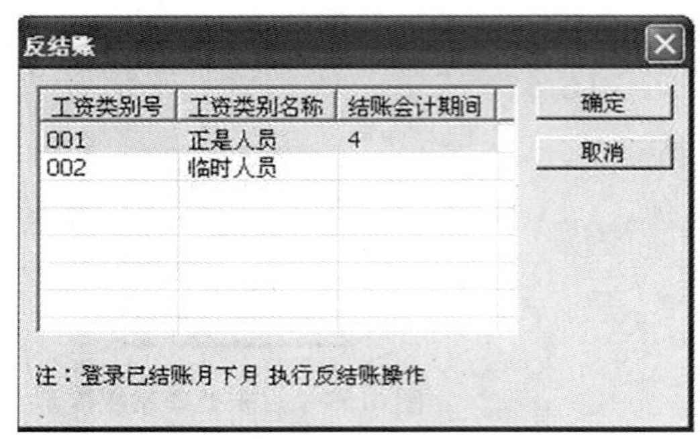

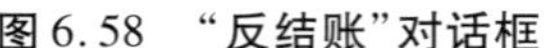

图 6.58 “反结账”对话框

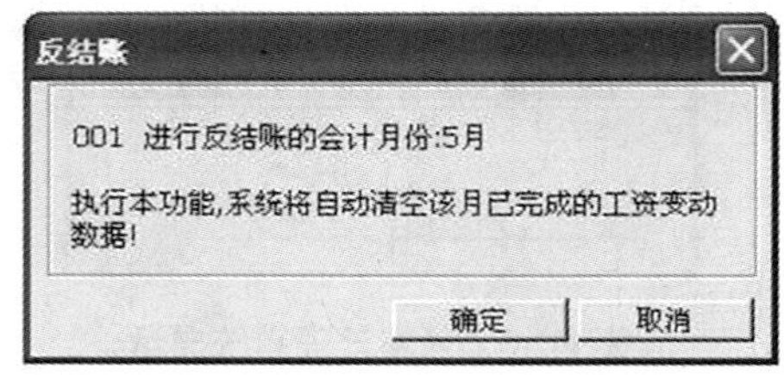

图 6.59 执行“反结账”

温馨提示

✧ 有下列情况之一不允许反结账:总账系统已结账;汇总工资类别的会计月份与反结账的会计月相同,并且包括反结账的工资类别。

✧ 本月工资分摊、计提凭证传输到总账系统,如果总账系统已审核并记账,需做红字冲销后,才能反结账;如果总账系统未做任何操作只需要删除此凭证即可。如果凭证已由出纳或主管签字,应在取消出纳签字或主管签字并删除该张凭证后才能反结账。

本章小结

工资核算是财务核算的一部分。薪资管理系统和总账间主要是凭证传递的关系。财务软件的薪资管理系统通过初始设置、日常处理、期末处理,将企业工资的原始数据录入,由系统自动处理后生成转账凭证传递给总账系统。另外,薪资管理系统不仅具有工资核算和发放功能,还具有强大的工资分析和管理功能。用户可自行设置工资项目和计算公式,提供各种方式方便工资数据的录入、计算汇总,其主要功能包括工资计算、工资发放、工资费用分摊、工资统计、分析和个人所得税核算等。

第 7 章

固定资产管理系统

学习目标

- ➢ 了解固定资产管理系统的主要功能
- ➢ 掌握固定资产管理系统初始化设置
- ➢ 掌握固定资产管理卡片管理
- ➢ 掌握固定资产折旧等业务处理
- ➢ 掌握固定资产管理系统相关月末业务处理

7.1　固定资产管理系统概述

7.1.1　系统概述

固定资产管理系统是用友 ERP 的财务会计中比较重要的一部分内容。它是一套用于企事业单位的与固定资产相关的各种核算和管理的软件,可帮助企业进行固定资产总值、累计折旧数据的动态管理,为总账系统提供相关凭证,协助企业进行部分成本核算,同时为单位设备管理部门提供固定资产的各项管理指标。

固定资产管理系统和总账系统在数据上建立有共享关系。在固定资产管理系统中,进行的固定资产增减变化核算和折旧计提等数据会通过记账凭证的形式传输给总账系统,固定资产系统还可以通过系统对账来检查与总账系统的平衡关系。

7.1.2　系统功能

固定资产系统的功能主要包括初始化设置、日常业务处理、凭证处理、信息查询和期末处理几个部分。这也是固定资产管理系统的主要流程,如图 7.1 所示。

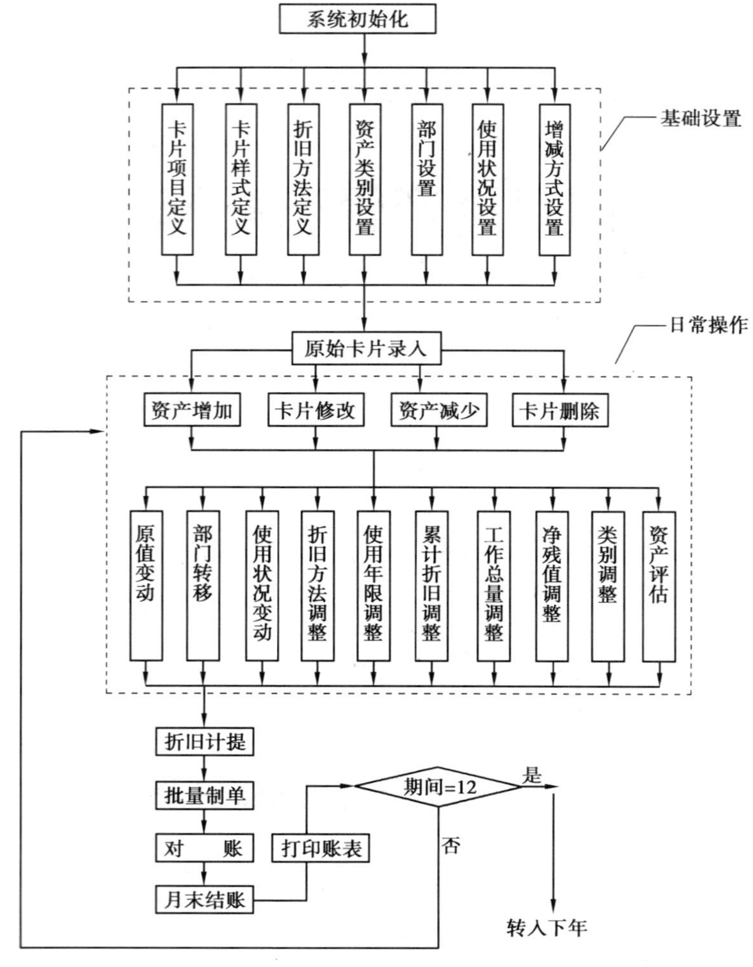

图 7.1 固定资产管理系统流程图

1)初始化设置

固定资产管理子系统的初始化过程实质上是对固定资产日常核算和管理所需要的各种系统参数和基本信息进行设置,并输入固定资产系统的原始业务数据。主要包括固定资产核算账套的建立,固定资产卡片项目、卡片样式、折旧方法、使用部门、部门对应折旧科目、使用状况、增减方式、资产类别等信息的设置,以及固定资产原始数据的录入。

2)日常业务处理

固定资产管理子系统的日常业务处理主要是固定资产发生资产增减、资产变动、资产评估等业务时更新固定资产卡片,并可生成相应的凭证,经确认后传递到总账系统等待进一步处理。

3)凭证处理

固定资产管理子系统根据资产使用状况及部门对应科目的设置进行转账凭证的定义。

当发生相关的业务时，系统可自动生成相应的转账凭证，经确认后传递到总账系统或成本系统，进行进一步的处理。

4）信息查询

固定资产管理子系统输出的报表主要有固定资产的分析表、固定资产的分类统计表、固定资产的折旧计算表、固定资产的账簿等有关账表。

5）期末处理

固定资产管理子系统的期末处理，主要包括折旧的计提与分配、凭证的处理、月末对账及结账等工作。

7.1.3　固定资产管理子系统与其他系统的关系

固定资产管理子系统与总账系统、成本系统和报表系统存在数据传递关系。

1）与总账系统的关系

固定资产的日常变动数据和计提折旧数据通过生成的转账凭证传递到总账管理系统。同时，固定资产管理子系统与总账管理系统之间可以进行对账，保证固定资产明细账与总账的一致性。

2）与成本系统的关系

固定资产管理子系统为成本管理子系统提供其核算所需要的折旧费用数据，为成本核算提供基础数据。

3）与报表系统的关系

UFO 报表系统可以通过相关的函数直接调用固定资产管理子系统中数据来编制相关报表。

固定资产管理子系统与其他系统的关系如图 7.2 所示。

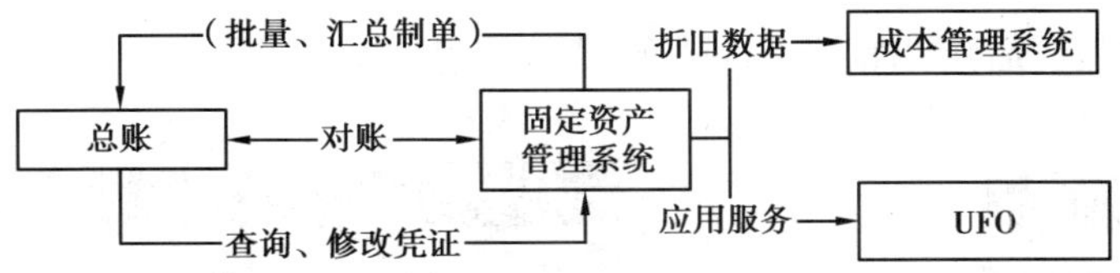

图 7.2　固定资产管理子系统与其他系统关系图

7.2 初始化设置

7.2.1 固定资产账套建立

第一次使用固定资产系统前要先建立固定资产账套,与固定资产业务相关的控制参数(如启用月份、折旧信息、编码方式、账务接口等方面的内容)都是通过固定资产系统初始化、建立账套完成的。其他一些日常业务还需系统启用后在其他模块进行相应的处理。

【例7.1】启用并注册固定资产管理系统,启用月份为:2014-04-01。

[操作步骤]

①执行"基础设置"→"基本信息"→"系统启用"命令,打开"系统启用"对话框。

②选中"固定资产"选项,选择启用日期2014-04-01,单击"确定"按钮,如图7.3所示。

图7.3 系统启用

③出现"确实是要启用当前系统吗"的提示信息,单击"是"按钮,如图7.4所示,完成启用。

图7.4 提示信息

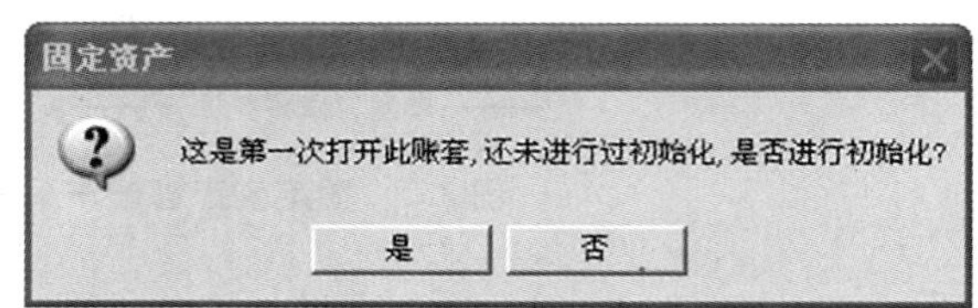

图7.5 提示框

④执行"企业应用平台"→"财务会计"→"固定资产"命令,启动固定资产管理系统。如果是第一次使用,系统自动弹出"这是第一次打开此账套,还未进行初始化,是否进行初始化?"的提示信息对话框。单击"是"按钮则打开"固定资产初始化"向导窗口,如图7.5所示。

1）约定及说明

固定资产初始化窗口打开后，会有约定及说明项目，其内容是固定资产账套的基本信息和资产管理的基本原则，需要使用者认真检查、确认。阅读完后，如果同意，单击“下一步”按钮，系统选中“1.约定及说明”项，说明其已通过设置，进入建账向导二——启用月份。

2）启用期间设置

设置本套固定资产账开始使用的年份和期间，准备录入系统的期初资料。如在此选择固定资产启用月份，系统就以此月份开始计提折旧，此月份前期的固定资产作为期初数据进行处理。设置完启用期间，单击“下一步”按钮进入“折旧信息”向导。

3）折旧设置

折旧信息设置的目的是根据使用单位性质确定账套计提折旧方案。首先需设置本账套是否计提折旧，如果选用的是行政事业单位应用方案，则按照制度规定，单位的所有资产不提折旧。即在选定框内不打钩，表示本账套不计提折旧，一旦确定账套不计提折旧，则账套内与折旧有关的功能不能操作，该判断在初始化设置后不能修改。如果选用企业单位应用方案，则根据制度规定，资产需要计提折旧，折旧方法的设置主要用来选择系统常用的折旧方法，以便在资产类别设置时作为默认值。系统提供了平均年限法、工作量法、年数总和法、双倍余额递减法等折旧方法，单位根据自身需要确定。

折旧汇总分配周期是指企业在实际计提折旧时的时间间隔。企业在实际计提折旧时，不一定每月计提一次，可根据所处行业和自身情况的不同确定计提折旧的周期，比如每季度计提一次。或每半年、一年计提一次。这里提供了1、2、3、4、6、12六种不同月份的选择，一旦选定折旧汇总分配周期，系统自动提示了第一次分配折旧，也是自动生成折旧分配表编制记账凭证的期间。

【例7.2】本企业的固定资产系统初始化设置要求：同意约定与说明；启用月份为2014.04。

折旧信息：本账套计提折旧；折旧方法：平均年限法（二）；折旧汇总分配周期：1个月，当（月初已计提月份=可使用月份-1）时，将剩余折旧全部提足。

［操作步骤］

①进入初始化窗口后，阅读约定及说明，单击“我同意”按钮，单击“下一步”按钮，系统选中“1.约定及说明”项，说明其已通过设置，如图7.6所示。

②进入建账向导，启用月份为2014.04。

温馨提示

✧ 如果需要向账务处理系统传递凭证，固定资产的启用期间不得在账务处理系统的启用期间之前。

③单击“下一步”按钮进入初始化向导三：折旧信息选择“本账套计提折旧”，主要折旧方法选择“平均年限法（二）”，折旧汇总分配周期选择“1个月”，选择“当时（月初已计提折旧月数=可使用月份-1）将剩余折旧全部提足”，如图7.7所示。

④设置完折旧信息，单击“下一步”按钮，进入建账向导四：编码方式。

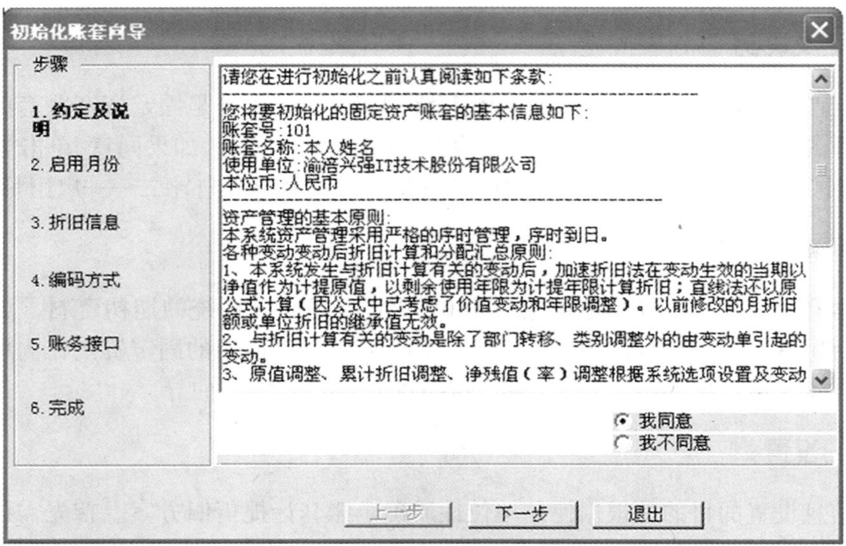

图 7.6　初始化账套向导

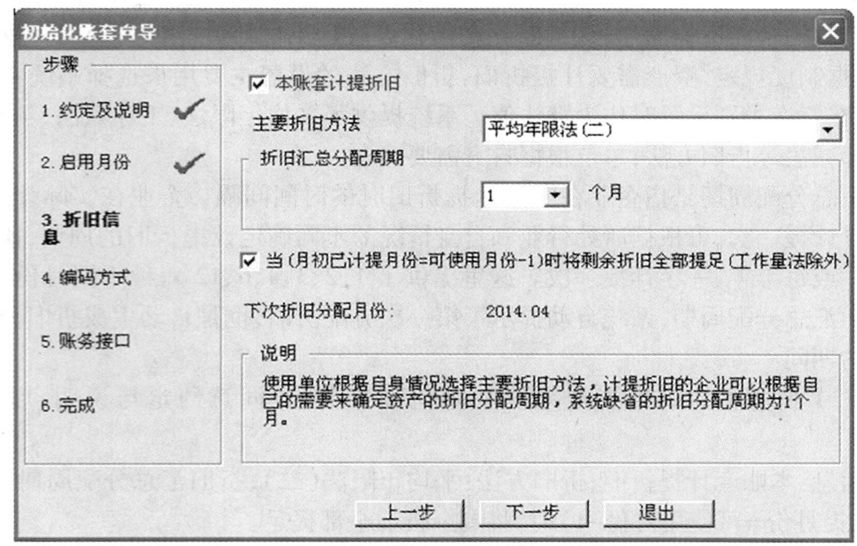

图 7.7　折旧信息设置

4）编码方式设置

编码是管理者为固定资产系统各项目所编的号码，在此主要设置资产类别编码方式和固定资产编码方式。资产类别是根据单位管理和核算的需要给资产所作的分类，可参照国家标准分类，也可根据需要自己分类。类别编码最多可设置 4 级 10 位，可以设定级数和每一级的编码长度。系统推荐采用国家规定的 4 级 6 位（2112）方式；固定资产编码是为固定资产所编的编号，可以在输入卡片时手工输入，也可以选用自动编码的形式自动生成。

“手工输入”是指卡片输入时通过手工输入的方式录入资产编号。“自动编号”是指由计算机自动生成。如果选择了“手工输入”，则卡片输入时通过手工输入的方式录入资产编号。如果选择了“自动编号”,可单击下拉列表框,从系统提供的四种编码方案“类别编号+序号”“部门编号+序号”“类别编号+部门编号+序号”“部门编号+类别编号+序号”中进行选择。自动编码中序号的长度可自由设定为1～5位,自动编码的优点不仅在于输入卡片时渐变,更重要的是便于资产管理,根据资产的编号很容易了解资产的基本情况。资产类别编码方式设定之后,一旦某一级设置了类别,则该级的长度不能修改,没有使用过的各级长度可修改。

温馨提示

✧ 每一个账套资产的自动编码方式只能是一种,一经设定,该自动编码方式不得修改。

【例7.3】系统编码方式设置:资产类别编码方式为2112;固定资产编码方式是按“类别编码+部门编码+序号”自动编码,卡片序号长度为3。

［操作步骤］

进入编码方式向导窗口,完成以上设置,单击“下一步”按钮,进入建账向导五—账务接口,如图7.8所示。

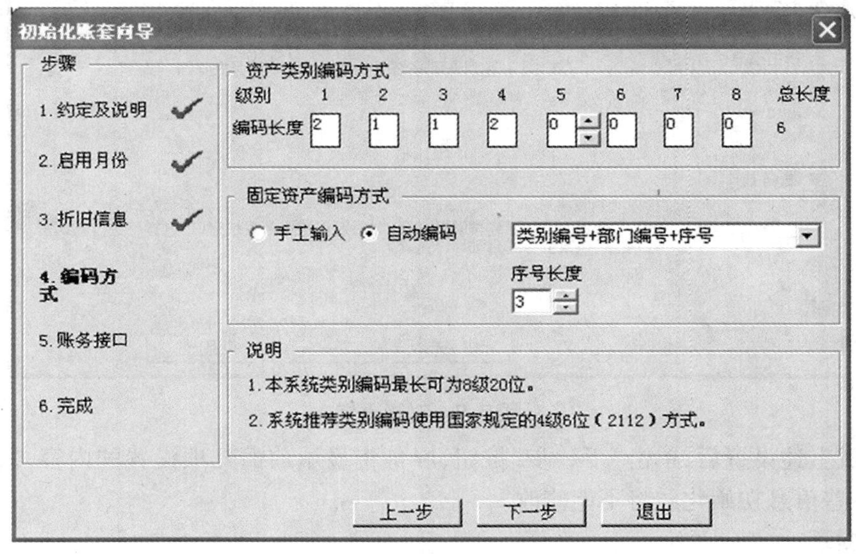

图7.8　编码方式设置

5)对账设置

对账的含义是将固定资产的原值总额和累计折旧总额与账务系统的固定资产一级科目余额和累计折旧一级科目余额进行核对,看看数值是否相等。在此设置与总账系统进行对账的对账科目,选择与总账系统进行对账,可以在系统运行中的任何时候执行对账功能,及时发现两个系统的偏差并予以调整。如果不想与账务系统对账,可以不进行选择,表示不对账。

如果选择“与账务系统进行对账”,需要确定固定资产系统和账务系统中哪一会计科目对账。可以单击“参照”按钮参照科目选择。一般情况下,固定资产系统提供要对账的数据是系统内全部资产的原值,故选择的对账科目应是系统内的一级科目,即固定资产对账科目应选择账务系统中“1501,固定资产”一级科目;累计折旧对账科目应选择账务系统中“1502,累计折旧”一级科目。

如果对账存在差异,但差异不一定就是由于错误引起的,有可能是操作的时间差异造成的,因此给出判断是否"在对账不平情况下允许固定资产月末结账"。如果希望严格控制系统间的平衡,并且能做到系统录入时间无差,则可在该框内打钩,否则不要打钩。

【例7.4】固定资产账务接口设置为与账务系统对账,固定资产对账科目:固定资产(1601);累计折旧对账科目:累计折旧(1602);在对账不平的情况下不允许月末结账。

[操作步骤]

①选择"固定资产初始化向导"→"账务接口"→"与账务系统进行对账"选项。对账科目设置为"固定资产对账科目:1601 固定资产","累计折旧对账科目:1602 累计折旧",且不勾选"对账不平的情况下允许月末结账"选项,如图7.9所示。

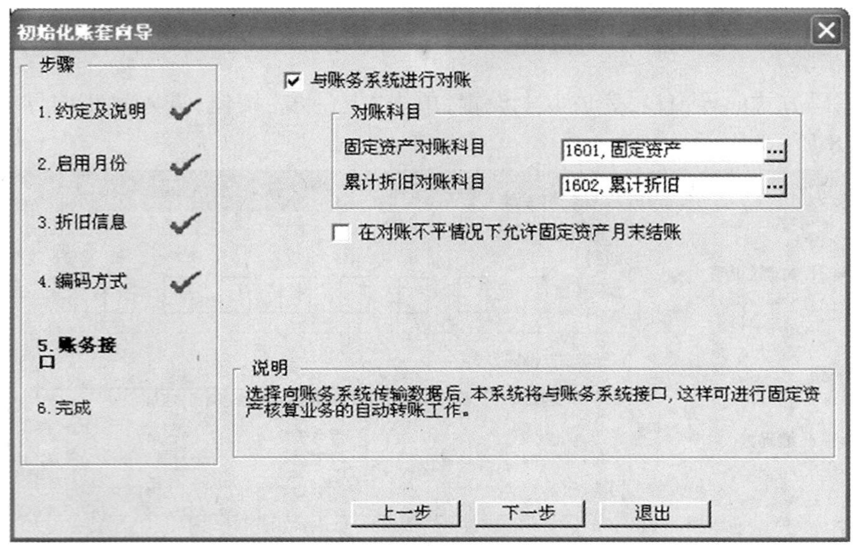

图7.9 对账设置

②完成上述设置后,单击"下一步"按钮,屏幕将显示前面几项设置的内容,需要认真检查,因为有些信息初始化后将不能修改。

温馨提示

✧ 若设置有误,在退出初始化向导窗口的情况下,某些选项可在"固定资产"→"选项"下修改。

③在"固定资产初始化向导—完成"中列示出了本次初始设置的全部内容,单击"退出"按钮,则退出本次设置;单击"上一步"可重新进行设置;单击"完成"按钮,完成本账套的初始化。如图7.10所示。

④系统弹出"已经完成了新账套的所有设置工作,是否确定所设置的信息完全正确并保存对新账套的所有设置?"的提示信息对话框,单击"是"按钮,如图7.11所示。

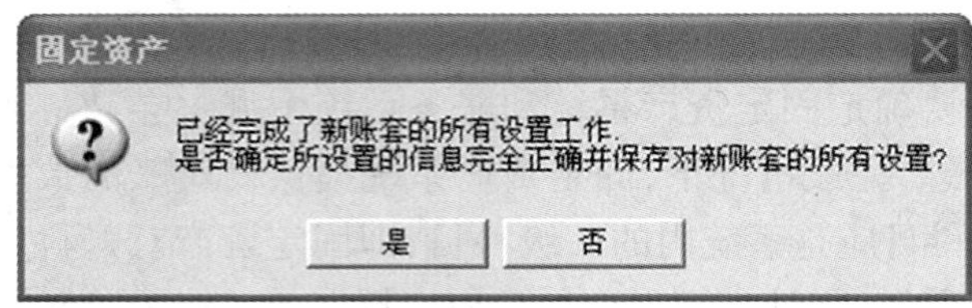

图7.10 信息提示

图7.11 信息提示

7.2.2 选项设置

选项设置中包括了账套初始化中设置的参数和其他账套在运行中用到的一些参数或判断,选项内容分为可修改部分和不可修改部分。其中,“基本信息”在选项卡中的内容在初始化时设置,在此不可修改;与账务系统接口、折旧信息、其他三个选项卡的内容可以修改。

1)不可修改选项

本账套是否计提折旧,是在初始化时设置,使用期间不能修改。如果资产编号是手工输入,则可通过“选项”修改一次,修改后一旦“确定”,则不能再修改。如果初始化时选择的是自动编码,则该编码不能修改。

温馨提示

✧ 如果发现系统不允许修改的地方错了,必须修改时,只能通过“重新初始化”功能实现,但应注意重新初始化清空对该子账套所做的一切工作。

2)可修改选项

“与账务系统进行对账”选项卡内容可修改,“对账科目”中的固定资产对账科目和累计折旧科目均可修改,但应是一级科目。

“本账套主要折旧方法”这个选项的功能是增加系统其他操作的简便性,是一个默认的内容,可随时修改,修改后默认的内容随之变化。如果该账套还没有进行一次月末结账,该分配周期可从1、2、3、4、5、6、12中选择。如果该账套已作过月末结账,则改变后的周期必须满足是12的除数,又是该会计年度还没有结账的期间的除数,不能小于还没有分配已计提折旧的期间数。

已使用的资产类别编码方式的长度不能修改,没有使用过的级次的长度可以修改。资产编号的编码方式是“手工输入”还是“自动编码”可随意变更,但选用哪种自动编码方式一旦确定,不能更改。

【例7.5】设置补充参数,即业务发生后立即制单;月末结账前一定要完成制单登账业务;固定资产缺省入账科目:1601;累计折旧缺省入账科目:1602;减值准备缺省入账科目:1603;增值税进项税缺省入账科目:22210101。

[操作步骤]

①进入固定资产系统,选择“设置”菜单中“选项”子菜单,弹出“选项”对话框。

②选择“业务发生后立即制单”“月末结账前一定要完成制单登账业务”,固定资产缺省入账科目“1601”,累计折旧缺省入账科目“1602”。减值准备缺省入账科目“1603”,增值税进项税额缺省入账科目“22210101”,如图7.12所示。

系统选项设置后,即完成了固定资产系统的初始化,下一步进入固定资产系统的基础设置。

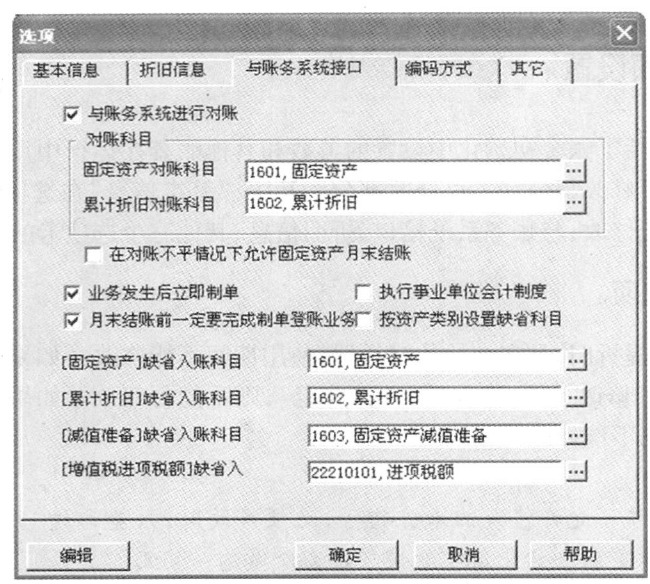

图 7.12 选项设置

7.2.3 固定资产系统基础设置

固定资产系统的基础设置是使用固定资产管理系统进行资产管理和核算的基础,主要包括:部门对应折旧科目设置、资产类别设置、增减方式设置、使用状况设置、折旧方法设置等。

1)部门对应折旧科目设置

部门对应折旧科目设置是指对折旧费用入账科目的设置,给部门设置折旧科目,便于对固定资产计提的折旧按一定的标准进行归集。在录入卡片时对应折旧科目设置缺省内容,然后在生成部门折旧分配表时每一部门内进行按折旧科目汇总,从而制作记账凭证。

【例 7.6】部门及对应折旧科目部门设置:管理中心、采购部—管理费用/折旧费;销售部—销售费用;制造中心—制造费用/折旧费。

[操作步骤]

①执行“设置”→“ 部门对应折旧科目”命令,进入“固定资产部门编码目录”窗口,如图 7.13 所示。

在部门列表中或部门目录中选择要设置科目或要修改科目的部门,单击 “修改”按钮进行修改,参照选择或输入科目编码自动显示科目名称。

②设置完毕,单击“保存”按钮即可。

2)资产类别设置

固定资产类别设置是指在系统中定义固定资产的分类编码和相应的分类名称。科学地做好固定资产的分类工作,以便为固定资产核算和管理提供依据。设置内容主要包括:固定资产的类别编码、类别名称、使用年限、净残值率、计提属性、折旧方法、卡片样式等。定义了这些共性之后,在输入某项固定资产卡片时,系统自动将这些公共的项目复制到该固定资产

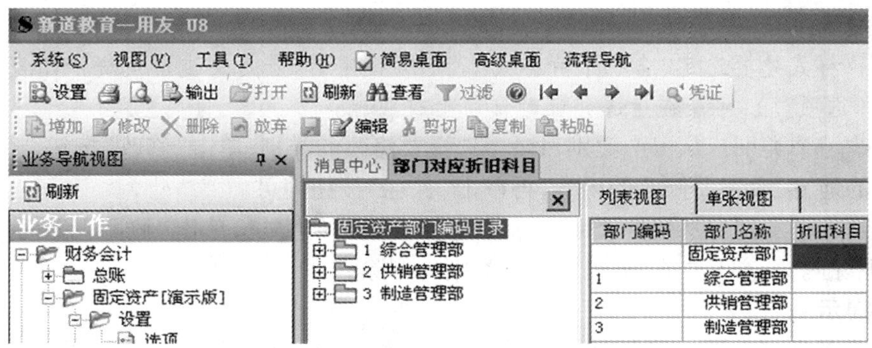

图 7.13　固定资产部门编码目录

卡片中。当然,也可以对除类别编号、类别名称之外的其他项目进行修改,以满足某项固定资产的实际需要。企业可根据自身的特点和管理要求,确定一个较为合理的资产分类方式。

【例 7.7】请完成本企业如表 7.1 所示资产类别的设置。

表 7.1　资产类别

编码	类别名称	净残值率	计量单位	计提属性
01	交通运输设备	4%		正常计提
011	经营用设备	4%		正常计提
012	非经营用设备	4%		正常计提
02	电子设备及其他通信设备	4%		正常计提
021	经营用设备	4%	台	正常计提
022	非经营用设备	4%	台	正常计提

[操作步骤]

①执行"设置"→"资产类别"命令,进入"固定资产分类别编码表"窗口。

②增加一个类别。如果要给某一类别增加下级别类别,用鼠标选中后单击"增加"按钮,再按要求输入或选择编码、名称、使用年限、净残值率、计量单位、计提属性、折旧方法、卡片样式。输入完成后,单击"保存"按钮即可,如图 7.14 所示。

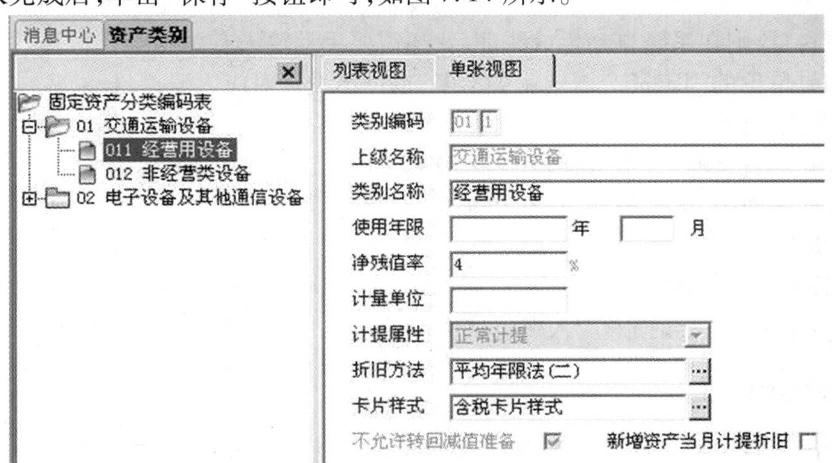

图 7.14　资产类别增加

温馨提示

✧ 卡片样式处要选定“含税卡片样式”。这样设定后,若是购进固定资产所发生的增值税(进项税),才能在生成凭证时自动生成。

③修改一个类别。从资产类别目录中选择要修改的类别,单击“修改”按钮,将光标定位在要修改的地方,改正要修改的内容,再单击“保存”按钮即可。

④删除一个类别。从资产类别目录中选择要删除的类别,单击“删除”按钮,系统提示“确定要删除吗?”,单击“是”按钮即完成类别的删除。

温馨提示

✧ 资产类别编码不能重复,同一级的类别名称不能相同;类别编码、类别名称、计提属性、卡片样式不能为空;已使用的类别不能设置新的下级;非明细类别编码不能修改和删除;使用过的类别计提属性不能修改,使用过的类别的卡片的样式修改后会影响已录入系统该类别的卡片的样式,因此,在没有特殊情况下不要修改,系统已使用的类别不允许删除。

3)增减方式设置

增减方式设置是指对固定资产的增加或减少方式进行管理设置。资产增加或减少方式用以确定资产计价和处理原则,同时明确资产是增加或减少,能做到对固定资产的增减心中有数。增加的方式主要有:直接购入、投资者投入、捐赠、盘盈、在建工程转入、融资租入。减少的方式主要有:出售、盘亏、投资转出、捐赠转出、报废、毁损、融资租出等。用友固定资产的增减方式可以直接设置两级,可以在系统缺省的基础上定义。

增减方式对应入账科目是指在发生固定资产增减变化时,在会计分录中与固定资产科目相对应的入账科目。

固定资产增减方式很多。固定资产增加时,由于资金来源性质不同,决定了各种固定资产增加方式对应的入账科目也不同,而且即使是相同的增加方式,相对应的科目也不一定是唯一的。例如,在直接购入固定资产的方式下,可能会涉及银行存款和现金两个会计科目。由于每种增加方式只能输入一个对应折旧科目,所以通常情况下只选择输入该增加方式下必然有发生额的会计科目。如果一笔固定资产增加业务只涉及该对应科目,则系统会根据增加的固定资产净额自动生成该对应科目的发生额。如果一笔固定资产增加业务涉及两个以上的对应科目,则在系统自动生成凭证后,还需要手动输入有关的会计科目并调整科目的发生额。如果单位的固定资产增减业务不多,也可不设置对应入账科目。

【例 7.8】增减方式的对应入账科目。

增加方式—直接购入:工行存款(100201)。

减少方式—毁损:固定资产清理(1606)。

[操作步骤]

执行“设置”→“增减方式”命令,双击“101 直接购入”方式,设置直接购入对应入账科目“100201 工行存款”;毁损对应入账科目类似处理,如图 7.15、图 7.16 所示。

4)使用状况设置

使用状况设置主要是指对固定资产当前状况下使用情况进行的管理设置,包括“使用中”“未使用”“不需用”三种状态。从固定资产核算单和管理的角度,需要明确固定资产的

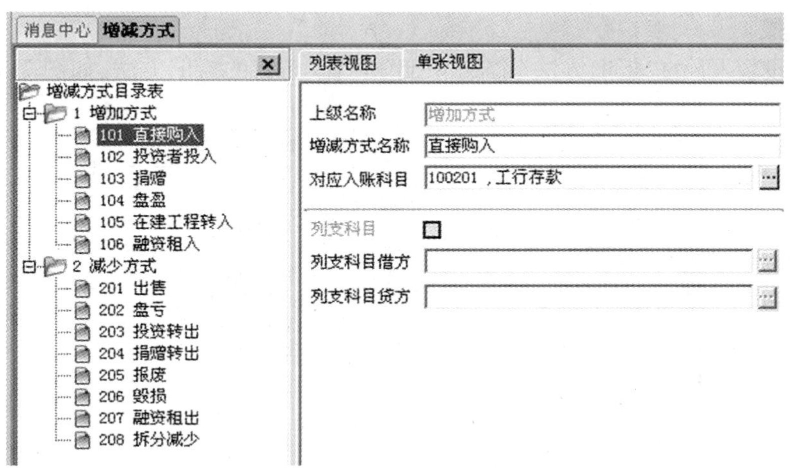

图 7.15　增加方式科目设置

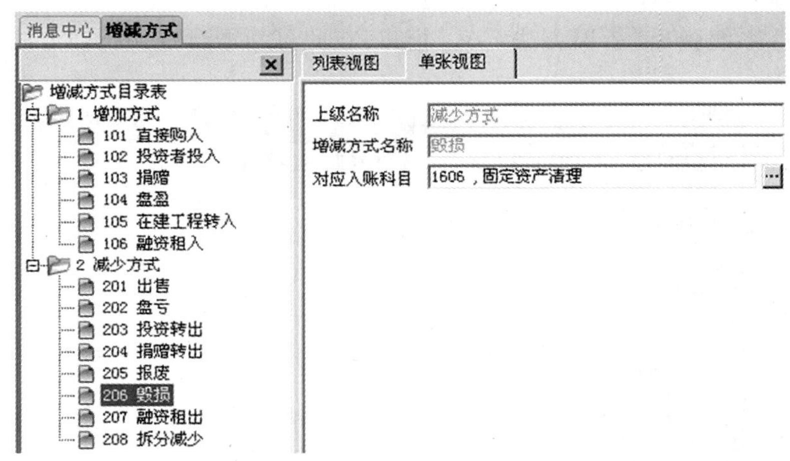

图 7.16　减少方式科目设置

使用状况，一方面可以正确地计算和计提折旧，另一方面便于统计固定资产的使用情况，提高资产的利用效率。其中，使用中固定资产又分为在用、季节性停用、经营性出租、大修理停用等。在设置时，根据不同类别的固定资产的不同使用状况决定是否要计提折旧。资产在使用过程中，使用状况发生的变化通过使用状况变动功能实现。

固定资产管理系统提供了基本的使用状况，用户可以根据需要进行修改或定义新的使用状况。

5）折旧方法设置

固定资产折旧方法是指在固定资产使用寿命内，按照确定的方法对应计折旧额进行系统分摊。企业计提固定资产折旧的方法有多种，系统给出了常用的四种方法：平均年限法、工作量法、年数总和法和双倍余额递减法，并列出了它们的折旧计算公式。这几种方法是缺省设置，只能选用，不能删除和修改。另外可能由于各种原因，这几种方法不能满足企业需要，系统提供了折旧方法的自定义功能，可以定义适合的折旧方法名称和计算公式。

[操作步骤]

①执行“设置”下的“折旧方法”命令，在此列出了已有的折旧方法，如图 7.17 所示。

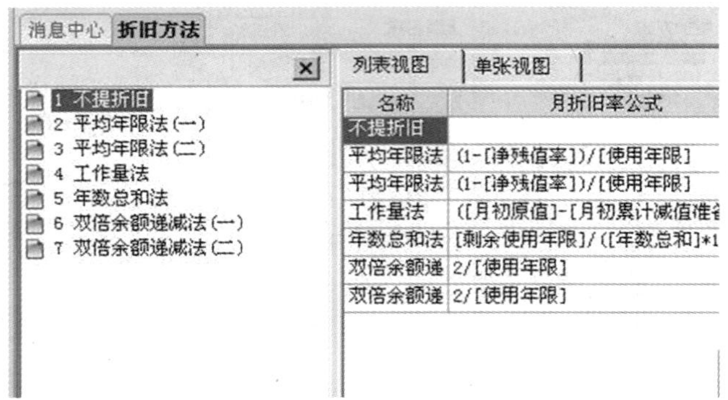

图 7.17　折旧方法表

②单击“删除”按钮对所选定折旧方法进行删除，可单击“修改”按钮进行修改，也可单击“增加”按钮，系统弹出“折旧方法定义”窗口，在此可新增自定义折旧方法。如图 7.18 所示。

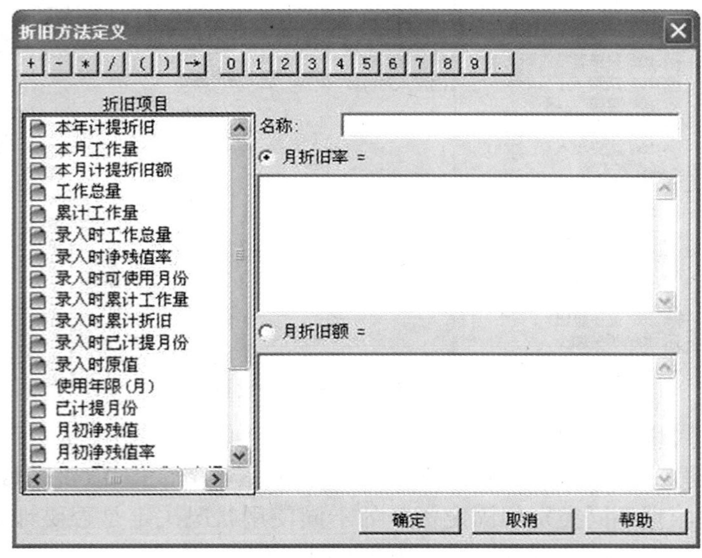

图 7.18　自定义折旧方法

③输入折旧方法名称，再选择要定义的折旧公式。先定义“月折旧率”，再定义“月折旧额”，然后双击项目目录中的项目，组成月折旧额和月折旧率的自定义公式，最后单击“保存”按钮进行保存，完成新折旧方法定义。

温馨提示

✧ 自定义公式中所包含的项目中只能是自定义窗口左侧给定的项目，月折旧额和月折旧率公式定义时必须有单向包含关系，即月折旧额公式中包含月折旧率项目，或月折旧率公式中包含月折旧额项目，但不能同时相互包含。

7.2.4　卡片管理

固定资产卡片管理是指对登记固定资产各种资料的电子卡片的管理。它是每一项固定资产的全部档案记录，即固定资产从进入企业开始到退出企业的整个生命周期所发生的全部情况，都要在卡片上予以记载。固定资产卡片上的栏目有：类别、编号、名称、规格、型号、建造单位、年月、使用状态、入账日期、原始价值、预计使用年限、折旧率、存放地点、使用部门等内容。这也称为卡片项目。

1）卡片项目定义

卡片项目是资产卡片上要显示的用来记录资产资料的栏目，如原值、资产名称、使用年限、折旧方法等是卡片最基本的项目。固定资产系统提供了一些常用卡片必需的项目，称为系统项目，但系统项目不一定能满足所有企业的需要。企业可以根据实际情况自定义卡片项目，所定义的项目称为自定义项目。系统项目和自定义项目构成卡片项目目录。

2）卡片样式定义

固定资产系统的卡片样式指卡片的整个外观，包括格式（是否有表格线、对齐形式、字体大小、字型等）、所包含的项目和项目的设置。不同企业所设计的卡片样式可能不同，同一企业对不同的资产管理的内容和侧重点也可能不同。企业可采用系统通用的卡片样式，也可以定义新的卡片样式。

3）原始卡片录入

原始卡片是指固定资产系统开始使用时企业已有记录固定资产情况的卡片，即记录已使用过并已计提折旧的固定资产卡片。固定资产原始卡片是固定资产核算和管理的基础依据。为保持历史资料的连续性，在使用固定资产系统进行核算前，除了前面必要的基础设置工作外，必须将建账日期以前的数据录入到系统中，保持历史资料的连续性。通过卡片的建立可以详细了解每项资产的由来、价值、折旧情况、所属部门和存入地点等重要信息。原始卡片的录入不限制必须在第一个期间结账前，任何时候都可以录入原始卡片。

在输入原始卡片时，系统会提供资产管理类别参照。因为一个资产类别对应一种卡片样式，选择所属的资产类别后，才能进入相应的卡片输入。

【例7.9】请录入表7.2所示的原始卡片。

表7.2　固定资产原始卡片

固定资产名称	类别编号	所在部门	增加方式	可使用年限	开始使用日期	原值	累计折旧	对应折旧科目名称
轿车	012	总经理办公室	直接购入	6	2014-02-01	215 470.00	37 254.75	管理费用/折旧费
笔记本电脑	022	总经理办公室	直接购入	5	2014-03-01	28 900.00	5 548.80	管理费用/折旧费

续表

固定资产名称	类别编号	所在部门	增加方式	可使用年限	开始使用日期	原值	累计折旧	对应折旧科目名称
传真机	022	总经理办公室	直接购入	5	2014-02-01	3 510.00	1 825.20	管理费用/折旧费
微机	021	一车间	直接购入	5	2014-03-01	6 490.00	1 246.08	制造费用/折旧费
微机	021	一车间	直接购入	5	2014-03-01	6 490.00	1 246.08	制造费用/折旧费
合计						260 860.00	47 120.91	

注:净残值率均为4%,使用状况均为"在用",折旧方法均采用平均年限法(二)

[操作步骤]

①在"固定资产系统"窗口中依次单击"卡片"→"录入原始卡片",系统弹出"资产类别参照"窗口。

②从中选择要录入的卡片所属的资产类别。如果资产类别较多时可以使用系统提供的查询方式查找。双击选中的资产类别或单击"确定"按钮,显示固定资产卡片录入界面,如图7.19所示,用户可在此录入或参照选择各项目的内容。

固定资产卡片

卡片编号	00001			日期	2014-04-01
固定资产编号	012101001	固定资产名称			轿车
类别编号	012	类别名称	非经营类设备	资产组名称	
规格型号		使用部门			总经理办公室
增加方式	直接购入	存放地点			总经理办公室
使用状况	在用	使用年限(月)	72	折旧方法	平均年限法(二)
开始使用日期	2014-02-01	已计提月份	1	币种	人民币
原值	215470.00	净残值率	4%	净残值	8618.80
累计折旧	37254.75	月折旧率	0.0133	本月计提折旧额	2388.68
净值	178215.25	对应折旧科目	660206,折旧费	项目	
录入人	本人姓名			录入日期	2014-04-01

图7.19 录入原始卡片

根据初始化或选项设置中的编码方式,卡片中的固定资产编号自动编码或需要用户手工录入;录入人自动显示为当前操作员,录入日期为当前登录日期;单击卡片项目,出现类似按钮的单击按钮显示参照界面,选择需要的内容;资产的主卡录入后,单击其他页签,输入附属设备和录入以前卡片发生的各种变动。附属页签上的信息只供参考,不参与计算。先选择资产类别是为了确定卡片的样式。如果在查看一张卡片或刚完成录入一张卡片的情况下进行录入原始卡片操作,则直接出现卡片界面,缺省的类别为该卡片的类别。

在选择使用部门时,系统会出现选择单个或多个部门的窗口,要根据实验资料要求选择单个部门或者多个部门,此处为单个部门,如图7.20所示。

③卡片信息录入完后,单击"保存"按钮后,录入的卡片已经保存入系统。其他卡片录入方法依次类推。

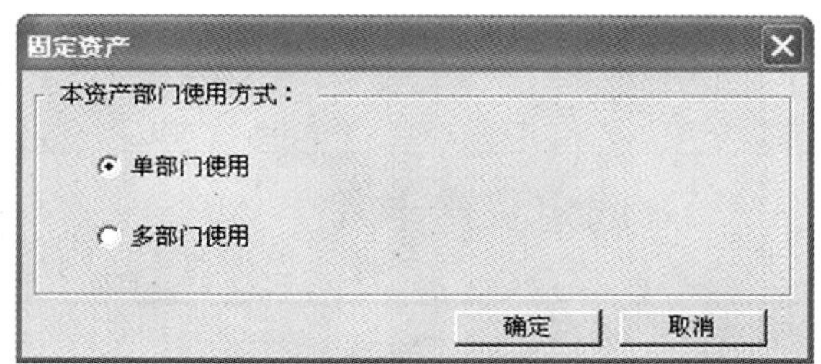

图 7.20　使用部门选择

温馨提示

✧ 开始使用日期一定要采用“2011-01-01”这样的格式；如果使用系统编号，要删除一张卡片，且该张卡片不是最后一张时，系统将保留空号；已计提月份由系统根据开始使用日期自动计算，但可以修改；月折旧率、月折旧额等与计算折旧有关的项目输入后，系统会按照输入的内容自动计算出来并显示在相应项目内，可与手工计算比较，核对是否有误。

7.3　日常业务处理

固定资产管理系统的日常处理包括资产增加、资产减少、资产变动和资产评估。其中，资产变动包括原值变动、部门转移、使用状况调整、折旧方法调整、累计折旧调整、工作量调整、净残值率调整、计提减值准备、转回减值准备等。

7.3.1　固定资产增加

“资产增加”即新增加固定资产卡片，也称为“新卡片录入”，与“原始卡片录入”相对应。资产通过原始卡片录入还是通过“资产增加”录入，在于资产的开始使用日期，只有当固定资产开始使用日期的会计期间等于录入会计期间时，才能通过“资产增加”录入。

系统提供的固定资产增加形式有：直接购入、投资者投入、接受捐赠、盘盈固定资产、在建工程转入、融资租入等。在系统日常使用过程中，可能会购进或通过其他方式增加企业资产，该部分资产通过“资产增加”操作录入系统。当固定资产开始使用日期的会计期间等于录入会计期间时，才能通过“资产增加”录入。

【例 7.10】2014 年 4 月份发生的业务如下：4 月 21 日，财务部购买扫描仪一台，原值 2 000元，进项税额 340 元，净残值率 4%，预计使用年限 5 年。

［操作步骤］

①进入固定资产系统，选择“卡片” 选项中的“资产增加”选项，系统弹出“资产类别参照”窗口，选择相应的资产类别，展开“固定资产卡片(新增资产)”对话框。

②选择要录入的卡片所属的资产类别，确定后显示单张卡片编辑界面，录入或参照选择各项目的内容，如图 7.21 所示。

单击“保存”按钮后，录入的卡片已经保存入系统。

固定资产卡片

折旧

附属设备 | 大修理记录 | 资产转移记录 | 停启用记录 | 原值变动 | 拆分/减少信息 | 201

固定资产卡片

卡片编号	00006			日期	2014-04-21
固定资产编号	011102001	固定资产名称	扫描仪		
类别编号	011	类别名称	经营用设备	资产组名称	
规格型号		使用部门	财务部		
增加方式	直接购入	存放地点	财务部		
使用状况	在用	使用年限（月）	60	折旧方法	平均年限法（二）
开始使用日期	2014-04-21	已计提月份	0	币种	人民币
原值	2000.00	净残值率	4%	净残值	80.00
累计折旧	0.00	月折旧率	0	本月计提折旧额	0.00
净值	2000.00	对应折旧科目	660206，折旧费	项目	
增值税	340.00	价税合计	2340.00		
录入人	本人姓名			录入日期	2014-04-21

图 7.21　资产增加

③如果在系统“选项”中选择了“业务发生后立即制单”，系统将自动弹出有一部分缺省内容的不完整的凭证。选择“凭证类别”和“制单日期”等凭证内容，单击“保存”按钮，生成记账凭证，如图 7.22 所示。

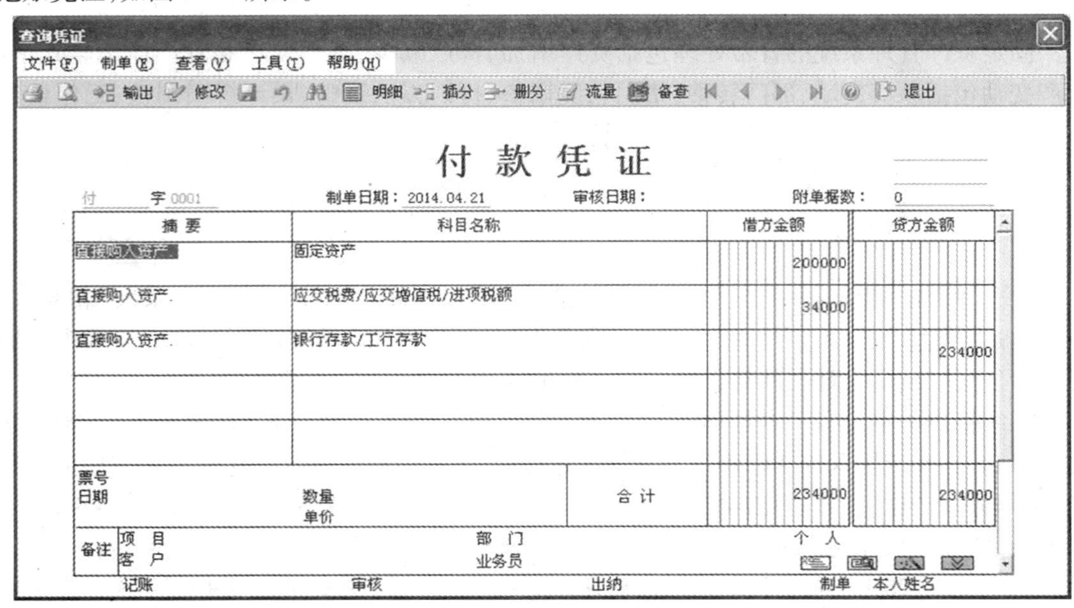

查询凭证

文件(F) 制单(E) 查看(V) 工具(T) 帮助(H)

输出 修改 明细 插分 删分 流量 备查 退出

付 款 凭 证

付 字 0001　　制单日期：2014.04.21　　审核日期：　　附单据数：0

摘要	科目名称	借方金额	贷方金额
直接购入资产.	固定资产	200000	
直接购入资产.	应交税费/应交增值税/进项税额	34000	
直接购入资产.	银行存款/工行存款		234000
票号 日期	数量 单价	合计 234000	234000

备注　项目　　部门　　个人

　　　客户　　业务员

记账　　审核　　出纳　　制单　本人姓名

图 7.22　资产增加凭证

温馨提示

✧ 如果在系统“选项”中没有选择“业务发生后立即制单”，则可在固定资产日常处理完成后，单击“处理”菜单中选择“批量制单”，进行批量制单。

✧ 固定资产增加相当于新卡片的输入，与原始卡片输入方法相同。但固定资产的增加与固定资产原始卡片的录入是不同的，固定资产原始卡片是固定资产系统启用已经使用的固定资产，其录入日期在系统启用之前的日期，而新增固定资产卡片录入日期为系统启用后的日期；原始卡片中可以自动显示月份折旧额和月折旧率，但是新增卡片由于还没有计提折旧，还不能显示月折旧额和月折旧率。

7.3.2　固定资产评估

根据业务需要或国家要求对部分资产或全部资产进行评估和重估。其中，固定资产评估是很重要的部分。资产评估功能可评估的资产内容包括原值、累计折旧、净值、使用年限、工作总量、净残值等。

【例7.11】4月23日，对轿车进行资产评估，评估结果为原值180 000元，累计折旧50 000元。

［操作步骤］

①选择要评估的项目。执行“卡片”→“资产评估”命令，在资产评估管理界面中单击“增加”按钮，系统弹出“评估资产选择”窗口，在左侧的“可评估项目”列表中选择要评估的项目。原值、累计折旧和净值三个中只能选两个，并且必须选两个，另一个通过公式“原值-累计折旧=净值”推算得到，如图7.23所示。

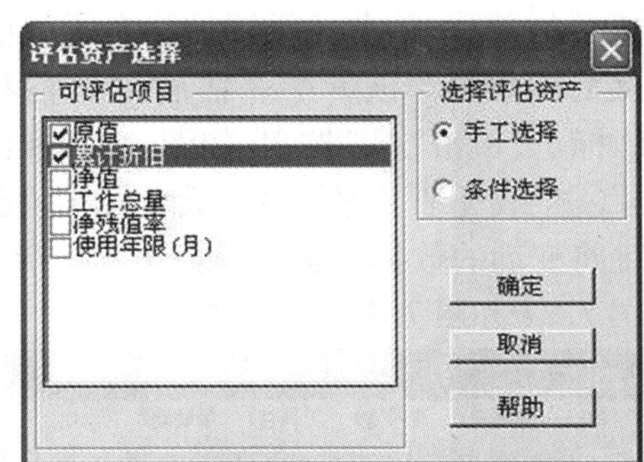

图7.23　评估项目

②选择要评估的资产。根据图7.23，单击“确定”按钮后，出现资产评估窗口，可以手工选择方式或以条件选择方式挑选出要评估的资产，如图7.24所示。

图7.24　评估资产选择

编辑 剪切 复制 粘贴
消息中心 资产评估
卡片编号: 00001 - 轿车
资产编号: 012101001
计算公式
撤消修改
卡片编号 固定资... 固定资... 评估状态 评估前原值 评估后原值 评估前累计折旧 评估后累计折旧 评估前净值 评估后净值
00001 012101001 轿车 Y 215,470.00 180,000.00 37,254.75 50,000.00 178,215.25 130,000.00

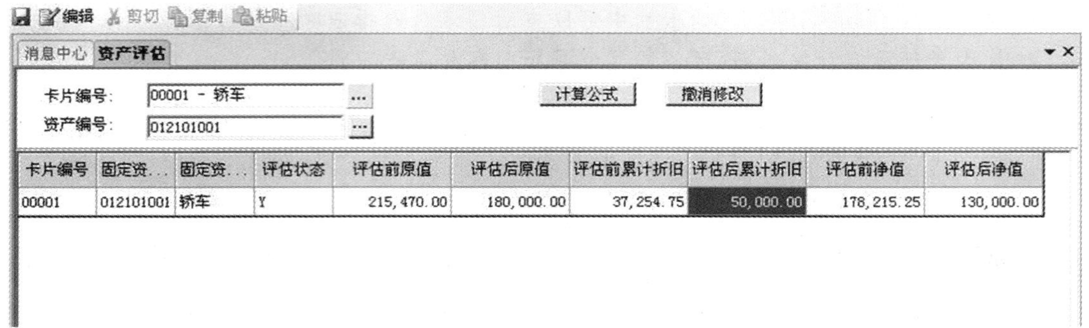

图 7.25　资产评估单

③制作资产评估单。录入相关评估后的数据,系统才能生成评估单,评估单显示评估资产所评估的项目在评估前和评估后的数据。该资产评估后,“评估状态”一列会自动作“Y”标记,单击“是”按钮,如图 7.25 和图7.26所示。

固定资产
是否确认要进行资产评估?
是
否

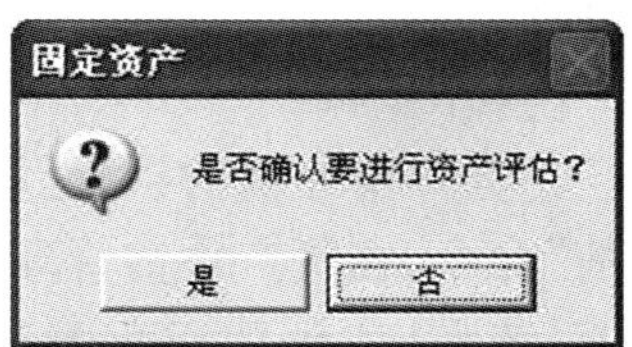

图 7.26　信息提示

④生成凭证。评估单完成后,单击“制单”按钮,通过记账凭证将变动的数据传输到总账系统。补充相关科目后保存,如图 7.27 和图 7.28 所示。

填制凭证
文件(F) 制单(E) 查看(V) 工具(T) 帮助(H)
输出 插分 删分 流量 备查 退出
已生成
转 账 凭 证
转 字 0001 制单日期: 2014.04.23 审核日期: 附单据数: 0
摘 要 科目名称 借方金额 贷方金额
评估资产 固定资产 3547000
评估资产 管理费用/折旧费 3547000
评估资产 累计折旧 1274525
评估资产 管理费用/折旧费 1274525
票号
日期
数量
单价
合 计 4821525 4821525
备注 项 目 部 门 总经理办公室 个 人
客 户 业务员
记账 审核 出纳 制单 本人姓名

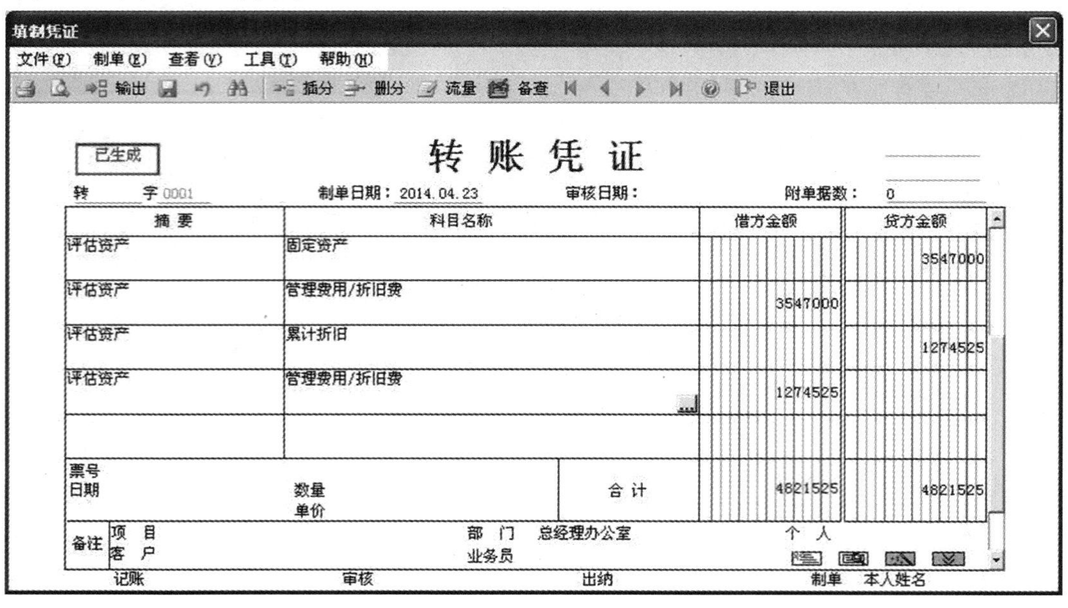

图 7.27　生成凭证

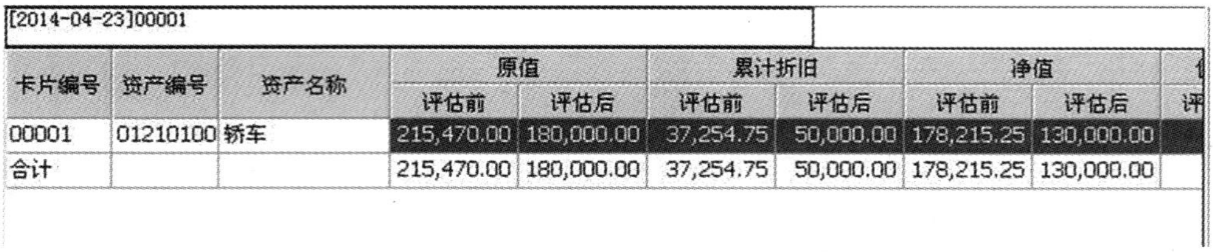

[2014-04-23]00001
卡片编号 资产编号 资产名称 原值 累计折旧 净值
评估前 评估后 评估前 评估后 评估前 评估后
00001 01210100 轿车 215,470.00 180,000.00 37,254.75 50,000.00 178,215.25 130,000.00
合计 215,470.00 180,000.00 37,254.75 50,000.00 178,215.25 130,000.00

图 7.28　评估完成

7.3.3　固定资产变动

固定资产在使用过程中,可能会调整卡片上的一些项目。固定资产系统把与计算和报表汇总有关的项目的调整称为资产变动操作。此类操作必须留下原始凭证,制作的原始凭证称为变动单。

1)部门转移

资产在使用过程中,因内部调整而发生的部门变动,通过部门转移功能实现。

【例7.12】4月23日,由于工作需要,总经理办公室的传真机转移到采购部。

[操作步骤]

①进入固定资产系统,执行"变动单"→"部门转移"命令。

②出现固定资产变动单窗口,填入相关内容,如图7.29所示。

固定资产变动单

— 部门转移 —

变动单编号	00001			变动日期	2014-04-23
卡片编号	00003	资产编号	022101002	开始使用日期	2014-02-01
资产名称			传真机	规格型号	
变动前部门	总经理办公室	变动后部门			采购部
存放地点	总经理办公室	新存放地点			采购部
变动原因					工作需要
				经手人	本人姓名

图7.29　固定资产变动单

③单击"保存"按钮,即完成该变动单操作。卡片上相应的项目(使用部门、存放地点)根据变动单而改变。系统出现"数据保存成功"窗口,单击"确定"按钮,如图7.30所示。

图7.30　完成

温馨提示

✧ 当月原始录入的或新增的资产不允许作此种变动业务。

2)原值变动

资产在使用过程中,除发生下列情况外,价值不得任意变动:根据国家规定对固定资产重新估价;增加补充设备或改良设备;将固定资产的一部分拆除;根据实际价值调整原来的暂估价值;发现原记固定资产价值有误的,系统原值发生变动,通过"原值变动"功能实现。原值变动包括原值增加和原值减少两部分。

【例7.13】4月23日,总经理办公室的轿车添置新配件20 000元。款项以转账形式支付。

[操作步骤]

①执行“卡片”→“变动单”→“原值增加”命令,输入卡片编号或资产编号,资产的名称、开始使用日期、规格型号、变动的净残值率、变动前净残值、变动前原值自动列出。

输入增加金额,并且自动计算出变动的净残值、变动后原值、变动后净残值。如果缺省的变动的净残值率或变动的净残值不正确,可手工修改其中的一个,另一个自动计算。再输入变动原因,如图7.31所示。

固定资产变动单

— 原值增加 —

变动单编号	00002			变动日期	2014-04-23
卡片编号	00001	资产编号	012101001	开始使用日期	2014-02-01
资产名称	轿车			规格型号	
增加金额	20000.00	币种	人民币	汇率	1
变动的净残值率	4%	变动的净残值	800.00		
变动前原值	180000.00	变动后原值	200000.00		
变动前净残值	7200.00	变动后净残值	8000.00		
变动原因	增加配件				
				经手人	本人姓名

图7.31　原值增加

②单击“保存”按钮,出现填制凭证窗口,再单击“保存”按钮,固定资产原值增加完成,如图7.32所示。

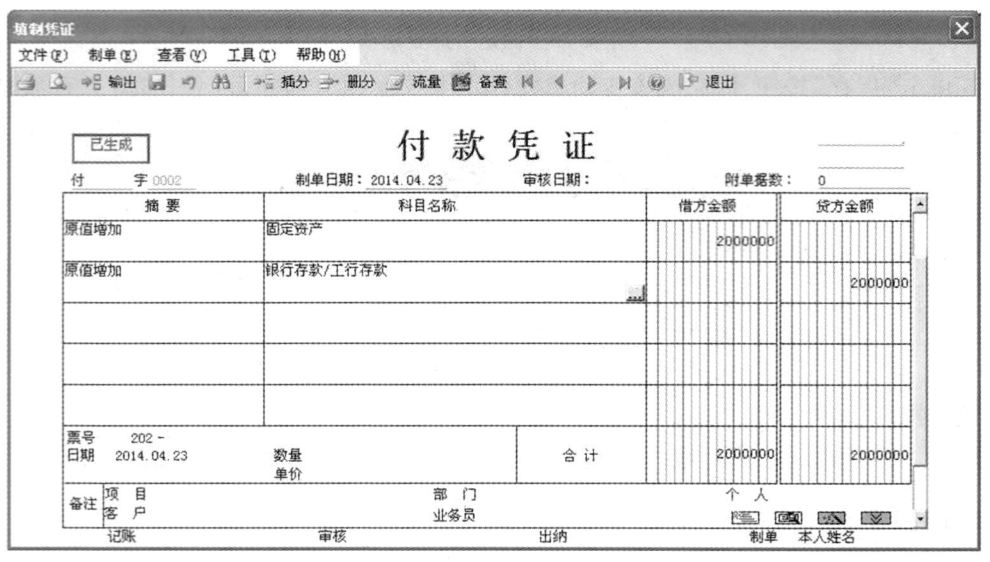
填制凭证

文件(F) 制单(E) 查看(V) 工具(T) 帮助(H)

输出 插分 删分 流量 备查 退出

已生成

付 款 凭 证

付 字 0002　制单日期:2014.04.23　审核日期:　附单据数:0

摘要	科目名称	借方金额	贷方金额
原值增加	固定资产	2000000	
原值增加	银行存款/工行存款		2000000
票号 202 - 日期 2014.04.23 数量 单价	合计	2000000	2000000

备注　项目　部门　个人

客户　业务员

记账　审核　出纳　制单 本人姓名

图7.32　凭证生成

3)计提减值准备

固定资产发生市场价格急剧下跌、资产损坏、技术陈旧或者其他经济原因,导致其可收回金额低于其账面价值，则需要对固定资产计提减值，固定资产系统计提减值也是在“变动单”中进行处理。

【例 7.14】4 月 25 日，由于市价下跌，经核查对 2013 年购入的笔记本电脑计提 2 000 元减值准备。

［操作步骤］

①执行“卡片”→“变动单”→“计提减值准备”命令，出现固定资产变动单，添置相关信息，如图 7.33 所示。

固定资产变动单

—计提减值准备—

变动单编号	00003			变动日期	2014-04-25
卡片编号	00002	资产编号	022101001	开始使用日期	2014-03-01
资产名称			笔记本电脑	规格型号	
减值准备金额	2000.00	币种	人民币	汇率	1
原值	28900.00	累计折旧			5548.80
累计减值准备金额	2000.00	累计转回准备金额			0.00
可回收市值	21351.20				
变动原因					市价下跌
				经手人	本人姓名

图 7.33　减值信息填制

②相关信息添置完后，单击“保存”按钮，出现填制凭证窗口，增加相关科目，单击“保存”按钮，如图 7.34 所示。

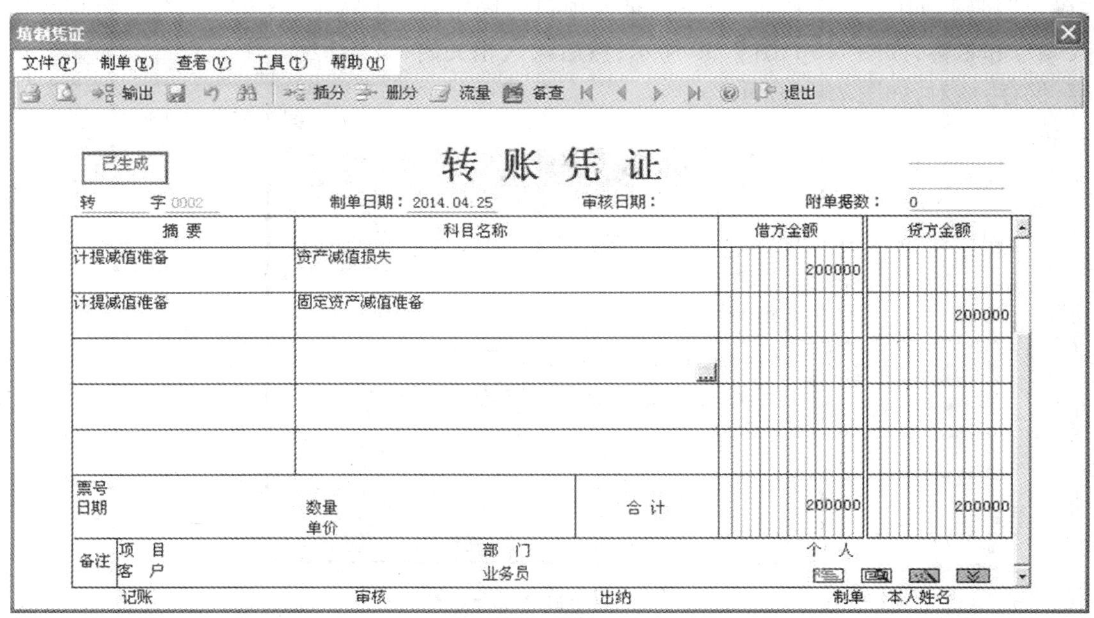

图 7.34　凭证生成

固定资产变动情况除以上列举的之外，还包括：使用状况的调整、折旧方法调整、累计折旧调整、使用年限调整、工作总量调整等，都是进入“变动单”中进行相关明细项目的处理。

具体操作与前述类似,故不再赘述。

7.3.4 固定资产盘点

固定资产的盘点是固定资产管理的重要组成部分,可在固定资产卡片中完成相关操作。

【例 7.15】4 月 25 日,对总经理办公室的资产进行盘点。盘点情况为:只有一辆编号为 012101001 的轿车。

[操作步骤]

①执行“卡片”→“卡片管理”命令,根据要求选择“总经理办公室”,如图 7.35 所示。

消息中心 卡片管理

按部门查询

固定资产部门编码目录
1 综合管理部
101 总经理办公
102 财务部
2 供销管理部
3 制造管理部

在役资产

卡片编号	开始使用日期	使用年限(月)	原值	固定资产编号	净残值率	录入人
00001	2014.02.01	72	200,000.00	012101001	0.04	本人姓名
00002	2014.03.01	60	28,900.00	022101001	0.04	本人姓名
合计:(共计			228,900.00			

图 7.35 卡片管理

②执行“编辑”→“列头编辑”命令进行表头设置,如图 7.36 所示。

③执行“卡片”→“资产盘点”命令,单击“增加”按钮,范围设置为:按使用部门盘点—总经理办公室,单击“确定”按钮,如图 7.37 所示。栏目:录入项目为固定资产编号和名称,如图 7.38、图 7.39 所示;然后输入相关内容,保存,核对,如图 7.40 所示。

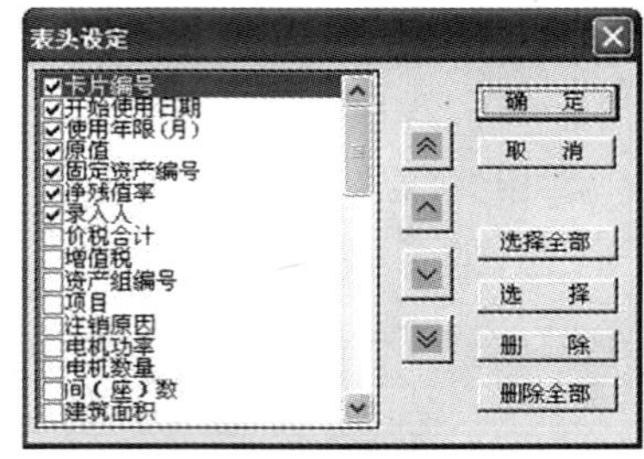

图 7.36 表头设置

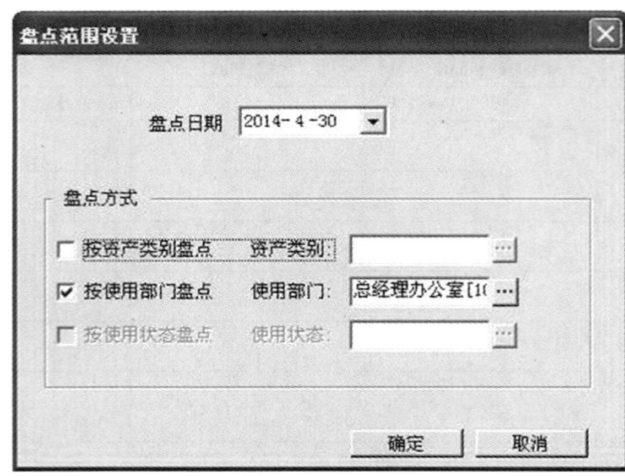

图 7.37 盘点范围设置

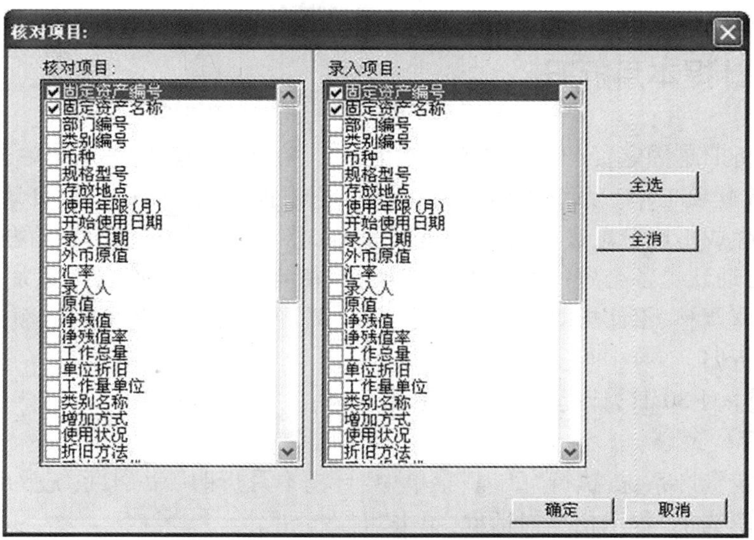

图 7.38　核对项目设置

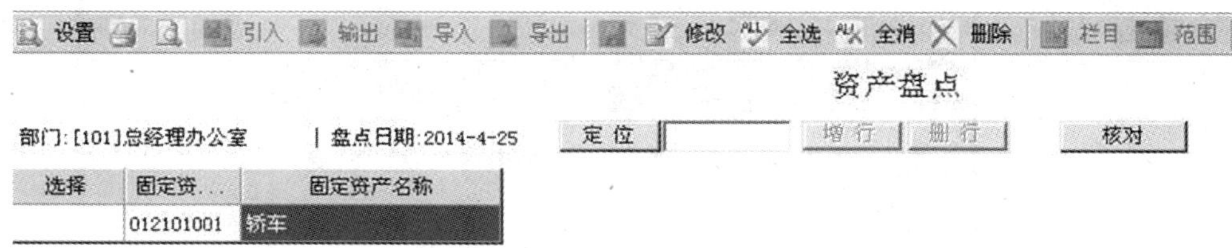

图 7.39　盘点资产

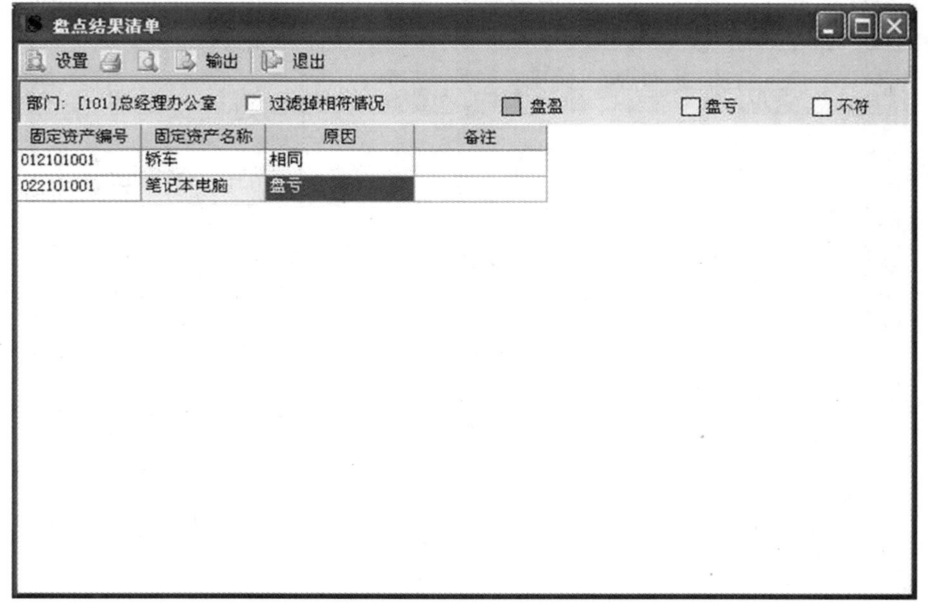

图 7.40　盘点完成

7.3.5 计提本月折旧

自动计提折旧是固定资产系统的主要功能之一，在固定资产管理系统中通过“计提本月折旧”向导完成此项工作。系统每期计提折旧一次，根据录入系统的资料自动计算每项资产的折旧并自动生成折旧分配表，然后生成记账凭证，将本期的折旧费用自动登账。执行此功能后，系统将自动计提各个资产当期的折旧额，并将当期的折旧额自动累加到累计折旧项目。当发生原值调整、累计折旧调整、净残值(率)调整时，当月计提的折旧额不变，下月按变化后的值计算折旧。

【例 7.16】4 月 30 日，计提本月折旧费用。

［操作步骤］

①进入固定资产系统，执行“处理”菜单中“计提本月折旧”命令，系统弹出“计提折旧后是否要查看折旧清单”提示信息对话框，单击“是”按钮。

②系统继续弹出“本操作将计提本月折旧，并花费一定时间，是否要继续?”的提示信息对话框，单击“是”按钮，如图 7.41 所示。

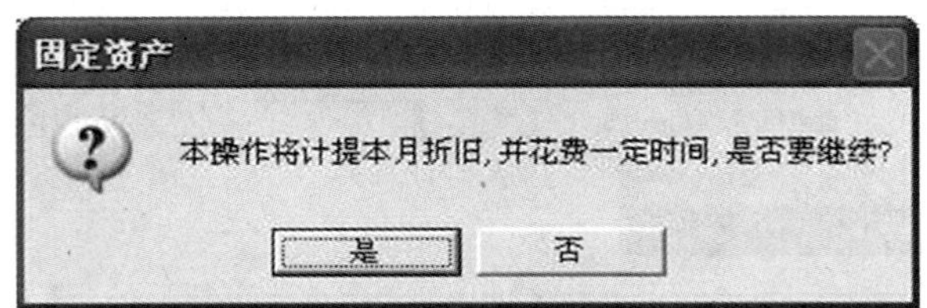

图 7.41 信息提示

③系统计提折旧完成后，进入“折旧分配表”窗口，单击“凭证”按钮，进入“填制凭证”窗口，如图 7.42 所示。

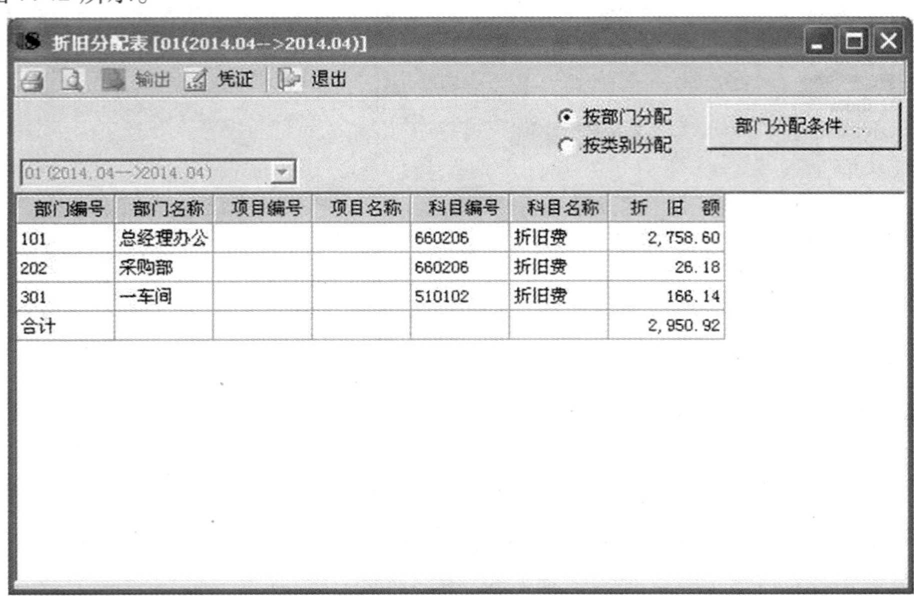

部门编号	部门名称	项目编号	项目名称	科目编号	科目名称	折旧额
101	总经理办公			660206	折旧费	2,758.60
202	采购部			660206	折旧费	26.18
301	一车间			510102	折旧费	166.14
合计						2,950.92

图 7.42 折旧分配表

④选择“记账凭证”，修改其他项目，设置完成后单击“保存”按钮，如图 7.43 所示。

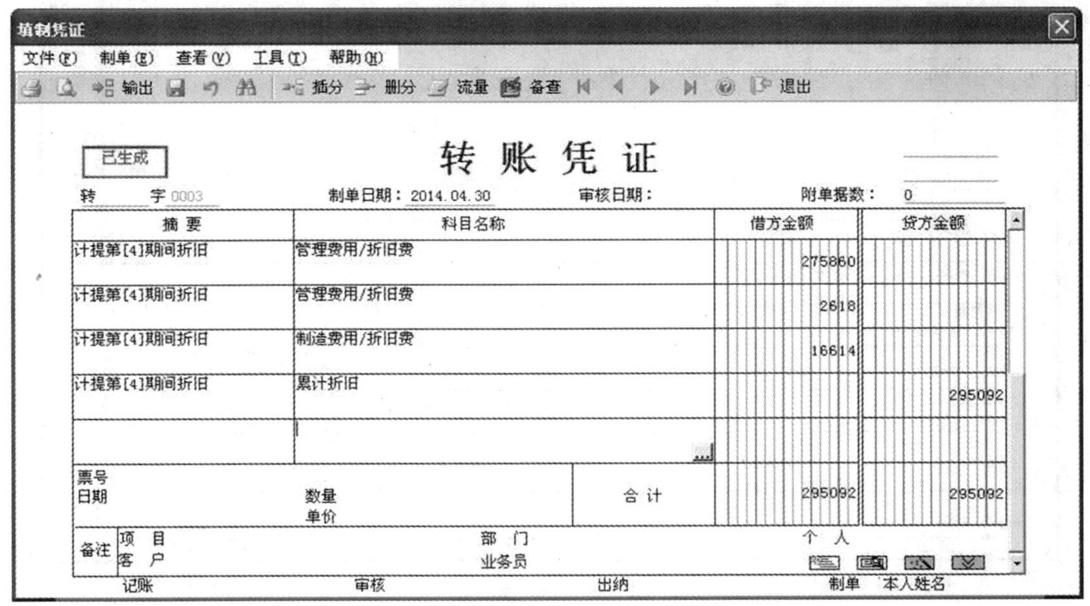

图 7.43 凭证生成

7.3.6 固定资产减少

固定资产在使用过程中总会由于各种原因(如毁损、出售、盘亏等)退出企业,此类操作称为“资产减少”。根据企业会计制度规定,对于月份内投入使用的固定资产,当月不计提折旧,从次月开始计提;对于月份内退出使用的固定资产,当月照常计提折旧,从次月开始不再计提折旧。因此,在使用固定资产系统时,应先折旧,然后再减少固定资产。

【例 7.17】4 月 25 日,一车间毁损编号 021 微机一台。

[操作步骤]

①单击“卡片”菜单,选择“资产减少”。

②选择要减少的资产,有两个方法:如果要减少的资产较少或没有共同点,则通过输入资产编号或卡片号,然后单击“增加”按钮,将资产添加到资产减少表中。如果要减少的资产较多并且有共同点,则单击“条件”按钮,屏幕显示的界面与卡片管理中自定义查询的条件查询界面相同。输入一些查询条件,将符合该条件集合的资产挑选出来进行减少操作。如图 7.44 所示。

图 7.44 资产减少

③凭证生成。在表内输入资产减少的信息:减少日期、减少方式、清理收入、清理费用、清理原因,然后单击“确定”按钮。系统出现填制凭证的窗口,如图 7.45 所示。

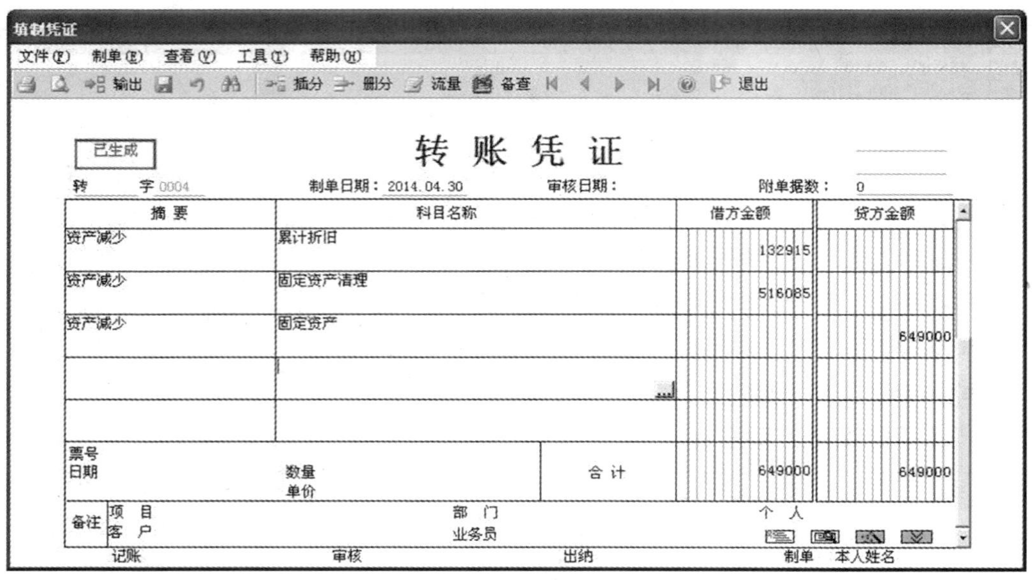

图 7.45 凭证生成

④单击“保存”按钮，卡片减少成功，如图 7.46 所示。

图 7.46 资产减少成功

温馨提示

✧ 如何恢复减少的资产？

先在卡片管理界面中选择“已减少的资产”，选中要恢复的资产，然后从“卡片”菜单中选择“撤销减少”，则提示“确实要恢复【＊＊＊】号卡片的资产吗？”，选择“是”，即成功恢复被减少的资产。但需要注意的是，通过资产减少的资产只有在减少的当月可以恢复。如果资产减少操作已制作凭证，必须删除凭证后才能恢复。

7.4 期末业务处理

固定资产的期末处理主要包括月末对账、月末结账工作。

7.4.1 对账

系统在运行过程中，应保证本系统管理的固定资产的价值和账务中固定资产科目的数值相等。而两个系统的资产价值是否相等，可通过执行本系统提供的对账功能实现。固定资产系统对账是指固定资产系统中固定资产的价值和账务系统中固定资产科目的数值核对，固定资产系统中累计折旧的余额和账务系统中累计折旧科目的余额核对。对账操作不限制执行的时间，任何时候均可进行对账。系统在执行月末结账时自动对账一次，给出对账结果，并根据初始化或选项中的判断确定不平情况下是否允许结账。

【例 7.18】固定资产系统月末对账。

［操作步骤］

①进入固定资产管理系统，在“固定资产系统”窗口中依次单击“处理”→“对账”功能，系统弹出“与账务对账结果”对话框，如图 7.47 所示。

②结果为平衡后，单击“确定”按钮。

温馨提示

✧ 注意固定资产系统生成的凭证自动传递到账务系统，在账务系统中审核记账。当账务系统记账完毕，固定资产系统才可以进行对账。

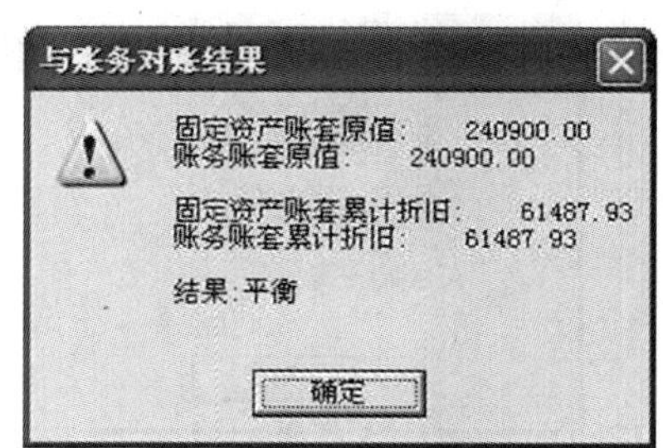

图 7.47 对账

7.4.2 结账

每月月末手工记账都要有结转的过程，电算化处理也应该体现这一过程，因此固定资产管理系统提供了“月末结账”功能。当固定资产系统完成了本月所有经济业务后，可以进行月末结账。月末结账每月只能进行一次，结账后当期数据不能再修改。

若满足条件，系统弹出“月末结账”对话框，根据系统提示确认每一注意事项后可以“开始结账”，直至完成。

【例 7.19】固定资产系统 4 月月末结账。

［操作步骤］

①月末结账。在“固定资产系统”窗口中依次单击“处理”→“月末结账”功能，系统弹出“月末结账”对话框，如图 7.48 所示。

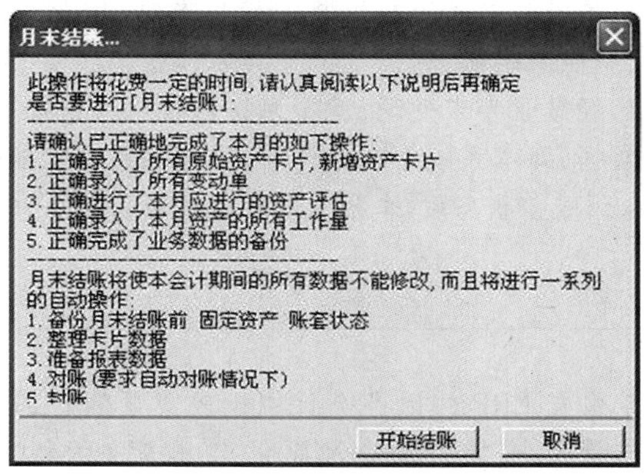

图 7.48 月末结账

②结账完成。单击“开始结账”按钮，系统开始进行结账工作。结账完成后，系统提示“月末结账成功完成”，如图 7.49 和图 7.50 所示。

③单击“确定”按钮，系统提示最新的修改日期信息。

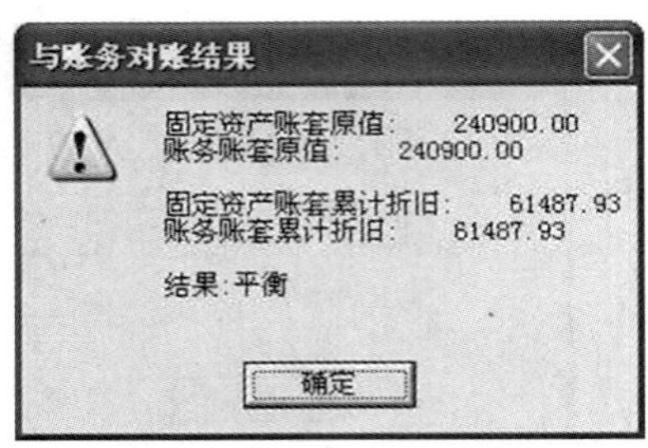

图7.49　结账结果

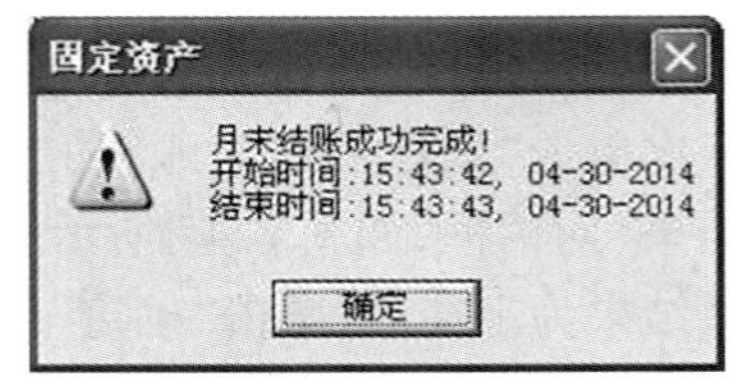

图7.50　结账完成

温馨提示

✧ 在固定资产系统中,如果出现以下两种情况不允许结账:一是还存在未制单的业务,不能结账;二是初始化时没有选中"对账不平情况下允许固定资产月末结账"。结账完成后,系统会提示可操作日期已转入下一期间的日期,只有以下一期间的日期登录,才可对账套进行编辑,反之,本期不结账,将不能处理下期的数据。

7.4.3　反结账

结账后,如果发现结账前的数据有误,就必须修改结账前的数据。反结账又称"恢复月末结账前状态",是系统提供给用户的一个纠错功能。从"处理"子菜单中选择"恢复月末结账前状态"项,屏幕显示提示信息,提醒要恢复到的日期,单击"是"按钮,系统即执行本操作。

温馨提示

✧ 只有在总账系统未结账时才可以进行固定资产系统反结账操作。

✧ 因为成本管理系统每月从本系统提取折旧费用数据,因此一旦成本管理系统提取了某期的数据,该期不能反结账。

✧ 如果使用的账套已经做了年末处理,就不允许再执行反结账功能。

✧ 不能跨年度恢复数据,即本系统年末结转后,不能利用本功能恢复年末结转前状态。

✧ 恢复到某个月月末结账前状态后,本账套内对该结账后所做的所有工作都无痕迹删除。

本章小结

固定资产管理系统是用友 ERP 的财务会计中比较重要的一部分内容。固定资产管理系统具有数据核算及存储量大、日常数据输入量少、输出量多的特点。它与总账系统、成本系统和报表系统存在数据传递关系,如固定资产的日常变动数据和计提折旧数据可通过生成相应凭证传递到总账系统。同时,固定资产管理子系统与总账管理系统之间可以进行对账,保证固定资产明细账与总账的一致性。

固定资产系统的功能主要包括初始化设置、日常业务处理、凭证处理、信息查询和期末处理几个部分。初始化设置是指对账套的基础参数设置,分为可修改选项和不可修改选项;日常业务处理包括资产的增加、资产的减少、资产评估以及资产的变动,如计提资产减值准备、部门变动、原值变动等,以上操作需要生成凭证记录的还要生成凭证。期末处理主要包括对本月资产计提折旧以及对账和结账处理。需要注意的是本月记账后不可再进行数据操作,如要修改相关信息,必须进行反结账步骤。

第 8 章

应收应付款管理系统

学习目标

- 了解应收应付款管理系统的主要功能、应收应付款管理系统与其他子系统间的关系
- 熟悉应收应付款管理系统的操作流程
- 理解应收应付款管理系统的初始化内容
- 掌握应收应付款处理、收付款处理和票据处理的方法
- 掌握各种应收应付款信息查询方法和期末结账方法

8.1 应收应付款管理系统概述

8.1.1 系统概述

在用友 ERP-U8.72 管理软件中，应收款管理系统主要用于核算和管理客户往来款项，应付款管理系统主要用于核算和管理供应商往来款项。

8.1.2 系统功能

①建立档案，录入相关单据和凭证，进行往来款项日常业务核算；
②往来款项的核销；
③设置坏账参数和对应科目、计提坏账准备，并生成相关凭证；
④设置账龄参数、报警级别，进行账龄分析和欠款催收，评价客户信用等级；
⑤根据相关条件，提供各种查询。

8.1.3 应收应付款管理系统与其他系统的关系

1）应收管理子系统与其他系统的关系

在 ERP 系统中，应收款管理系统在使用中和其他子系统进行数据交换、传递，如图 8.1 所示。

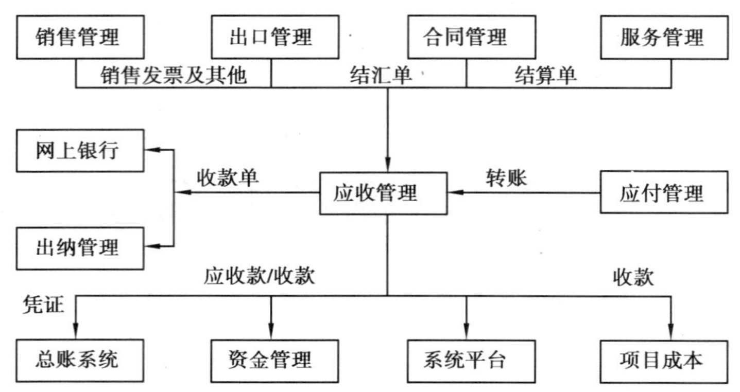

图 8.1 应收款管理系统与其他系统关系图

(1)销售管理系统

复核以后的销售发票在应收系统进行审核、记账、收款、核销,已经收款的销售发票可以在应收系统进行记账、制单,应收系统可以查询出销售系统中已经出库但还没有开票的实际应收信息和未复核的发票。

(2)总账系统

所有凭证均应该传递到总账系统中,可以将结算方式为票据的付款单登记到总账系统的支票登记簿中,应收款系统为财务分析提供数据支持。

(3)应付款系统

应收、应付之间可以相互对冲,应收票据背书时可以冲应付账款。

(4)出口管理

审批后的出口发票传入应收款系统,在系统中进行审核、记账、收款、核销、制单等操作,审批后的信用证可以在应收款系统作押汇和结汇处理,押汇、结汇生成的收款单经过审核后,如果有手续费和利息,则同时形成出口的费用单传递给出口系统。

(5)网上银行

网上银行系统可向应收款系统导出已经有确认支付标记但未制单的付款单和收款明细,应收款系统也可以向网上银行系统导出已经审核的付款单,但是所有的相关单据全部由应收款系统生成凭证传到总账系统。

(6)总账

所有凭证均应该传递到总账系统中,可以将结算方式为票据管理的付款单登记到总账系统的支票登记簿中。

(7)报表系统(UFO)

应收款系统为报表系统提供各种应用函数。

(8)客户关系管理、项目管理、资金管理等

应收款系统为客户关系管理、项目管理、资金管理系统提供各种相关数据,以便进行各种分析工作。

2)应付款管理子系统与其他系统的关系

“详细核算”方案即在应付款系统核算应付账款,主要与总账系统、采购系统、委外管理、合同管理系统、应收系统、网上银行、存货核算等系统有接口,如图8.2所示。

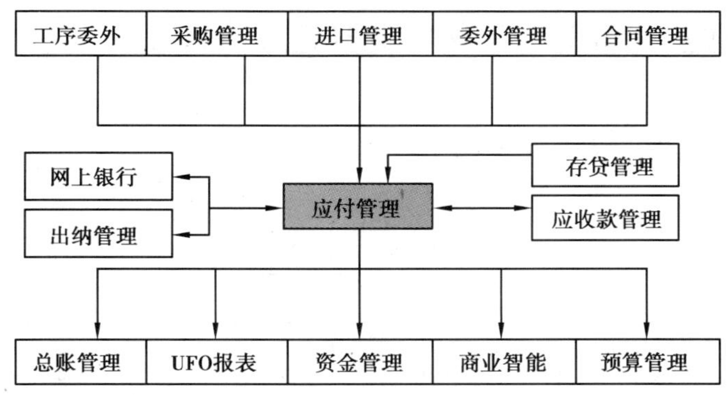

图8.2 应付款管理子系统与其他系统关系图

①合同管理。生效以后的应付类合同结算单可以将余额转入应付系统,在应付系统进行审核、付款、核销;应付系统可以查询合同管理系统中生效的应付类合同结算单。

②采购管理。在采购管理系统录入的发票可以在应付系统中进行审核、制单、核销,已经现付的采购发票可以在应付系统中进行记账、制单;应付系统可以查询采购系统中已经入库、但还没有结算的实际应付信息和未复核的发票。

③委外管理。在委外管理系统录入的发票可以在应付系统中进行审核、制单、核销,已经现付的委外发票可以在应付系统中进行记账、制单;应付系统可以查询委外系统中已经入库、但还没有结算的实际应付信息和未复核的发票。

④工序委外。在工序委外系统录入的发票可以在应付系统中进行审核、制单、核销,已经现付的工序委外发票可以在应付系统中进行记账、制单。

⑤进口管理。在进口管理系统录入的发票可以在应付系统中进行审核、制单、核销。

⑥总账。所有凭证都传递到总账系统中,结算方式为票据管理的付款单可登记到总账系统的支票登记簿中。

⑦应收款管理。应收款、应付款之间可以相互对冲;应收票据背书时可以对冲应付账款。

⑧UFO报表。应付系统向UFO系统提供各种应用函数。

⑨网上银行。网上银行系统可向应付系统导出已经有确认支付标记、但未制单的付款单;应付系统也可向网上银行系统导出未审核的付款单。所有相关单据全部由应付系统生成凭证传到总账系统。

⑩存货核算。存货核算系统中对采购结算单制单时,需要将凭证信息回填到所涉及的采购发票和付款单上,应付系统对于这些单据不需要进行重复制单,但能查询出科目账;若应付系统已先对这些单据制单,存货核算系统同样不需要进行重复制单。

⑪出纳管理。应付系统启用付款申请业务,出纳管理系统可对已审核的付款申请单进

行支付,生成应付系统的付款单;应付系统不启用付款申请业务,出纳管理可对付款单进行支付。

⑫预算管理。如果应付系统启用付款申请业务,可将付款申请的数据传递给预算管理进行控制。

8.1.4 应收应付款管理系统的业务处理流程

1)应收款管理系统业务处理流程

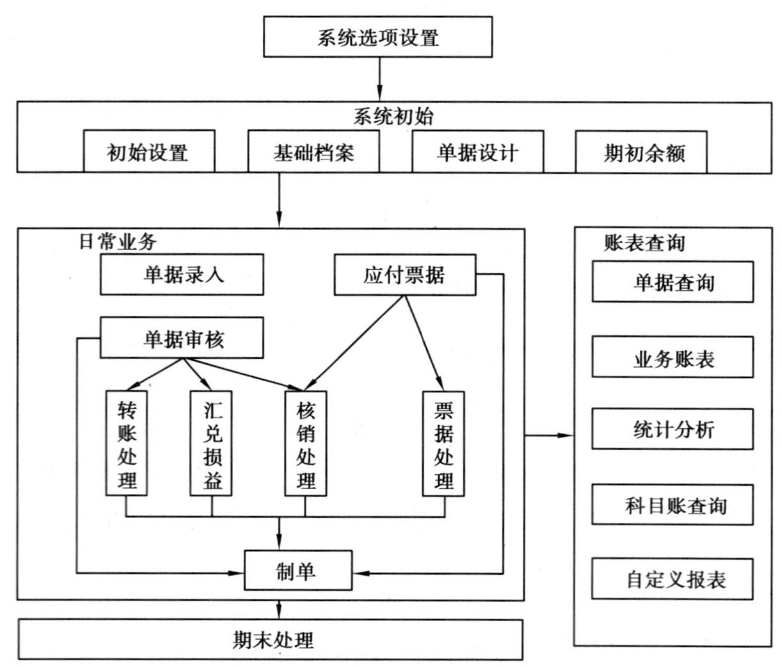

图 8.3 应收款管理系统的业务处理流程

2)应付款管理系统的业务处理流程

应付款是企业因对外采购材料、产品或接受劳务等业务而应向供货方、提供劳务的单位或个人支付的款项,包括应付采购款、其他应付款、应付票据等。应付款系统的核算和管理如图 8.4 所示。

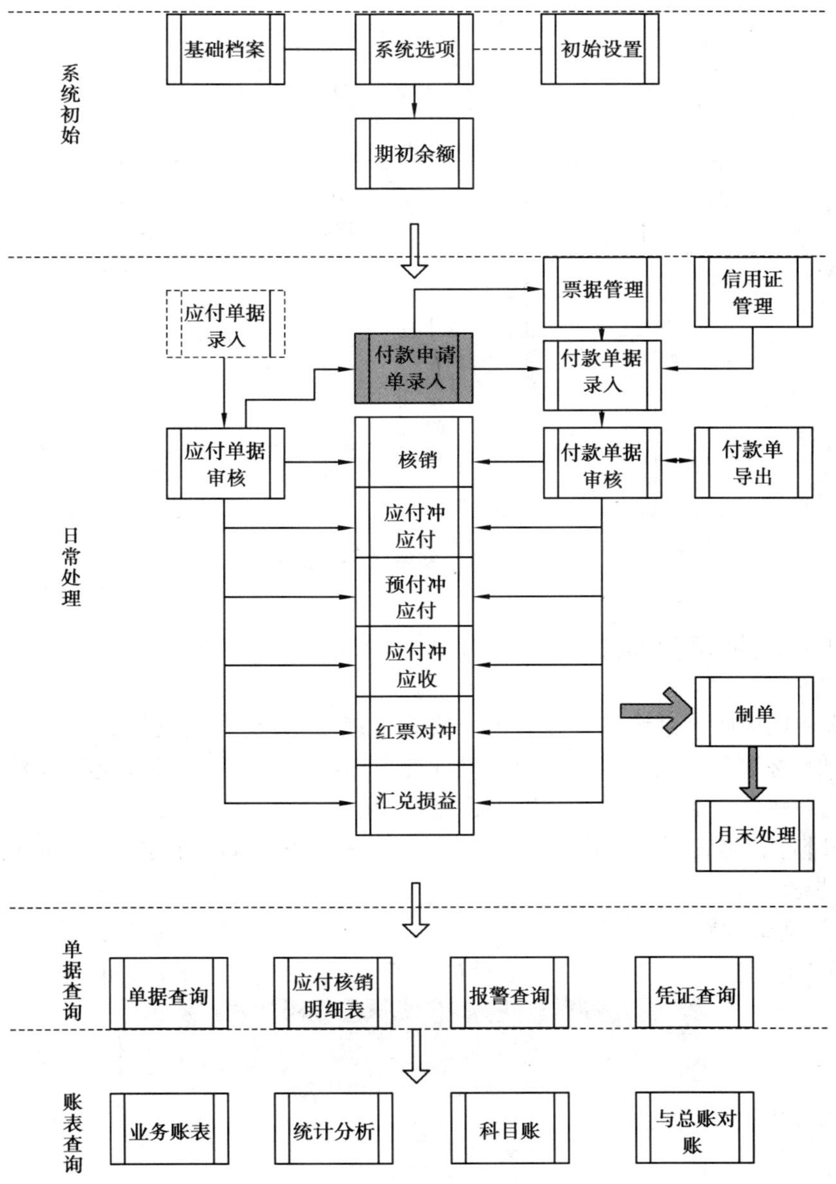

图8.4　应付款管理系统的业务处理流程

8.2　初始化设置

由于应收款管理与应付款管理都是企业的往来管理系统，在方法和流程上比较类似，故下面就重点介绍应收款管理的业务处理。

应收款管理系统的初始化是根据企业核算要求和实际业务情况进行有关的设置，主要内容包括选项参数设置、初始设置、基础档案、单据设计、期初余额。系统初始化设置流程如图 8.5 所示。

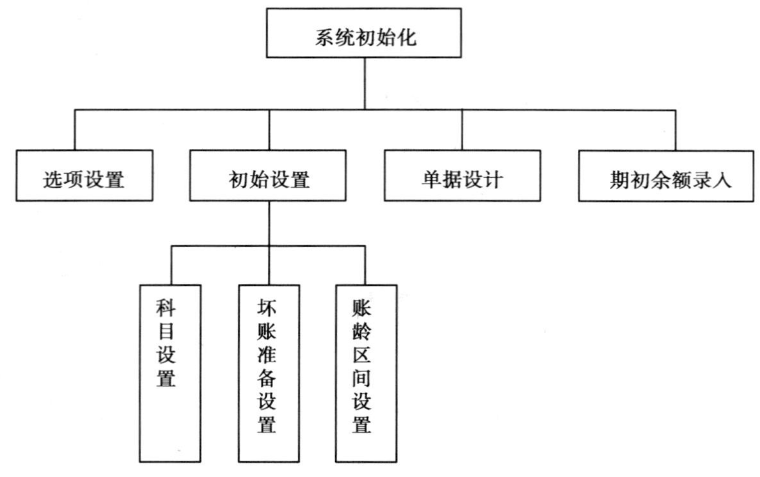

图 8.5 系统初始化设置流程图

8.2.1 选项参数设置

第一次使用应收款系统前要先启用应收款管理子系统，与应收款业务相关的控制参数（如启用月份、坏账处理、初始设置、单据设计等方面的内容）都是通过应收款系统初始化完成的。其他一些日常业务还需系统启用后在其他模块进行相应的处理。

【例 8.1】启用应收款管理系统，启用月份为:2014-04-01，并以应收会计登录企业应用平台。

［操作步骤］

①执行“基础设置”→“基本信息”→“系统启用”命令，打开“系统启用”对话框。

②打开“企业应用平台”，以应收会计(10103)登录企业应用平台，如图 8.6 所示。

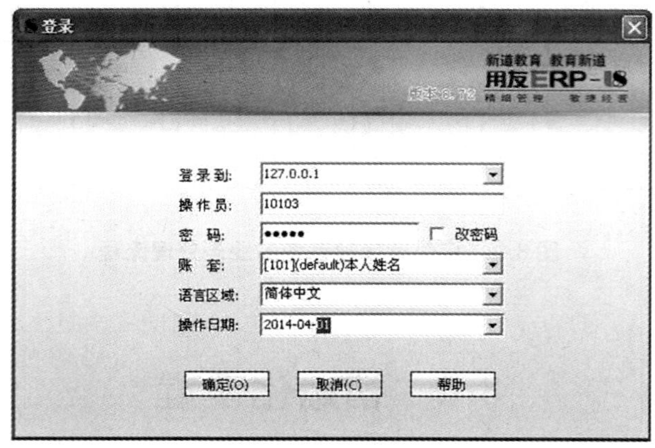

图 8.6 登录企业应用平台

参数设置指用户调整应收款系统，使得系统符合用户的核算要求，具体内容包括会计核算处理方法的设置、有关凭证处理的设置、有关权限和预警处理的设置。

1)常规选项设置

(1)单据审核日期的依据

系统提供两种确认单据审核日期的依据,即单据日期和业务日期。如果选择单据日期,则在单据处理功能中进行单据审核时,自动将单据的审核日期(即入账日期)记为该单据的单据日期。如果选择业务日期,则在单据处理功能中进行单据审核时,自动将单据的审核日期(即入账日期)记为当前业务日期(即登录日期)。

(2)汇兑损益方式

系统提供两种汇兑损益的计算方式,即外币余额结清时计算和月末处理两种方式。

①外币余额结清时计算:仅当某种外币余额结清时才计算汇兑损益。在计算汇兑损益时,界面中仅显示外币余额为0且本币余额不为0的外币单据。

②月末处理:每个月末计算汇兑损益。在计算汇兑损益时,界面中显示所有外币余额不为0或者本币余额不为0的外币单据。

(3)坏账处理方式

系统提供两种坏账处理的方式,即备抵法和直接转销法。如果选择备抵法,还应该选择具体的方法。系统提供了三种备抵的方法:应收余额百分比法、销售收入百分比法、账龄分析法。这三种方法需要在初始设置中录入坏账准备期初余额和计提比例或输入账龄区间等,并在坏账处理中进行后续处理。

(4)代垫费用类型

代垫费用类型解决从销售系统传递的代垫费用单在应收系统用何种单据类型进行接收的问题。系统默认为其他应收单,用户也可在初始设置中的单据类型设置中自行定义单据类型,如定义代垫费用应收单,然后在系统选项“代垫费用类型”中进行选择。

(5)应收账款核算模型

系统提供两种应收系统的核算模型:简单核算、详细核算。用户可以自行选择。

(6)是否自动计算现金折扣

系统提供自动计算现金折扣和不自动计算现金折扣两种方式。

(7)是否进行远程应用

如果用户选择了进行远程应用,则系统在后续处理中提供远程传输收付款单的功能。如果用户选择了不进行远程应用,则系统在后续处理中将不提供远程传输收付款单的功能,也不需要填上远程标志号。

(8)是否登记支票

选择登记支票,则系统自动将具有票据管理结算方式的付款单登记支票登记簿。若不选择登记支票,用户也可以通过付款单上的“登记”按钮,进行手工登记。

该选项首先需要在总账系统选项中选择“支票控制”。

【例8.2】本企业的应收款系统初始化控制参数设置要求:坏账处理方式为“应收余额百分比”;自动计算现金折扣。

[操作步骤]

①进入企业应用平台,执行"业务工作"→"财务会计"→"应收款管理"→"设置"→"选项"命令,出现"账套参数设置"对话框,按资料配置相关信息,再单击"确定"按钮,如图 8.7 所示。

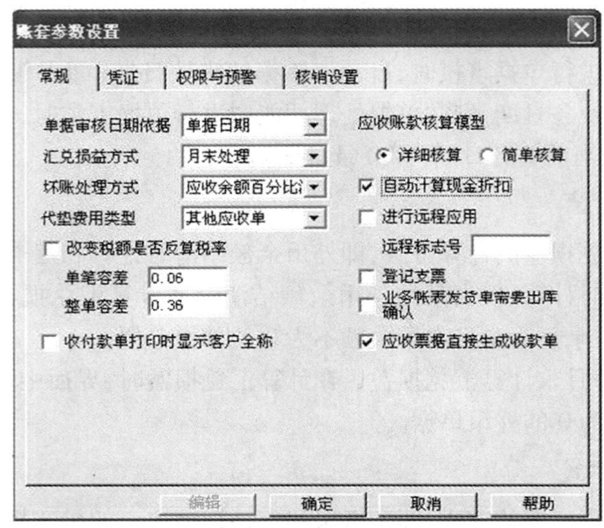

图 8.7 控制参数常规设置图

2)凭证参数设置

在账套参数设置界面单击"凭证"页签,进入凭证参数设置界面,如图 8.8 所示。

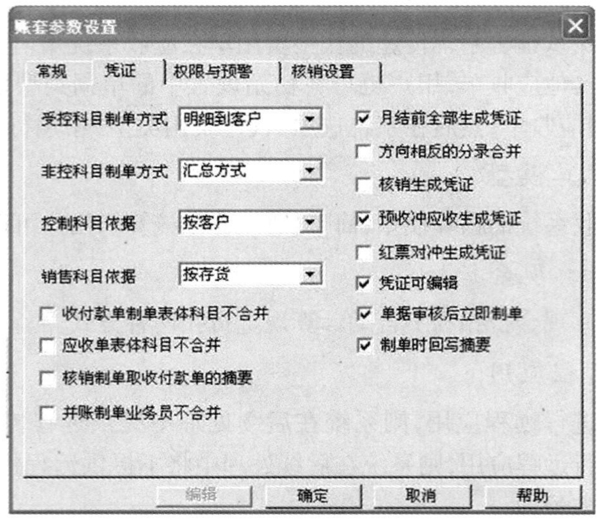

图 8.8 控制参数凭证设置图

凭证参数说明如下:

(1)受控科目制单方式

有两种受控科目的制单方式供选择:明细到客户、明细到单据。

①明细到客户:当将一个客户的多张单据合并生成一张凭证时,如果核算这多张单据的控制科目相同,系统将自动将其合并成一条分录。

②明细到单据:当将一个客户的多张单据合并生成一张凭证时,系统会将每一笔业务形成一条分录。

(2)非受控科目制单方式

非受控科目有三种制单方式供用户选择:明细到客户、明细到单据、汇总制单。

①明细到客户:当将一个客户的多张单据合并生成一张凭证时,如果核算这多笔业务的非受控科目相同,且其所带辅助核算项目也相同,则系统会将其合并成一条分录。

②明细到单据:当将一个客户的多张单据合并生成一张凭证时,系统会将每一笔业务形成一条分录。

③汇总制单:当将多个客户的多张单据合并生成一张凭证时,如果核算这多张单据的非受控科目相同,且其所带辅助核算项目也相同,则系统会将其合并成一条分录。

(3)控制科目依据

控制科目在应收系统中是指所有带有客户往来辅助核算的科目。系统提供几种设置控制科目的依据,即按客户分类,如客户、地区、销售类型、存货分类、存货等。

(4)销售科目依据

系统提供了两种设置存货销售科目的依据,即按存货分类和按存货设置销售科目。

①按存货分类:存货分类是指根据存货的属性对存货所划分的大类。

②按存货:如果存货种类不多,可以直接针对不同的存货设置不同的销售科目。

(5)月末结账前是否全部生成凭证

在账套使用过程中可以修改该选项。如果选择了月末结账前需要将全部的单据和业务处理生成凭证,则在进行月末结账时将检查截至结账月是否有未制单的单据和业务处理。若有,系统将提示不能进行本次月结处理,但可以详细查看这些记录;若没有,才可以继续进行本次月结处理。

如果选择了在月末结账前不需要将全部的单据和业务处理生成凭证,则在月结时只是允许查询截至结账月的未制单单据和业务处理,不进行强制限制。

(6)方向相反的分录是否合并

本设置是指科目相同、辅助项相同、方向相反的凭证分录是否合并。

选择合并,则在制单时若遇到满足合并要求的分录,系统自动将这些分录合并成一条,根据在哪边显示为正数的原则来显示当前合并后分录的显示方向。

选择不合并,则在制单时若遇到满足合并要求的分录,则不能合并这些分录,而是根据原样显示在凭证中。

(7)核销是否生成凭证

核销是否需要生成凭证,缺省为否,可以随时修改。

选择"否",不管核销双方单据的入账科目是否相同,均不需要对这些记录进行制单。

选择"是",则需要判断核销双方的单据当时的入账科目是否相同,不相同时,需要生成一张调整凭证。

(8)预收冲应收是否生成凭证

系统缺省选择需要生成凭证,该选项可以随时修改。

选择“是”，则对于预收冲应收业务，当预收、应收科目不相同时，系统生成一张转账凭证。

选择“否”，则对于预收冲应收业务，不管预收、应收科目是否相同，均不生成凭证。

(9)红票对冲是否生成凭证

若用户在系统选项中选择红票对冲生成凭证，则对于红票对冲处理，当对冲单据所对应的受控科目不相同时，系统生成一张转账凭证。

选择需要生成凭证的情况下，月末结账时，将对红票对冲处理分别进行有无需要生成凭证的记录的检查。

选择不生成凭证，则对于红票对冲处理，不管对冲单据所对应的受控科目是否相同，均不生成凭证。

(10)凭证是否可编辑

系统默认的选项是凭证生成后仍可进行编辑，选项为空；如果对该选项进行标记，则意味着生成的凭证不可编辑。

(11)单据审核后是否立即制单

默认选择为“是”，表示所有单据审核或业务处理后需要提示是否立即生成凭证。

选择为“否”，则表示所有单据审核或业务处理后不再提示是否立即生成凭证。

(12)收付款单制单表体科目不合并

默认为不选择此项，表示收付款单制单时要依据制单的业务规则进行合并。选择此项，则表示收付款单制单时表体科目无论是否科目相同、辅助项相同，制单时均不合并。

(13)应收单制单表体科目不合并

默认为不选择此项，表示应收单制单时要依据制单的业务规则进行合并。选择此项，则表示应收单制单时表体科目无论是否科目相同、辅助项相同，制单时均不合并。

3)权限与预警参数设置

在账套参数设置界面单击“权限与预警”页签，进入设置界面，如图8.9所示。

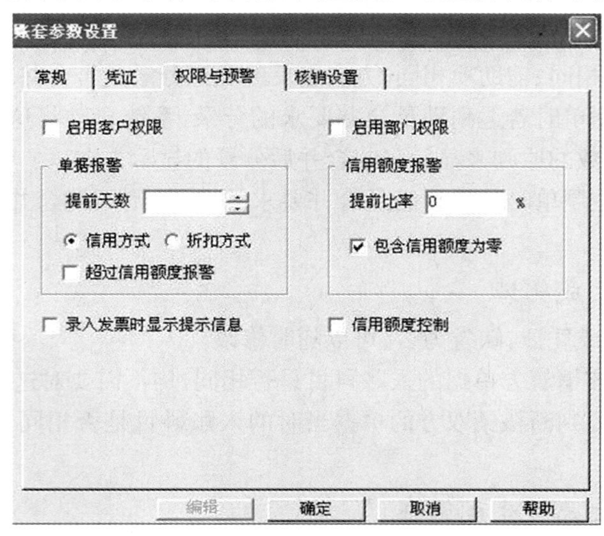

图8.9 “权限与预警”页签设置

权限与预警参数说明如下：

(1)是否启用客户权限

只有在“企业门户控制台”→“数据权限控制设置”下对客户进行级数据权限控制时，该选项才可设置；账套参数中对客户的记录级权限不进行控制时，应收款管理系统不对客户进行数据权限控制。

选择启用：在所有的单据录入、处理、查询中均需要根据该用户的相关客户数据权限进行限制。操作员只能录入、处理、查询有权限的客户的数据；对于没有权限的数据，操作员无权处理与查询。通过该功能，企业可加强客户管理的力度，提高数据的安全性。

选择不启用：在所有的单据录入、处理、查询中均不需要根据该用户的相关客户数据权限进行限制。

(2)是否启用部门权限

只有在“企业门户控制台”→“数据权限控制设置”下对部门进行记录级数据权限控制时，该选项才可设置；账套参数中对部门的记录级权限不进行控制时，应收款管理系统不对部门进行数据权限控制。

选择启用：在所有的单据录入、处理、查询中均需要根据该用户的相关部门数据权限进行限制。操作员只能录入、处理、查询有权限的部门的数据；对于没有权限的数据，操作员无权处理与查询。通过该功能，企业可加强部门管理的力度，提高数据的保密性。

选择不启用：在所有的处理、查询中均不需要根据该用户的相关部门数据权限进行限制。系统缺省不需要进行部门数据权限控制，该选项可以随时修改。

(3)录入发票时是否显示提示信息

在账套使用过程中，用户可以修改该参数。如果选择了显示提示信息，则在录入发票时，系统会显示该客户的信用额度余额以及最后的交易情况。如果想提高录入的速度，在录入发票时，可以选择不提示任何信息。

(4)单据报警

如果选择了根据信用方式报警，则还需要设置报警的提前天数。

如果选择了根据折扣方式自动报警，则还需要设置报警的提前天数。

如果选择了超过信用额度报警，则在满足上述设置的单据报警条件的同时还需满足“该客户已超过其设置的信用额度”这个条件才报警。

(5)是否进行信用额度控制

如果选择了进行信用额度控制，则在应收系统保存录入的发票和应收单时，当票面金额+应收借方余额-应收贷方余额>信用额度时，系统会提示本张单据不予保存处理。该信用额度取自客户档案中的信用额度。若用户需要进行信用额度控制，则首先需要在客户档案中设置每个客户的信用额度。

如果选择了不进行信用额度的控制，则在保存发票和应收单时不会出现控制信息。

(6)信用额度报警

用户可以选择是否需要根据客户的信用额度进行报警。系统计算发票或应收单的信用比例是否达到报警条件，符合条件则显示信用额度报警单。若登录的用户没有信用额度报警单查看权限，即使设置了报警，也不显示该报警单信息。

当选择报警时，系统根据设置的报警标准显示满足条件的客户记录。只要该客户的信用比率小于或等于设置的提前比率，就对该客户进行报警处理。

4）核销设置

在账套参数设置界面单击“核销设置”页签，进入核销设置界面，如图8.10所示。

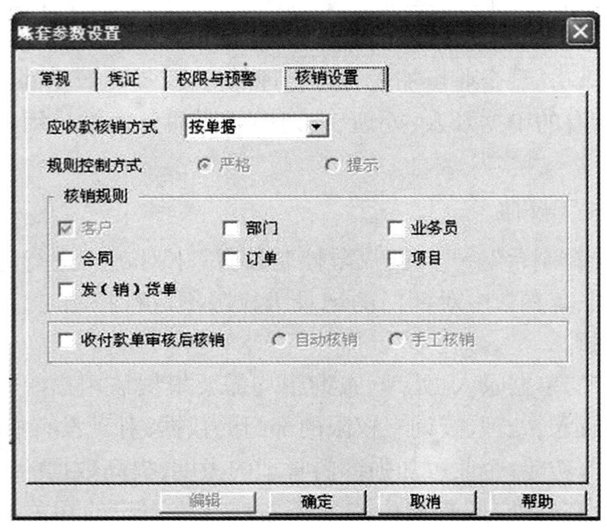

图8.10 核销设置

（1）应收款核销方式

系统提供两种应收款核销方式：按单据或按产品核销。

按单据核销：系统将满足条件的未结算单据全部列出，由用户选择要结算的单据，根据选择的单据进行核销。

按产品核销：系统将满足条件的未结算单据按存货列出，由用户选择要结算的存货，根据选择的存货进行核销。

（2）规则控制方式

默认为“严格”。如果选择严格的控制方式，则核销时严格按照选择的核销规则进行核销，如不符合核销规则，则不能完成核销操作。

选择“提示”，则核销时不符合核销规则，系统会提示，由用户选择是否完成核销操作。

（3）核销规则

“核销规则”默认为按客户核销。可供选择的有按客户、部门、业务员、订单、合同、项目、发（销）货单核销。

“收付款单审核后核销”选项默认为不选择，表示收付款单审核后不立即进行核销操作。如果选择自动核销，则表示收付款单审核后立即进行自动核销操作；选择手工核销，则表示收付款单审核后立即进入手工核销界面，由用户手工完成核销。

8.2.2　初始设置

1）科目设置

初始设置中将各业务类型凭证中的常用科目预先设置好，生成凭证时，系统就会自动把相应科目带入。科目设置包括基本科目设置、控制科目设置、产品销售科目设置、结算方式科目设置。

(1)基本科目设置

可以在此定义应收系统凭证制单所需要的基本科目，如应收科目、预收科目、销售收入科目、税金科目等。若未在单据中指定科目，且在“控制科目设置与产品科目设置”中没有设置明细科目，则系统制单依据制单规则取基本科目设置中的科目设置。

【例8.3】本企业的应收款系统初始化基本科目设置要求：应收科目1122；预收科目2203；销售收入科目6001；应交增值税科目22210105。

［操作步骤］

依次单击“业务工作”→“财务会计”→“应收款管理”→“设置”→“初始设置”，进入“初始设置”窗口，按资料配置相关信息，如图8.11所示。

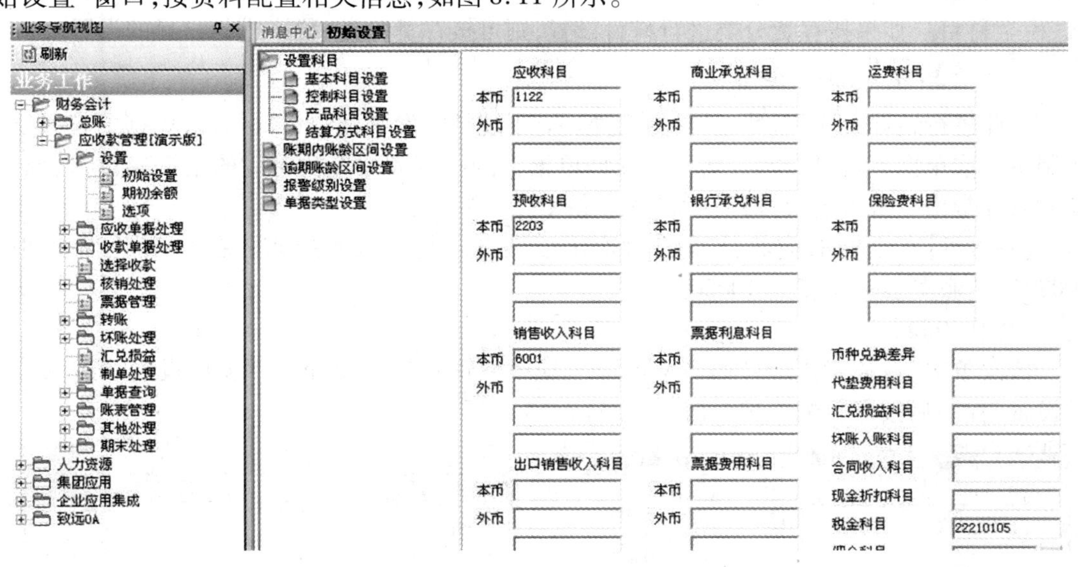

图8.11　基本科目设置

(2)控制科目设置

在此进行应收科目、预收科目的设置。依据在系统选项中的“控制科目依据”选项而显示设置依据，可按客户、地区、销售类型、存货来分类，进行控制科目的设置。若单据上有科目，则制单时取单据上科目；若无，则系统依据单据上的客户信息在制单时自动带出控制科目。若控制科目没有输入，则系统取基本科目设置中的应收、预收科目。

【例8.4】本企业的应收款系统初始化控制科目设置要求：所有客户的控制科目—应收

科目 1122;预收科目 2203。

[操作步骤]

依次单击“业务工作”→“财务会计”→“应收款管理”→“设置”→“初始设置”,进入“初始设置”窗口后按资料配置相关信息,如图 8.12 所示。

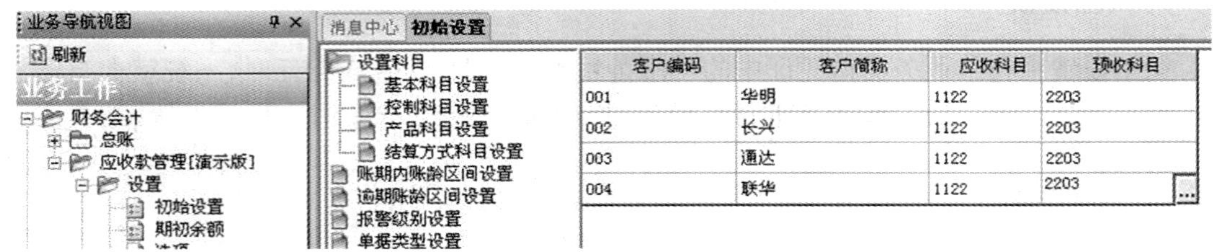

图 8.12 控制科目设置

(3)产品科目设置

在此进行销售收入科目、应交增值税科目、销售退回科目的设置。依据用户在系统初始化中的“销售科目依据”选项而显示设置依据。可按存货分类进行产品科目的设置。若单据上有科目,则制单时取单据上科目;若无,则系统依据单据上的存货信息在制单时自动带出产品销售收入科目、税金科目等。若产品科目没有输入,则系统取基本科目设置中的销售收入、税金科目。如果按存货分类进行科目设置,则可按存货分类+税率进行科目的设置。

(4)结算方式科目设置

在此进行结算方式、币种、科目的设置。对于现结的发票及收付款单,若单据上有科目,则制单时取单据上科目;若无,则系统依据单据上的结算方式查找对应的结算科目,系统制单时自动带出。若未输入,则用户需手工输入凭证科目。

【例 8.5】本企业的应收款系统初始化结算方式科目设置要求:现金支票—人民币、100201;转账支票—人民币、100201。

[操作步骤]

依次单击“业务工作”→“财务会计”→“应收款管理”→“设置”→“初始设置”,进入“初始设置”窗口后按资料配置相关信息,如图 8.13 所示。

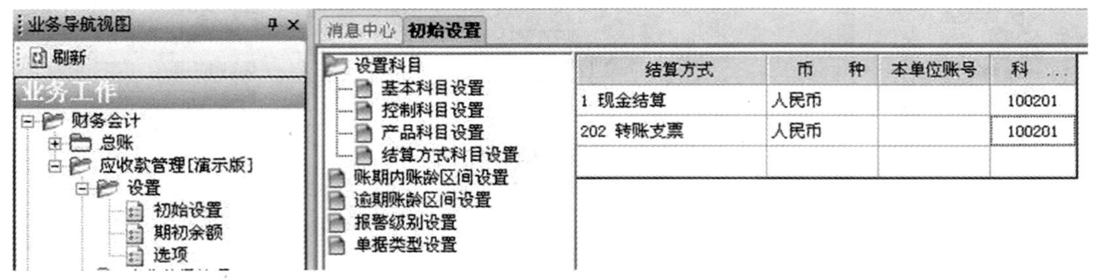

图 8.13 结算方式科目设置

2)坏账初始设置

坏账初始设置是指用户定义本系统内计提坏账准备比率和设置坏期初余额的功能。其作用是系统根据用户的应收账款进行计提坏账准备。企业应于期末针对不包含应收票据的应收款项计提坏账准备,其基本方法包括销售收入百分比法、期末应收账款余额百分比法、应收账款账龄百分比法等。用户可以在此设置计提坏账准备的方法和计提的有关参数。

坏账初始设置根据应收系统选项中所设置的坏账处理方式的不同而处理不同。如果选项中选择了备抵法中的某一种方法,就需要在这个界面进行设置。

如果选择的是销售收入百分比法,则需用户录入坏账准备期初余额和坏账计提比率。

如果选择的是应收余额百分比法,则需用户录入坏账准备期初余额和坏账计提比率。

如果选择的是账龄分析法,则需用户录入坏账准备期初余额、选择账龄区间方案、针对账龄区间方案录入相应账龄区间的坏账计提比率。

【例8.6】本企业的应收款系统初始化坏账准备设置:提取比例为0.5%;坏账准备期初余额788;坏账准备科目1231;对方科目6701。

[操作步骤]

依次单击“业务工作”→“财务会计”→“应收款管理”→“设置”→“初始设置”,进入“初始设置”窗口并按资料配置相关信息,如图8.14所示。

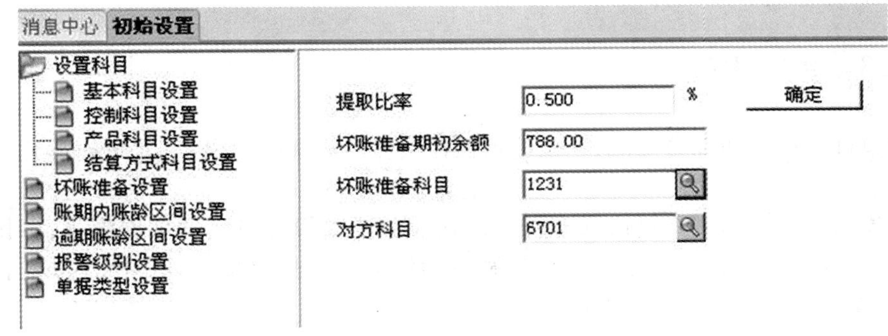

图8.14 坏账准备设置

3)账期内账龄区间设置

账期内账龄区间设置是指用户定义账期内应收账款或收款时间间隔的功能,其作用是便于用户根据自己定义的收款时间间隔,进行账期内应收账款或收款的账龄查询和账龄分析,清楚地了解在一定期间内所发生的应收款、收款情况。

4)逾期账龄区间设置

逾期账龄区间设置是指用户定义逾期应收账款或收款时间间隔的功能,其作用是便于用户根据自己定义的收款时间间隔,进行逾期应收账款或收款的账龄查询和账龄分析,清楚地了解在一定期间内所发生的应收款、收款情况。

【例8.7】本企业的应收款系统初始化账期内账龄区间及逾期账龄区间:01——0~30天,总30天;02——31~60天,总60天;03——61~90天,总90天;04——91天以上

[操作步骤]

依次单击“业务工作”→“财务会计”→“应收款管理”→“设置”→“初始设置”,进入“初始设置”窗口并按资料配置相关信息,如图8.15所示。

5)报警级别设置

用户可以通过对报警级别的设置,将客户按照客户欠款余额与其授信额度的比例分为

不同的类型，以便于掌握各个客户的信用情况。

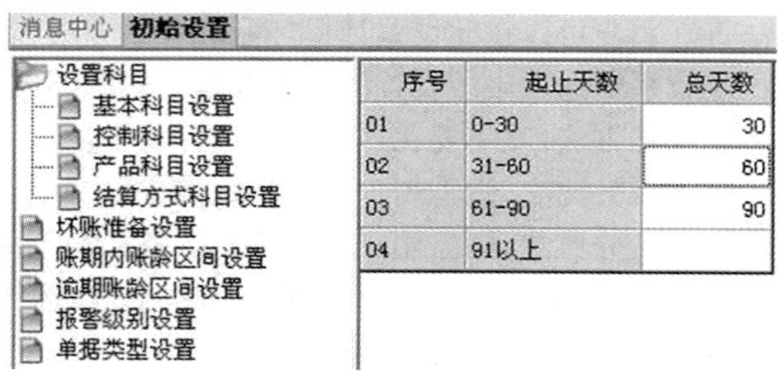

图 8.15　账期内账龄区间及逾期账龄区间

6）单据类型设置

单据类型设置是指用户将自己的往来业务与单据类型建立对应关系，达到快速处理业务以及进行分类汇总、查询、分析的效果。

8.2.3　单据设计

单据设计主要有两部分功能，一是进行操作员显示模板的定义；二是进行操作员打印模板的定义。

单据模板设置是指用户可依据自己的往来业务要求设计自己的单据模板，即操作员可与单据一一对应，其主要作用是可以充分利用操作员在单据模板设置中所建立的自定义单据模板，使单据更加符合操作员的需要。

8.2.4　期初余额录入

初次使用本系统时，要将启用应收系统时未处理完的所有客户的应收账款、预收账款、应收票据等数据录入本系统，以便于以后的核销处理，并且作为期初建账的数据。余额输入包括录入期初预收款、录入期初应收单、录入期初销售发票、期初对账等。

1）增加期初余额

【例 8.8】本企业的应收款系统初始化期初余额设置：

会计科目：应收账款（1122）　　　　余额：借 157 600 元

普通发票

开票日期	客户	销售部门	科目	货物名称	数量	含税单价	金额
2014-02-25	华明公司	销售部	1 122	键盘	1 992	50	99 600

增值税发票

开票日期	客户	销售部门	科目	货物名称	数量	无税单价	税率	金额
2014-03-10	长兴贸易公司	销售部	1 122	23 英寸液晶屏	18	2 500	17%	52 650

其他应收单

单据日期	客户	销售部门	科目	摘要	金额
2014-03-10	长兴贸易公司	销售部	1 122	代垫运费	5 350

[操作步骤]

①依次单击“业务工作”→“财务会计”→“应收款管理”→“设置”→“期初余额”,出现“期初余额—查询”对话框后单击“确定”按钮,进入“期初余额明细表”窗口后单击“增加”按钮,出现单据类别,选择销售普通发票单据类别,如图 8.16 所示。

②单击“确定”按钮,进入销售普通发票输入窗口,按资料输入相关内容并保存,如图 8.17 所示。

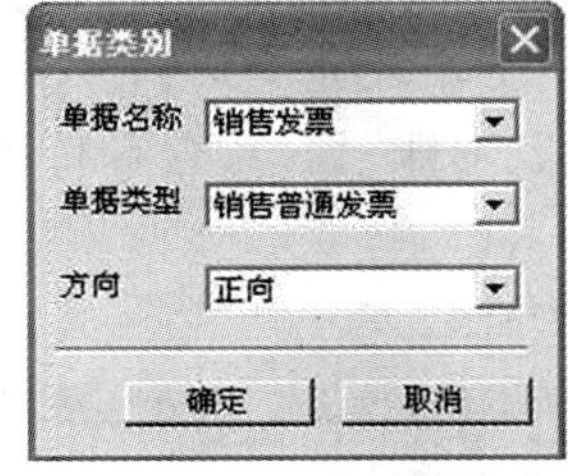

图 8.16 销售普通发票单据类别

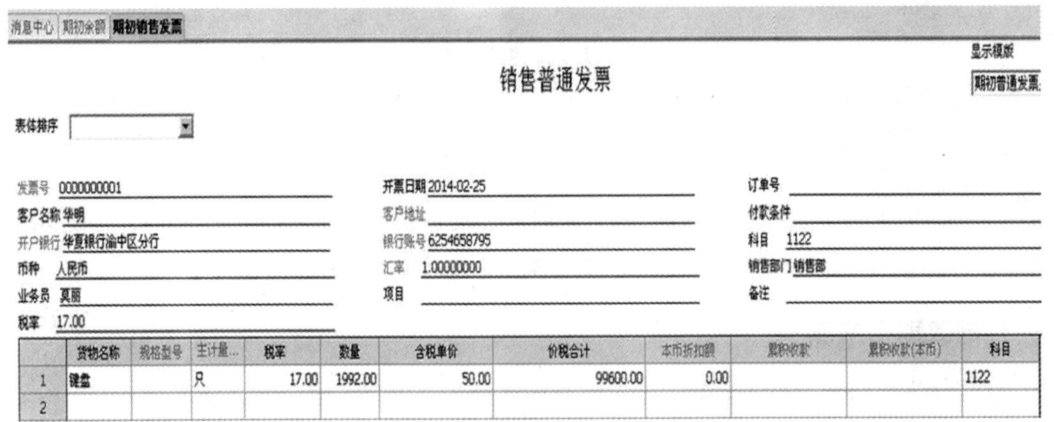
消息中心 期初余额 期初销售发票

销售普通发票

显示模版 期初普通发票

表体排序

发票号 0000000001　开票日期 2014-02-25　订单号

客户名称 华明　客户地址　付款条件

开户银行 华夏银行渝中区分行　银行账号 6254658795　科目 1122

币种 人民币　汇率 1.00000000　销售部门 销售部

业务员 莫丽　项目　备注

税率 17.00

	货物名称	规格型号	主计量...	税率	数量	含税单价	价税合计	本币折扣额	累积收款	累积收款(本币)	科目
1	键盘		只	17.00	1992.00	50.00	99600.00	0.00			1122
2											

图 8.17 销售普通发票录入

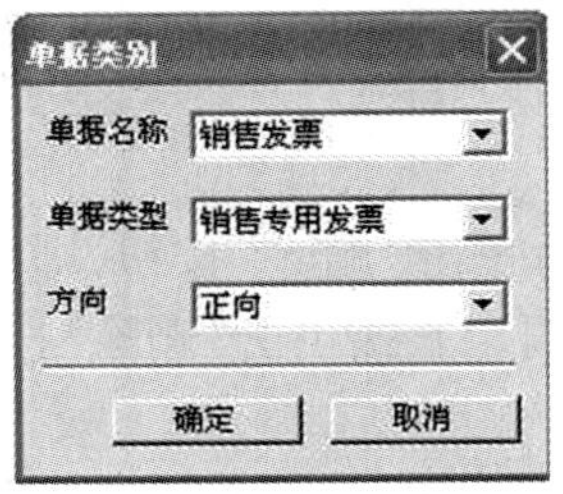

图 8.18 销售专用发票单据类别

③依次单击“业务工作”→“财务会计”→“应收款管理”→“设置”→“期初余额”,出现“期初余额—查询”对话框后单击“确定”按钮,进入“期初余额明细表”窗口后单击“增加”按钮,出现单据类别,选择销售专用发票单据类别,如图 8.18 所示。

④单击“确定”按钮,进入销售普通发票输入窗口后按资料输入相关内容,最后保存,如图 8.19 所示。

消息中心 期初余额 期初销售发票

销售专用发票

表体排序

开票日期 2014-03-10　发票号 0000000001　订单号

客户名称 长兴　客户地址 天津市滨海新区德顺路8号　电话

开户银行 建行滨海新区分行　银行账号 425879658　税号 2545642123565625

付款条件　税率 17.00　科目 1122

币种 人民币　汇率 1.00000000　销售部门 销售部

业务员 莫丽　项目　备注

	货物编号	货物名称	规格...	主计量单位	税率	数量	无税单价	含税单价	税额	无税金额	价税合计
1	003	23英寸液晶屏		台	17.00	18.00	2500.00	2925.00	7650.00	45000.00	52650.00

图 8.19 销售专用发票录入

⑤依次单击“业务工作”→“财务会计”→“应收款管理”→“设置”→“期初余额”，出现“期初余额—查询”对话框后单击“确定”按钮，进入“期初余额明细表”窗口后单击“增加”按钮，出现单据类别，选择其他应收单单据类别，如图 8.20 所示。

单据类别
单据名称 应收单
单据类型 其他应收单
方向 正向
确定 取消

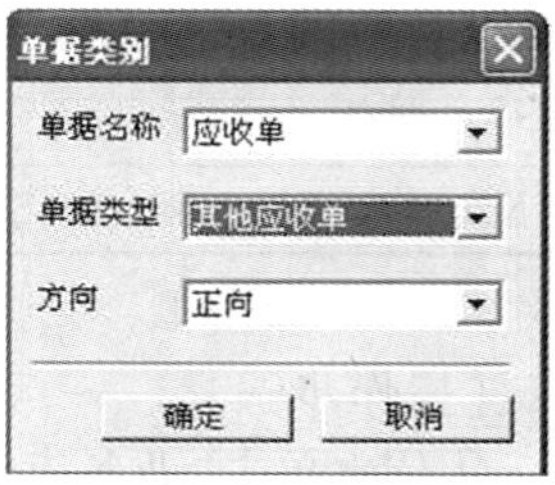

图 8.20 其他应收单单据类别

⑥单击“确定”按钮，进入销售普通发票输入窗口后按资料输入相关内容，最后保存，如图 8.21 所示。

⑦输入完毕后，在“期初余额明细表”窗口单击对账，进入“期初对账”窗口，查看期初平衡否，如图 8.22 所示。

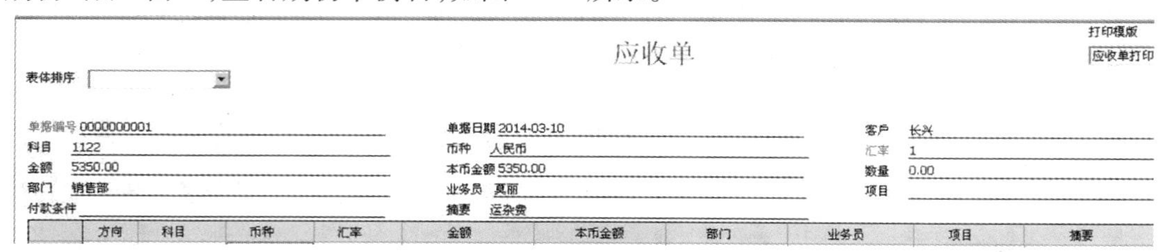

图 8.21 其他应收单录入

消息中心 期初余额 期初对账

科目		应收期初		总账期初		差额	
编号	名称	原币	本币	原币	本币	原币	本币
1122	应收账款	157,600.00	157,600.00	157,600.00	157,600.00	0.00	0.00
2203	预收账款	0.00	0.00	0.00	0.00	0.00	0.00
	合计		157,600.00		157,600.00		0.00

图 8.22 期初余额对账

2）修改期初余额

如果当前在期初余额主界面，则首先选中要修改的单据，然后双击鼠标，则可以进入该单据的界面。进入某张单据界面后，单击“修改”按钮，修改当前单据。修改完成后，单击“保存”按钮，保存当前修改；单击“放弃”按钮，取消此次修改。

3）删除期初余额

如果当前在期初余额主界面，则首先选中要删除的单据，然后单击“删除”按钮，则可以进入该单据的删除界面。如果当前已经处于某张单据的界面，则可以直接单击“删除”按钮，删除当前单据。

4）查询期初余额

在期初余额主界面中单击“过滤”按钮。输入查询条件后，单击“确认”按钮，系统会将满足条件的数据全部列示出来。用户可查看某个客户的期初余额，或者查看某个科目的期初余额。

5）单据定位

在期初余额主界面中单击“定位”按钮。输入定位条件后，单击“确认”按钮，系统会将光标定位在满足条件的第一条记录上。

6)期初余额排序

在期初余额主界面中单击任一列,可进行该列的升序或降序排列。

7)联查单据

联查单据有两种方法:一是将光标定位在需要查询的单据记录上,单击“单据”按钮,即可显示该单据卡片;二是双击需要查询的单据记录,即可显示该单据卡片。

8.2.5 设置开户银行信息

【例8.9】本企业开户银行信息的设置:
编码——01;名称——工商银行重庆分行渝中区支行;账号——831658796206。
[操作步骤]
依次单击“基础设置”→“基础档案”→“收付结算”→“本单位开户银行”,输入本单位开户银行信息,如图8.23所示。

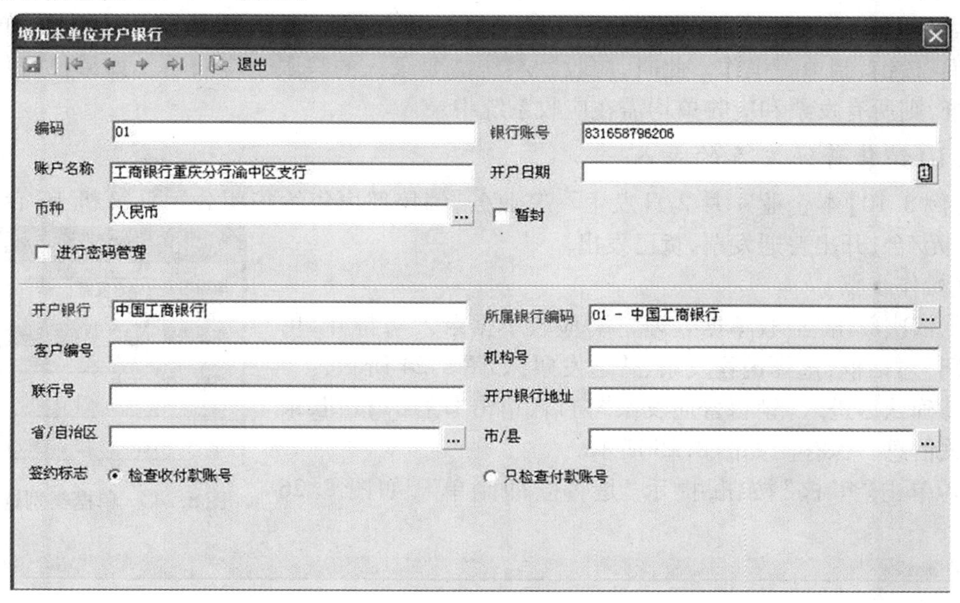

图8.23 开户银行信息的设置

8.3 日常业务处理

日常处理模块是应收款系统的重要组成部分,能够方便用户进行经常性的应收业务处理工作。日常业务模块主要是完成企业日常的应收款、收款业务录入,应收款、收款业务核销,应收并账、汇兑损益及坏账的处理,及时记录应收、收款业务的发生,为查询和分析往来业务提供完整、正确的资料,加强对往来款项的监督管理,提高工作效率。

应收账款日常业务处理必须先设置收发类别、销售类型。

收发类别表示存货的出入库类型,便于对存货的出入库情况进行分类、汇总和统计。其具体内容介绍在第 9 章供应链管理系统基础信息设置中介绍。

采购/销售类型是对采购销售业务的分类,用户可以根据企业的实际需要自行设定。其具体内容介绍在第 9 章供应链管理系统基础信息设置中介绍。

8.3.1 应收单据处理

手工处理:企业销售货物给客户,给客户开具增值税票、普通发票及其所附清单等原始销售票据,或企业因非销售业务而应收取客户款项而开具应收款单据。

系统处理:在系统中填制销售发票、出口发票、应收单,统称为应收单据。应收单据录入是本系统处理应收业务的起点。

1)应收单据录入

销售发票与应收单是应收款系统日常核算的原始单据。如果应收款系统与销售管理系统集成使用,销售发票和代垫费用在销售管理系统中录入,在应收款系统中可对这些单据进行查询、核销、制单等操作。此时,应收款系统需要录入的只限于应收单。如果没有使用销售系统,则所有发票和应收单均需在应收系统中录入。

(1)销售普通发票的录入

【例 8.10】本企业 4 月 2 日发生一笔业务,销售部出售给华明公司计算机 10 台,单价 6 500 元/台,开出普通发票,货已发出。

[操作步骤]

①依次单击“应收单据处理”→“应收单据录入”,打开“单据类别”对话框,选择销售发票、普通发票,如图 8.24 所示。

②确认后进入“销售普通发票”窗口,单击“增加”按钮,录入相关信息→保存。如图 8.25 所示。

③单击“审核”按钮,提示“是否立即制单”,如图 8.26 所示。

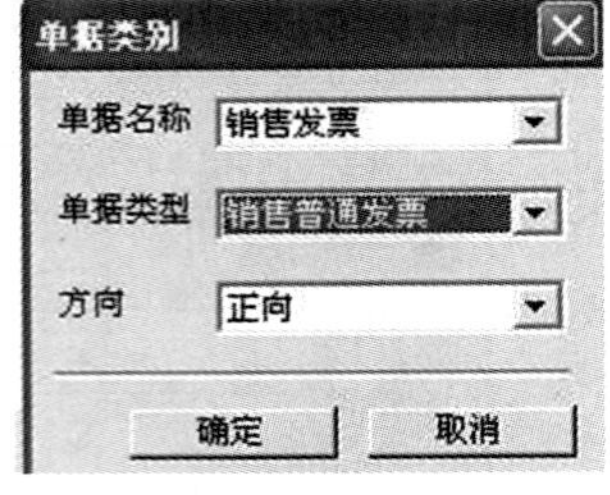

图 8.24 单据类别选择

消息中心 销售发票

销售普通发票

表体排序

发票号	0000000012	开票日期	2014-04-02	业务类型	
销售类型	经销	订单号		发货单号	
客户简称	华明	销售部门	销售部	业务员	莫丽
付款条件		客户地址		联系电话	
开户银行	华夏银行渝中区分行	银行账号	6254658795	税率	17.00
币种	人民币	汇率	1	备注	

	仓库名称	存货编码	存货名称	规格...	主计量	数量	报价	含税单价	无税单价	无税金额	税额	价税合计	税率(%)
1		006	计算机		台	10.00	0.00	6500.00	5555.56	55555.56	9444.44	65000.00	17.00

图 8.25 销售普通发票

④单击“是”按钮,进入凭证生成窗口,修改凭证类型和制单日期,单击“保存”按钮。

图 8.26　制单提示

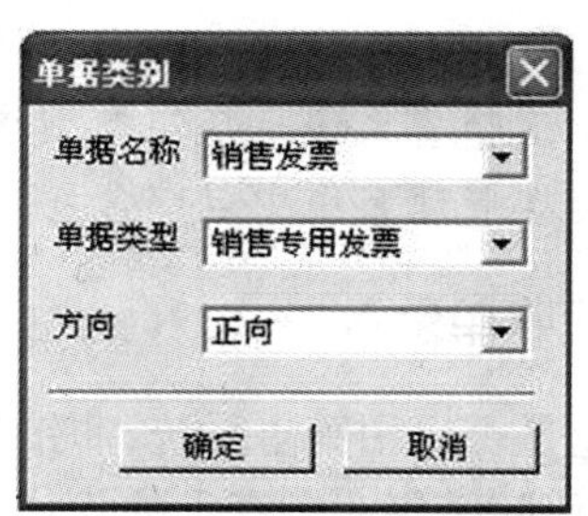

图 8.27　单据类别选择

(2)销售专用发票的录入

【例 8.11】4 月 4 日，销售部出售通达公司 23 英寸液晶屏 20 台，单价 2 500 元/台，开出增值税发票。货已发出。

[操作步骤]

①依次单击“应收单据处理”→“应收单据录入”，打开“单据类别”对话框，选择销售发票、销售专用发票，如图 8.27 所示。

②确认后进入“销售普通发票”窗口，单击“增加”按钮，录入相关信息，最后保存，如图 8.28 所示。

③单击“审核”按钮，提示“是否立即制单”。

④单击“是”按钮，进入凭证生成窗口，修改凭证类型和制单日期，再单击“保存”按钮。

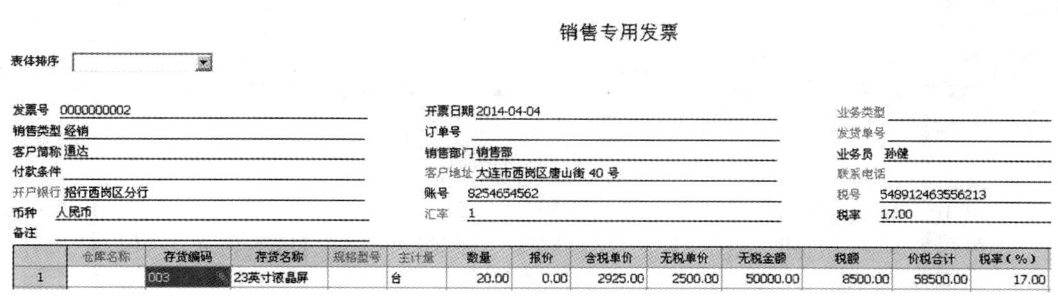

图 8.28　销售专用发票

温馨提示

✧ 增加销售发票。如果没有启用销售管理系统，则在应收管理系统“应收单据录入”下录入，发票则依据原始发票上的项目进行录入。若遇到系统没有提供的项目，用户可以通过“自定义项”进行项目的添加。若系统提供的单据格式不符合用户的要求，用户可以通过“单据设计”将单行修改。如果录入的是红字发票，则在“应收单据录入”单据类别中选择方向为负的发票。

✧ 修改销售发票。如果没有启用销售系统，若用户发现销售发票写错了，则可以在应收系统“应收单据录入”下对销售发票进行修改。除单据的名称和类型不能进行修改外，其他都可以修改。如果启用销售系统，从销售系统传递的销售发票不允许在应收款管理系统中修改，用户需销售管理系统中对销售发票取消复核后进行修改。

✧ 删除销售发票。如果没有启用销售系统，发现录入的发票作废，用户可以在应收管理

“应收单据录入”下把录入的销售发票删除。

✧ 启用销售系统。从销售系统传递的销售发票不允许在应收管理系统中删除，用户需要在管理系统中对销售发票取消复核后进行删除。单据删除后不能恢复。

2）应收单录入

无论是否启用销售系统，非销售业务形成的应收单都在应收系统中录入单据。除销售发票外，伴随销售业务产生的代垫费用形成的应收款也是在销售系统启用下，在销售系统录入，并传递给应收系统。在系统选项中，可选择用哪种应收单来接收代垫费信息。若没有启用销售系统，则伴随销售业务的产生，代垫费由应收款系统进行录入。

【例 8.12】本公司 4 月 4 日，销售部出售通达公司 23 英寸液晶屏 20 台，货已发出，同时代垫运费 5 000 元。

［操作步骤］

①依次单击“应收单据处理”→“应收单据录入”，打开“单据类别”对话框后选择应收单、其他应收单，如图 8.29 所示。

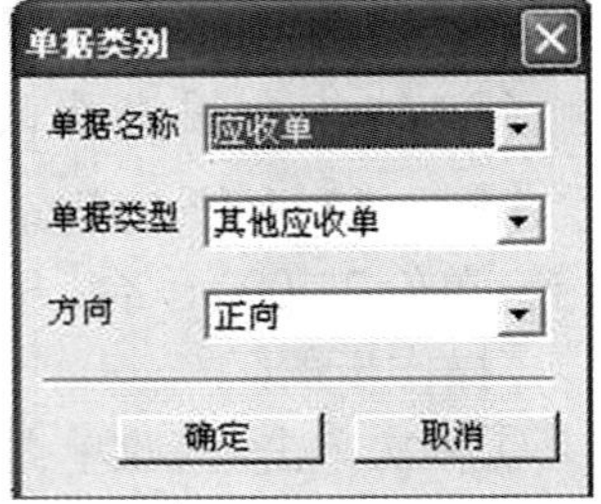

图 8.29 单据类别选择

②确认后进入“应收单”窗口，再单击“增加”按钮，录入相关信息后保存，如图 8.30 所示。

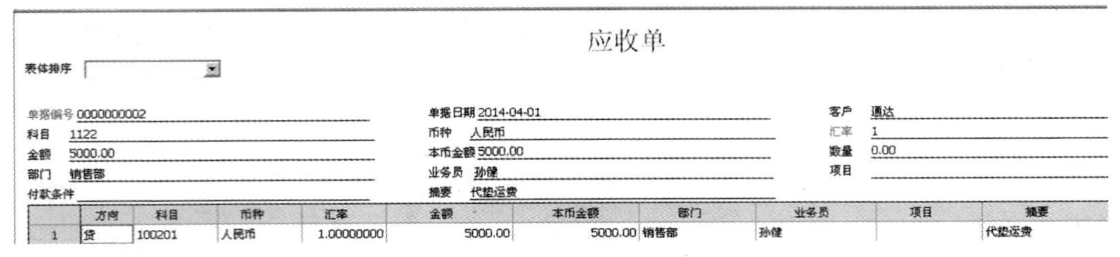

图 8.30 应收单

③单击“审核”按钮，提示“是否立即制单”。

④单击“是”按钮，进入凭证生成窗口，修改凭证类型和制单日期，再单击“保存”按钮。

3）应收单据审核

应收单据的审核是指把应收单据进行记账，并在单据上填上审核日期、审核人的过程。已审核的应收单据不允许修改及删除。

在销售系统中增加的发票也在应收款管理系统中审核入账；在销售系统中录入的发票若未经复核，则不能在应收款管理系统中审核。

已经审核过的单据不能进行重复审核；未经审核的单据不能进行弃审处理。已经做过后续处理（如核销、转账、坏账、汇兑损益等）的单据不能进行弃审处理。

系统对审核提供单张审核、自动批审、手工批审等功能，以提高工作效率。

（1）单张审核

只需要找到要确认的发票和应收单，单击“审核”按钮即可。对于本系统录入的应收单据，可以在“应收单据录入”下录入单据后直接进行审核。对于从销售系统传递的应收单据，用户可以在“应收单据审核”下进行审核。在“应收单据审核”下也可以对应收系统录入的应收单据进行审核。

(2)自动批审

用鼠标单击“应收单据处理”下的“应收单据审核”按钮,系统显示查询条框。输入查询条件后,用户可以单击“批审”按钮,系统根据当前的过滤条件将符合条件的未审核单据全部进行后台的一次性审核处理。批审完成后,系统提交审核报告。

(3)手工批审

用户也可在输入过滤条件后,进入单据列表界面进行选择。在选择标志一栏里,双击鼠标打对勾,然后单击工具栏中的“审核”按钮,表示要将该张单据审核。用户也可以单击“全选”按钮,将所有的单据全部选中;单击“取消”按钮取消所作的选择。

(4)取消审核

①手工处理。在实际业务中,会发生一些输入错误或者一些正在进行的业务因某种原因而改变,企业会计需要根据不同的情形进行调整记账。

②系统处理。系统对这方面的处理是通过取消审核功能,将此笔业务信息从应收明细账中抹去,同时清空审核人和审核日期,回到未审核的状态。此时,用户可以根据实际情况对该应收单据进行修改或删除。

8.3.2 收款单据处理

收款单据处理主要是对结算单据(收款单、付款单即红字收款单)进行管理,包括收款单、付款单的录入以及单张结算单的核销。应收款系统的收款单用来记录企业所收到的客户款项性质,包括应收款、预收款、其他费用等。其中,应收款、预收款性质的收款单将与发票、应收单、付款单进行核销勾对。应收款系统的付款单用来记录发生销售退货时企业开具的退付给客户的款项。该付款单可与应收、预收性质的收款单以及红字应收单、红字发票进行核销。

1)收款单据录入

收款单据录入是将已收到的客户款项或退回客户的款项录入应收款系统,包括收款单与付款单(即红字收款单)的录入。

(1)录入收款单

收到客户款项时,该款项有三种可能用途:一是客户结算所欠货款;二是客户提前支付的预付款;三是用于支付其他费用。在应收款系统中,系统用款项类型来区别不同的用途。如果同一张收款单同时有几种用途,那么应该在表体记录中分行显示。

【例8.13】4月5日,收到华明公司交来转账支票一张,金额65 000元,支票号ZZ001,用以归还前欠货款。

[操作步骤]

①依次单击“收款单据处理”→“收款单据录入”,进入“收款单据录入”窗口,单击“增加”按钮,录入相关信息(结算方式、结算科目及金额必录)后保存,如图8.31所示。

②单击“审核”按钮,提示“是否立即制单”。

③单击“是”按钮，进入凭证生成窗口，修改凭证类型和制单日期，再单击“保存”按钮。

消息中心 收付款单录入

收款单

表体排序

单据编号 0000000001　日期 2014-04-05　客户 华明
结算方式 转账支票　结算科目 100201　币种 人民币
汇率 1　金额 65000.00　本币金额 65000.00
客户银行 华夏银行渝中区分行　客户账号 6254658795　票据号
部门 销售部　业务员 莫丽　项目
摘要

	款项类型	客户	部门	业务员	金额	本币金额	科目	项目	本币余额	余额
1	应收款	华明	销售部	莫丽	65000.00	65000.00	1122		65000.00	65000.00

图 8.31　收款单

温馨提示

✧ 若要对单据进行修改、删除、审核、制单等处理，具体操作同应收单据录入。

(2)录入付款单

付款单用来记录发生销售退货时企业开具的退付给客户的款项。该付款单可与应收、预收性质的收款单、红字应收单、红字发票进行核销。

在收款单录入界面，单击“切换”按钮，可以在收款与付款单之间进行切换，就可以录入付款单了。

(3)核销处理

在收款单录入界面执行单据审核后，可以直接进行核销处理，也可以在“日常处理”→“核销处理”下进行核销。

【例 8.14】4 月 7 日，收到长兴贸易公司交来转账支票一张，金额 100 000 元，支票号 ZZ002，用以归还前欠货款及代垫运费，剩余款转为预收账款。

[操作步骤]

①依次单击“收款单据处理”→“收款单据录入”，进入“收款单据录入”窗口，单击“增加”按钮，录入相关信息(结算方式、结算科目及金额必录)后保存，如图 8.32 所示。

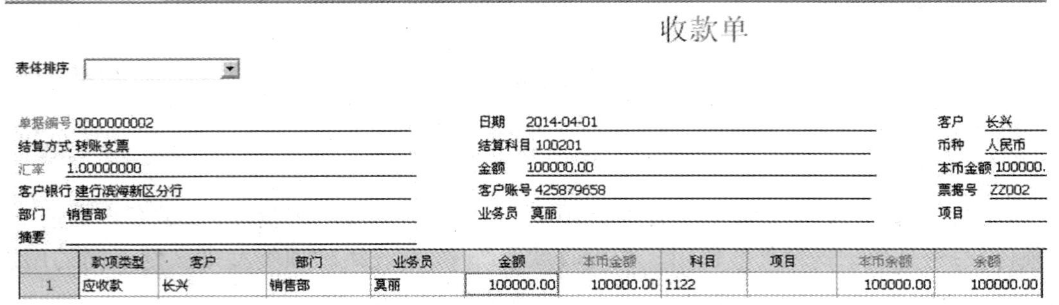

收款单

表体排序

单据编号 0000000002　日期 2014-04-01　客户 长兴
结算方式 转账支票　结算科目 100201　币种 人民币
汇率 1.00000000　金额 100000.00　本币金额 100000.
客户银行 建行滨海新区分行　客户账号 425879658　票据号 ZZ002
部门 销售部　业务员 莫丽　项目
摘要

	款项类型	客户	部门	业务员	金额	本币金额	科目	项目	本币余额	余额
1	应收款	长兴	销售部	莫丽	100000.00	100000.00	1122		100000.00	100000.00

图 8.32　收款单录入

②审核，提示“是否制单”，选择“否”后“核销”，录入核销金额(专用发票 52650，其他应收单 5350)→保存，如图 8.33 所示。

③单击“制单查询”选择收付款单制单，如图 8.34 所示。

④单击“确定”按钮，进入收付款制单界面，如图 8.35 所示。

⑤选择凭证类别和要制单凭证，单击“制单”按钮，自动生成凭证后保存。

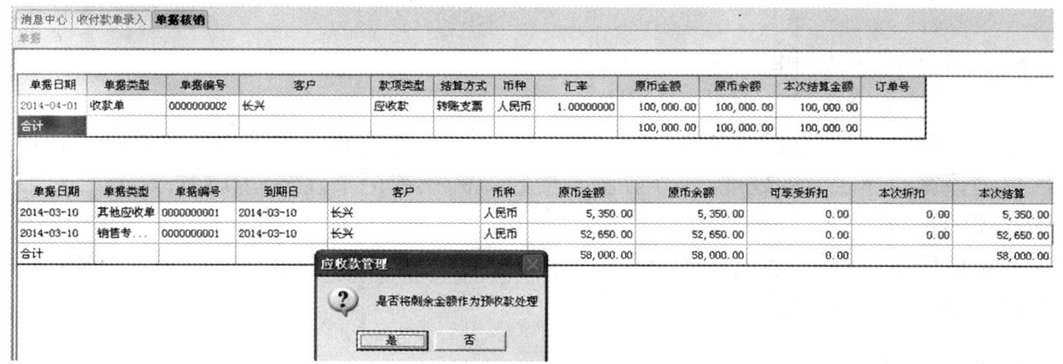

图 8.33 核销处理

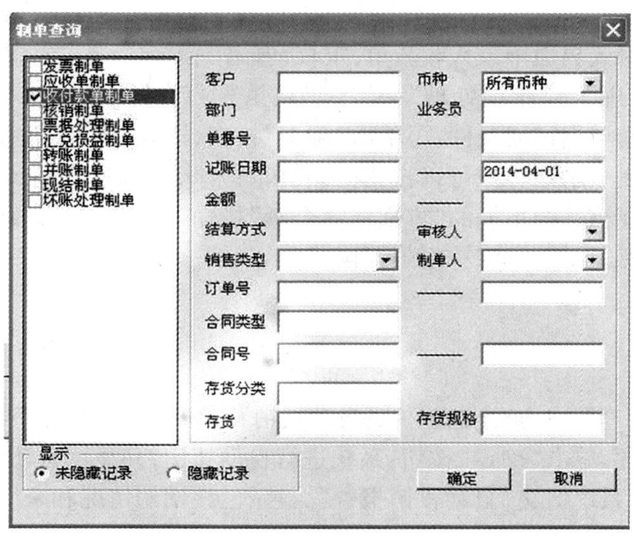

图 8.34 制单查询

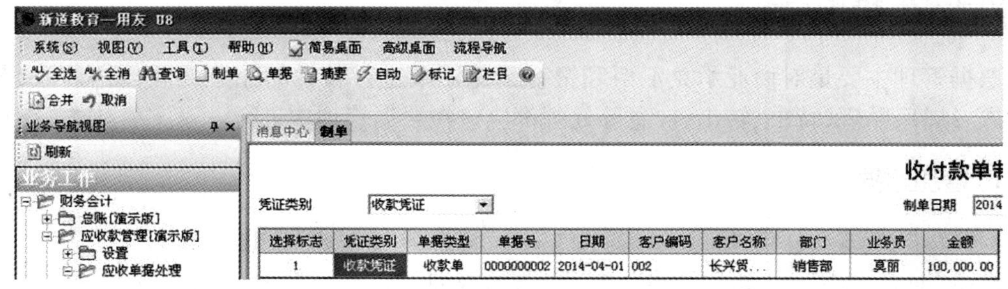

图 8.35 收付款制单

2)收款单据审核

在“结算单”界面中,系统提供手工审核、自动批审的功能。结算单列表界面中显示的单据包括全部已审核、未审核的收(付)款单,可以进行结算单的增加、修改、删除等操作。

8.3.3 核销处理

核销处理是指日常进行的收款核销应收款的工作。单据核销的作用是解决收回客户款项后核销该客商应收款的处理，建立收款与应收款的核销记录，监督应收款及时核销，加强往来款项的管理。

系统提供单张核销、手工核销和自动核销三种核销方式，单张核销已在前文“结算单处理”中介绍过，这里介绍后两种情况。

1)手工核销

[操作步骤]

①在收款单据录入界面中录入收款单，审核，退出。

②单击“日常处理”→“核销处理”→“手工核销”，打开“核销条件”对话框，选择客户，输入结算单和被核销单据过滤条件，再单击“确定”按钮，进入单据核销窗口。

③窗口上方列表显示该客户可以核销的结算单记录，下方列表显示该客户符合核销条件的对应单据。在要核销的单据的“本次结算金额”栏输入本次结算金额。

④单击“保存”按钮，完成本次核销操作。

2)自动核销

[操作步骤]

①单击“日常处理”→“核销处理”→“自动核销”，打开“核销条件”对话框。

②输入过滤条件，单击“确定”按钮，系统进行自动核销，并显示自动核销进度条。

③核销完成后，系统提交“自动核销报告”，显示已核销的情况和未核销的原因。

8.3.4 票据管理

票据管理主要是对商业承兑汇票和银行承兑汇票进行日常的业务处理，所有涉及票据的收入、结算、贴现、背书、转出、计息等处理都应该在票据管理中进行。

1)增加票据

[操作步骤]

单击“日常处理”→“票据管理”，打开“票据查询”对话框，单击“确定”按钮，进入“票据管理”窗口。录入票据内容后单击“确定”按钮，保存票据。

温馨提示

✧ 保存一张票据的结果是系统自动增加了一张收款单。依据票据生成的收款单不能进行修改。

✧ 商业承兑汇票不能有承兑银行。银行承兑汇票必须有承兑银行。

2)修改票据

发现已录入的票据有错，可以利用系统提供的修改功能修改票据内容。

3)票据贴现

票据贴现是指持票人因急需资金,将未到期的承兑汇票背书后转让给银行,贴给银行一定利息后收取剩余票款的业务活动。

[操作步骤]

单击“日常处理”菜单下的“票据管理”按钮,弹出“票据查询”对话框,输入各种条件后单击“确定”按钮,进入票据管理功能。选中一张票据,然后单击工具条上的“贴现”按钮,就可以对当前的票据进行贴现处理。

4)票据背书

当无法支付其他单位的欠款时,可以将自己拥有的票据背书冲减自己的应付款。

[操作步骤]

①在票据管理列表中单击需要背书的票据行,再单击“背书”按钮,打开“票据背书”对话框。

②选择背书方式。进行背书处理时,只能且必须从系统提供的背书方式中选择其中一种。可选择的内容有:冲销应付账款、其他。系统缺省选择“其他”。

③直接输入或参照输入背书日期。背书日期应晚于已经结账月,早于、等于当前业务月。

④背书金额是背书票据所冲抵的现金金额,可以直接输入。

⑤选择被背书单位。

⑥如果背书金额大于票据余额,系统自动将其差额作为利息,不能修改;如果背书金额小于票据余额,系统自动将其差额作为费用,不能修改。

⑦如果背书方式为“其他”,则应输入票据背书时所对应的相关科目,也可以为空。

⑧单击“确定”按钮,系统会自动将相应的信息写入票据登记簿中。如果被背书单位是供应商,系统会调出该供应商所有背书日期之前未结算完的单据以供核销。

温馨提示

✧票据背书后,将不能再对其进行其他处理。

✧当背书方式为“冲销应付账款”时,如果背书金额大于应付账款,则将剩余金额记为供应商的预付款,并结清该张票据。

5)票据转出

当票据到期而承兑单位无力付款时,应该将应收票据转入应收账款。

温馨提示

✧票据执行转出后,系统自动生成已审核的一张“应收单”。

✧票据转出后,不能再进行其他与票据相关的处理。

6)票据计息

票据分为带息票据和不带息票据。如果票据是一张带息票据,需要对其进行计息处理。进行票据计息时,只需输入“计息日期”,利息金额由系统自动计算得出,确认后,系统会自动把结果保存在票据登记簿中。

[操作步骤]

①单击“日常处理”菜单下的“票据管理”,弹出“票据查询”对话框,输入各种条件后单击“确定”按钮,进入票据管理主界面。

②选中一张票据,然后单击工具条上的“计息”按钮,就可以对当前的票据进行计息处理。分别选择所需的计息金额、开始计息日期和截止计息日期,进行票据计息。

③输入完毕后单击“确定”按钮,可保存前述的操作,系统会自动把结果保存在票据登记簿中。

7)票据结算

票据结算是指票据兑现。当票据到期、持票收款时,执行票据结算处理。进行票据结算时,结算金额不是票据余额,而是通过结算实际收到的现金等。

[操作步骤]

①单击“日常处理”菜单下的“票据管理”,弹出“票据查询”对话框,输入各种条件后单击“确定”按钮,进入票据管理主界面。

②选中一张票据,然后单击工具条上的“结算”按钮,就可以对当前的票据进行结算处理。输入完毕后,单击“确定”按钮,可保存前述的操作。

【例 8.15】4 月 9 日,华明公司交来转账支票一张,金额 10 000 元,支票号 ZZ003,作为预购酷睿双核处理器的定金。

[操作步骤]

①依次单击“收款单据处”→“收款单据录入”,进入“收款单据录入”窗口后单击“增加”按钮,录入相关信息(款项类型:预收款)后保存,如图 8.36 所示。

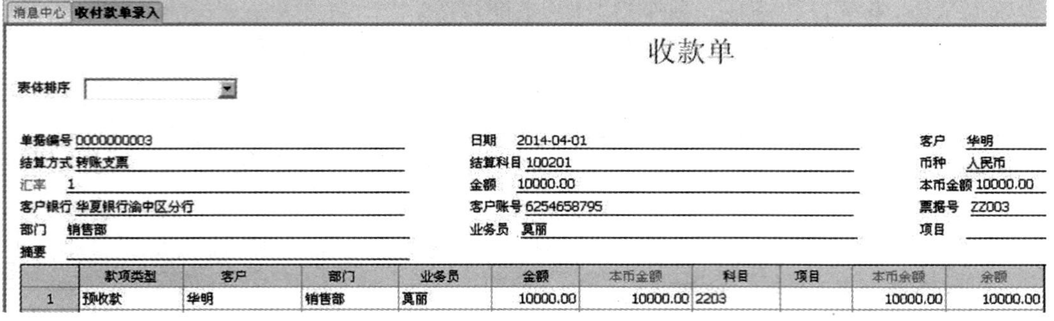

消息中心 收付款单录入

收款单

表体排序

单据编号	0000000003	日期	2014-04-01	客户	华明
结算方式	转账支票	结算科目	100201	币种	人民币
汇率	1	金额	10000.00	本币金额	10000.00
客户银行	华夏银行渝中区分行	客户账号	6254658795	票据号	ZZ003
部门	销售部	业务员	莫丽	项目	
摘要					

	款项类型	客户	部门	业务员	金额	本币金额	科目	项目	本币余额	余额
1	预收款	华明	销售部	莫丽	10000.00	10000.00	2203		10000.00	10000.00

图 8.36 预收款录入

②审核,提示“是否制单”,选择“是”,自动生成凭证,单击“保存”按钮。

8.3.5 转账处理

1)应收冲应收

应收冲应收是指将一家客户的应收款转到另一家客户的账户中。通过应收冲应收功能,将应收账款在客户之间进行转入、转出,实现应收业务的调整,解决应收款业务在不同客户间入错户或合并户问题。

【例 8.16】4 月 30 日，将通达公司购买 23 英寸液晶屏的应收款 58 500 元转给长兴贸易公司。

［操作步骤］

①依次单击“转账”→“应收冲应收”，进入“应收冲应收”窗口，录入相关信息（2014-04-10，通达公司、长兴贸易公司），如图 8.37 所示。

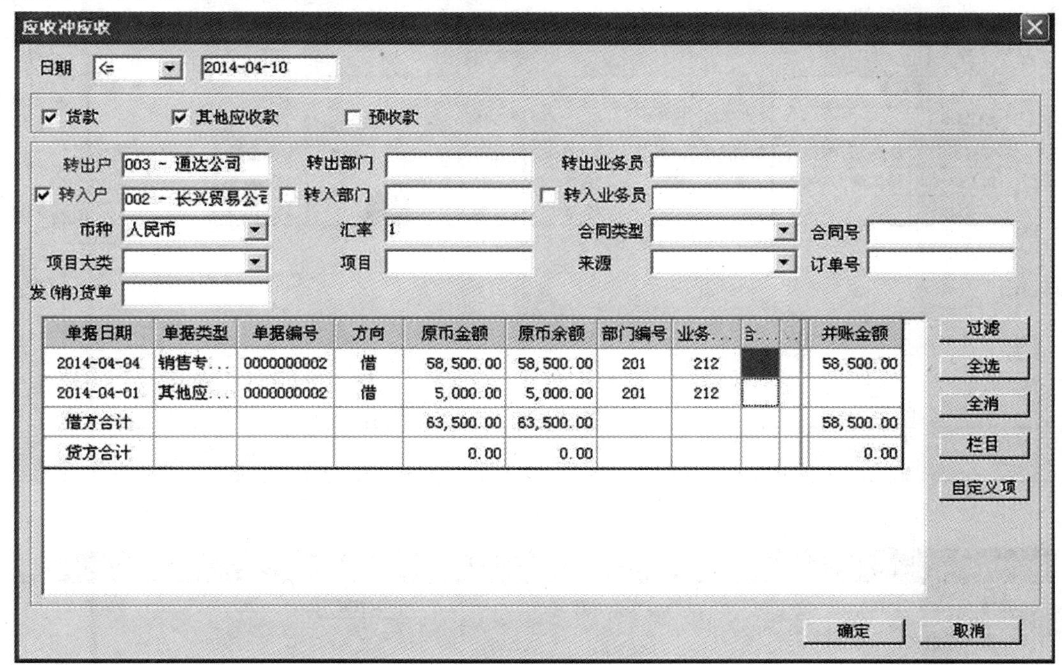

图 8.37　应收冲应收过滤

②过滤，列出通达公司未核销应收款后确认，系统提示“是否制单”，选择“是”后生成凭证。

温馨提示

✧ 每一笔应收款的转账金额不能大于其金额。

✧ 每次只能选择一个转入单位。

2）预收冲应收

预收冲应收通过预收冲应收处理客户的预收款与该客户应收欠款之间的核销业务。

【例 8.17】4 月 30 日，用华明公司交来的 10 000 元订金冲抵其期初应收款项。

［操作步骤］

①依次单击“转账”→“预收冲应收”，进入“预收冲应收”窗口，设置 2014-04-11，选“预收款”选项卡→华明公司→过滤，列出其预收款→输入转账金额，如图 8.38 所示。

②选“应收款”选项卡→华明公司→过滤，列出其应收款→输入转账金额，如图 8.39 所示。

③确认，系统提示“是否制单”，选择“是”，自动生成凭证，单击“保存”按钮。

温馨提示

✧每一笔应收款的转账金额不能大于其余额。

✧应收款的转账金额合计应该等于预收款的转账金额合计。

✧无论是手工输入的单据转账金额，还是自动分摊填入的转账金额，均不能大于该单据的余额。

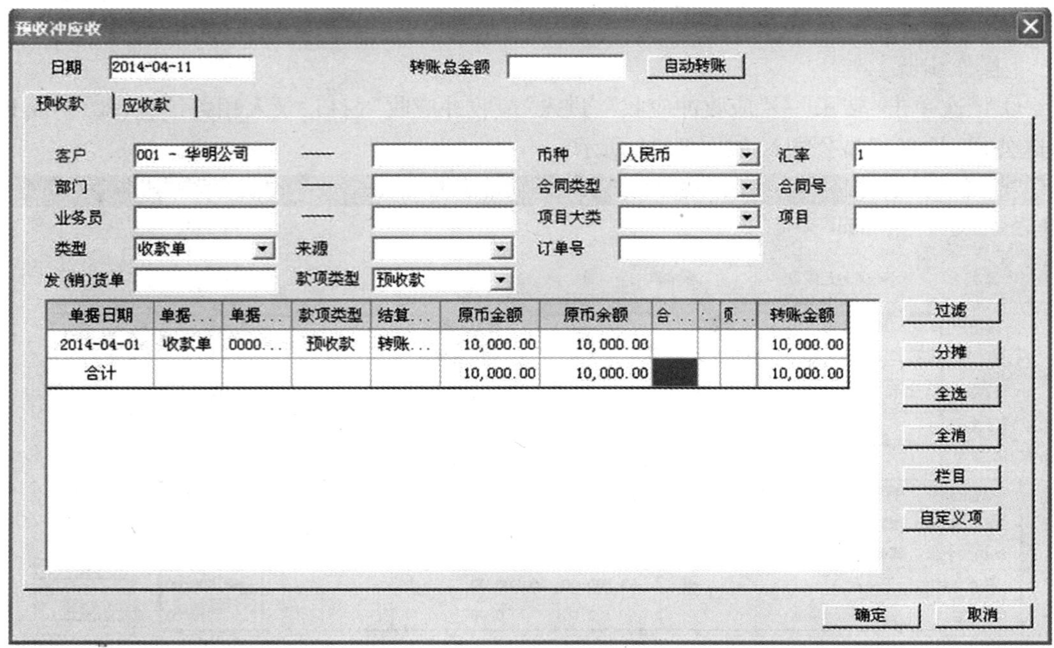

图 8.38　预收款选项

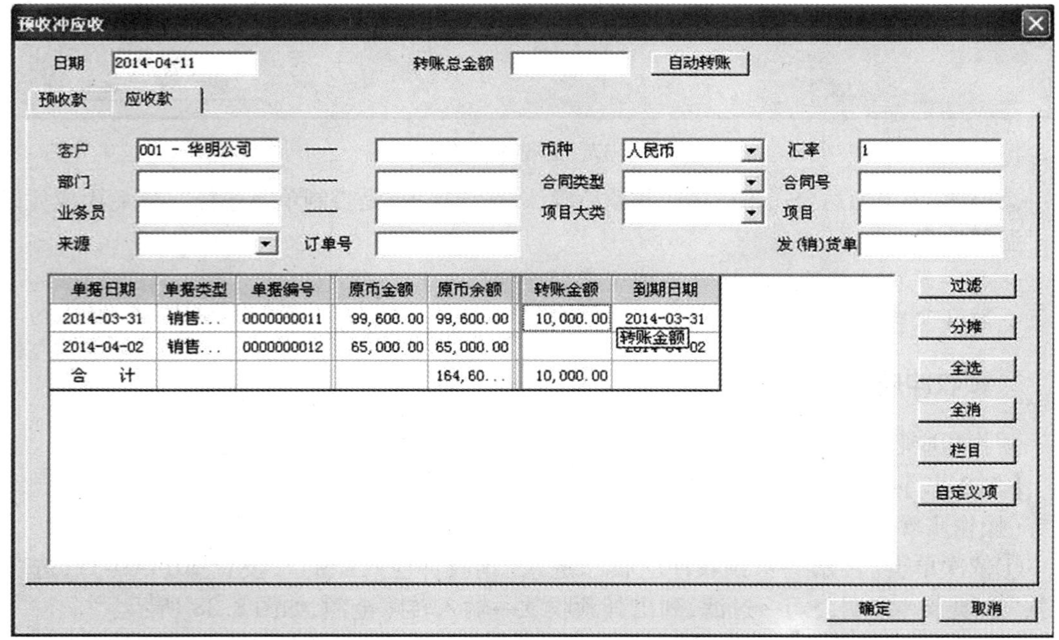

图 8.39　应收款选项

✧此处所说的"预收款"是指结算单表体款项类型为"预收款"的记录。

✧如果是红字预收款和红字应收单进行冲销,要把过滤条件中的"类型"选为"付款单"。

3)应收冲应付

应收冲应付用客户的应收账款来冲抵供应商的应付款项。系统通过应收冲应付功能将应收款业务在客户和供应商之间进行转账,实现应收业务的调整,解决应收债权与应付债务的冲抵。

4)红票对冲

红票对冲可实现客户的红字应收单据与其蓝字应收单据、收款单与付款单之间进行冲抵的操作。系统提供两种处理方式:自动对冲和手工对冲。

①自动对冲:可同时对多个客户依据红冲规则进行红票对冲,提高红票对冲的效率。自动红票对冲显示进度条,并提交自动红冲报告,用户可了解自动红冲的完成情况及失败原因。

②手工对冲:只能对一个客户进行红票对冲,可自行选择红票对冲的单据,提高红票对冲的灵活性。手工红票对冲时采用红蓝上下两个列表形式显示,红票记录全部采用红色显示,蓝票记录全部用黑色显示。

8.3.6 坏账处理

坏账处理是指系统提供的计提应收坏账准备处理、坏账发生后的处理、坏账收回后的处理等功能。坏账处理的作用是系统自动计提应收的坏账准备,当坏账发生时,即可进行坏账核销;当被核销坏账又收回时,即可进行相应处理。

进行坏账处理之前,应做好如下准备工作:首先在系统选项中选择坏账处理方式,然后在初始设置中设置坏账准备参数。

1)坏账发生

坏账发生是在应收款项不能收回时进行的坏账确认操作。用户通过本功能可以选定发生坏账的应收业务单据,确定一定期间内应收款发生的坏账,便于及时用坏账准备进行冲销,避免应收款长期呆滞的现象。

【例8.18】4月30日,确认本月4日为通达公司代垫运费5 000元,作为坏账处理。

[操作步骤]

①依次单击“坏账处理”→“坏账发生”,打开“坏账发生”对话框后选择通达公司、2014-04-17、人民币,如图8.40所示。

图8.40 “坏账发生”对话框

②确认后进入“坏账发生单据明细”窗口,列出其未核销应收单据,本次坏账发生金额:5 000元,如图8.41所示。

③确认,系统提示“是否制单”,选择“是”,自动生成凭证,单击“保存”按钮。

发生坏账损失

坏账发生单据明细

单据类型	单据编号	单据日期	合同号	合同名称	到期日	余额	部门	业务员	本次发生坏账金额
其他应收单	0000000002	2014-04-01			2014-04-01	5,000.00	销售部	孙健	5000
合计						5,000.00			5,000.00

图 8.41　坏账发生单据明细

2)计提坏账准备

企业应于期末分析各项应收款项的可收回性,并预计可能产生的坏账损失。对预计可能发生的坏账损失,计提坏账准备。企业计提坏账准备的方法由企业自行确定。系统为用户提供了几种备选的坏账处理方式,即应收余额百分比法、销售余额百分比法、账龄分析法和直接转销法。

企业应当依据以往的经验、债务单位的实际情况制定计提坏账准备的政策,明确计提坏账准备的范围、提取方法、账龄的划分和提取比例。

【例 8.19】4 月 30 日,计提坏账。

[操作步骤]

①依次单击"坏账处理"→"计提坏账准备",进入"应收账款百分比法"窗口,如图 8.42 所示。

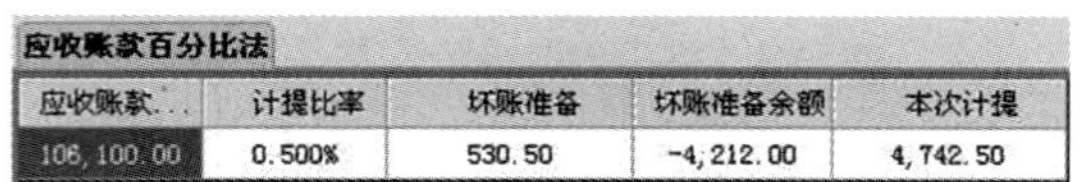

应收账款百分比法

应收账款...	计提比率	坏账准备	坏账准备余额	本次计提
106,100.00	0.500%	530.50	-4,212.00	4,742.50

图 8.42　"应收账款百分比法"窗口

②系统自动计算计提金额,确认后系统提示"是否制单",选择"是",自动生成凭证,单击"保存"按钮。

3)坏账收回

坏账收回是指系统提供的对已确定为坏账后又被收回的应收款进行业务处理的功能。

温馨提示

✧ 在录入一笔坏账收回的款项时,应该注意不要把该客户其他的收款业务与该笔坏账收回业务录入到同一张收款单中。

✧ 坏账收回制单不受系统选项中"方向相反分录是否合并"选项控制。

4)坏账查询

坏账查询是指系统提供的对系统内进行坏账处理过程和处理结果的查询功能。通过坏账查询功能查询一定期间内发生的坏账业务处理情况及处理结果,可以加强对坏账的监督。

8.3.7　制单处理

制单即生成凭证,并将凭证传递至总账系统。应收款管理系统在各个业务处理过程中都提供了实时制单的功能；除此之外，系统提供了一个统一制单的平台，可以在此快速、成批地生成凭证，并可依据规则进行合并制单等处理。

温馨提示

✧ 可以增加、删除分录，但增加、删除的分录科目不能为受控科目，系统生成的分录不允许删除。用户可以修改科目、项目、部门、个人、制单日期、摘要、凭证类别、附单据数等栏目。

✧金额由系统自动生成，不能对此进行修改，但允许用户对非受控科目分录进行金额的修改。

✧当按单据制单时，自动取单据中相应的备注内容填充摘要。如果没有备注内容，则按当前单据类型或处理内容填充摘要；当按发票制单时，取发票类型及摘要作为凭证摘要内容。摘要允许修改。

✧ 单击“保存”按钮，可以将当前凭证传递到总账系统。

8.4 期末业务处理

8.4.1 单据查询

应收系统提供对发票、应收单、结算单、凭证等的查询。在查询列表中，系统提供自定义显示栏目、排序等功能。进行单据查询时，若启用客户、部门数据权限控制，则在查询单据时只能查询有权限的单据。

8.4.2 账表查询

1)业务账表查询

通过业务账表查询，可以及时了解一定期间内期初应收款结存汇总情况，应收款发生、收款发生的汇总情况、累计情况及期末应收款结存汇总情况；还可以了解各个客户期初应收款结存明细情况，应收款发生、收款发生的明细情况、累计情况及期末应收款结存明细情况，及时发现问题，加强对往来款项的监督管理。

2)统计分析

通过统计分析，可以按用户定义的账龄区间进行一定期间内应收款账龄分析、收款账龄分析、往来账龄分析，了解各个客户应收款周转天数、周转率，了解各个账龄间内应收款、收款及往来情况，及时发现问题，加强对往来款项动态的监督管理。

统计分析包括应收账龄分析、收款账龄分析、欠款分析、收款预测。

3)科目账查询

科目账查询包括科目明细账、科目余额表的查询。

8.4.3 结　账

如果用户确认本月的各项处理已经结束,用户可以选择执行月末结账功能。当用户执行了月末结账功能后,该月将不能再进行任何处理。

[操作步骤]

单击"期末处理"→"月末结账",打开"月末结账"对话框,双击 4 月份结账标志,单击"下一步",显示各处理类型处理状况。若全部为"是",连续两次单击"确认"按钮。

8.4.4 取消结账

本功能帮助用户取消最近月份的结账状态。

[操作步骤]

单击"期末处理"→"取消月结",选择需要取消结账月份,双击结账标志一栏,单击"确定"按钮,执行取消结账功能。

本章小结

企业在销售、采购等经营活动中会发生各种往来业务,形成往来款项。应收/应付款管理系统通过初始设置,发票、凭证等单据的录入,对企业的往来账款进行综合管理,及时、准确地提供给客户、供应商往来账款余额资料,提供各种分析报表,帮助企业合理地进行资金的调配,提高资金的利用效率。

应收款系统提供了各种预警、控制功能,如到期债权以及合同到期款项列表,提示用户对到期账款进行催收,以防止发生坏账,信用额度的控制有助于你随时了解客户的信用情况。此外还提供应收票据的跟踪管理,可以随时对应收票据的背书、贴现、转出、退票、收款等操作进行监控。应收款管理系统既可独立运行,又可与销售系统、总账系统、现金管理等其他系统结合运用,提供完整的业务处理和财务管理信息。

应付款系统能够帮助用户了解每一个供应商每笔业务详细的应付情况、付款情况及余额情况,并进行账龄分析,进行供应商及往来款项的管理,根据供应商的具体情况,制订付款方案。如果用户的采购业务及应付款核算业务比较简单,或者现结业务较多,可选择在总账系统核算并管理往来供应商款项。

通过对本章的学习,了解应收/应付款管理系统的特点和工作任务,以及相应的业务流程、数据流程,理解应收/应付款管理系统与其他子系统间的关系,理解和掌握应收/应付款管理系统设计的基本原理,再加以配套的实验课程可熟练掌握应收款系统初始化、日常业务操作。

第 9 章

供应链管理系统

学习目标

- 了解供应链管理系统的主要功能
- 了解各功能模块的基本业务流程
- 理解供应链管理系统与财务链系统数据传递关系
- 理解供应链管理系统在整个企业管理中的意义

9.1 供应链管理系统概述

9.1.1 供应链与供应链管理概述

传统的企业管理都是按照企业自身的管理方式运作,很少考虑其上、下游企业的利益,很少与上、下游企业联系,所以经常会出现生产计划与市场需求脱节、信息反映迟钝、成品库存居高不下等问题。为此,有很多先进企业纷纷放弃了传统的管理模式,在区域范围内寻求最佳的合作伙伴,并与之建立长期的战略联盟关系,这样就构成了一条从供应商到最终用户的“链条”,并随之出现了一种新的管理思想——供应链管理。

1)供应链概述

市场竞争的加剧,要求企业一方面能以最快的速度响应顾客,以保证最终顾客能在准确的时间、准确的地点收到正确的商品。另一方面,能够最大限度地降低产品成本,而产品成本的降低,最佳途径是供应商、制造企业、分销商、零售商之间成本的共同降低。这样,企业之间就有了一个共同的愿望,希望通过加强相互之间的联系来更好地控制、协调相互之间的活动。这种相互之间形成的链式结构就称为供应链,如图 9.1 所示。

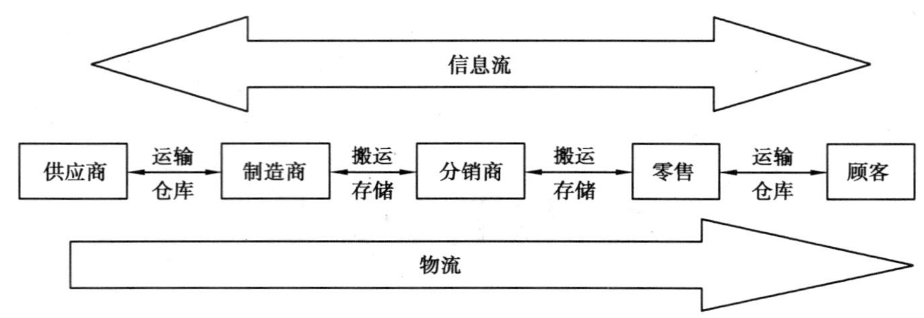

图 9.1 供应链结构图

所谓供应链，就是围绕核心企业，通过对信息流、物流、资金流的控制，从原材料供应商到生产企业，再从生产企业到批发商、分销商、零售商，最终到消费者之间所形成的一个功能网链结构。它不仅是一条连接供应商到用户的物料链、信息链、资金链，而且是一条增值链，即物料在供应链上因加工、包装、运输等过程而增加其价值，给相关企业带来利益。

2）供应链管理

供应链管理是围绕供应商、制造商、分销商、零售商，直到最终消费者之间的商流、物流、信息流和资金流所进行的一系列计划、组织、协调与控制的过程。供应链管理的思想是在20世纪90年代提出的。美国经济与管理学家伊文斯（Evens）认为，供应链管理就是通过前馈的信息流与反馈的物流及信息流，将供应商、制造商、分销商、零售商直到最终消费者连成一个整体的管理模式。供应链管理是一种集成的管理思想与方法，是一种新的管理策略，它强调整个供应链的效率，注重企业之间的合作。

供应链管理的基本思想就是用系统的观点和方法，对整条供应链上的企业进行管理，以协调链上各个企业的活动，加强链上各企业的合作，避免和减少链上各企业的延误或浪费，达到整个供应链的优化，最终使供应链上各企业都能受益。

供应链管理的本质目标就是将合格的产品或服务，按照合适的状态与包装，以合适的数量和合适的成本，在合适的时间和合适的地点送到合适的顾客手中，即“7R”目标。

9.1.2 供应链管理系统概述

供应链管理系统是以商品销售业务为主线，将采购管理、库存管理、销售管理、存货核算管理等业务有机地结合在一起，实现进销存核算和管理一体化的子系统。它提供采购、出入库、库存销售等方面的资料；自动编制存货的进销存汇总表，生成采购、领用、销售的转账凭证传递到总账系统。

面对快速多变的市场和日益激烈的竞争环境，历经二十多年的发展，用友ERP-U8软件供应链管理帮助实现销售、生产、采购、财务部门的高效协同，逐步消除管理瓶颈，建立竞争优势。本项目选取用友ERP-U8软件中采购管理、销售管理、库存管理和存货管理四个子系统功能模块加以介绍，如图9.2所示。

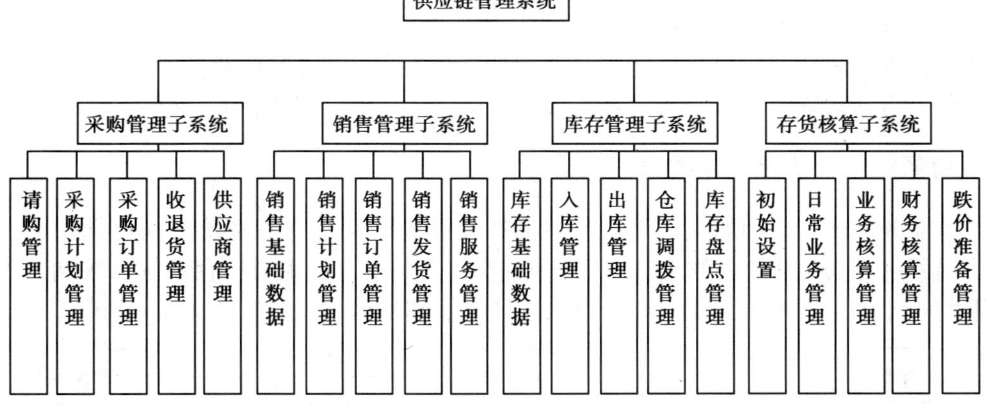

图9.2 供应链管理系统结构图

9.1.3 供应链管理系统主要功能

1)采购管理的主要功能

采购管理系统帮助企业对采购业务的全部流程进行管理,提供请购、订货、到货、入库、开票、采购结算的完整流程。该系统可以进行采购订单的处理,动态掌握采购订单的执行情况,具体包括输入采购发票和发货单,实现采购报账(结算)工作。同时,系统能够输入付款单,实现采购付款业务,并根据采购发票确认采购入库成本。

与采购模块相关的操作人员为采购核算员、库房管理员。

2)销售管理的主要功能

销售管理系统提供了报价、订货、发货、开票的完整销售流程,支持普通销售、委托代销、分期收款、直运、零售等多种类型的销售业务,并可对销售价格和信用进行实时监控。销售管理的主要功能具体包括:输入销货发票和发货单,实现库存商品的对外销售业务;输入收款单,实现销售收款业务。

与销售管理模块相关的操作人员为销售核算员、库存管理员。

3)库存管理的主要功能

库存管理对采购到货业务进行检验,处理销售发货、生产车间领用材料、半成品、产成品入库、调拨和盘点等工作,提供仓库库位管理、批次管理、出库业务跟踪、可用量管理等业务的应用,相关操作人员为库房管理员。

4)存货核算的主要功能

存货核算是从资金的角度管理存货的出入库业务,主要用于:核算企业的入库成本、出库成本、结余成本;反映和监督存货的收发、领退和保管情况;反映和监督存货资金的占用情况。具体的业务处理包括对各种出入库业务进行入库成本及出库成本的核算,对各种收付款业务生成一系列的相关凭证，并传递到总账中。

与存货核算相关的操作人员为财务人员、材料会计。为了保证系统数据的安全与保密，系统管理员提供操作员权限集中管理。在启用新账套时，应根据企业的实际情况和业务要求整理出一份基础资料，按这些资料要求录入到系统中，然后完成初始化建账工作。

5）财务业务一体化总体数据关系分析

财务业务一体化应用的关键是业务单据在业务流程经过的各系统之间自动生成，同时业务单据可以自动生成对应财务凭证。比如：根据订购单可以生成库存系统的采购入库单，根据采购入库单生成采购到货对应的总账凭证等。其具体关系如图 9.3 所示。

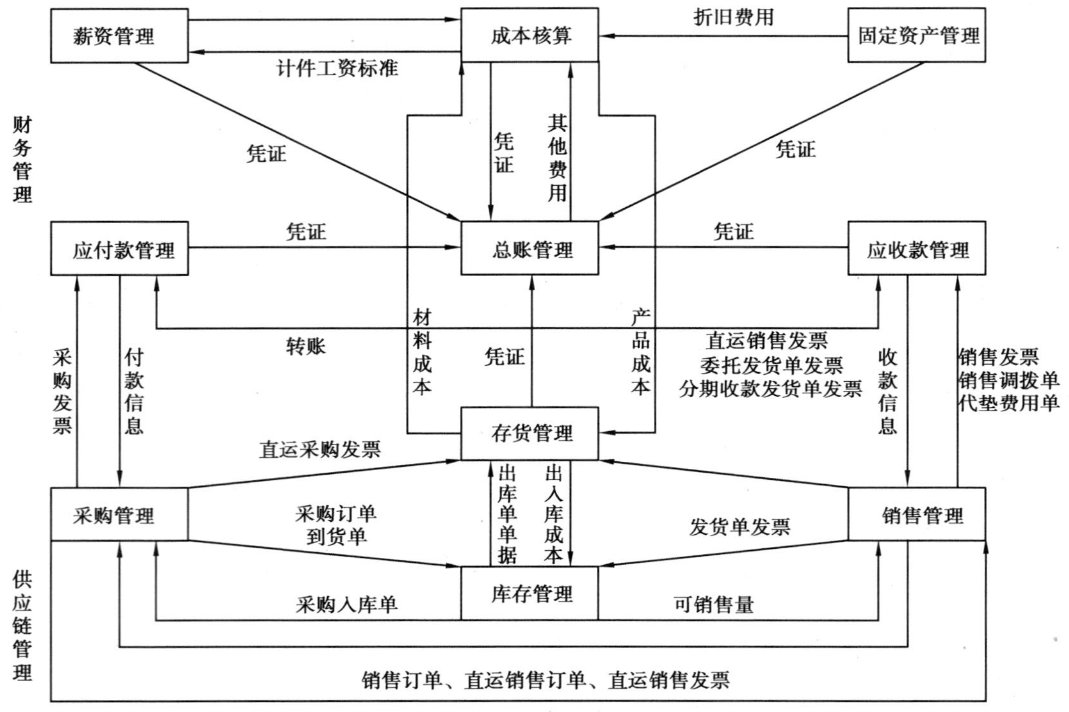

图 9.3 财务业务一体化总体数据关系分析

9.2 供应链管理系统设置

供应链管理系统初始化包括供应链管理系统建账、基础信息设置及期初数据录入等。

9.2.1 系统建账

企业建账过程在系统管理一章已有描述，这里只需启用相关子系统即可。以账套主管的身份注册登录企业应用平台，启用采购管理、销售管理、库存管理、存货核算、应收款、应付款管理子系统，启用日期为 2014-04-01。

9.2.2 基础信息设置

1)基础档案信息

(1)存货分类

如果企业存货较多,就需要按照一定的方式进行分类管理。存货分类是指按照存货固有的特征或属性将存货划分为不同的类别,以便于分类核算与统计。工业企业可以将存货划分为原材料、产成品、应税劳务三类,商业企业一般可以将存货分成商品、应税劳务两类。企业可以根据自身的需要设置相应的存货分类,也可以在此基础上进行明细分类。

采购业务经常伴有采购费用的发生,如运输费、装卸费等,如果需要将该费用计入采购成本,则在系统中需要将劳务费用也视为一种存货。为了与企业正常存货分开管理、统计,通常将其单独列为一类。

(2)仓库档案

因为存货一般是存放在仓库保管的,需要进行核算管理,所以必须建立仓库档案。仓库档案设置就是把本企业使用的所有仓库的信息录入系统中,以备在库存业务处理中随时调用。

【例 9.1】本企业的供应链管理系统初始化设置仓库档案设置要求如表 9.1 所示。

表 9.1

仓库编码	仓库名称	计价方式
1	原料库	移动平均法
2	成品库	移动平均法
3	配套用品库	移动平均法

[操作步骤]

①依次单击“基础设置”→“业务”→“仓库档案”,按照资料增加,如图 9.4 所示。

②按照实验要求完成所有仓库档案的增加,如图 9.5 所示。

温馨提示

✧仓库编码、仓库名称必须输入。

✧仓库编码必须选择一种计价方式。系统提供 6 种计价方式,其中,工业企业为计划价法、全月平均法、移动平均法、先进先出法等。

(3)收发类别

收发类别表示存货的出入库类型,便于对存货的出入库情况进行分类、汇总和统计。

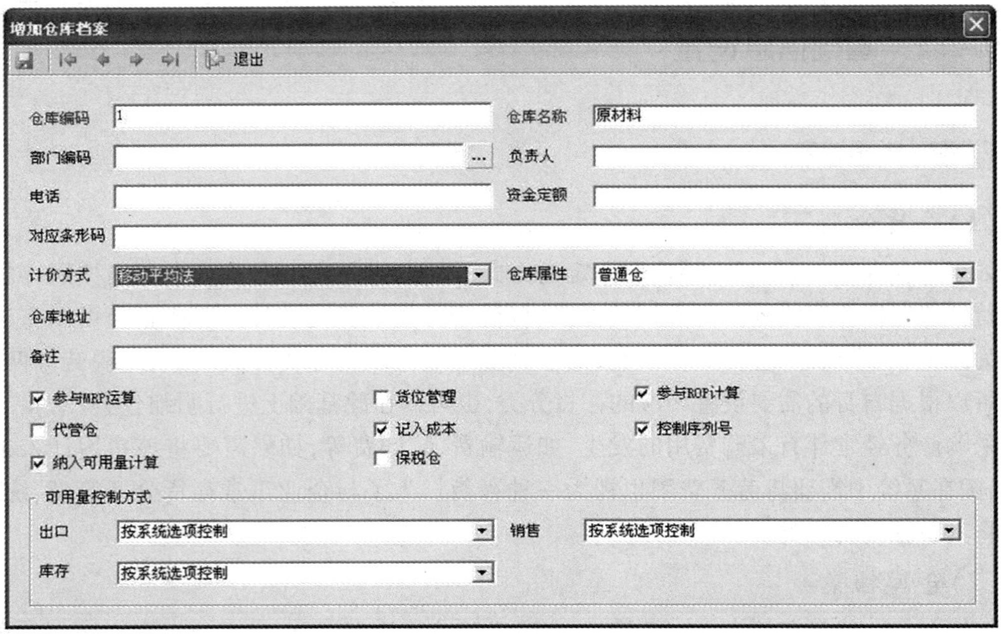

图 9.4　仓库档案增加图

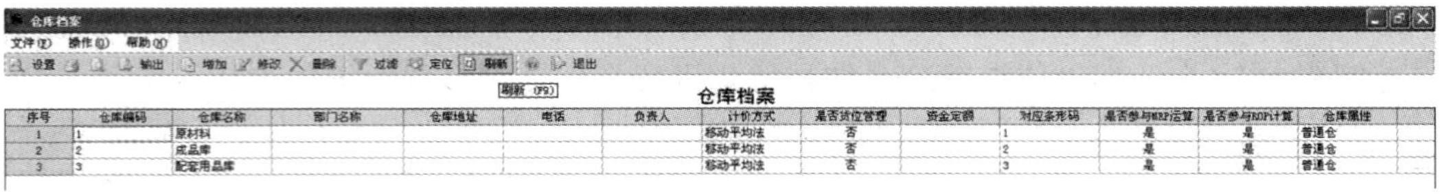

图 9.5　仓库档案图

【例 9.2】本企业的供应链管理系统初始化设置收发类别设置要求如表 9.2 所示。

表 9.2

编码	名称	标志	编码	名称	标志
1	正常入库	收	3	正常出库	发
101	采购入库	收	301	销售出库	发
102	产成品入库	收	302	领料出库	发
103	调拨入库	收	303	调拨出库	发
2	非正常入库	收	4	非正常出库	发
201	盘盈入库	收	401	盘亏出库	发
202	其他入库	收	402	其他出库	发

[操作步骤]

执行“基础设置”→“业务”→“收发类别”命令，打开“收发类别”对话框，输入相关的收发类别的编码及名称，并选择收发标志，如图 9.6 所示。

(4) 采购/销售类型

采购/销售类型是对采购/销售业务的分类，用户可以根据企业的实际需要，自行设定。

图 9.6 收发类别图

①定义采购类型。

【例 9.3】本企业的供应链管理系统采购类型设置要求:编码——1;名称——普通采购;入库类别——采购入库;是默认值。

[操作步骤]

执行“基础设置”→“业务”→“采购类型”命令,按照试验资料完成相关填写,如图 9.7 所示。

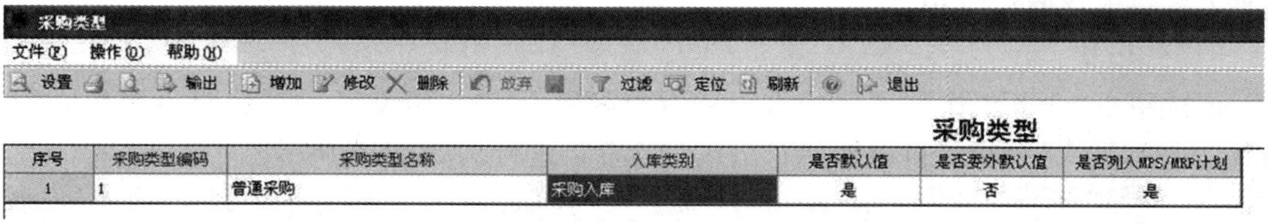

采购类型

序号	采购类型编码	采购类型名称	入库类别	是否默认值	是否委外默认值	是否列入MPS/MRP计划
1	1	普通采购	采购入库	是	否	是

图 9.7 定义采购类型图

②定义销售类型。

【例 9.4】本企业的供应链管理系统销售类型设置要求:

编码——1;名称——经销;出库类别——销售出库;是默认值

编码——2;名称——代销;出库类别——销售出库;非默认值

[操作步骤]

执行“基础设置”→“业务”,“采购类型”命令,输入相应的采购类型编码及名称,并选择入库类型为“销售出库”,如图 9.8 所示。

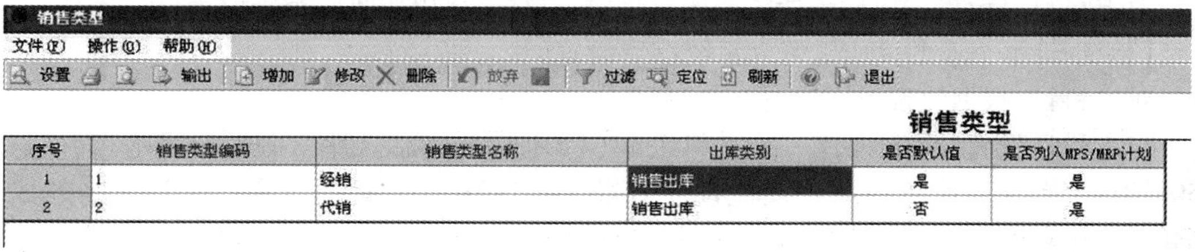

销售类型

序号	销售类型编码	销售类型名称	出库类别	是否默认值	是否列入MPS/MRP计划
1	1	经销	销售出库	是	是
2	2	代销	销售出库	否	是

图 9.8 定义销售类型图

(5)产品结构

产品结构用来定义产品的组成,包括组成成分和数量关系,以便用于配比出库、组装拆卸、消耗定额、产品材料成本、采购计划、成本核算等引用。

(6)费用项目

销售过程中有很多不同的费用发生，如代垫费用、销售支出等，在系统中将其设置为费用项目，以方便记录和统计。其操作步骤为：在“基础设置”中单击“购销存”菜单中的“费用项目”。

2)设置存货系统业务科目

存货核算系统是供应链管理系统与财务系统联系的桥梁，各种存货的购进、销售及其他出入库业务，均在存货核算系统中生成凭证，并传递到总账管理系统。为了快速、准确地完成制单操作，应事先设置凭证上的相关科目。

(1)设置存货科目存货核算系统基础科目

存货科目是设置生成凭证所需要的各种存货科目和差异科目。存货科目既可以按仓库也可以按存货分类分别进行设置。

【例9.5】本企业的供应链管理系统存货设置。

存货科目：按照存货分类设置存货科目。

存货科目设置：原料库——生产用原材料(140301)；成品库——库存商品(1405)；配套用品库——库存商品(1405)。

[操作步骤]

依次单击“业务工作”→“供应链”→“存货核算”→“初始设置”→“科目设置”→“存货科目”命令，进入“存货科目设置”窗口，按实验资料进行，如图9.9所示。

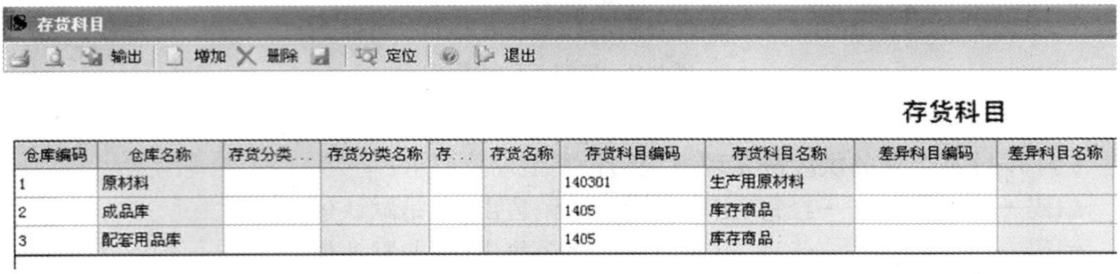

存货科目

输出 增加 删除 定位 退出

存货科目

仓库编码	仓库名称	存货分类...	存货分类名称	存...	存货名称	存货科目编码	存货科目名称	差异科目编码	差异科目名称
1	原材料					140301	生产用原材料		
2	成品库					1405	库存商品		
3	配套用品库					1405	库存商品		

图9.9 存货科目设置

(2)设置对方科目

对方科目是设置生成凭证所需要的存货对方科目，可以按收发类别设置。

【例9.6】本企业的供应链管理系统存货设置。

对方科目：根据收发类别设置对方科目。

对方科目设置：采购入库——材料采购(1401)；产成品入库——生产成本/直接材料(500101)；盘盈入库——待处理流动资产损溢(190101)；销售出库——主营业务成本(6401)；领料出库——生产成本/直接材料(500101)。

[操作步骤]

依次单击“业务工作”→“供应链”→“存货核算”→“初始设置”→“科目设置”→“存货对方”，进入“存货对方科目设置”窗口后按实验资料进行，如图9.10所示。

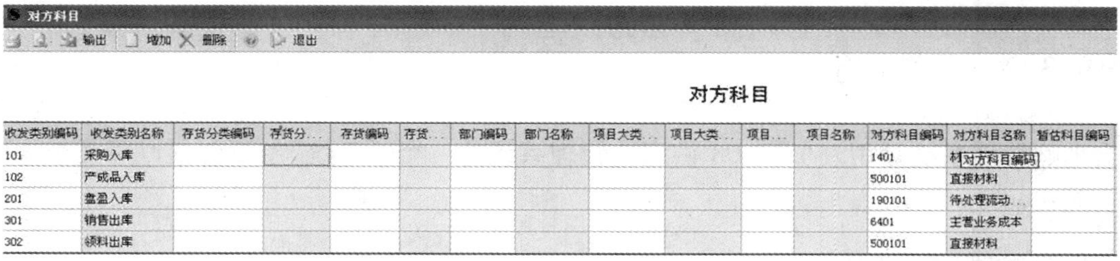

对方科目

输出　增加　删除　退出

对方科目

收发类别编码	收发类别名称	存货分类编码	存货分...	存货编码	存货...	部门编码	部门名称	项目大类...	项目大类...	项目...	项目名称	对方科目编码	对方科目名称	暂估科目编码
101	采购入库											1401	材对方科目编码	
102	产成品入库											500101	直接材料	
201	盘盈入库											190101	待处理流动...	
301	销售出库											6401	主营业务成本	
302	领料出库											500101	直接材料	

图 9.10　存货对方科目设置

(3)供应链管理系统期初数据

供应链管理期初数据如表 9.3 所示。

表 9.3　供应链管理系统期初数据

系统名称	操作	内容	说明
采购管理	录入	期初暂估入库	暂估入库是指货到票未到
		期初在途存货	在途存货是指票到货未到
	期初记账	采购期初数据	没有期初数据,也要执行期初记账,否则不能开始日常业务
销售管理	录入并审核	期初发货单	已发货、出库,但未开票
		期初委托代销发货单	已发货未结算的数量
		期初分期收款发货单	已发货未结算的数量
库存	录入(取数)	库存期初余额	库存和存货共用期初数据
	审核	不合格品期初数据	未处理的不合格品结存量
存货	录入(取数)	存货期初余额	
	记账	期初分期收款发出商品余额	

9.3　采购管理子系统

9.3.1　系统概述

采购处于企业供应链的开始环节,是企业的输入端,为企业的生产、销售以及日常运作提供了必备的物料。采购的基本职能,也是基本目标,就是为企业在需要的时候提供最合适的物料,同时要降低采购成本。

采购的主要活动涉及供应商管理、采购计划、采购订货、采购到货、采购入库、供应商开票、付款以及采购成本核算等。

9.3.2 系统功能

采购管理系统是用友 ERP-U8 供应链管理系统的一个子系统，主要包括以下几个方面的功能：

1）采购管理系统初始化

采购系统初始设置包括设置采购管理系统业务处理所需要的采购参数、基础信息和采购期初数据。

2）采购订单管理

采购订单是指企业与供应商签订的采购合同、协议等。采购管理系统的订单管理功能主要包括：订单的录入、修改、审核、删除，订单执行情况查询和采购订货统计查询，根据采购订单生成供应商催货函。

3）采购入库单管理

采购入库单管理包括入库单的录入、修改与删除等。系统可以根据采购订单和采购发票自动生成采购入库单，也可以由用户根据实际到货数量手工输入入库单。同时，采购系统还支持退货负入库和冲单负入库，并可处理采购期初退货业务。生成的入库单交由库存管理系统审核，由存货系统制单并记账。

4）采购发票管理

采购发票管理包括各种发票（专用发票、普通发票、运费发票等）的输入、修改、删除和审核，并支持现付功能。发票可以由采购订单、采购入库单生成，也可以由用户手工输入。经审核的采购发票，由应付款系统制单。

5）采购结算

采购结算也叫采购报账，是指采购核算人员根据采购入库单、采购发票核算采购入库成本。采购结算的结果是采购结算单，它是记载采购入库单和采购发票对应关系的结算对照表。

6）采购账表

采购系统主要提供下述账表供用户查询、统计和分析：货到票未到统计表、货到票未到明细表、票到货未到明细表、费用明细表、结算统计表、结算明细表、存货采购余额一览表、存货采购明细表、增值税发票抵扣明细表、采购综合统计表。

7）期末处理

采购管理系统的期末处理是将本期的单据数据封存，并将当期的采购数据记入有关账表中，具体包括月末结账、结转上年度数据和取消结账功能。

9.3.3　采购管理系统的业务流程与其他系统的主要关系

采购管理系统的业务流程与其他系统的主要关系如图 9.11 所示。

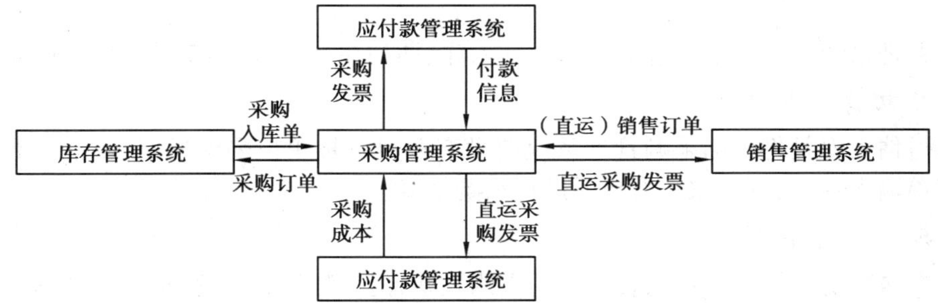

图 9.11　采购管理系统的业务流程与其他系统的主要关系图

9.3.4　采购管理系统的初始设置

采购管理系统的初始设置是在启动与注册采购管理系统后，在进行采购业务处理前，根据核算要求和实际业务情况进行的有关初始化工作。

1）采购参数设置

采购参数设置包括业务及权限控制，公共及参照控制，采购预警与报警选项三个方面的内容。具体操作如下：

①在采购菜单中单击“业务工作”→“供应链”→“采购管理”，如图 9.12 所示。

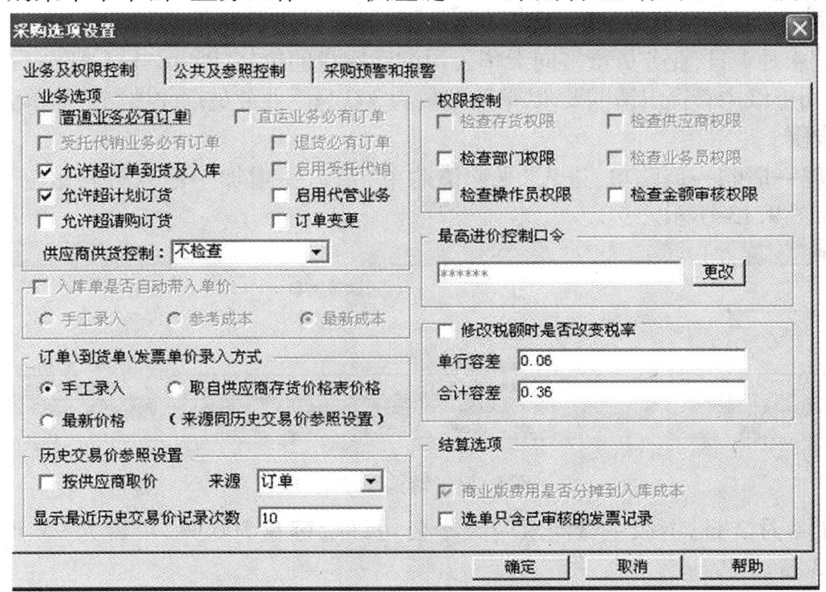

图 9.12　采购参数设置图

②按要求选择相应参数，单击“公共及参照控制”选项卡进行相应的设置。

③按要求选择相应参数，单击“采购预警和报警”选项卡进行相应的设置。

2）基础信息设置

采购管理系统的基础信息设置与前述几个系统基本一致。

3）期初余额录入

采购管理系统的期初数据包括期初暂估入库、期初在途存货、期初受托代销商品。

（1）期初暂估入库

期初暂估入库是将启用采购管理系统前没有取得供货单位采购发票，不能进行采购结算的入库单输入系统，以便取得发票后进行采购结算。

（2）期初在途存货

期初在途存货是将已取得供货单位的采购发票，但货物没有入库，而不能进行采购结算的发票输入系统，以便货物入库填制入库单后进行采购结算。

（3）期初记账

期初记账是将采购期初数据记入有关采购账、代销商品采购账中。期初记账后，期初数据不能增加、修改，除非取消期初记账。

9.3.5 采购管理系统日常业务处理

1）采购订单管理

采购订单是企业与供应商之间签订的一种协议，主要包括采购什么货物、采购多少、由谁供货、到货时间、到货地点、运输方式、价格、运费等。采购管理系统对采购订单的管理主要包括采购订单的录入、修改、审核和关闭等，同时，提供供应商催货函功能。

【例9.7】4 月 1 日，业务员董雪向天华公司询问键盘的价格(95 元/只)，评估后确认价格合理，随即向公司上级主管提出请购要求，请购数量为 300 只。业务员据此填制请购单。

［操作步骤］

采购管理→请购→请购单，进入“采购请购单”窗口→增加→输入资料数据→保存→审核→退出，如图 9.13 所示。

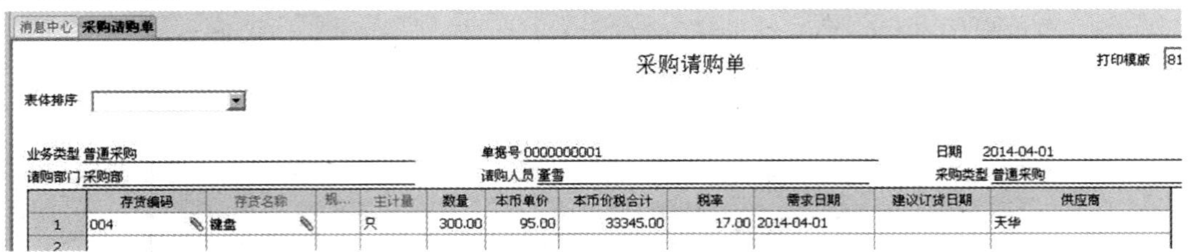
消息中心 采购请购单

采购请购单

打印模版 81

表体排序

业务类型 普通采购　单据号 0000000001　日期 2014-04-01

请购部门 采购部　请购人员 董雪　采购类型 普通采购

	存货编码	存货名称	规...	主计量	数量	本币单价	本币价税合计	税率	需求日期	建议订货日期	供应商
1	004	键盘		只	300.00	95.00	33345.00	17.00	2014-04-01		天华
2											

图 9.13　请购单填写

【例 9.8】4 月 2 日，上级主管同意向天华公司订购键盘 300 只，单价为 95 元，要求到货日期为 4 月 3 日。

［操作步骤］

①采购管理→采购订货→采购订单，进入“采购订单”窗口→增加→生单→请购单，打开“过滤条件选择”对话框。

②过滤，出现“拷贝并执行”窗口→选择要拷贝的请购单→确定，如图 9.14 所示。

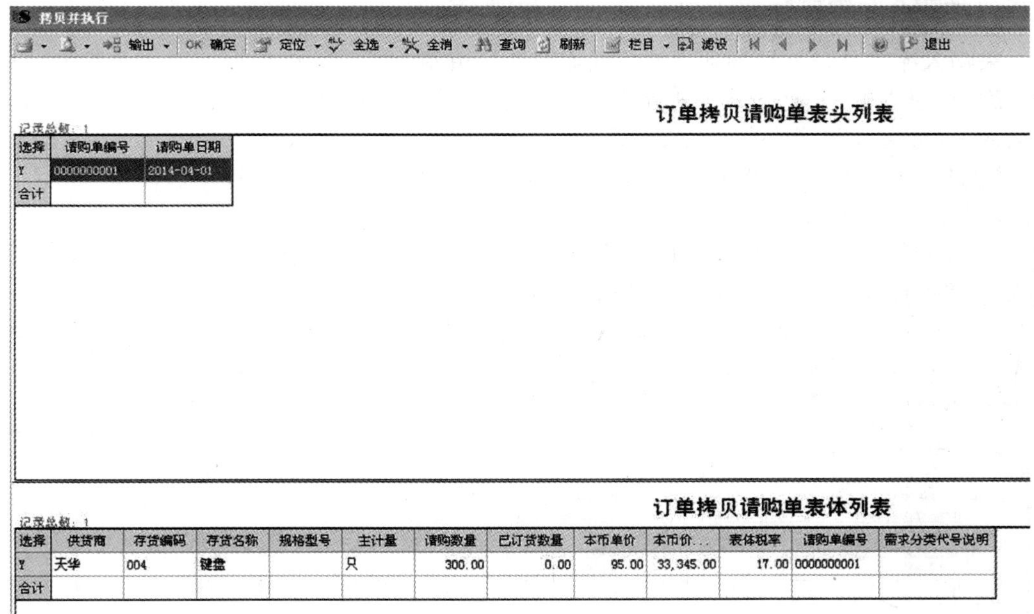

图 9.14　拷贝请购单

③修改采购日期→保存→审核，如图 9.15 所示。

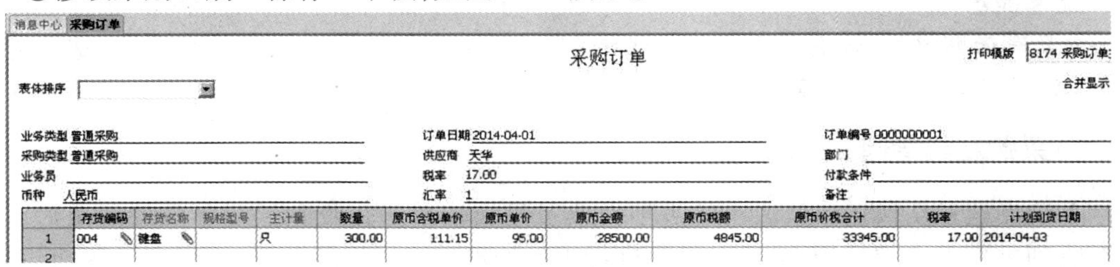

图 9.15　采购订单

④退出。

【例 9.9】4 月 3 日，收到所订购的键盘 300 只，填制到货单。

［操作步骤］

①采购管理→采购到货→到货单，进入“到货单”窗口→增加→生单→采购订单，打开“过滤条件选择”对话框。

②过滤，出现“拷贝并执行”窗口→选择要复制的采购订单→确定。

③修改日期→保存→审核→退出，如图 9.16 所示。

图 9.16　到货单

2）采购入库单管理

采购入库单是根据采购到货签收的实收数量填制的单据。该单据按进出仓库方向划分为入库单、退货单，按业务类型划分为普通业务入库单、受托代销入库单。采购入库单可直接录入，也可由采购订单或采购发票产生。

【例 9.10】4 月 3 日，将所收到的货物验收入原料库，填制采购入库单。

［操作步骤］

①库存管理→入库业务→采购入库单，进入“采购入库单”窗口→生单（增加则为手工录入）→采购到货单，打开“过滤条件选择”对话框。

②过滤，出现“到货单生单列表”窗口→选择要拷贝的采购到货单→确定→修改日期、选仓库→保存→审核→退出，如图 9.17 所示。

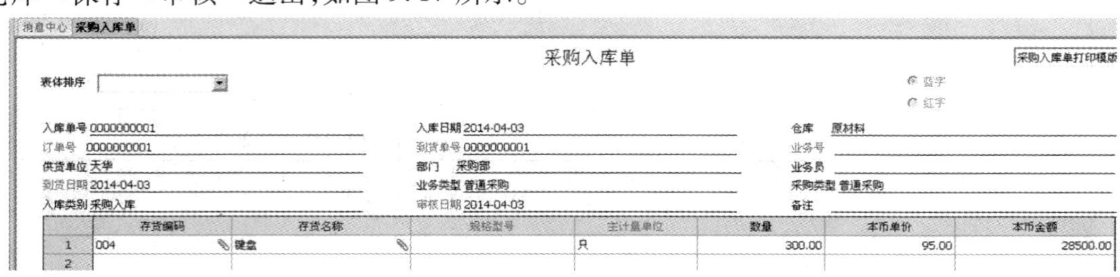
消息中心 采购入库单

采购入库单　　采购入库单打印模版

表体排序　　◉ 蓝字　○ 红字

入库单号 0000000001　入库日期 2014-04-03　仓库 原材料
订单号 0000000001　到货单号 0000000001　业务号
供货单位 天华　部门 采购部　业务员
到货日期 2014-04-03　业务类型 普通采购　采购类型 普通采购
入库类别 采购入库　审核日期 2014-04-03　备注

	存货编码	存货名称	规格型号	主计量单位	数量	本币单价	本币金额
1	004	键盘		只	300.00	95.00	28500.00
2							

图 9.17　采购入库单

温馨提示

✧只有采购管理、库存管理联用方可用“生单”；生单时参照的是采购管理系统中已审核未关闭的采购订单或到货单。

3）采购发票管理

采购发票是从供货单位取得的进项发票及发票清单。在收到供货单位的发票后，如果没有收到供货单位的货物，可以对发票进行压单处理。待货物到达后，再录入计算机进行报账结算处理，也可以先将发票输入计算机，以便实时统计在途货物。

采购发票按发票类型分为专用发票、普通发票、运费发票，按业务性质分为蓝字发票、红字发票。

4）采购结算

采购结算也叫采购报账，是针对一般采购业务类型的入库单，根据发票确认采购成本。采购结算从操作处理上分为自动结算、手工结算两种方式，从单据处理上分为正数入库单与负数入库单结算、正数发票与负数发票结算、正数入库单与正数发票结算，费用发票单独结算等方式。

【例 9.11】4 月 5 日，向天华公司购买鼠标 300 只，单价为 50 元/只，验收入原料仓库。同时收到专用发票一张，票号为 85011，立即以转账支票（支票号 Z011）形式支付货款。记材料明细账，确定采购成本，进行付款处理。

［操作步骤］

①在库存管理系统中直接填制并审核采购入库单。

库存管理→入库业务→采购入库单，进入“采购入库单”窗口→增加→录入资料内容→保存→审核→退出。

②在采购管理系统中录入采购专用发票进行现结处理和采购结算。

采购管理→采购发票→专用采购发票，进入“专用发票”窗口→增加→生单→入库单，打开“过滤条件选择”对话框→过滤，出现“拷贝并执行”窗口→选择要拷贝的入库单→确定→输入发票号→保存。

③现付，打开“采购现付”对话框→输入资料内容，如图9.18所示。

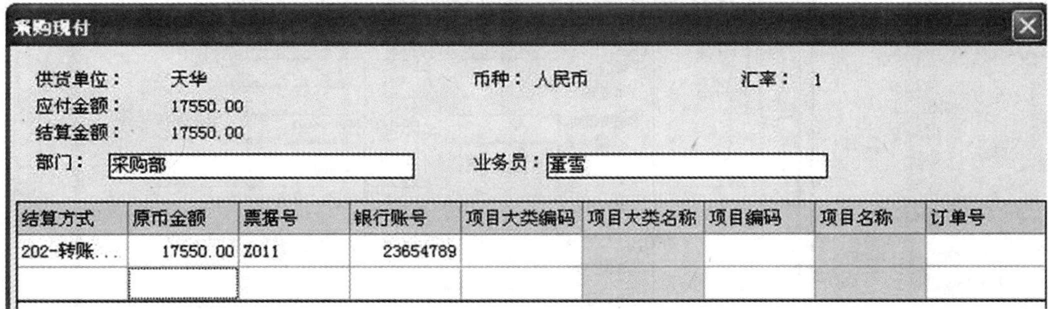
采购现付

供货单位： 天华 币种：人民币 汇率： 1
应付金额： 17550.00
结算金额： 17550.00
部门： 采购部 业务员： 董雪

结算方式	原币金额	票据号	银行账号	项目大类编码	项目大类名称	项目编码	项目名称	订单号
202-转账...	17550.00	Z011	23654789					

图9.18 采购现付

④确定→结算→退出，如图9.19所示。

专用发票

已结算 已现付

专用发票

表体排序

业务类型 普通采购　发票类型 专用发票　发票号 85011
开票日期 2014-04-01　供应商 天华　代垫单位 天华
采购类型 普通采购　税率 17.00　部门名称 采购部
业务员 董雪　币种 人民币　汇率 1
发票日期　付款条件　备注

	存货编码	存货...	规格...	主计量	数量	原币单价	原币金额	原币税额	原币价税...	税率	订单号	原币含税单价	记账人
1	005	鼠标		只	300.00	50.00	15000.00	2550.00	17550.00	17.00		58.50	

图9.19 采购现付结算完成

⑤在采购管理系统中录入采购专用发票进行现结处理和采购结算。

财务会计→应付款管理→应付单据处理→应付单据审核，打开“应付单过滤条件”对话框，包含已现结的发票，如图9.20所示。

应付单过滤条件

单据名称　单据类型 全部
供应商
部门　业务员
单据编号
单据日期 2014-04-01
币种　方向
原币金额
本币金额
采购类型　制单人
存货分类　存货
存货规格　合同类型
合同号
工序

☑ 未审核　☐ 已审核　☑ 已整单报销　批审
☑ 包含已现结发票　☐ 未完全报销　确定　取消
业务类型　☐ 已制单　☑ 未制单　自定义项

图9.20 应付单过滤

⑥确定,进入“单据处理”窗口→选择要审核的采购专用发票→审核→确定→退出→制单处理,打开“制单处理”对话框→现结制单,如图 9.21 所示。确定,进入“制单”窗口→全选,付款凭证→制单,进入填制凭证窗口→保存→退出,如图 9.22 所示。

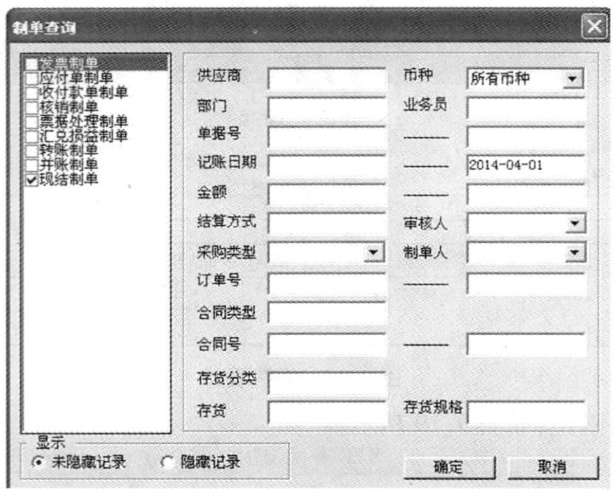

图 9.21 现结制单查询

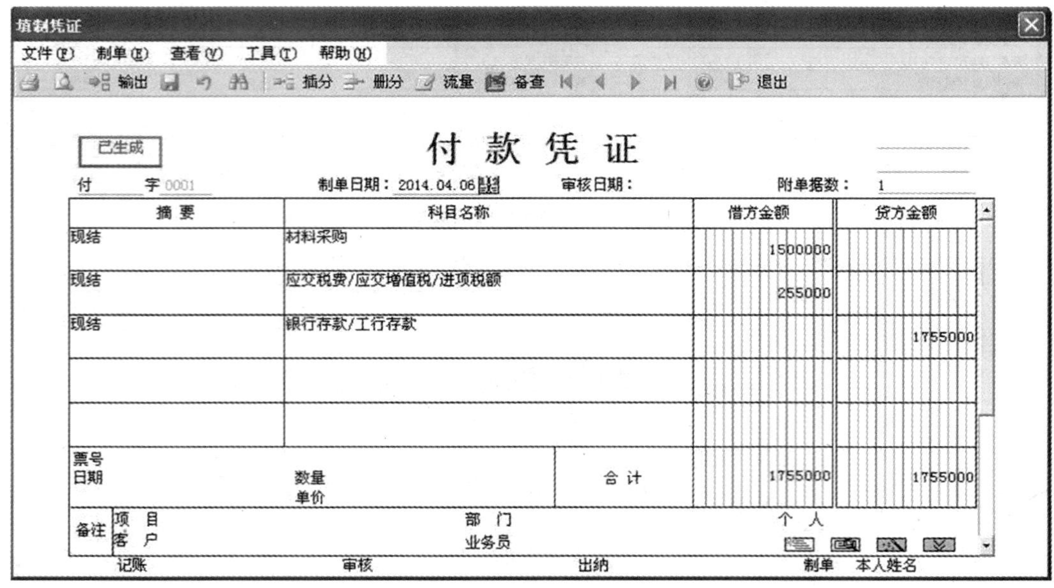

图 9.22 现结制单生成凭证

⑦在存货核算管理系统中记账并生成入库凭证：

存货核算→业务核算→正常单据记账,打开“过滤条件选择”对话框→过滤,进入“未记账单据一览表”窗口,如图 9.23 所示。

未记账单据一览表

正常单据记账列表

记录总数：2

选择	日期	单据号	存货...	存货名称	规...	子...	单据类型	仓库名称	收发类别	数量	单价	金额	计划单价	计划金额	供应商简称	计量单位
	2014-04-01	0000000003	005	鼠标			采购入库单	原材料	采购入库	300.00	50.00	15,000.00			天华	只
	2014-04-03	0000000002	004	键盘			采购入库单	原材料	采购入库	300.00	95.00	28,500.00			天华	只
小计										600.00		43,500.00				

图 9.23 未记账单据一览表

选择要记账的采购专用发票→记账→确定→退出→财务核算→生成凭证，打开“生成凭证”窗口→选择，弹出“查询条件”→选“采购入库单（报销记账）”，如图9.24所示。

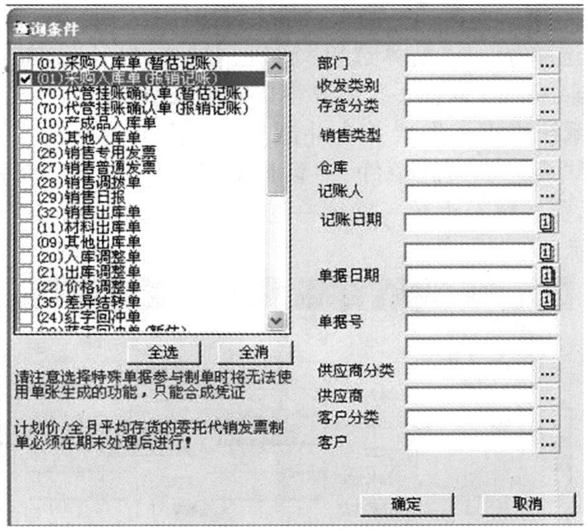

图9.24 生成凭证查询条件

选择确定→全选→确定，进入“生成凭证”窗口→转账凭证→生成，进入填制凭证窗口→保存→退出，如图9.25所示。

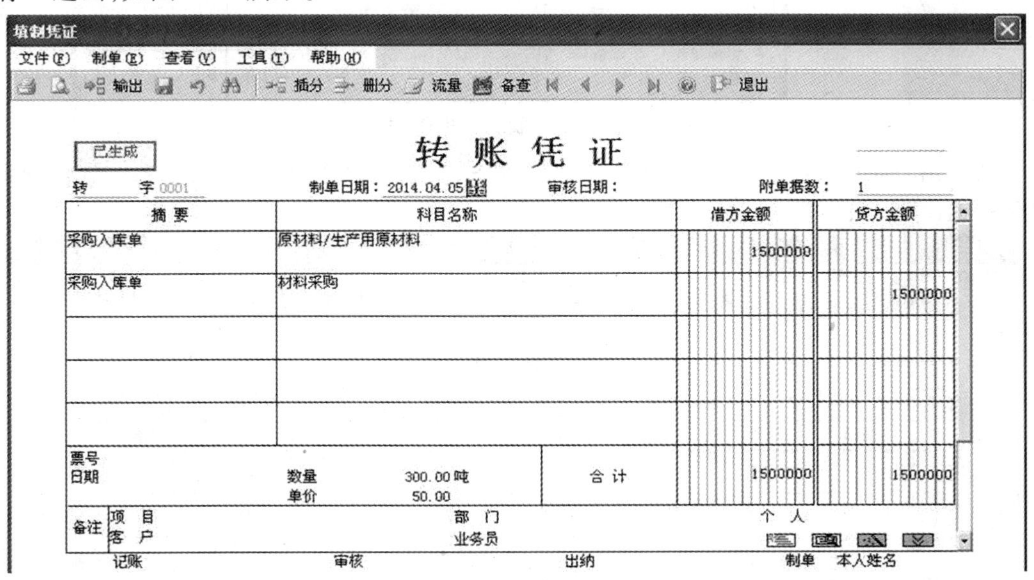

图9.25 采购入库凭证

5）采购运费处理

【例9.12】4月6日，向天华公司购买500 GB硬盘200盒，单价为800元/盒，验收入原料库。同时收到专用发票一张，票号为85012。另外，在采购的过程中，发生了一笔运输费200元，税率为7%，收到相应的运费发票一张，票号为5678。确定采购成本及应付账款，记材料明细账。

［操作步骤］

①在库存管理系统中填制并审核采购入库单。

在采购管理系统中参照采购入库单填制采购专用发票。

②在采购管理系统中填制运费发票并进行采购手工结算：采购管理→采购发票→运费发票，进入“采购运费发票”窗口→增加→输入资料内容→保存→退出→采购结算→手工结算，进入“手工结算”窗口→选单，进入“结算选单”窗口→过滤，打开“过滤条件选择”对话框→过滤→选择要结算的单据→确定，返回手工结算窗口→按数量→分摊→结算 →确定→退出。

③在应付款管理系统中审核发票并合并制单：财务会计→应付款管理→应付单据处理→应付单据审核，打开“应付单过滤条件”对话框→过滤，进入“单据处理”窗口→选择要审核的采购专用发票、运费发票→审核→确定→退出→制单处理，打开“制单处理”对话框→发票制单，如图 9.26 所示。

制单查询

☑发票制单
☐应付单制单
☐收付款单制单
☐核销制单
☐票据处理制单
☐汇兑损益制单
☐转账制单
☐并账制单
☐现结制单

供应商		币种	所有币种
部门		业务员	
单据号		——	
记账日期		——	2014-04-01
金额		——	
结算方式		审核人	
采购类型		制单人	
订单号		——	
合同类型			
合同号		——	
存货分类			
存货		存货规格	

显示
◉ 未隐藏记录 ○ 隐藏记录

确定 取消

图 9.26 制单处理筛选

④单击“确定”，进入“制单”窗口→全选，转账凭证→合并→制单，进入填制凭证窗口→保存→退出，如图 9.27 所示。

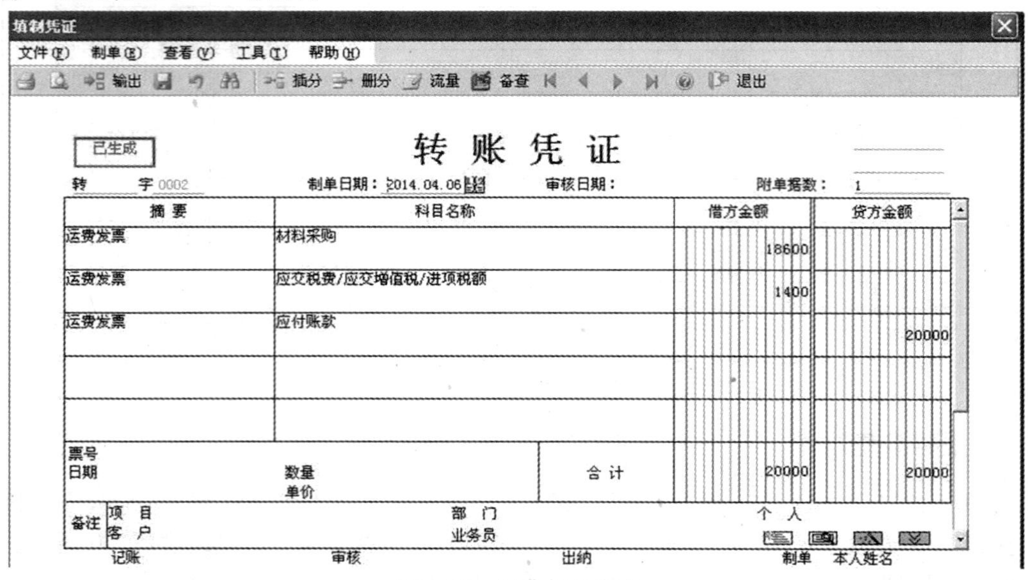

填制凭证

文件(F) 制单(E) 查看(V) 工具(T) 帮助(H)

输出 插分 删分 流量 备查 退出

已生成

转 账 凭 证

转 字 0002 制单日期：2014.04.06 审核日期： 附单据数：1

摘要	科目名称	借方金额	贷方金额
运费发票	材料采购	18600	
运费发票	应交税费/应交增值税/进项税额	1400	
运费发票	应付账款		20000
票号 日期	数量 单价	合 计 20000	20000

备注 项 目 部 门 个 人
客 户 业务员

记账 审核 出纳 制单 本人姓名

图 9.27 运费凭证生成

在存货核算管理系统中记账并生成入库凭证，参考例 9.5 相应步骤。

6)请购比价业务

【例9.13】4月8日,业务员董雪欲购买100只鼠标,提出请购要求,经同意填制并审核请购单。根据以往的资料得知,提供鼠标的供应商有两家,分别为华联公司和天华公司,他们的报价分别为35元/只、40元/只。通过比价,决定向华联公司订购,要求到货日期为4月9日。4月9日,未收到上述所订货物,向供应商发出催货函。

[操作步骤]

①在采购管理系统中定义供应商存货对账表:采购管理→供应商管理→供应商供货信息→供应商存货对照表,进入"供应商存货对照表"窗口→增加,进入"增加"窗口→输入资料内容→保存,如图9.28所示。

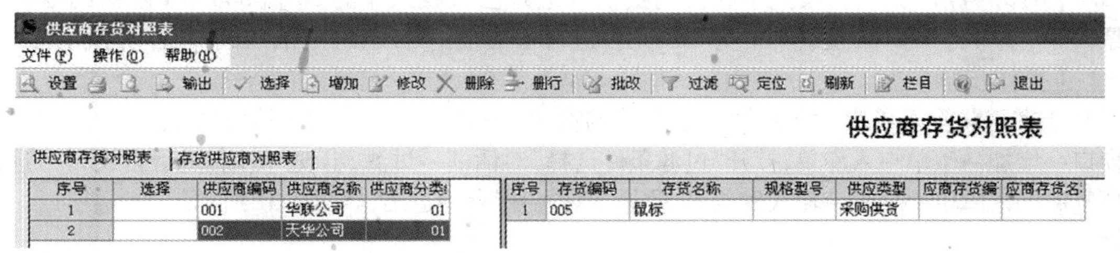
供应商存货对照表

文件(F) 操作(O) 帮助(H)

设置 输出 选择 增加 修改 删除 删行 批改 过滤 定位 刷新 栏目 退出

供应商存货对照表

供应商存货对照表 | 存货供应商对照表

序号	选择	供应商编码	供应商名称	供应商分类
1		001	华联公司	01
2		002	天华公司	01

序号	存货编码	存货名称	规格型号	供应类型	应商存货编	应商存货名:
1	005	鼠标		采购供货		

图9.28 供应商存货对照表

单击"退出"→退出→供应商存货调价单,进入"供应商存货调价单"窗口→增加→输入资料内容→保存→审核→退出,如图9.29所示。

供应商存货调价单

表体排序

价格标识 含税价　单据号 0000000001　调价日期 2014-04-08

调价部门　调价业务员　表头备注

供应类型 采购

	操...	供应商	存货编码	存货...	原币单价	含税...	生效日期	是否促...	表体备注	税率	币种
1	新增	华联	005	鼠标	35.00	40.95	2014-04-08	否		17.00	人民币

供应商存货调价单

表体排序

价格标识 含税价　单据号 0000000002　调价日期 2014-04-08

调价部门　调价业务员　表头备注

供应类型 采购

	操...	供应商	存货编码	存货...	原币单价	含税...	生效日期	是否促...	表体备注	税率	币种
1	修改	天华	005	鼠标	40.00	46.80	2014-04-08	否		17.00	人民币

图9.29 供应商存货调价表

②在采购管理系统中填制并审核请购单:参考普通采购业务相应步骤,但不填写单价、供应商。

③在采购管理系统中请购比价生成采购订单:采购管理→采购订货→采购比价生单,打开"过滤条件选择"对话框→过滤,进入"采购比价生单列表"窗口→选择要比价的请购单→比价,自动填入供应商名称→生单→确定→采购订单→指向刚才所做订单→审核→退出。

④在采购管理系统中进行供应商催货及查询:采购管理→供应商管理→供应商催货函,进入"过滤条件"窗口→输入要求的到货日期→过滤,进入"供应商催货函"窗口→保存→退

出，如图 9.30 所示。

供应商催货函

输出 小计 合计 格式 分组 折行

供应商催货函

供应商：全部　　日期：2014-04-09

订单号	供应商简称	存货编码	存货名称	规格型号	主计量	辅计量	换算率	未到货数量	未到货件数	未入库数量	未入库件数	延迟天数	计划到货日期
0000000002	华联	005	鼠标		只			100.00		100.00			2014-04-09
合　计								100.00		100.00			

图 9.30　供应商催货函

7）暂估入库报销处理

【例 9.14】4 月 9 日，收到华联公司提供的上月已验收入库的 80 盒 500 GB 硬盘的专用发票一张，票号为 48210，发票单价为 820 元。进行暂估报销处理，确定采购成本及应付账款。

［操作步骤］

①在采购管理系统中填制采购发票：采购管理→采购发票→专用采购发票，进入“专用发票”窗口→增加→生单→入库单，打开“过滤条件选择”对话框→过滤，出现“复制并执行”窗口→选择要复制的入库单→确定→输入发票号、数量、单价→保存→退出，如图 9.31 所示。

专用发票

表体排序

业务类型 普通采购　　发票类型 专用发票　　发票号 48210
开票日期 2014-04-09　　供应商 华联　　代垫单位 华联
采购类型 普通采购　　税率 17.00　　部门名称 采购部
业务员 董雪　　币种 人民币　　汇率 1
发票日期　　付款条件　　备注

	存货编码	存货名称	规格型号	主…	数量	原币单价	原币金额	原币…	原币价税…	税率	订…	原币含税单价
1	002	500GB硬盘		盒	80.00	820.00	65600.00	1115…	76752.00	17.00		959.40

图 9.31　采购专用发票

②在采购管理系统中手工结算：采购管理→采购结算→手工结算，进入“手工结算”窗口→选单，进入“结算选单”窗口→过滤，打开“过滤条件选择”对话框→过滤→选择要结算的单据→确定，返回手工结算窗口→修改结算数量为 80→结算→结算成功→确定→退出，如图 9.32 所示。

结算汇总

单据类型	存货编号	存货名称	单据号	结算数量	发票数量	合理损耗数量	非合理损耗数量
采购发票	002	500GB硬盘	48210		80.00		
采购入库单			0000000004	80.00			
		合计		80.00	80.00	0.00	0.00

图 9.32　手工结算

③在存货核算管理系统中执行结算成本处理并生成凭证：存货核算→业务核算→结算成本处理，打开“暂估处理查询”对话框→确定，进入“结算成本处理”窗口→选择要结算成本的单据→暂估→确定→退出→财务核算→生成凭证，打开“生成凭证”窗口→选择，弹出“查询条件”→选“红字回冲单、蓝字回冲单（报销）”，如图 9.33 所示。

确定→全选→确定，进入“生成凭证”窗口→转账凭证，材料采购→生成，进入填制凭证窗口→保存→退出，如图 9.34 所示。

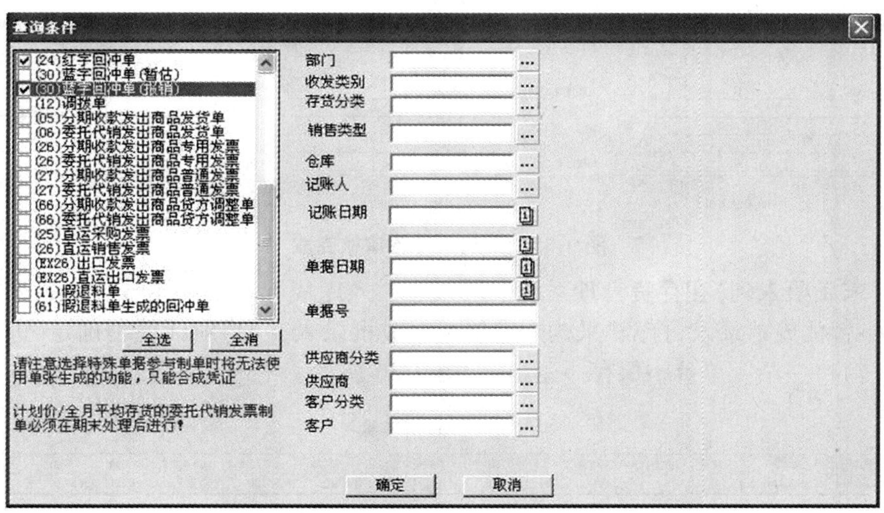

图 9.33　生单查询条件

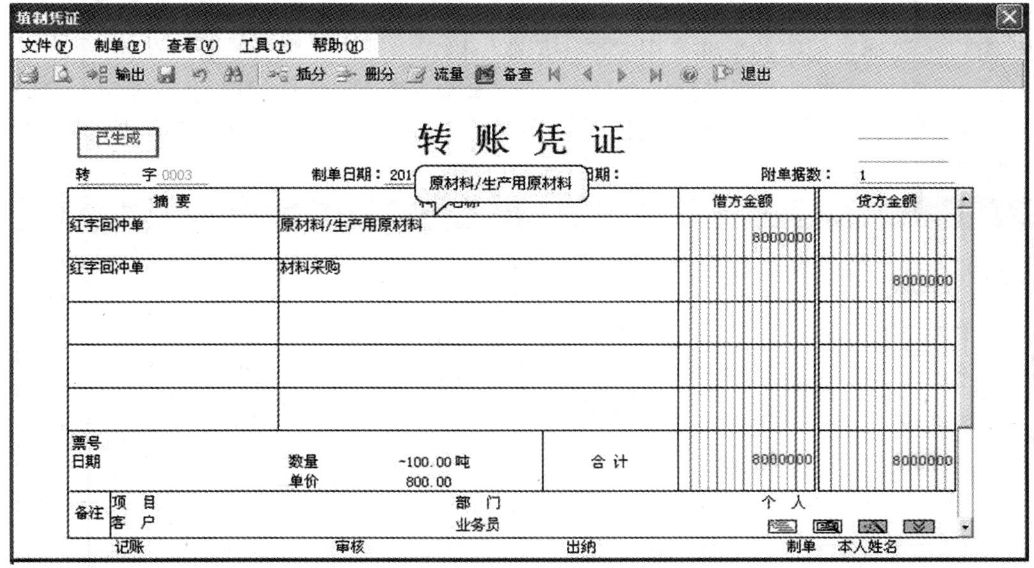

图 9.34　生成转账凭证

④在应付款管理系统中审核发票并制单：参考普通采购业务相应步骤。

8）暂估入库处理

【例 9.15】4 月 9 日，收到中山公司提供的 HP 激光打印机 100 台，配套用品库。由于到了月底发票仍未收到，故确定该批货物的暂估成本为 1 500 元，并进行暂估记账处理。

［操作步骤］

①在库存管理系统中填制并审核采购入库单：参考普通采购业务相应步骤，不填写单价，如图 9.35 所示。

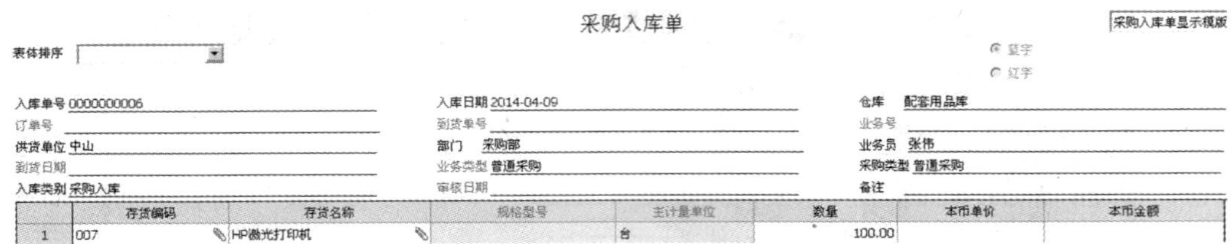

采购入库单

表体排序　　　　　　　　　　　　　　　　　　　　　　　　　　　　采购入库单显示模版

◉ 蓝字
○ 红字

入库单号 0000000006　　入库日期 2014-04-09　　仓库 配套用品库
订单号　　到货单号　　业务号
供货单位 中山　　部门 采购部　　业务员 张伟
到货日期　　业务类型 普通采购　　采购类型 普通采购
入库类别 采购入库　　审核日期　　备注

	存货编码	存货名称	规格型号	主计量单位	数量	本币单价	本币金额
1	007	HP激光打印机		台	100.00		

图 9.35　采购入库单审核完成

②(月末发票未到)在存货管理系统中录入暂估入库成本并记账生成凭证:存货核算→业务核算→暂估成本录入,打开"采购入库单成本成批录入查询"对话框→确定,进入"暂估成本录入"窗口→录入单价→保存→退出,如图 9.36 所示。

暂估成本录入

单据日期	单据号	仓库	存货编码	存货代码	计量单位	存货名称	规格型号	采购类型	供应商	入库类别	数量	单价	金额
2014-04-09	0000000006	配套用品库	007		台	HP激光打印机		普通采购	中山公司	采购入库	100.00	1500.00	150000.00

图 9.36　暂估成本录入

③业务核算→正常单据记账,打开"过滤条件选择"对话框→过滤,进入"未记账单据一览表"窗口→选择要记账的采购专用发票→记账→确定→退出→财务核算→生成凭证,打开"生成凭证"窗口→选择,弹出"查询条件"→选"采购入库单(暂估记账)"→确定→全选→确定,进入"生成凭证"窗口→转账凭证,材料采购→生成,进入填制凭证窗口→保存→退出,如图 9.37 所示。

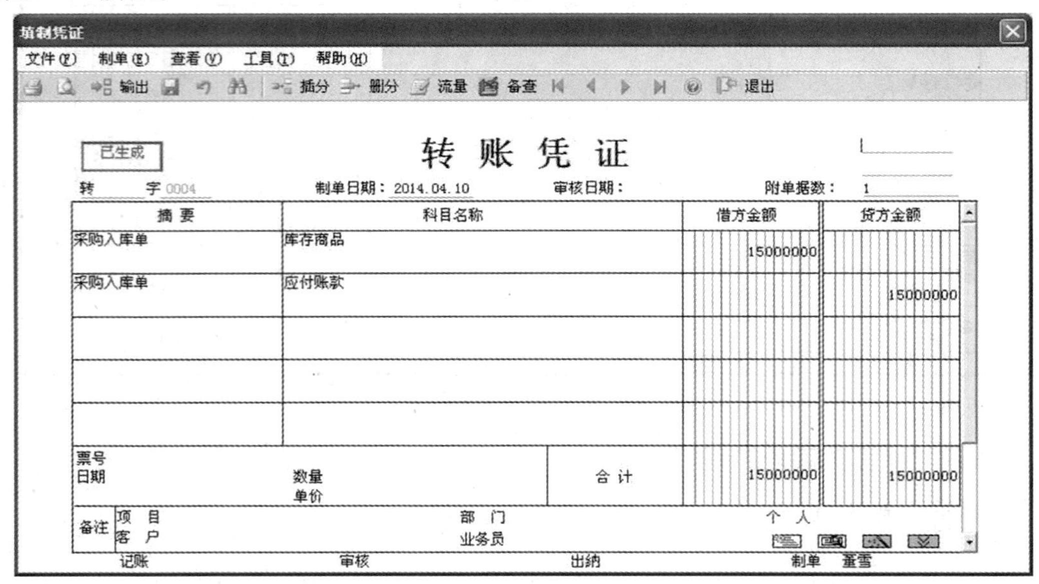

填制凭证

文件(F)　制单(E)　查看(V)　工具(T)　帮助(H)

输出　插分　删分　流量　备查　退出

已生成

转 账 凭 证

转　字 0004　　制单日期: 2014.04.10　　审核日期:　　附单据数: 1

摘要	科目名称	借方金额	贷方金额
采购入库单	库存商品	15000000	
采购入库单	应付账款		15000000
票号 日期	数量 单价 合计	15000000	15000000

备注　项目　部门　个人
　　　客户　业务员

记账　审核　出纳　制单 董雪

图 9.37　生成转账凭证

9)采购结算前退货

【例 9.16】4 月 10 日,收到天华公司提供的 23 英寸液晶屏,数量 202 套,单价为 1 150 元。验收入原料库。

［操作步骤］

在库存管理系统中填制并审核采购入库单：参考普通采购业务相应步骤，如图 9.38 所示。

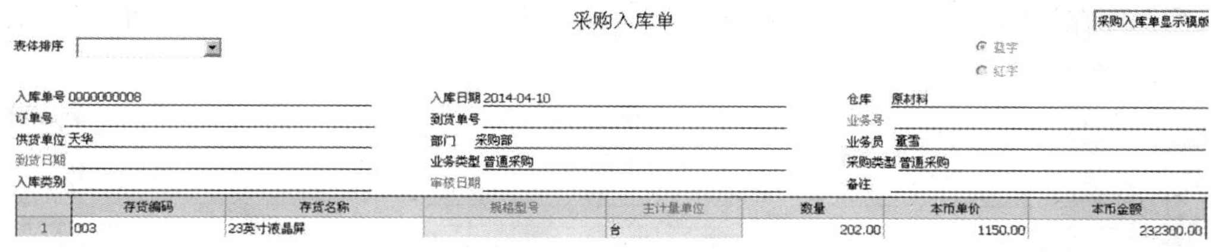

采购入库单

采购入库单显示模版

表体排序

蓝字 红字

入库单号 0000000008　入库日期 2014-04-10　仓库 原材料
订单号　到货单号　业务号
供货单位 天华　部门 采购部　业务员 董雪
到货日期　业务类型 普通采购　采购类型 普通采购
入库类别　审核日期　备注

	存货编码	存货名称	规格型号	主计量单位	数量	本币单价	本币金额
1	003	23英寸液晶屏		台	202.00	1150.00	232300.00

图 9.38　采购入库单

【例 9.17】4 月 11 日，仓库反映有 2 台显示器有质量问题，要求退回给供应商。

［操作步骤］

在库存管理系统中填制红字采购入库单：参考普通采购业务相应步骤，入库单为红字，如图 9.39 所示。

采购入库单

采购入库单显示模版

表体排序

蓝字 红字

入库单号 0000000009　入库日期 2014-04-11　仓库 原材料
订单号　到货单号　业务号
供货单位 天华　部门 采购部　业务员 董雪
到货日期　业务类型 普通采购　采购类型 普通采购
入库类别　审核日期　备注

	存货编码	存货名称	规格型号	主计量单位	数量	本币单价	本币金额
1	003	23英寸液晶屏		台	-2.00	1150.00	-2300.00

图 9.39　红字入库单

【例 9.18】4 月 11 日，收到天华公司开具的专用发票一张，其发票号为 AS4408，进行采购结算。

［操作步骤］

①在采购管理系统中根据采购入库单生成采购专用发票，如图 9.40 所示。

专用发票

显示模版 8163 专用发票显示模

体排序　合并显示

务类型 普通采购　发票类型 专用发票　发票号 AS4408
票日期 2014-04-10　供应商 天华　代垫单位 天华
购类型 普通采购　税率 17.00　部门名称 采购部
务员 董雪　币种 人民币　汇率 1
票日期　付款条件　备注

	存货编码	存货名称	规格型号	主计量	数量	原币单价	原币金额	原币税额	原币价税合计	税率	订单号	原币含税单价	记账人
1	003	23英寸液…		台	202.00	1150.00	232300.00	39491.00	271791.00	17.00		1345.50	

图 9.40　专用发票

②在采购管理系统中处理采购手工结算，如图 9.41 所示。

结算汇总

单据类型	存货编号	存货名称	单据号	结算数量	发票数量	合理损耗数量	非合理损耗数量	非合理损耗金额
采购发票	003	23英寸液晶屏	AS4408		202.00			
采购入库单			0000000008	202.00				
		合计		202.00	202.00	0.00	0.00	0.00

图 9.41　结算处理

10）采购结算后退货

【例 9.19】4 月 13 日，从天华公司购入的键盘质量有问题，退回 2 只，单价为 95 元，同时收到票号为665218的红字专用发票一张。对采购入库单和红字专用采购发票进行结算处理。

[操作步骤]

①在库存管理系统中填制红字采购入库单并审核:参考普通采购业务相应步骤,入库单为红字,如图9.42所示。

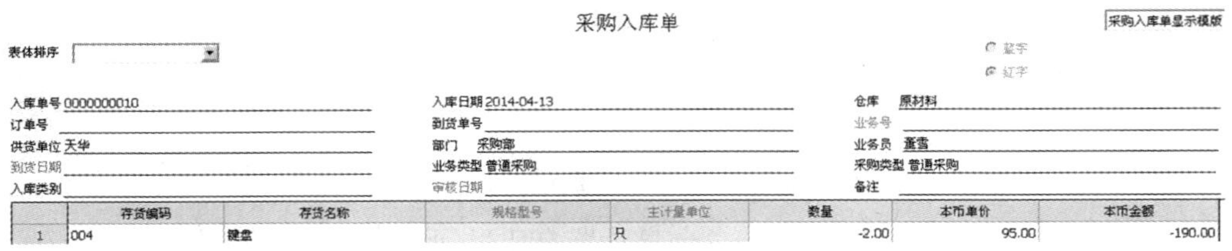
采购入库单

采购入库单显示模版

表体排序

蓝字
红字

入库单号 0000000010　　入库日期 2014-04-13　　仓库 原材料
订单号　　到货单号　　业务号
供货单位 天华　　部门 采购部　　业务员 董雪
到货日期　　业务类型 普通采购　　采购类型 普通采购
入库类别　　审核日期　　备注

	存货编码	存货名称	规格型号	主计量单位	数量	本币单价	本币金额
1	004	键盘		只	-2.00	95.00	-190.00

图9.42　红字入库单

②在采购管理系统中填制红字采购专用发票并执行采购结算:采购管理→采购发票→红字专用采购发票,进入"专用发票"窗口→增加→生单→入库单,打开"过滤条件选择"对话框→过滤,出现"复制并执行"窗口→选择要复制的红字入库单→确定→输入发票号→保存→结算→确定→退出,如图9.43所示。

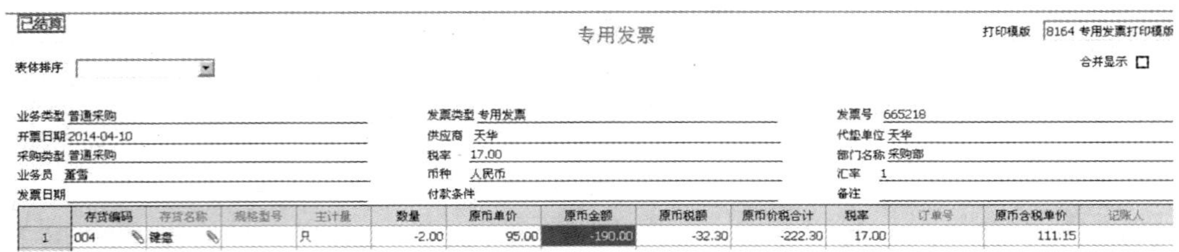
已结算

专用发票

打印模版 8164 专用发票打印模版

表体排序

合并显示

业务类型 普通采购　　发票类型 专用发票　　发票号 665218
开票日期 2014-04-10　　供应商 天华　　代垫单位 天华
采购类型 普通采购　　税率 17.00　　部门名称 采购部
业务员 董雪　　币种 人民币　　汇率 1
发票日期　　付款条件　　备注

	存货编码	存货名称	规格型号	主计量	数量	原币单价	原币金额	原币税额	原币价税合计	税率	订单号	原币含税单价	记账人
1	004	键盘		只	-2.00	95.00	-190.00	-32.30	-222.30	17.00		111.15	

图9.43　已结算专用发票

9.3.6　采购管理系统的月末处理

1)月末结账

采购管理系统月末结账是逐月将每月的单据数据封存,并将当月的采购数据记入有关账表中。只有月末结账后才可以开始下月工作。

[操作步骤]

采购管理系统→月末结账,打开"月末结账"对话框→选择结账月→结账→确定→退出。

2)取消结账

在采购管理系统结账后,若发现操作有误,可执行取消结账功能。具体操作步骤如下:

采购管理系统→月末结账,打开"月末结账"对话框→选择取消结账月→取消结账→确定→退出。

温馨提示

✧若应付、库存、存货管理系统已结账,则采购管理系统不能取消结账。

9.4 销售管理子系统

9.4.1 系统概述

销售管理系统是供应链管理系统的重要组成部分，提供了报价、订货、发货、开票的完整销售流程，支持普通销售、委托代销、分期收款、直运、零售、销售调拨等多种类型的销售业务，并可对销售价格和信用进行实时监控。用户可以根据实际情况对系统进行定制，构建自己的销售业务管理平台。

9.4.2 功能概述

1）销售业务管理

销售业务管理主要处理销售报价、销售订货、销售发货、销售开票、销售调拨、销售退回、发货折扣、委托代销、零售业务等工作，并根据审核后的发票或发货单自动生成销售出库单，处理随同货物销售所发生的各种代垫费用，以及在货物销售过程中发生的各种销售支出。

在销售管理系统中，可以处理普通销售、委托代销、直运销售、分期收款销售、销售调拨及零售业务等业务类型。

2）销售账簿及销售分析

销售管理系统可以提供各种销售明细账、销售明细表及各种统计表。销售管理系统还提供各种销售分析及综合查询统计分析。

9.4.3 销售管理系统与其他系统的主要关系

销售管理系统与其他系统的主要关系如图9.44所示。

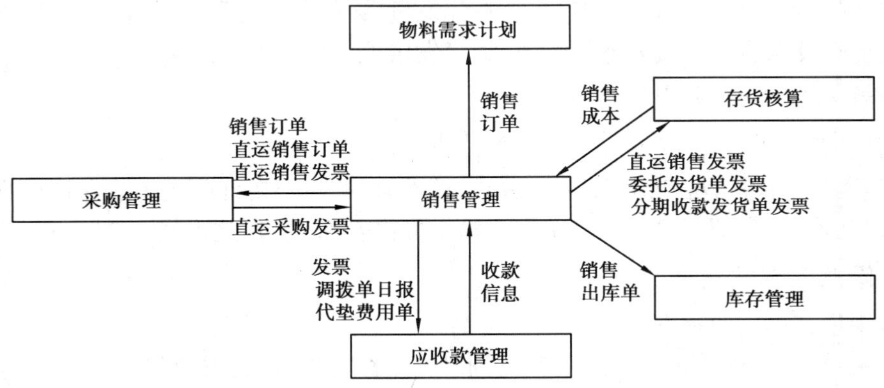

图9.44 销售管理系统与其他系统的主要关系

9.4.4 销售管理系统的初始设置

销售管理系统的初始设置是在启用销售管理系统后,在进行销售业务处理前,根据核算要求和实际业务情况进行的有关初始化工作。

销售管理系统期初需要设置的内容主要包括3个方面:

1)账套参数设置

可在第一次使用销售管理系统时的"建账向导"窗口中设置,或进入销售管理系统后,在"设置"菜单下的"选项"中进行设置。销售参数设置包括业务范围、业务控制、系统参数、价格管理、应收核销和打印参数六个方面的内容。

2)基础信息设置

基础信息设置包括分类体系设置、编码档案设置、其他设置(如开户银行、采购类型、付款条件、发运方式、结算方式、外币、费用项目及成套件等)和单据设计。

3)期初数据的录入

期初数据的录入操作与前述类似,这里不再叙述。

9.4.5 销售管理系统日常业务处理

销售管理系统日常业务处理功能包括销售订单管理、普通销售业务处理、退货业务处理、销售账表查询和月末结账等。

1)销售订单管理

销售订单是反映由购销双方确认的客户购货需求的单据。对于追求对销售业务进行规范化、计划化管理的工商企业而言,销售业务的进行必须经历由客户询价、销售业务部门报价及双方签订购销合同(或达成口头购销协议)的过程。订单作为合同或协议的载体而存在,是销售发货的日期、货物明细、价格、数量等事项的依据。企业根据销售订单组织货源,并对订单的执行进行管理、控制和追踪。在先发货后开票业务模式下,发货单可以根据销售订单开具。在开票直接发货业务模式下,销售发票可以根据销售订单开具。

(1)录入销售订单

[操作步骤]

在"销售"菜单中单击"销售订单"→单击"增加"按钮→在订单表头输入订单日期、销售类型、客户名称、销售部门等→在订单表头输入货物名称、数量、单价等→"保存"。

(2)修改销售订单

修改销售订单有两种方法。

方法一:在录入订单过程中,通过"上张""下张"按钮找到需要修改的订单,然后单击"修改"按钮直接修改。

方法二:通过"销售订单列表"查找需要修改的单据并进行修改。

[操作步骤]

执行"销售"菜单中打开"销售单据列表",选择"销售订单列表"→在"条件生成器"对话框中选择错误订单的查找条件→"条件加入"→"确认"→双击需要修改的销售订单,屏幕显示"销售订单录入"窗口→"修改"。

(3)审核销售订单

对于订单、发货单、委托代销发货单等单据,在单据保存之后,再经过审核,相关数据才能记入有关的统计表,同时生成与该单据有关联的其他单据。如果发现单据的审核有误,还可以弃审。

销售订单的审核有两种方法:①保存完销售订单后,立刻在"销售订单"窗口中单击"审核"按钮进行审核;②从"销售订单列表"查找需要审核的销售订单,然后在销售订单窗口中审核。

(4)销售订单弃审

如果发现已审核的销售订单有误,先执行弃审功能,再进行修改。

(5)查询订单

执行销售菜单中销售单据列表下的销售订单列表,即可查看相关的销售订单。

2)普通销售业务处理

企业的销售形式有多种,如先发货后开票、先开票后发货、委托代销等。

普通销售业务支持两种业务模式,即先发货后开票业务模式和开票直接发货业务模式。

普通销售业务模式适用于大多数企业的日常销售业务,其与其他系统一起提供对销售报价、销售订货、销售发货、销售开票、销售出库、结转销售成本、销售收款结算全过程处理。

(1)销售报价

销售报价是企业向客户提供的货品、规格、价格和结算方式等信息。双方达成协议后,销售报价单转为有效力的销售合同或销售订单。企业可以针对不同客户、不同存货和不同批量提出不同的报价和折价,也可根据业务的实际需要来决定是否使用销售报价业务。

【例9.20】4月1日,长兴贸易公司欲购买10台计算机,向销售部了解价格。销售部报价为6 500元/台。填制并审核报价单。

[操作步骤]

销售管理→销售报价→销售报价单,进入"销售报价单"窗口→增加→录入资料内容→保存→审核→退出,如图9.45所示。

销售报价单

表体排序

单据号 0000000001　日期 2014-04-01　业务类型 普通销售

销售类型 经销　客户简称 长兴　付款条件

销售部门 销售部　业务员 夏丽　税率 17.00

币种 人民币　汇率 1　备注

	存货…	存货名称		主…	数量	报价	含税单价	无税单价	无税金额	税额	价税合计	税率(%)	折扣额	扣率(%)	扣率2(…	客户最…
1	006	计算机		台	10.00	6500.00	7605.00	6500.00	65000.00	11050.00	76050.00	17.00	0.00	100.00	100.00	0.00

图9.45 销售报价单

(2)销售订货

销售订货处理是指企业与客户签订销售合同,在系统中体现为销售订单。若客户经常采购某产品,或客户是企业的经销商,则销售部门无须经过报价环节即可输入销售订单。如果之前已有对客户的报价,也可参照报价单生成销售订单。在销售处理流程中,订货环节也是可选的。

【例9.21】4月14日,该客户了解情况后,要求订购10台,要求发货日为4月16日。填制并审核销售订单。

[操作步骤]

销售管理→销售订货→销售订单,进入“销售订单”窗口→增加→生单→报价,打开“过滤条件选择”对话框→过滤,出现“参照生单”窗口→选择要参照的单据→确定→输入预发货日期→保存→审核→退出,如图9.46所示。

销售订单

打印模版

表体排序 合并

订单号 0000000001　订单日期 2014-04-14　业务类型 普通销售
销售类型 经销　客户简称 长兴　付款条件
销售部门 销售部　业务员 莫丽　税率 17.00
币种 人民币　汇率 1　备注

	存货…	存货名称	主…	数量	报价	含税单价	无税单价	无税金额	税额	价税合计	税率(%)	折扣额	扣率(%)	扣率2(%)	预发货日期
1	006	计算机	台	10.00	6500.00	7605.00	6500.00	65000.00	11050.00	76050.00	17.00	0.00	100.00	100.00	2014-04-16

图9.46 销售订单

(3)销售发货

销售发货是企业执行与客户签订的销售合同或销售订单,将货物发往客户的行为,是销售业务的执行阶段。发货单是销售方作为客户发货的凭据,是销售发货业务的执行载体,是销售管理系统的核心单据。发货单可手工增加,也可参照销售订单填制。

(4)销售开票

销售开票是在销售过程中由企业向客户开具销售发票及所附清单的过程。它是销售收入确认、销售成本计算、应交销售税金确认和应收账款确认的依据,是销售业务重要环节。销售发票是在销售开票过程中企业所开具的原始销售单据,包括增值税专用发票、普通发票及其所附清单。销售发票可手工加工,也可根据销售订单、销售发货单生成。

【例9.22】4月16日,销售部从成品仓库向长兴贸易公司发出其所订货物,并据此开具专用销售发票一张。

[操作步骤]

①销售管理→销售发货→发货单,进入“发货单”窗口→增加,打开“过滤条件选择”对话框→过滤,出现“参照生单”窗口→选择要参照的单据→确定→保存→审核→退出,如图9.47所示。

发货单

打印模版 发货单打印模版

表体排序 合并显示 □

发货单号 0000000002　发货日期 2014-04-16　业务类型 普通销售
销售类型 经销　订单号 0000000001　发票号
客户简称 长兴　销售部门 销售部　业务员 莫丽
发货地址　发运方式　付款条件
税率 17.00　币种 人民币　汇率 1
备注

	仓库名称	存货编码	存货名称	规格型号	主计量	数量	报价	含税单价	无税单价	无税金额	税额	价税合计	税率(%)	折扣额	扣率(%)	扣率2(%)	客户…
1	成品库	006	计算机		台	10.00	0.00	7605.00	6500.00	65000.00	11050.00	76050.00	17.00	0.00	100.00	100.00	

图9.47 已审核发货单

②销售管理→销售开票→销售专用发票,进入“销售专用发票”窗口→增加→生单→参照发货单,打开“过滤条件选择”对话框→过滤,出现“参照生单”窗口→选择要参照的单据→确定→保存→复核→退出,如图 9.48 所示。

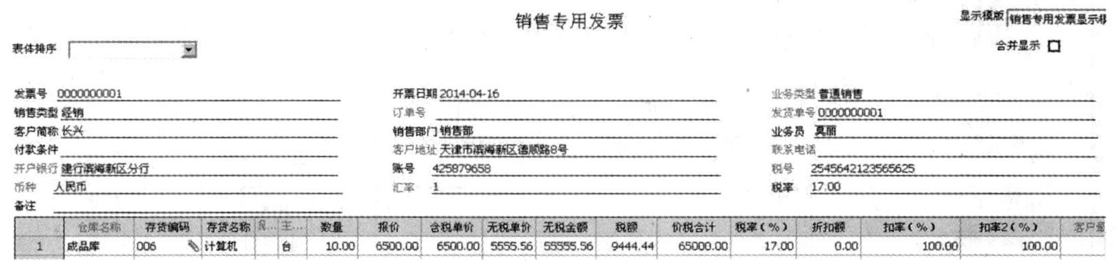

销售专用发票

显示模版 销售专用发票显示模

表体排序

合并显示 □

发票号 0000000001　开票日期 2014-04-16　业务类型 普通销售

销售类型 经销　订单号　发货单号 0000000001

客户简称 长兴　销售部门 销售部　业务员 真丽

付款条件　客户地址 天津市滨海新区德顺路8号　联系电话

开户银行 建行滨海新区分行　账号 425879658　税号 2545642123565625

币种 人民币　汇率 1　税率 17.00

备注

	仓库名称	存货编码	存货名称	规…	主…	数量	报价	含税单价	无税单价	无税金额	税额	价税合计	税率(%)	折扣额	扣率(%)	扣率2(%)	客户量
1	成品库	006	计算机		台	10.00	6500.00	6500.00	5555.56	55555.56	9444.44	65000.00	17.00	0.00	100.00	100.00	

图 9.48 生成销售专用发票

(5)销售出库

销售出库是销售业务处理的必要环节。库存管理系统用于存货出库数量核算,存货核算系统用于存货出库成本核算。

根据参数设置的不同,销售出库单可在销售系统生成,也可以在库存管理系统生成。如果由销售管理系统生成出库单,只能一次销售全部出库,而由库存管理系统生成销售出库单,可实现一次销售分次出库。

①销售出库。[操作步骤]

执行“业务工作”→“出库业务”→“销售出库单”命令,打开“销售出库单”窗口,输入相应的出库存货的相关信息。

②材料出库。[操作步骤]

执行“业务工作”→“出库业务”→“材料出库单”命令,打开“材料出库单”窗口,输入相应的出库材料相关信息。

(6)出库成本确认

销售出库后,要进行出库成本的确认。对于先进先出、后进先出、移动平均、个别计价这 4 种计价方式的存货,在存货核算系统进行单据记账时,须进行出库成本核算。全月平均、计划/售价法计价的存货,在期末处理时,须进行出库成本的核算。

【例 9.23】4 月 16 日,业务部门将销售发票交给财务部门,财务部门结转此业务的收入及成本。

[操作步骤]

①财务会计→应收款管理→应收单据处理→应收单据审核,打开“应收单过滤条件”对话框→确定,进入“单据处理”窗口→选择要审核的销售专用发票→审核→确定→退出→制单处理,打开“制单查询”对话框,如图 9.49 所示。

销售发票制单

凭证类别 转账凭证　　制单日期 2014-04-16

选择标志	凭证类别	单据类型	单据号	日期	客户编码	客户名称	部门	业务员	金额
1	转账凭证	销售专...	0000000001	2014-04-16	002	长兴贸...	销售部	真丽	65,000.00

图 9.49 销售发票制单查询

②发票制单→确定，进入“制单”窗口→全选，转账凭证→制单，进入填制凭证窗口→保存→退出，如图 9.50 所示。

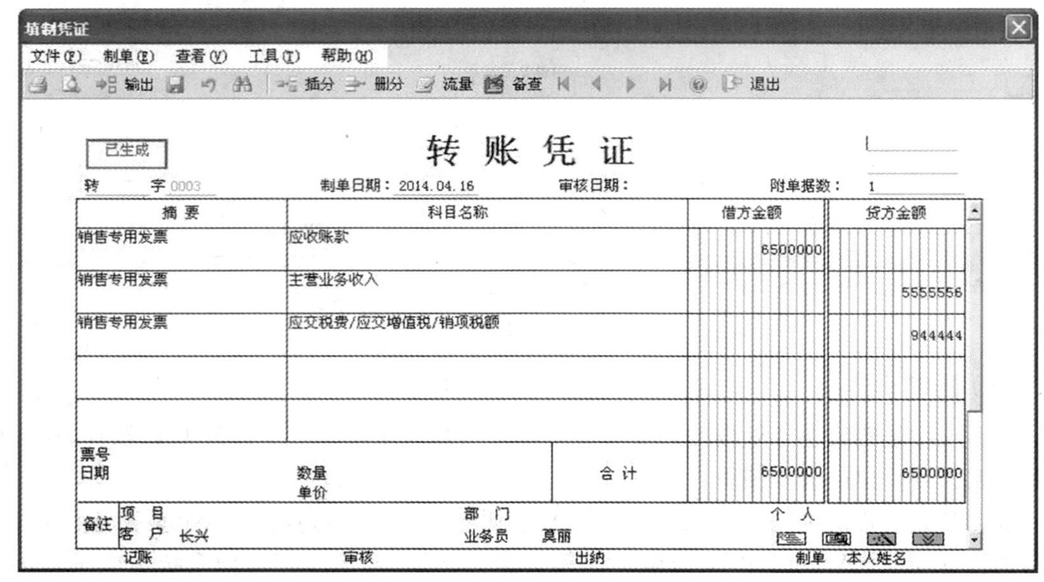

图 9.50 转账凭证生成

③库存管理→出库业务→销售出库单，进入“销售出库单”窗口→找到要审核的销售出库单→审核→退出。

④存货核算→业务核算→正常单据记账，打开“过滤条件选择”对话框→过滤，进入“未记账单据一览表”窗口→选择要记账的单据→记账→确定→退出→财务核算→生成凭证，打开“生成凭证”窗口→选择，弹出“查询条件”→选“销售专用发票”→确定→全选→确定，进入“生成凭证”窗口→转账凭证→生成，进入填制凭证窗口→保存→退出。

(7) 应收账款确认及收款处理

及时进行应收账款确认及收款处理是财务核算工作的基本要求。这些工作由应收款管理系统完成。应收款管理系统主要完成对经营业务转入的应收款项的处理，提供各项应收款项的相关信息，以明确应收账款款项来源，有效掌握收款核销情况，提供适时的催款依据，提高资金周转率。

【例 9.24】4 月 17 日，财务部收到长兴贸易公司转账支票一张，金额 76 050 元，支票号 2211。据此填制收款单并制单。

［操作步骤］

①财务会计→应收款管理→收款单据处理→收款单据录入，进入“收款单录入”窗口→录入资料信息→审核，如图 9.51 所示。

图 9.51 录入收款单

②系统提示是否制单→是,进入填制凭证窗口→保存→退出,如图 9.52 所示。

填制凭证

文件(F) 制单(E) 查看(V) 工具(T) 帮助(H)

输出 插分 删分 流量 备查 退出

已生成

收款凭证

收 字 0001　制单日期:2014.04.17　审核日期:　附单据数: 1

摘要	科目名称	借方金额	贷方金额
收款单	银行存款/工行存款	7605000	
收款单	应收账款		7605000
票号 202 - 2211 日期 2014.04.17　数量 单价	合计	7605000	7605000

备注　项目　部门　个人

客户　业务员

记账　审核　出纳　制单 本人姓名

图 9.52 收款凭证

3)商业折扣的处理

商业折扣是指企业根据市场供需情况,或针对不同的顾客,在商品标价上给予的扣除。商业折扣是企业最常用的促销方式之一,企业为了扩大销售、占领市场,对于批发商往往给予商业折扣,采用销量越多、价格越低的促销策略,其特点是折扣在实现销售的同时发生。

【例 9.25】4 月 17 日,销售部向长兴贸易公司出售 HP 激光打印机 5 台,报价为 2 300 元/台,成交价为报价的 90%,货物从配套用品库发出。根据上述发货单开具专用发票一张。

[操作步骤]

①销售管理→销售发货→发货单,进入"发货单"窗口→增加,打开"过滤条件选择"对话框→取消,返回"发货单生单"窗口→输入资料内容→保存→审核→退出,如图 9.53 所示。

发货单

打印模版 发货单打印模版

表体排序　合并显示

发货单号 0000000003　发货日期 2014-04-17　业务类型 普通销售

销售类型 经销　订单号　发票号

客户简称 长兴　销售部门 销售部　业务员 夏丽

发货地址　发运方式　付款条件

税率 17.00　币种 人民币　汇率 1

备注

	仓库名称	存货编码	存货名称	规格型号	主计量	数量	报价	含税单价	无税单价	无税金额	税额	价税合计	税率(...	折...	扣率(%)	扣率2(%)
1	配套用品库	007	HP激光打印机		台	5.00	2070.00	2421.90	2070.00	10350.00	1759.50	12109.50	17.00	0....	100.00	100.00

图 9.53 发货单录入审核

②在销售管理系统中根据发货单填制并复核销售发票:参考普通销售业务相应步骤,如图 9.54 所示。

4)现结业务

【例 9.26】4 月 17 日,销售部向长兴贸易公司出售计算机 10 台,无税报价为 6 400 元/台,货物从成品库发出。

销售专用发票

显示模版 销售专用发票显示模

表体排序

合并显示 □

发票号 0000000002
开票日期 2014-04-17
业务类型 普通销售
销售类型 经销
订单号
发货单号 0000000003
客户简称 长兴
销售部门 销售部
业务员 莫丽
付款条件
客户地址 天津市滨海新区德顺路8号
联系电话
开户银行 建行滨海新区分行
账号 425879658
税号 2545642123565625
币种 人民币
汇率 1
税率 17.00
备注

	仓库名称	存货编码	存货名称	规…	主计量	数量	报价	含税单价	无税单价	无税金额	税额	价税合计	税率(%)	折扣额	扣率(%)	扣率2(%)
1	配套用品库	007	HP激光打印机		台	5.00	2070.00	2421.90	2070.00	10350.00	1759.50	12109.50	17.00	0.00	100.00	100.00

图 9.54　销售专用发票

[操作步骤]

在销售管理系统中填制并审核发货单:参考普通销售业务相应步骤,如图 9.55 所示。

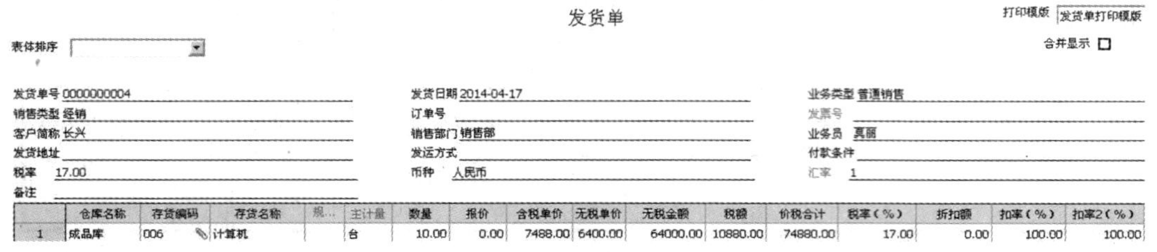

发货单

打印模版 发货单打印模版

表体排序

合并显示 □

发货单号 0000000004
发货日期 2014-04-17
业务类型 普通销售
销售类型 经销
订单号
发票号
客户简称 长兴
销售部门 销售部
业务员 莫丽
发货地址
发运方式
付款条件
税率 17.00
币种 人民币
汇率 1
备注

	仓库名称	存货编码	存货名称	规…	主计量	数量	报价	含税单价	无税单价	无税金额	税额	价税合计	税率(%)	折扣额	扣率(%)	扣率2(%)
1	成品库	006	计算机		台	10.00	0.00	7488.00	6400.00	64000.00	10880.00	74880.00	17.00	0.00	100.00	100.00

图 9.55　发货单

【例 9.27】4 月 17 日,根据上述发货单开具专用发票一张;同时收到客户以转账支票所支付的全部货款,支票号 ZZ001188。

[操作步骤]

销售管理→销售开票→销售专用发票,进入"销售专用发票"窗口→增加→生单→参照发货单,打开"过滤条件选择"对话框→过滤,出现"参照生单"窗口→选择要参照的单据→确定→保存→现结,出现"现结"窗口→输入资料内容→复核→退出,如图 9.56 所示。

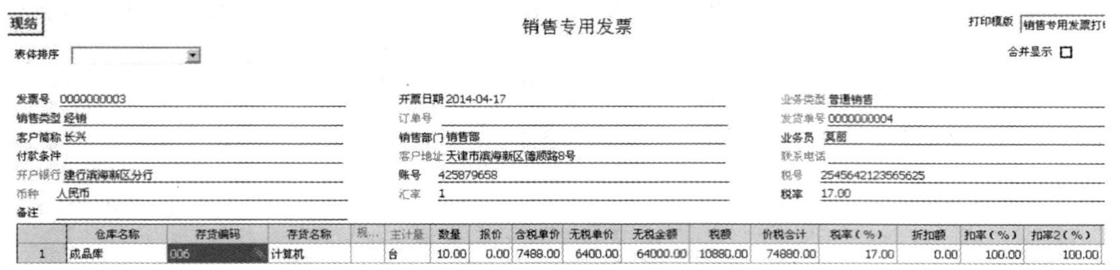

现结

销售专用发票

打印模版 销售专用发票打

表体排序

合并显示 □

发票号 0000000003
开票日期 2014-04-17
业务类型 普通销售
销售类型 经销
订单号
发货单号 0000000004
客户简称 长兴
销售部门 销售部
业务员 莫丽
付款条件
客户地址 天津市滨海新区德顺路8号
联系电话
开户银行 建行滨海新区分行
账号 425879658
税号 2545642123565625
币种 人民币
汇率 1
税率 17.00
备注

	仓库名称	存货编码	存货名称	规…	主计量	数量	报价	含税单价	无税单价	无税金额	税额	价税合计	税率(%)	折扣额	扣率(%)	扣率2(%)
1	成品库	006	计算机		台	10.00	0.00	7488.00	6400.00	64000.00	10880.00	74880.00	17.00	0.00	100.00	100.00

图 9.56　现结销售专用发票

【例 9.28】4 月 17 日,进行现结制单处理。

[操作步骤]

①财务会计→应收款管理→应收单据处理→应收单据审核,打开"应收单过滤条件"对话框→确定,进入"单据处理"窗口→选择要审核的销售专用发票→审核→确定→退出→制单处理,打开"制单查询"对话框。

②发票制单→确定,进入"制单"窗口→全选,转账凭证→制单,进入填制凭证窗口→保存→退出,如图 9.57 所示。

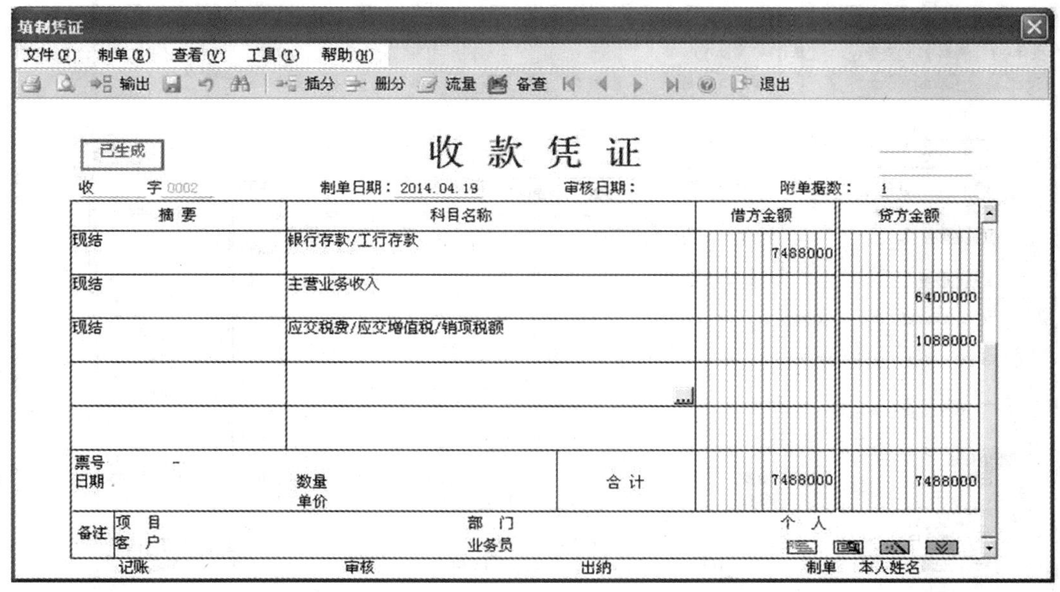

图 9.57　生成凭证

5)代垫运费处理

【例 9.29】4 月 19 日，销售部在向长兴贸易公司销售商品过程中发生了一笔代垫的安装费 500 元，客户尚未支付该笔款项。

［操作步骤］

①在企业应用平台设置费用项目：基础设置→基础档案→业务→费用项目分类，进入“费用项目分类”窗口→增加→1，代垫费用→保存→退出→费用项目，进入“费用项目档案”窗口→增加→01，安装费，代垫费用→退出，如图 9.58 所示。

费用项目分类
└(1) 代垫费用

序号	费用项目编码	费用项目名称	费用项目分类...
1	01	安装费	代垫费用

图 9.58　设置费用项目

②在销售管理系统中填制并审核代垫费用单：销售管理→代垫费用→代垫费用单，进入“代垫费用单”窗口→增加→输入资料内容→保存→审核→退出，如图 9.59 所示。

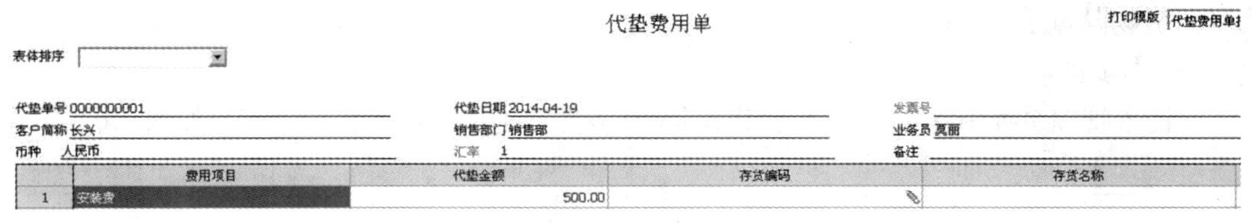
代垫费用单

表体排序

代垫单号 0000000001	代垫日期 2014-04-19	发票号
客户简称 长兴	销售部门 销售部	业务员 高丽
币种 人民币	汇率 1	备注

	费用项目	代垫金额	存货编码	存货名称
1	安装费	500.00		

图 9.59　代垫费用单

③在应收款管理系统中对代垫费用单审核并确认应收：财务会计→应收款管理→应收单据处理→应收单据审核，打开“应收单过滤条件”对话框→确定，进入“单据处理”窗口→选择要审核的单据→审核→立即制单？→是，进入填制凭证窗口→转账凭证，借方 122101，贷方 6051→保存→退出，如图 9.60 所示。

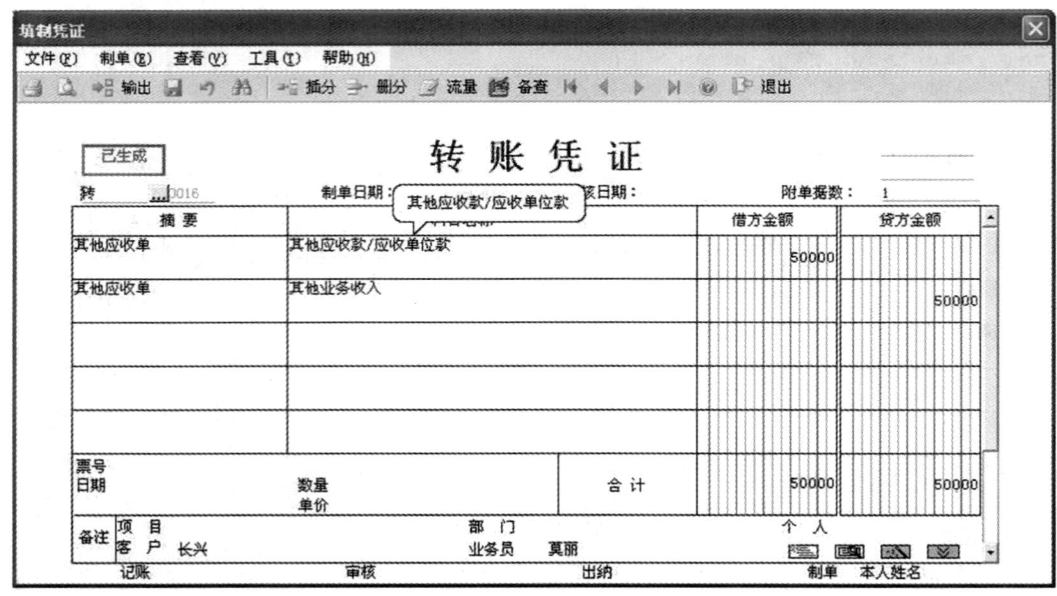

图 9.60 凭证生成

6）汇总开票业务

【例 9.30】4 月 17 日，销售部向长兴贸易公司出售计算机 10 台，报价为 6 400 元/台，货物从成品仓库发出。

［操作步骤］

在销售管理系统中，填制并审核销售发货单：参照普通销售业务相应步骤，如图 9.61 所示。

图 9.61 审核发货单

【例 9.31】4 月 17 日，销售部向长兴贸易公司出售 HP 激光打印机 5 台，报价为 2 300 元/台，货物从配套用品库发出。

［操作步骤］

在销售管理系统中，填制并审核销售发货单（参照普通销售业务相应步骤），如图 9.62 所示。

图 9.62 审核发货单

【例9.32】4月17日，根据上述两张发货单开具专用发票一张。

［操作步骤］

在销售管理系统中，参照上述两张发货单填制并复核销售发票（参照普通销售业务相应步骤），如图9.63、图9.64所示。

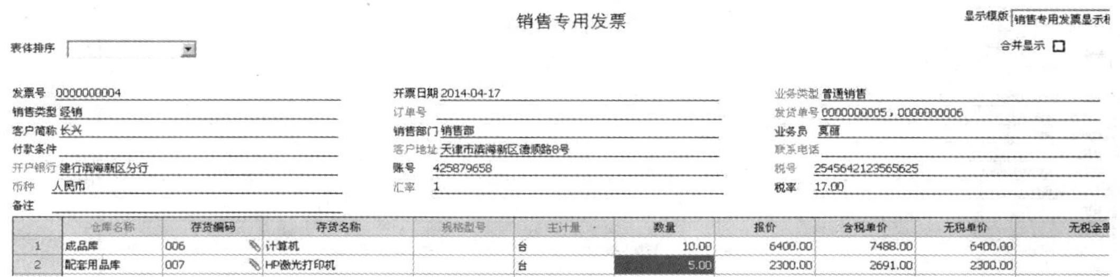

	仓库名称	存货编码	存货名称	规格型号	主计量	数量	报价	含税单价	无税单价	无税金额
1	成品库	006	计算机		台	10.00	6400.00	7488.00	6400.00	
2	配套用品库	007	HP激光打印机		台	5.00	2300.00	2691.00	2300.00	

图9.63　销售专用发票

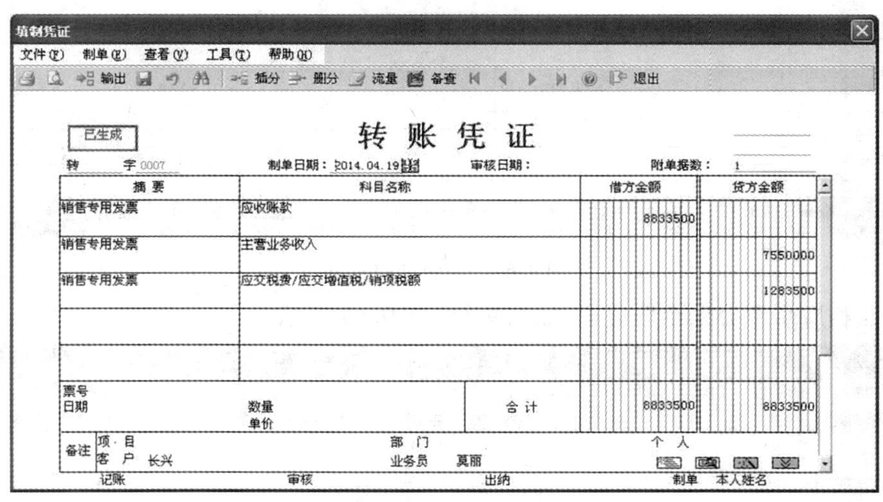

摘要	科目名称	借方金额	贷方金额
销售专用发票	应收账款	8833500	
销售专用发票	主营业务收入		7550000
销售专用发票	应交税费/应交增值税/销项税额		1283500
票号 日期　数量 单价	合计	8833500	8833500

图9.64　生成转账凭证

7）分次开票业务

【例9.33】4月18日，销售部向华明公司出售HP激光打印机20台，报价为2 300元/台，货物从配套用品库发出。

［操作步骤］

在销售管理系统中填制并审核销售发货单（参照普通销售业务相应步骤），如图9.65所示。

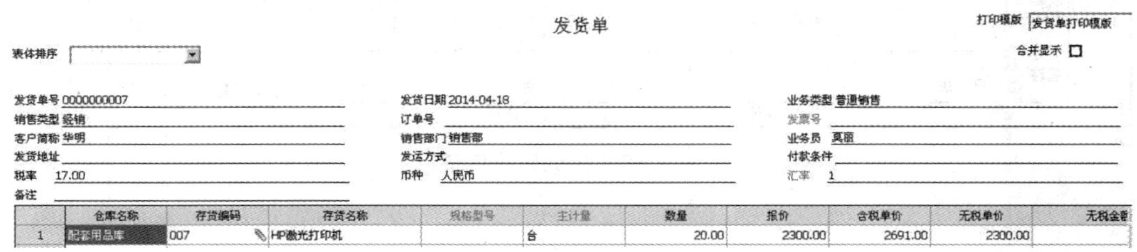

	仓库名称	存货编码	存货名称	规格型号	主计量	数量	报价	含税单价	无税单价	无税金额
1	配套用品库	007	HP激光打印机		台	20.00	2300.00	2691.00	2300.00	

图9.65　发货单

【例9.34】4月19日，应客户要求，对上述所发出的商品开具两张专用销售发票，第一张发票中所列示的数量为 15 台，第二张发票中所列示的数量为 5 台。

［操作步骤］

①在销售管理系统中，参照上述发货单分别填制两张并复核销售发票（参照普通销售业务相应步骤），如图 9.66、图 9.67 所示。

销售专用发票

显示模版 销售专用发票显示模

表体排序

合并显示 □

发票号 0000000005　开票日期 2014-04-19　业务类型 普通销售

销售类型 经销　订单号　发货单号 0000000007

客户简称 华明　销售部门 销售部　业务员 莫丽

付款条件　客户地址　联系电话

开户银行 华夏银行渝中区分行　账号 6254658795　税号 456123456789456

币种 人民币　汇率 1　税率 17.00

备注

	仓库名称	存货编码	存货名称	规格…	主计量	数量	报价	含税单价	无税单价	无税金额	税额	价税合计	税率(%)	折扣额	扣率(%)	扣率2(%
1	配套用品库	007	HP激光打印机		台	15.00	2300.00	2691.00	2300.00	34500.00	5865.00	40365.00	17.00	0.00	100.00	100.(

图 9.66　销售专用发票

销售专用发票

显示模版 销售专用发票显示模

表体排序

合并显示 □

发票号 0000000006　开票日期 2014-04-19　业务类型 普通销售

销售类型 经销　订单号　发货单号 0000000007

客户简称 华明　销售部门 销售部　业务员 莫丽

付款条件　客户地址　联系电话

开户银行 华夏银行渝中区分行　账号 6254658795　税号 456123456789456

币种 人民币　汇率 1　税率 17.00

备注

	仓库名称	存货编码	存货名称	规…	主计量	数量	报价	含税单价	无税单价	无税金额	税额	价税合计	税率(%)	折扣额	扣率(%)	扣率2(%)
1	配套用品库	007	HP激光打…		台	5.00	2300.00	2691.00	2300.00	11500.00	1955.00	13455.00	17.00	0.00	100.00	100.(

图 9.67　销售专用发票

②参照相应步骤分别生成凭证，如图 9.68、图 9.69 所示。

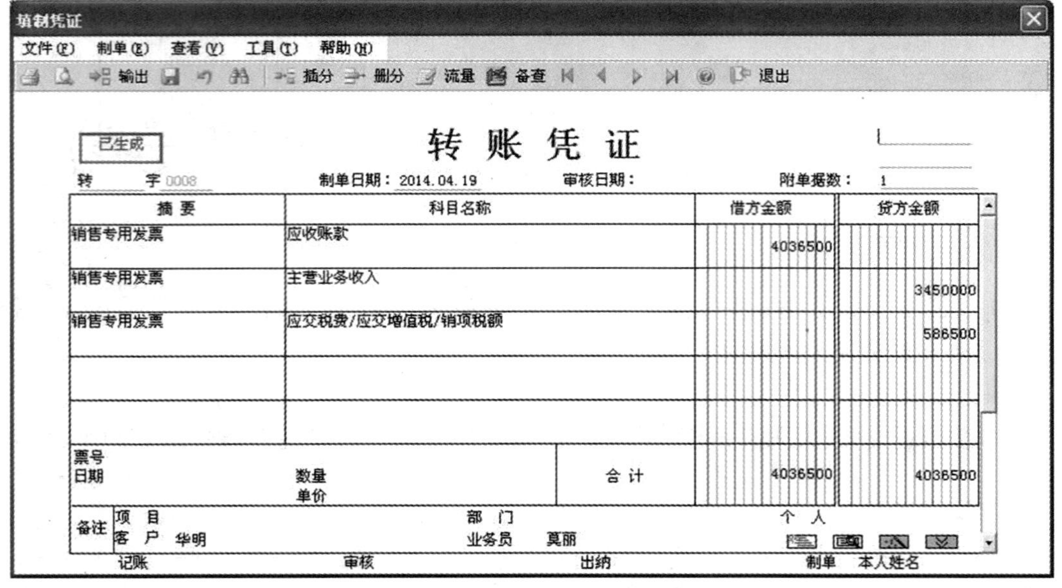

填制凭证

文件(F)　制单(E)　查看(V)　工具(T)　帮助(H)

输出　插分　删分　流量　备查　退出

已生成

转账凭证

转　字 0008　制单日期：2014.04.19　审核日期：　附单据数：1

摘要	科目名称	借方金额	贷方金额
销售专用发票	应收账款	4036500	
销售专用发票	主营业务收入		3450000
销售专用发票	应交税费/应交增值税/销项税额		586500
票号 日期	数量 单价 合计	4036500	4036500

备注　项　目　部　门　个　人

客　户　华明　业务员　莫丽

记账　审核　出纳　制单　本人姓名

图 9.68　生成转账凭证

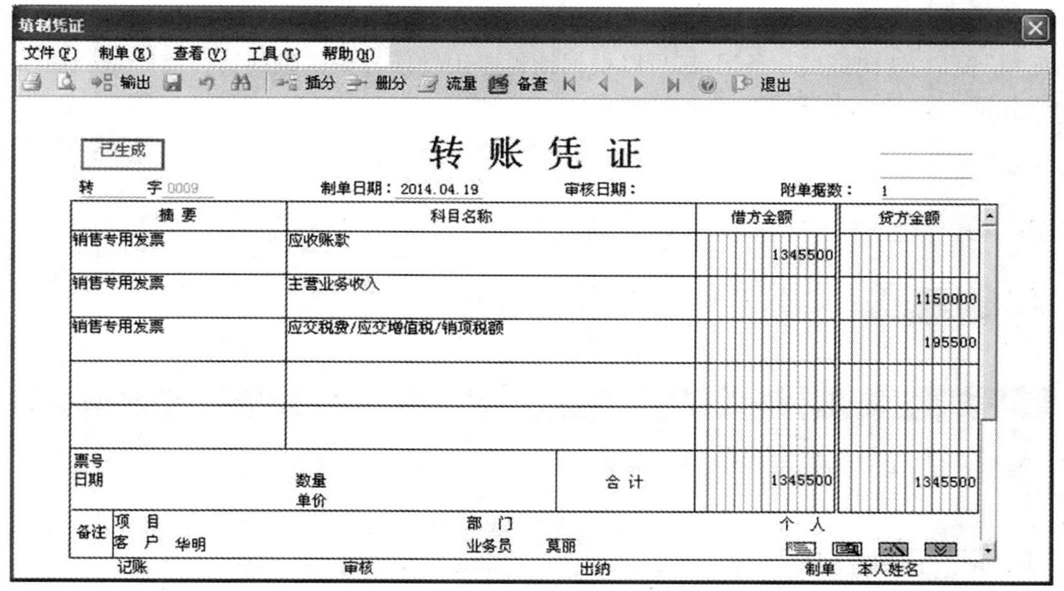

填制凭证

文件(F)　制单(E)　查看(V)　工具(T)　帮助(H)

输出　插分　删分　流量　备查　退出

已生成

转账凭证

转　字 0009　制单日期：2014.04.19　审核日期：　附单据数：1

摘要	科目名称	借方金额	贷方金额
销售专用发票	应收账款	1345500	
销售专用发票	主营业务收入		1150000
销售专用发票	应交税费/应交增值税/销项税额		195500
票号 日期　数量 单价	合计	1345500	1345500

备注　项目　部门　个人

客户 华明　业务员 莫丽

记账　审核　出纳　制单 本人姓名

图9.69　生成转账凭证

8)开票直接发货

【例9.35】4月19日,销售部向长兴贸易公司出售HP激光打印机10台,报价为2 300元/台,物品从配套用品库发出,并据此开具专用销售发票一张。

[操作步骤]

①在销售管理系统中填制并复核销售专用发票:销售管理→销售开票→销售专用发票,进入“销售专用发票”窗口→增加→参照发货单,打开“过滤条件选择”对话框→取消→按资料录入数据→保存→复核→退出,如图9.70所示。

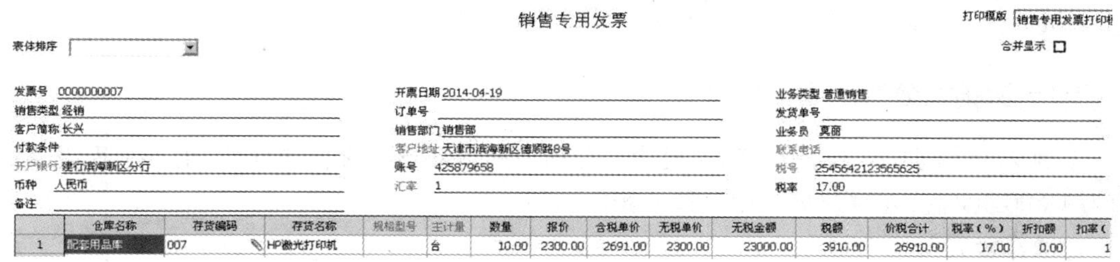

销售专用发票

打印模版 销售专用发票打印模

表体排序　合并显示

发票号 0000000007　开票日期 2014-04-19　业务类型 普通销售

销售类型 经销　订单号　发货单号

客户简称 长兴　销售部门 销售部　业务员 莫丽

付款条件　客户地址 天津市滨海新区德顺路8号　联系电话

开户银行 建行滨海新区分行　账号 425879658　税号 2545642123565625

币种 人民币　汇率 1　税率 17.00

备注

	仓库名称	存货编码	存货名称	规格型号	主计量	数量	报价	含税单价	无税单价	无税金额	税额	价税合计	税率(%)	折扣额	扣率(
1	配套用品库	007	HP激光打印机		台	10.00	2300.00	2691.00	2300.00	23000.00	3910.00	26910.00	17.00	0.00	1

图9.70　销售专用发票

②在销售管理系统中查询销售发货单:销售管理→销售发货→发货单,转向最后一条记录,可以根据销售专用发票自动生成的发货单→退出,如图9.71所示。

发货单

打印模版 发货单打印模版

表体排序　合并显示

发货单号 0000000008　发货日期 2014-04-19　业务类型 普通销售

销售类型 经销　订单号　发票号 0000000007

客户简称 长兴　销售部门 销售部　业务员 莫丽

发货地址　发运方式　付款条件

税率 17.00　币种 人民币　汇率 1

备注

	仓库名称	存货编码	存货名称	规格型号	主计量	数量	报价	含税单价	无税单价	无税金额
1	配套用品库	007	HP激光打印机		台	10.00	2300.00	2691.00	2300.00	

图9.71　销售发货单

③在库存管理系统中查询销售出库单：库存管理→出库业务→销售出库单，进入“销售出库单”窗口，转向最后一条记录，可以根据销售专用发票自动生成的销售出库单→制单→生成凭证→保存，如图 9.72、图 9.73 所示。

销售出库单

销售出库单打印模

表体排序

蓝字
红字

出库单号 0000000008　出库日期 2014-04-19　仓库 配套用品库
出库类别 销售出库　业务类型 普通销售　业务号 0000000007
销售部门 销售部　业务员 莫丽　客户 长兴
审核日期　备注

	存货编码	存货名称	规格型号	主计量单位	数量	单价	金额
1	007	HP激光打印机		台	10.00		

图 9.72 销售出库单

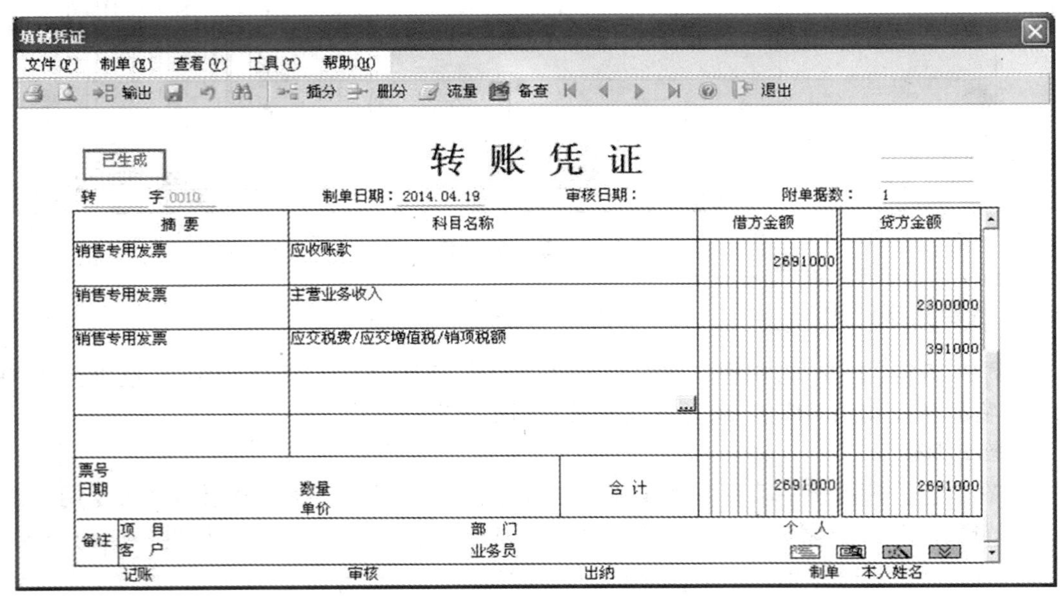
填制凭证
文件(F) 制单(E) 查看(V) 工具(T) 帮助(H)
输出 插分 删分 流量 备查 退出

已生成

转 账 凭 证

转 字 0010　制单日期：2014.04.19　审核日期：　附单据数：1

摘要	科目名称	借方金额	贷方金额
销售专用发票	应收账款	2691000	
销售专用发票	主营业务收入		2300000
销售专用发票	应交税费/应交增值税/销项税额		391000
票号 日期	数量 单价 合计	2691000	2691000

备注 项目　部门　个人
客户　业务员

记账　审核　出纳　制单 本人姓名

图 9.73 生成凭证

9)一次销售分次出库

【例 9.36】4 月 20 日，销售部向通达公司出售酷睿双核处理器 200 盒，由原料库发货，报价为 1 500 元/盒，同时开具专用发票一张。

[操作步骤]

①在销售管理系统中设置相关选项：销售管理→设置→销售选项，进入“选项”窗口→业务控制：不选中“销售生成出库单”→确定。

②在销售管理系统中填制并审核发货单(参考普通销售相应步骤)，如图 9.74 所示。

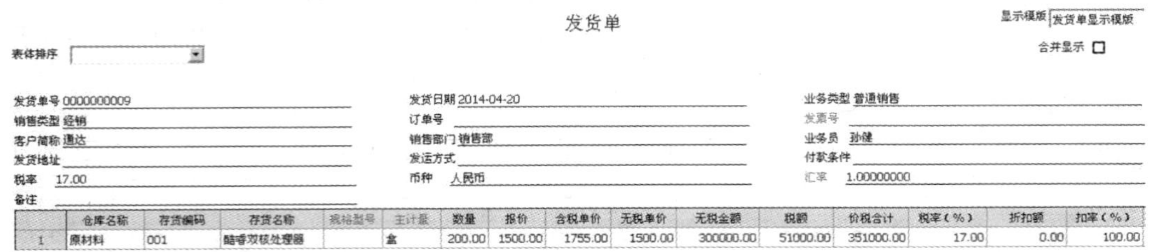
发货单

显示模版 发货单显示模版
合并显示

表体排序

发货单号 0000000009　发货日期 2014-04-20　业务类型 普通销售
销售类型 经销　订单号　发票号
客户简称 通达　销售部门 销售部　业务员 孙健
发货地址　发运方式　付款条件
税率 17.00　币种 人民币　汇率 1.00000000
备注

	仓库名称	存货编码	存货名称	规格型号	主计量	数量	报价	含税单价	无税单价	无税金额	税额	价税合计	税率(%)	折扣额	扣率(%)
1	原材料	001	酷睿双核处理器		盒	200.00	1500.00	1755.00	1500.00	300000.00	51000.00	351000.00	17.00	0.00	100.00

图 9.74 销售发货单

③在销售管理系统中根据发货单开具销售专用发票并复核(参考普通销售相应步骤),如图 9.75 所示。

销售专用发票

显示模版 销售专用发票显示 | 表体排序 | 合并显示 □

发票号 0000000008　开票日期 2014-04-20　业务类型 普通销售
销售类型 经销　订单号　发货单号 0000000009
客户简称 通达　销售部门 销售部　业务员 孙健
付款条件　客户地址 大连市西岗区唐山街 40 号　联系电话
开户银行 招行西岗区分行　账号 8254654562　税号 548912463556213
币种 人民币　汇率 1　税率 17.00
备注

	仓库名称	存货编码	存货名称	规格型号	主计量	数量	报价	含税单价	无税单价	无税金额	税额	价税合计	税率(%)	折扣额	扣率(%
1	原材料	001	酷睿双核处理器		盒	200.00	1500.00	1755.00	1500.00	300000.00	51000.00	351000.00	17.00	0.00	100.0

图 9.75　销售专用发票

【例 9.37】4 月 20 日,客户根据发货单从原料仓库领出酷睿双核处理器 150 盒。

[操作步骤]

库存管理→出库业务→销售出库单,进入“销售出库单”窗口→生单→销售生单,打开“过滤条件选择”对话框→过滤,进入“销售生单”窗口→选择要生单的单据→确定,返回“销售出库单”窗口→修改出库数量为 150→保存→审核→退出,如图 9.76 所示。

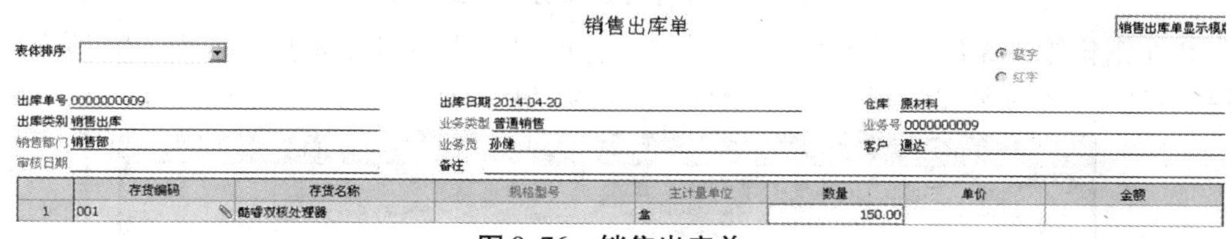
销售出库单

表体排序 | 销售出库单显示模版 | 蓝字 | 红字

出库单号 0000000009　出库日期 2014-04-20　仓库 原材料
出库类别 销售出库　业务类型 普通销售　业务号 0000000009
销售部门 销售部　业务员 孙健　客户 通达
审核日期　备注

	存货编码	存货名称	规格型号	主计量单位	数量	单价	金额
1	001	酷睿双核处理器		盒	150.00		

图 9.76　销售出库单

【例 9.38】4 月 21 日,客户根据发货单再从原料仓库领出酷睿双核处理器 50 盒。

[操作步骤]

库存管理→出库业务→销售出库单,进入“销售出库单”窗口→生单→销售生单,打开“过滤条件选择”对话框→过滤,进入“销售生单”窗口→选择要生单的单据→确定,返回“销售出库单”窗口→修改出库数量为 50→保存→审核→退出,如图 9.77 所示。

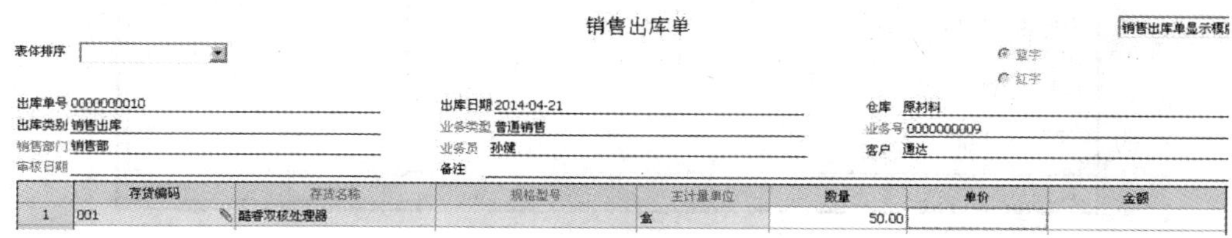
销售出库单

表体排序 | 销售出库单显示模版 | 蓝字 | 红字

出库单号 0000000010　出库日期 2014-04-21　仓库 原材料
出库类别 销售出库　业务类型 普通销售　业务号 0000000009
销售部门 销售部　业务员 孙健　客户 通达
审核日期　备注

	存货编码	存货名称	规格型号	主计量单位	数量	单价	金额
1	001	酷睿双核处理器		盒	50.00		

图 9.77　销售出库单

10)超发货单出库

【例 9.39】4 月 20 日,销售部向通达公司出售酷睿双核处理器 20 盒,由原料库发货,报价为 1 500 元/盒。开具发票时,客户要求再多买 2 盒,根据客户要求开具了 22 盒酷睿双核处理器的专用发票一张。

[操作步骤]

①在库存管理系统中修改相关选项设置:库存管理→初始设置→选项,进入“选项”窗口→专用设置:选中“允许超发货单出库”→确定,如图 9.78 所示。

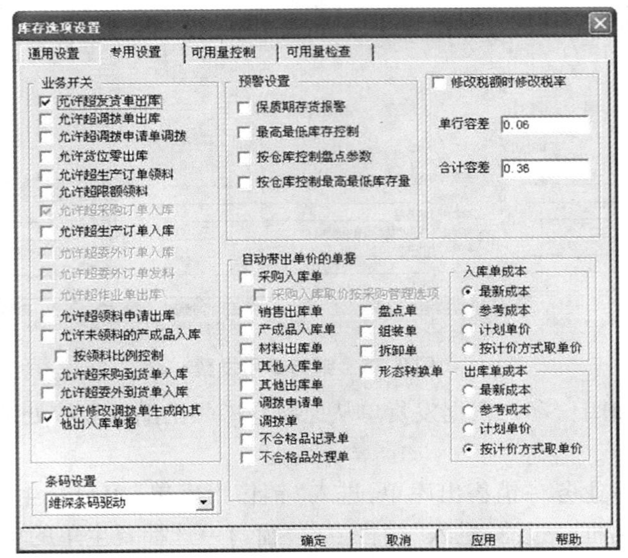

图 9.78　库存管理系统中选项设置

②在销售管理系统中设置相关选项：销售管理→设置→销售选项，进入"选项"窗口→业务控制：选中"允许超发货量开票"→确定，如图 9.79 所示。

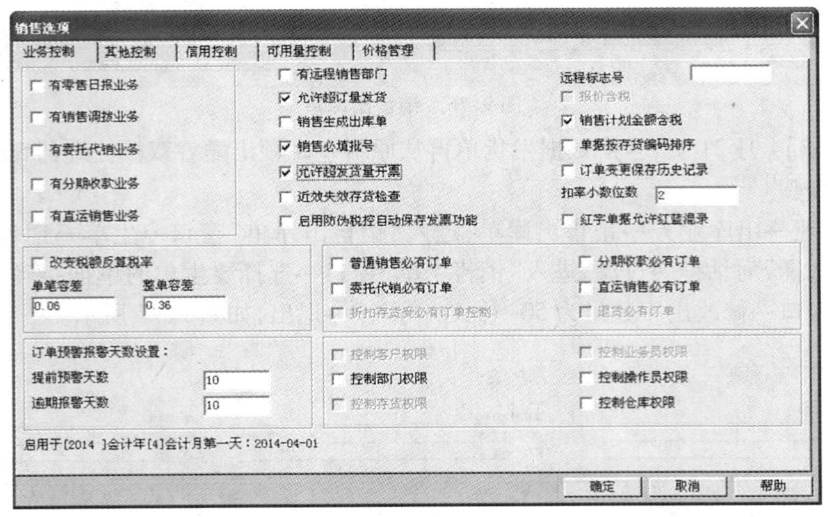

图 9.79　销售管理系统中选项设置

③在企业应用平台中修改存货档案并设置超额出库上限为 20%：基础设置→基础档案→存货→存货档案，进入"存货档案"窗口→找到"酷睿双核处理器"存货档案→修改，进入"修改存货档案"窗口→打开"控制"选项卡→在"出库超额上限栏"输入 0.2→保存→退出，如图 9.80 所示。

④在销售管理系统中填制并审核发货单（参考普通销售业务相应步骤），如图 9.81 所示。

⑤在销售管理系统中填制并复核销售专用发票，修改开票数量为 22，如图 9.82 所示。

【例 9.40】4 月 20 日，客户从原料仓库领出酷睿双核处理器 22 盒。

修改存货档案

复制　退出

存货编码 001　　存货名称 酷睿双核处理器

基本 | 成本 | 控制 | 其他 | 计划 | MPS/MRP | 图片 | 附件

最高库存		最低库存	
安全库存		积压标准	
替换件		货位	
请购超额上限		入库超额上限	
出库超额上限	0.200000	订货超额上限	
发货允超上限		合理损耗率%	
ABC分类		领料批量	
最小分割量		上次盘点日期	
盘点周期		盘点周期单位	

每第　天　　□ 质检

□ 周期检验　　检验周期 不大于 月 天 且不小于 月 天

□ 是否保质期管理　保质期单位　保质期　　有效期推算方式　　预警天数

□ 条形码管理　　对应条形码

□ 批次管理　　□ 出库跟踪入库

□ 领料切除尾数　　□ 序列号管理

□ 呆滞积压　　□ 单独存放

□ 来料须依据检验结果入库

☑ 产品须依据检验结果入库

如有无法设置的项目，是受账套参数的控制，请先到各子系统的业务范围中设置。

图 9.80　存货档案修改

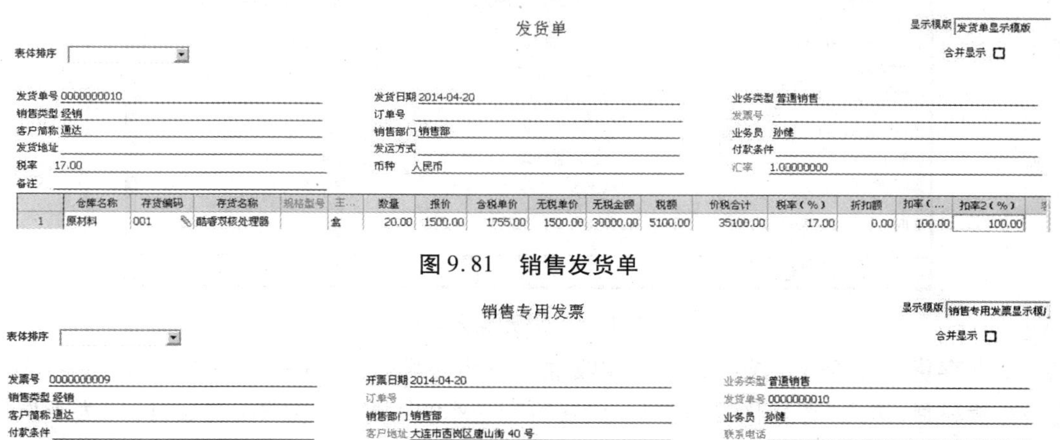

发货单

显示模版 发货单显示模版

表体排序　　合并显示 □

发货单号 0000000010	发货日期 2014-04-20	业务类型 普通销售
销售类型 经销	订单号	发票号
客户简称 通达	销售部门 销售部	业务员 孙健
发货地址	发运方式	付款条件
税率 17.00	币种 人民币	汇率 1.00000000
备注		

	仓库名称	存货编码	存货名称	规格型号	主…	数量	报价	含税单价	无税单价	无税金额	税额	价税合计	税率(%)	折扣额	扣率(…	扣率2(%)
1	原材料	001	酷睿双核处理器		盒	20.00	1500.00	1755.00	1500.00	30000.00	5100.00	35100.00	17.00	0.00	100.00	100.00

图 9.81　销售发货单

销售专用发票

显示模版 销售专用发票显示模

表体排序　　合并显示 □

发票号 0000000009	开票日期 2014-04-20	业务类型 普通销售
销售类型 经销	订单号	发货单号 0000000010
客户简称 通达	销售部门 销售部	业务员 孙健
付款条件	客户地址 大连市西岗区唐山街 40 号	联系电话
开户银行 招行西岗区分行	账号 8254654562	税号 548912463556213
币种 人民币	汇率 1	税率 17.00
备注		

	仓库名称	存货编码	存货名称	规格型号	主计量	数量	报价	含税单价	无税单价	无税金额	税额	价税合计	税率(%)	折扣额	扣率(%)
1	原材料	001	酷睿双核处理器		盒	22.00	1500.00	1755.00	1500.00	33000.00	5610.00	38610.00	17.00	0.00	100.00

图 9.82　销售专用发票

[操作步骤]

在库存管理系统中根据发货单生成销售出库单：库存管理→出库业务→销售出库单，进入“销售出库单”窗口→生单→销售生单，打开“过滤条件选择”对话框→过滤，进入“销售生单”窗口→选择要生单的单据→确定，返回“销售出库单”窗口→修改出库数量为 22→保存→审核→退出，如图 9.83 所示。

11）分期收款发出商品

【例 9.41】4 月 20 日，销售部向通达公司出售计算机 200 台。由成品仓库发货，报价为

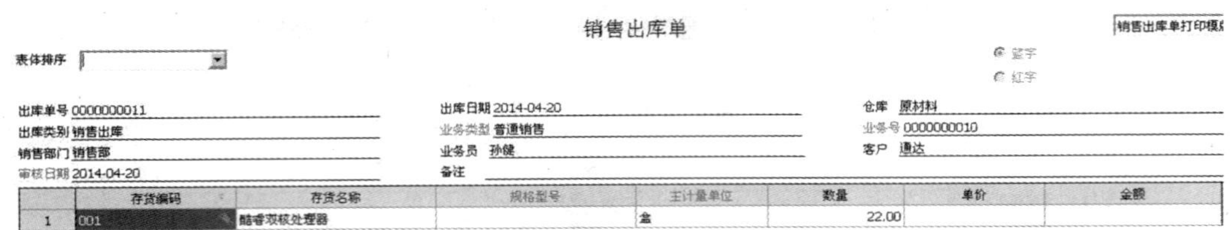

图 9.83　销售出库单

6 500元/台。由于金额较大,客户要求以分期付款形式购买该商品。经协商,客户分 4 次付款,并据此开具相应销售发票。第一次开具的专用发票数量为 50 台,单价 6 500 元/台。

[操作步骤]

①在销售管理系统中修改相关选项设置:销售管理→设置→销售选项,进入"选项"窗口→业务控制,选中"有分期收款业务""销售生成出库单"→确定,如图 9.84 所示。

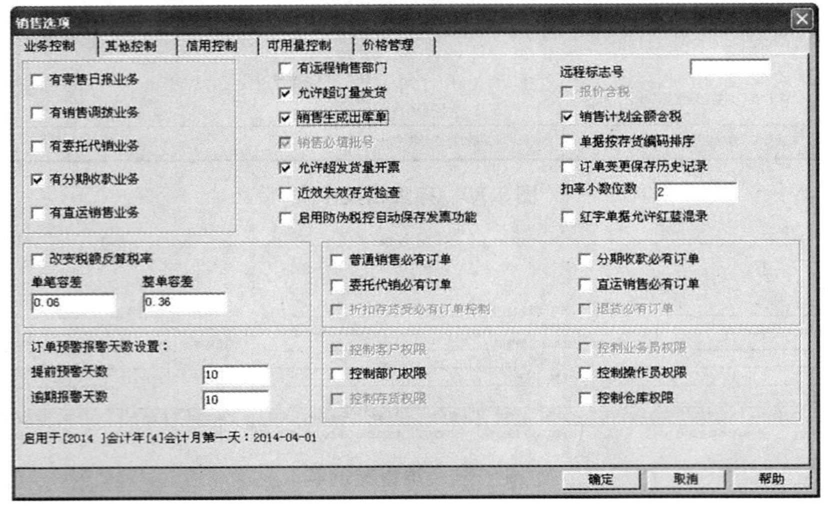

图 9.84　销售选项设置

②在存货核算管理系统中设置分期收款业务相关科目:存货核算→初始设置→科目设置→存货科目,进入"存货科目"窗口→设置所有仓库的"分期收款发出商品科目"为 1406→保存→退出。

③在销售管理系统中填制并审核发货单,业务类型为分期收款,如图 9.85 所示。

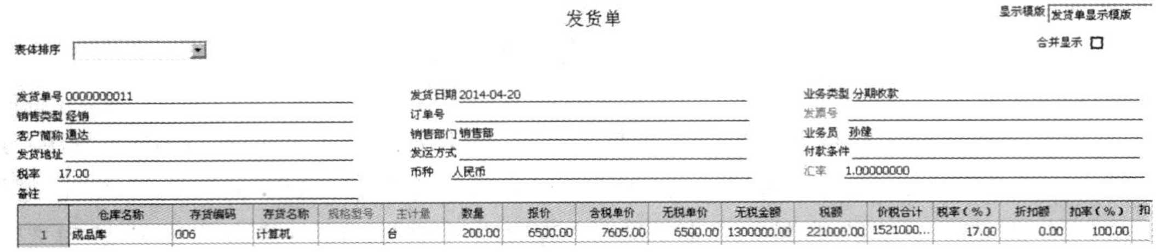

图 9.85　销售发货单

④在存货核算系统中执行发出商品记账并生成出库凭证:存货核算→业务核算→发出商品记账,出现"过滤条件选择"对话框→成品库,发货单,分期收款,如图 9.86 所示。

⑤过滤,进入"未记账单据一览表"窗口→选择要记账单据→确定→退出→财务核算→生

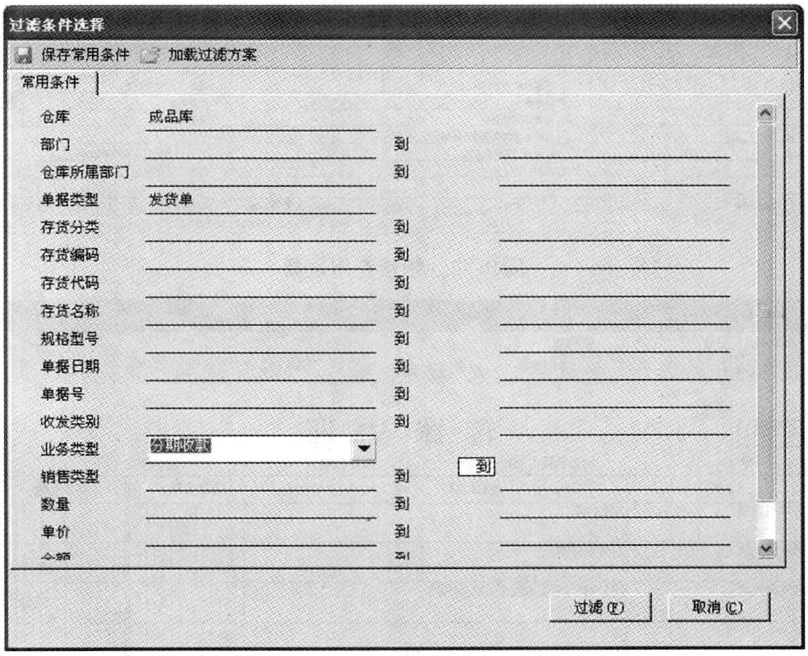

图 9.86　发货单过滤

成凭证,打开“生成凭证”窗口→选择,弹出“查询条件”→选“分期收款发出商品发货单”→确定→全选→确定,进入“生成凭证”窗口→转账凭证→生成,进入填制凭证窗口→保存→退出→退出,如图 9.87 所示。

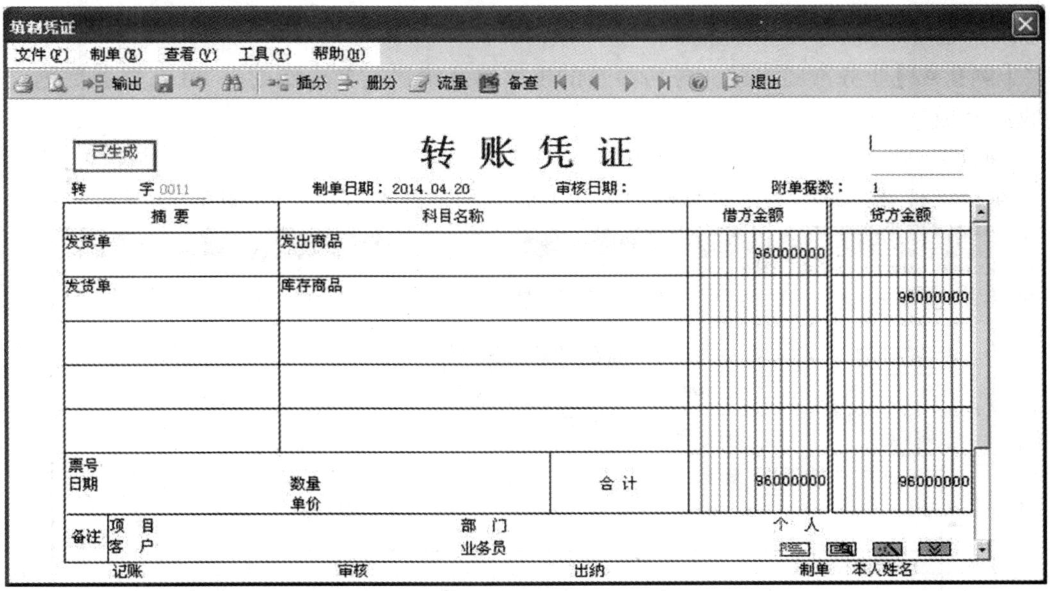

图 9.87　生成凭证

⑥在销售管理系统中根据发货单填制并复核销售发票(参考普通销售业务相应步骤),修改开票数量为 50,如图 9.88 所示。

⑦在应收款管理系统中审核销售发票并生成应收凭证(参考普通销售业务相应步骤),如图 9.89 所示。

	仓库名称	存货编码	存货名称	规格型号	主计量	数量	报价	含税单价	无税单价	无税金额	税额	价税合计	税率（%）	折扣额	扣率（%）	扣率2
1	成品库	006	计算机		台	50.00	6500.00	7605.00	6500.00	325000.00	55250.00	380250.00	17.00	0.00	100.00	1

图 9.88　销售专用发票

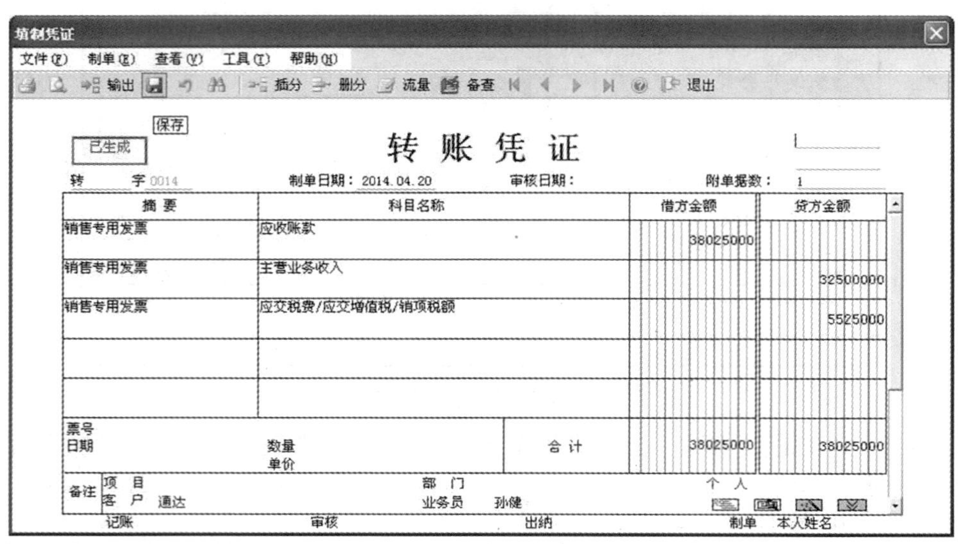

摘要	科目名称	借方金额	贷方金额
销售专用发票	应收账款	38025000	
销售专用发票	主营业务收入		32500000
销售专用发票	应交税费/应交增值税/销项税额		5525000
票号 日期	数量 单价 合计	38025000	38025000

图 9.89　生成凭证

【例 9.42】业务部门将该业务所涉及的出库单及销售发票交给财务部门，财务部据此结转收入及成本。

[操作步骤]

在存货核算系统中对销售发票记账并生成结转销售成本凭证，如图 9.90 所示。

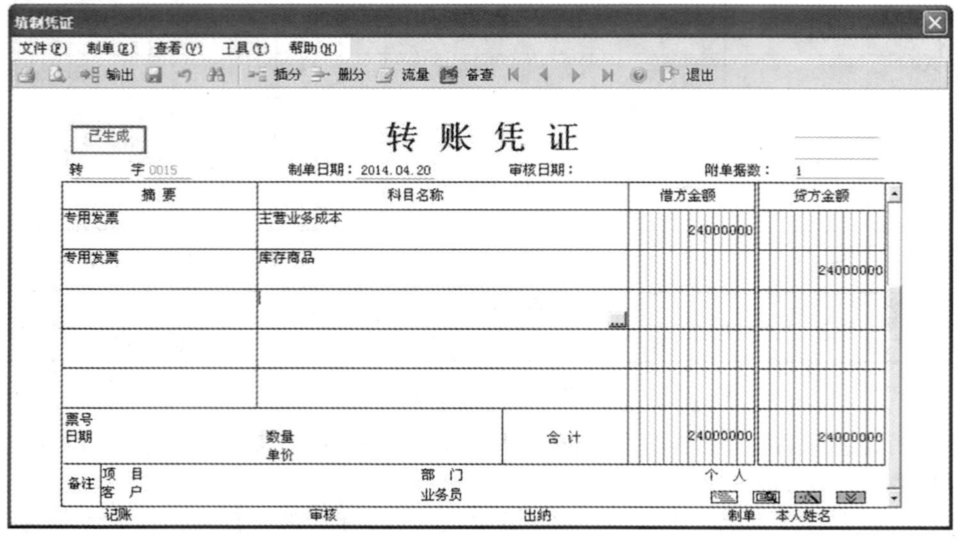

摘要	科目名称	借方金额	贷方金额
专用发票	主营业务成本	24000000	
专用发票	库存商品		24000000
票号 日期	数量 单价 合计	24000000	24000000

图 9.90　生成凭证

12)委托代销业务

【例9.43】4月20日,销售部委托联华公司代为销售计算机50台,售价为6 500元/台,货物从成品仓库发出。

[操作步骤]

①初始设置调整:销售管理→设置→销售选项,进入"选项"窗口→业务控制:选中"有委托代销业务"→确定→退出→存货核算→初始设置→选项→选项录入,出现"选项录入"对话框→委托代销成本核算方式:按发出商品核算→确定→是。

②销售管理→委托代销→委托代销发货单,进入"委托代销发货单"窗口→增加,弹出"过滤条件选择"对话框→取消→录入资料内容(销售类型为代销)→保存→审核→退出,如图9.91所示。

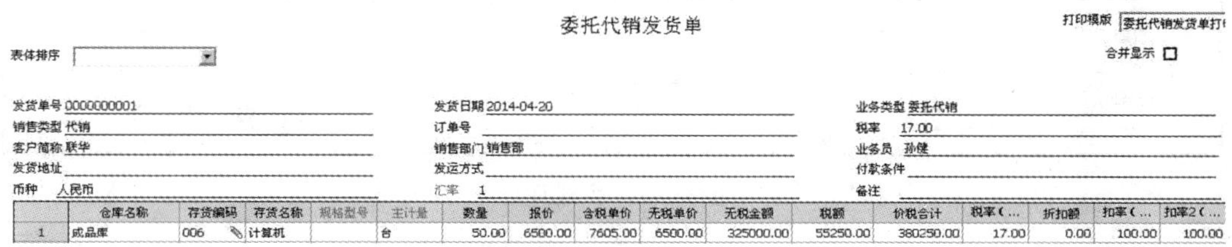

委托代销发货单

打印模版 委托代销发货单打印

表体排序

合并显示 □

发货单号 0000000001　发货日期 2014-04-20　业务类型 委托代销

销售类型 代销　订单号　税率 17.00

客户简称 联华　销售部门 销售部　业务员 孙健

发货地址　发运方式　付款条件

币种 人民币　汇率 1　备注

	仓库名称	存货编码	存货名称	规格型号	主计量	数量	报价	含税单价	无税单价	无税金额	税额	价税合计	税率(...	折扣额	扣率(...	扣率2(...
1	成品库	006	计算机		台	50.00	6500.00	7605.00	6500.00	325000.00	55250.00	380250.00	17.00	0.00	100.00	100.00

图9.91 委托代销发货单

③库存管理→出库业务→销售出库单,进入"销售出库单"窗口→找到要审核的销售出库单(没有则生单)→审核→退出,如图9.92所示。

销售出库单

表体排序

蓝字

红字

出库单号 0000000014　出库日期 2014-04-20　仓库 成品库

出库类别 销售出库　业务类型 委托代销　业务号 0000000001

销售部门 销售部　业务员 孙健　客户 联华

审核日期 2014-04-20　备注

	存货编码	存货名称	规格型号	主计量单位	数量	单价
1	006	计算机		台	50.00	

图9.92 销售出库单

④存货核算→业务核算→发出商品记账→过滤→选择要记账的单据→记账→确定→退出→财务核算→生成凭证→按前述方法操作(借方科目:1406),如图9.93所示。

【例9.44】4月25日,收到联华公司的委托代销清单一张,结算计算机30台,售价为6 500元/台。立即开具销售专用发票给联华公司。

[操作步骤]

①销售管理→委托代销→委托代销结算单,进入"委托代销结算单"窗口→增加,弹出"过滤条件选择"对话框→过滤,进入"参照生单"窗口→选择生单单据→确定,返回"委托代销结算单"窗口→修改日期、结算数量→保存→审核,如图9.94所示。

②选专用发票→确定→退出→销售开票→销售发票列表→选择刚才生成的专用发票→复核→退出,如图9.95所示。

温馨提示

✧委托代销单结算并审核后自动生成相应发票,自动生成销售出库单并传递到库存管理系统中。

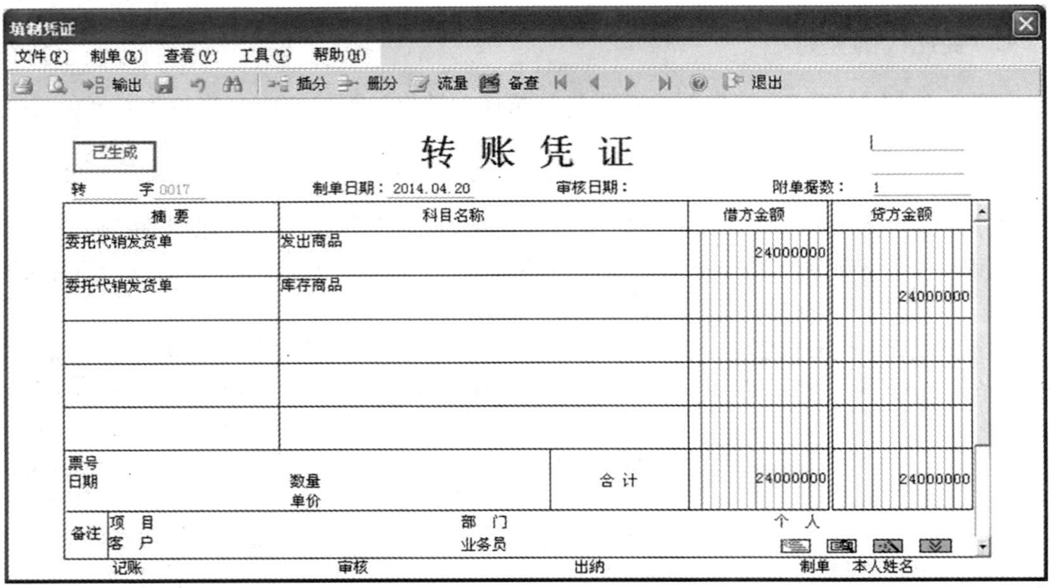

填制凭证

文件(F) 制单(E) 查看(V) 工具(T) 帮助(H)

输出 插分 删分 流量 备查 退出

已生成

转 账 凭 证

转 字 0017 制单日期：2014.04.20 审核日期： 附单据数：1

摘 要	科目名称	借方金额	贷方金额
委托代销发货单	发出商品	24000000	
委托代销发货单	库存商品		24000000
票号 日期 数量 单价	合 计	24000000	24000000

备注 项 目 部 门 个 人

客 户 业务员

记账 审核 出纳 制单 本人姓名

图 9.93 生成凭证

委托代销结算单

打印模版 委托 合并显示

表体排序

结算单号 0000000001 结算日期 2014-04-25 销售类型 代销

客户简称 联华 销售部门 销售部 业务员 孙健

付款条件 币种 人民币 汇率 1

税率 17.00 备注

	仓库名称	货物编码	存货名称	规格型号	主计量	数量	报价	含税单价	无税单价
1	成品库	006	计算机		台	30.00	6500.00	7605.00	6500.00

图 9.94 委托代销结算单

销售专用发票

打印模版 销 合并

表体排序

发票号 0000000012 开票日期 2014-04-25 业务类型 委托

销售类型 代销 订单号 发货单号 0000000001

客户简称 联华 销售部门 销售部 业务员 孙健

付款条件 客户地址 河南郑州市益阳路66号 联系电话

开户银行 农行益阳分行 账号 954261253 税号 548564235464887

币种 人民币 汇率 1 税率 17.00

备注

	仓库名称	存货编码	存货名称	规格型号	主计量	数量	报价	含税单价	无税单价
1	成品库	006	计算机		台	30.00	6500.00	7605.00	6500.00

图 9.95 销售专用发票

③财务会计→应收款管理→应收单据处理→应收单据审核，打开“应收单过滤条件”对话框→确定，进入“单据处理”窗口→选择要审核的销售专用发票→审核→确定→退出→制单处理，打开“制单查询”对话框→发票制单→确定，进入“制单”窗口→全选，转账凭证→制单，进入填制凭证窗口→保存→退出。

④存货核算→业务核算→发出商品记账→过滤→选择要记账的单据→记账→确定→退出→财务核算→生成凭证→按前述方法操作(借方科目:1406)，如图 9.96 所示。

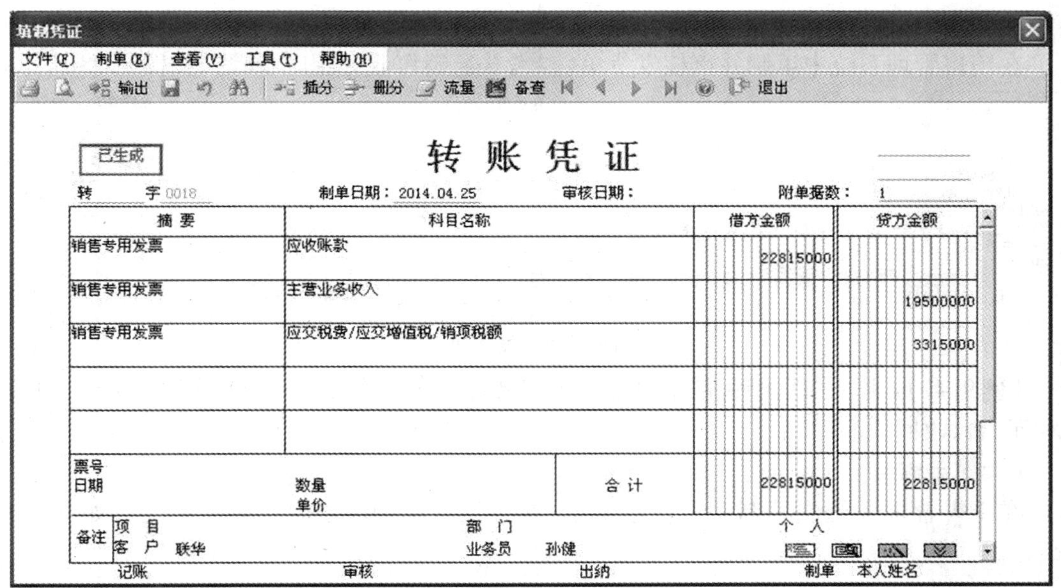

填制凭证

文件(F) 制单(E) 查看(V) 工具(T) 帮助(H)

输出 插分 删分 流量 备查 退出

已生成

转账凭证

转 字 0018　制单日期：2014.04.25　审核日期：　附单据数：1

摘要	科目名称	借方金额	贷方金额
销售专用发票	应收账款	22815000	
销售专用发票	主营业务收入		19500000
销售专用发票	应交税费/应交增值税/销项税额		3315000
票号 日期	数量 单价 合计	22815000	22815000

备注　项目　部门　个人

客户 联华　业务员 孙健

记账　审核　出纳　制单 本人姓名

图 9.96　转账凭证

【例 9.45】4 月 25 日,业务部门将该业务所涉及的出库单及销售发票交给财务部门,财务部门据此结转收入及成本。

[操作步骤]

对销售发票记账并生成结转成本凭证(参考前述相应步骤),如图 9.97 所示。

填制凭证

文件(F) 制单(E) 查看(V) 工具(T) 帮助(H)

输出 插分 删分 流量 备查 退出

已生成

转账凭证

转 字 0019　制单日期：2014.04.25　审核日期：　附单据数：1

摘要	科目名称	借方金额	贷方金额
专用发票	主营业务成本	14400000	
专用发票	发出商品		14400000
票号 日期	数量 单价 合计	14400000	14400000

备注　项目　部门　个人

客户　业务员

记账　审核　出纳　制单 本人姓名

图 9.97　生成凭证

13)开票前退货业务

【例 9.46】4 月 25 日,销售部出售给长兴贸易公司计算机 10 台,单价为 6 500 元/台,成品库发出。

[操作步骤]

在销售管理系统中填制并审核发货单(参考普通销售业务相应步骤),如图 9.98 所示。

发货单

显示模版 发货单显示模版

表体排序

合并显示 □

发货单号 0000000013　　发货日期 2014-04-25　　业务类型 普通销售

销售类型 经销　　订单号　　发票号

客户简称 长兴　　销售部门 销售部　　业务员 莫丽

发货地址　　发运方式　　付款条件

税率 17.00　　币种 人民币　　汇率 1.00000000

备注

	仓库名称	存货编码	存货名称	规格型号	主计量	数量	报价	含税单价	无税单价	无税金额	税额	价税合计	税率(%)	折扣额	扣率(%)	扣率2(...	客户最低...
1	成品库	006	计算机		台	10.00	6500.00	7605.00	6500.00	65000.00	11050.00	76050.00	17.00	0.00	100.00	100.00	0.0(

图 9.98　发货单

【例 9.47】4 月 26 日,销售部出售给长兴贸易公司的计算机因质量问题退回 1 台,单价 6 500 元/台,收回成品库。

[操作步骤]

在销售管理系统中填制并审核退货单:参考发货单相应步骤(数量为-1),如图 9.99 所示。

退货单

显示模版

表体排序

退货单号 0000000014　　退货日期 2014-04-26　　业务类型 普通销售

销售类型 经销　　订单号　　发票号

客户简称 长兴　　销售部门 销售部　　业务员 莫丽

发运方式　　币种 人民币　　汇率 1.00000000

税率 17.00　　备注

	仓库名称	货物编码	存货名称	规格型号	主计量	数量	报价	含税单价	无税单价
1	成品库	006	计算机		台	-1.00	6500.00	7605.00	6500.00

图 9.99　退货单

【例 9.48】4 月 26 日,开具相应的专用发票一张,数量为 9 台。

[操作步骤]

在销售管理系统中填制并复核销售发票(参考普通销售业务相应步骤),如图 9.100 所示。

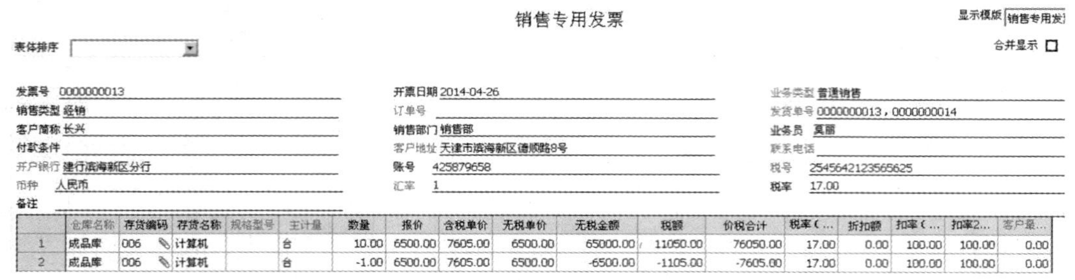

销售专用发票

显示模版 销售专用发

表体排序

合并显示 □

发票号 0000000013　　开票日期 2014-04-26　　业务类型 普通销售

销售类型 经销　　订单号　　发货单号 0000000013,0000000014

客户简称 长兴　　销售部门 销售部　　业务员 莫丽

付款条件　　客户地址 天津市滨海新区德顺路8号　　联系电话

开户银行 建行滨海新区分行　　账号 425879658　　税号 2545642123565625

币种 人民币　　汇率 1　　税率 17.00

备注

	仓库名称	存货编码	存货名称	规格型号	主计量	数量	报价	含税单价	无税单价	无税金额	税额	价税合计	税率(...	折扣额	扣率(...	扣率2...	客户最...
1	成品库	006	计算机		台	10.00	6500.00	7605.00	6500.00	65000.00	11050.00	76050.00	17.00	0.00	100.00	100.00	0.00
2	成品库	006	计算机		台	-1.00	6500.00	7605.00	6500.00	-6500.00	-1105.00	-7605.00	17.00	0.00	100.00	100.00	0.00

图 9.100　销售专用发票

14)委托代销退货业务——结算后退货

【例 9.49】4 月 27 日,委托联华公司销售的计算机退回 2 台,入成品仓库。由于已经结算,故开具红字专用发票一张。

[操作步骤]

①销售管理→委托代销→委托代销结算退回,进入"委托代销结算退回"窗口→增加,弹

出“过滤条件选择”对话框→过滤，进入“参照生单”窗口→选择生单单据→确定，返回“委托代销结算退回”窗口→修改日期、结算数量-2→保存→审核，如图 9.101 所示。

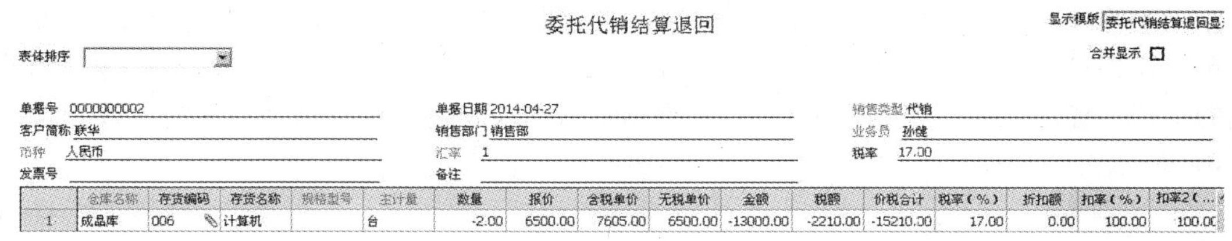

委托代销结算退回

显示模版 委托代销结算退回显

表体排序

合并显示

单据号 0000000002　　单据日期 2014-04-27　　销售类型 代销

客户简称 联华　　销售部门 销售部　　业务员 孙健

币种 人民币　　汇率 1　　税率 17.00

发票号　　备注

	仓库名称	存货编码	存货名称	规格型号	主计量	数量	报价	含税单价	无税单价	金额	税额	价税合计	税率（%）	折扣额	扣率（%）	扣率2（…
1	成品库	006	计算机		台	-2.00	6500.00	7605.00	6500.00	-13000.00	-2210.00	-15210.00	17.00	0.00	100.00	100.00

图 9.101　委托代销结算退回

②选专用发票→确定→退出→销售开票→红字专用销售发票→选择刚才生成的专用发票→复核→退出，如图 9.102 所示。

销售专用发票

打印模版 销售专用发

表体排序

合并显示

发票号 0000000014　　开票日期 2014-04-27　　业务类型 委托

销售类型 代销　　订单号　　发货单号 0000000002

客户简称 联华　　销售部门 销售部　　业务员 孙健

付款条件　　客户地址 河南郑州市益阳路66号　　联系电话

开户银行 农行益阳分行　　账号 954261253　　税号 548564235464887

币种 人民币　　汇率 1　　税率 17.00

备注

	仓库名称	存货编码	存货名称	规格型号	主计量	数量	报价	含税单价	无税单价	无税金额	税额	价税合计	税率（…	折扣额	扣率（…	扣率2（…
1	成品库	006	计算机		台	-2.00	6500.00	7605.00	6500.00	-13000.…	-2210.00	-15210.…	17.00	0.00	100.00	100.00

图 9.102　红字销售专用发票

15）直运业务

【例 9.50】4 月 25 日，销售部接到业务信息，通达公司欲购买服务器 1 台。经协商以单价为 100 000 元/台成交，增值税率为 17%。销售部填制相应销售订单。

［操作步骤］

①在销售管理系统中设置直运业务相关选项：销售管理→设置→销售选项，进入“选项”窗口→业务控制：选中“有直运销售业务”→确定→退出。

②在基础档案中增加存货“009 服务器”：基础设置→基础档案→存货→存货分类，进入“存货分类”窗口→在“产成品”下增加“202 服务器”分类→退出→存货档案，进入“存货档案”窗口→在“服务器”分类下增加“009 服务器”→退出。

③在销售管理系统中填制并审核直运销售订单：销售管理→销售订货→销售订单，进入“销售订单”窗口→增加→录入资料内容（业务类型：直运销售）→保存→审核→退出，如图 9.103 所示。

销售订单

显示模版 销售订单

表体排序

合并显示

订单号 0000000002　　订单日期 2014-04-25　　业务类型 直运销售

销售类型 经销　　客户简称 通达　　付款条件

销售部门 销售部　　业务员 孙健　　税率 17.00

币种 人民币　　汇率 1.00000000　　备注

	存货编码	存货名称	主计量	数量	报价	含税单价	无税单价	无税金额	税额	价税合计	税率（%）	扣率（%）	扣率2（…	预发货日期
1	009	服务器	盒	1.00	100000.00	117000.00	100000.00	100000.00	17000.00	117000.00	17.00	100.00	100.00	2014-04-27

图 9.103　直运销售订单

【例 9.51】4 月 26 日，销售部经联系以 90 000 元的价格向中山公司发出采购订单，并要求对方直接将货物送到通达公司。

［操作步骤］

采购管理→采购订货→采购订单，进入“采购订单”窗口→增加，业务类型为直运采购→生单→销售订单，出现“过滤条件选择”对话框→过滤，进入“拷贝并执行”窗口→选择要复制的单据→确定，返回“采购订单”窗口→根据资料修改相应内容→保存→审核→退出，如图9.104所示。

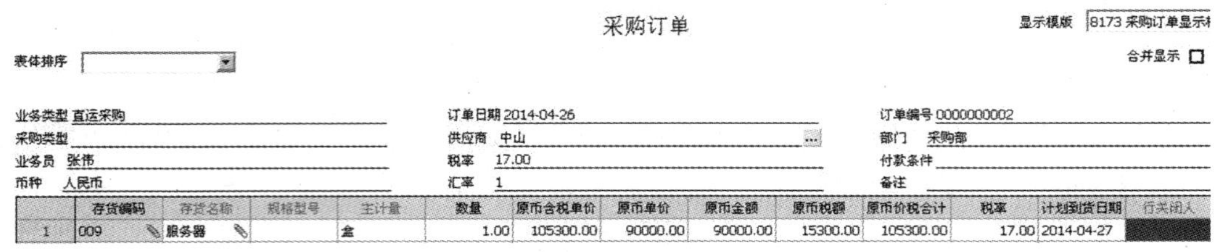

采购订单

显示模版 8173 采购订单显示

表体排序

合并显示

业务类型 直运采购	订单日期 2014-04-26	订单编号 0000000002
采购类型	供应商 中山	部门 采购部
业务员 张伟	税率 17.00	付款条件
币种 人民币	汇率 1	备注

	存货编码	存货名称	规格型号	主计量	数量	原币含税单价	原币单价	原币金额	原币税额	原币价税合计	税率	计划到货日期	行关闭人
1	009	服务器		盒	1.00	105300.00	90000.00	90000.00	15300.00	105300.00	17.00	2014-04-27	

图9.104 采购订单

【例9.52】4月27日，货物送至通达公司，中山公司凭送货签收单根据订单开具了一张专用发票给销售部。

［操作步骤］

销售管理→销售开票→销售专用发票，进入“销售专用发票”窗口→增加，业务类型为直运采购→生单→销售发票，出现“过滤条件选择”对话框→过滤，进入“拷贝并执行”窗口→选择要复制的单据→确定，返回“采购订单”窗口→根据资料修改相应内容→保存→审核→退出，如图9.105所示。

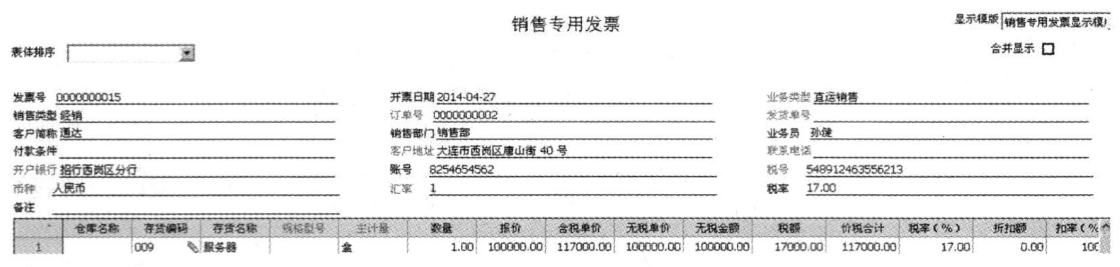

销售专用发票

显示模版 销售专用发票显示模

表体排序

合并显示

发票号 0000000015	开票日期 2014-04-27	业务类型 直运销售
销售类型 经销	订单号 0000000002	发货单号
客户简称 通达	销售部门 销售部	业务员 孙健
付款条件	客户地址 大连市西岗区唐山街40号	联系电话
开户银行 招行西岗区分行	账号 8254654562	税号 548912463556213
币种 人民币	汇率 1	税率 17.00
备注		

	仓库名称	存货编码	存货名称	规格型号	主计量	数量	报价	含税单价	无税单价	无税金额	税额	价税合计	税率（%）	折扣额	扣率（%
1		009	服务器		盒	1.00	100000.00	117000.00	100000.00	100000.00	17000.00	117000.00	17.00	0.00	10(

图9.105 直运销售专用发票

【例9.53】4月28日，销售部根据销售订单开具专用发票一张。

［操作步骤］

采购管理→采购发票→专用采购发票，进入“专用发票”窗口→增加，打开“过滤条件选择”对话框→业务类型：直运销售→过滤，进入“参照生单”窗口→选择要参照的单据→确定，返回“销售专用发票”窗口→保存→复核→退出，如图9.106所示。

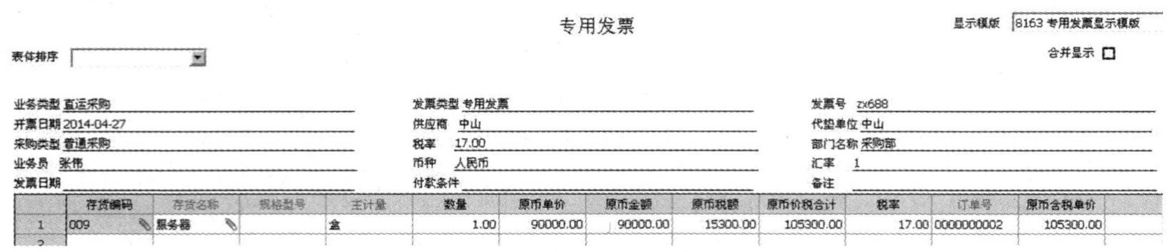

专用发票

显示模版 8163 专用发票显示模版

表体排序

合并显示

业务类型 直运采购	发票类型 专用发票	发票号 zx688
开票日期 2014-04-27	供应商 中山	代垫单位 中山
采购类型 普通采购	税率 17.00	部门名称 采购部
业务员 张伟	币种 人民币	汇率 1
发票日期	付款条件	备注

	存货编码	存货名称	规格型号	主计量	数量	原币单价	原币金额	原币税额	原币价税合计	税率	订单号	原币含税单价
1	009	服务器		盒	1.00	90000.00	90000.00	15300.00	105300.00	17.00	0000000002	105300.00
2												

图9.106 直运采购专用发票

【例9.54】销售部将此业务的采购、销售发票交给财务部，财务部结转此业务的收入及成本。

［操作步骤］

①在应付款管理系统中审核直运采购发票：应付款管理→应付单据处理→应付单据审核，进入“应付单过滤条件”窗口→选未完全报销→确定，进入“单据处理”窗口→选择要审核单据→审核→退出。

②在存货核算管理系统中执行直运销售记账：存货核算→业务核算→直运销售记账，打开“直运采购发票核算查询条件”对话框→选采购发票、销售发票→确定，进入“未记账单据一览表”窗口→选择要记账的单据→记账→确定→退出，如图9.107所示。

直运销售记账

记录总数：2

选择	日期	单据号	存货编码	存货名称	规格型号	收发类别	单据类型	数量	单价	金额	存货
Y	2014-04-28	zz688	009	服务器		采购入库	采购发票	1.00	90,000.00	90,000.00	
Y	日期 04-27	0000000015	009	服务器		销售出库	专用发票	1.00			
小计								2.00		90,000.00	

图9.107　直运销售记账

③结转直运业务的收入及成本：存货核算→财务核算→生成凭证，进入“生成凭证”窗口→选择，弹出“查询条件”对话框→选择“直运采购发票”“直运销售发票”，进入“选择单据”窗口→全选→确定，返回“生成凭证”窗口→转账凭证，存货科目1405，生成→进入凭证界面→进行相应修改→逐个保存→退出→退出。然后在应收款管理系统中审核直运销售发票并制单，如图9.108所示。

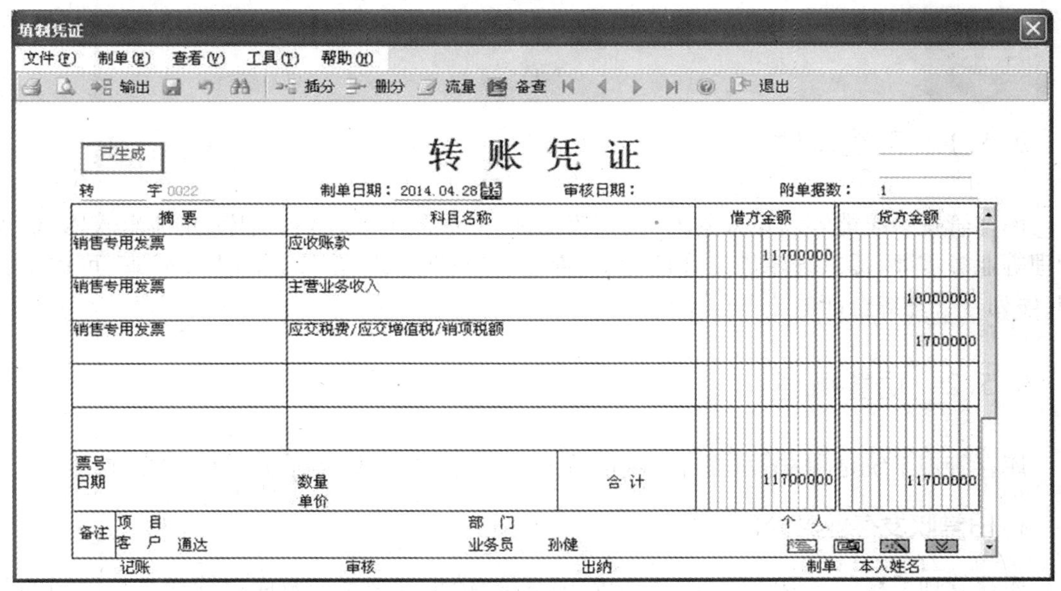
填制凭证

文件(F)　制单(E)　查看(V)　工具(T)　帮助(H)

输出　插分　删分　流量　备查　退出

已生成

转账凭证

转　字 0022　　制单日期：2014.04.28　　审核日期：　　附单据数：1

摘要	科目名称	借方金额	贷方金额
销售专用发票	应收账款	11700000	
销售专用发票	主营业务收入		10000000
销售专用发票	应交税费/应交增值税/销项税额		1700000
票号 日期　　数量 单价	合计	11700000	11700000

备注　项　目　　部　门　　个　人

客　户　通达　　业务员　孙健

记账　　审核　　出纳　　制单　本人姓名

图9.108　生成凭证

16）销售账表查询

在“销售”菜单下的销售明细账、销售明细表、销售统计表中，都可以对销售账表进行查询。

9.4.6 销售管理系统的月末处理

销售管理系统结账只能每月进行一次，且一般在当前的会计期间终了时进行。结账后本月不能再进行发货、开票、委托代销、销售调拨、零售、代垫费用等业务的增删改审等处理。如果用户觉得某月的月末结账有误，可以取消月末结账。

1）月末结账

销售管理系统→月末结账，打开“销售月末结账”对话框，蓝条为当前会计月→月末结账→是→关闭。

2）取消结账

销售管理系统→月末结账，打开“销售月末结账”对话框，蓝条为当前会计月→取消结账→否→关闭。（若应收、库存、存货管理系统已结账，则采购管理系统不能取消结账）

9.5 库存管理子系统

9.5.1 系统概述

库存管理系统能够满足采购入库、销售出库、产成品入库、材料出库、其他出入库、盘点管理等业务需要，提供仓库货位管理、批次管理、保质期管理、出库跟踪入库管理、可用量管理、序列号管理等全面的业务应用。

9.5.2 功能概述

库存管理系统是用友供应链管理系统的一个子系统，主要包括以下几个方面功能：

1）日常收发存业务处理

库存管理系统的主要功能是对采购管理系统、销售管理系统及库存管理系统填制的各种出入库单据进行审核，并对存货的出入库情况进行管理。

2）库存控制

库存管理系统支持批次跟踪、保质期管理、委托代销商品管理、不合格品管理、现存量、安全库存管理，并对超储、短缺、呆滞积压、超额领料等情况进行报警。

3）库存账簿及统计分析

库存管理系统可以提供出入库流水账、库存台账、受托代销商品备查簿、委托代销商品备查簿、呆滞积压存货备查簿供用户查询，同时提供各种统计汇总表。

9.5.3　库存管理系统与其他系统的关系

库存管理系统与其他系统的关系如图 9.109 所示。

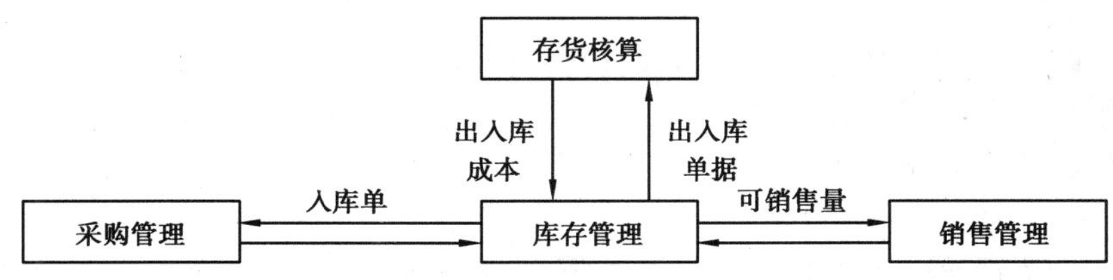

图 9.109　库存管理系统与其他系统的关系

9.5.4　库存管理系统的初始设置

库存管理系统的初始设置是在启动与注册库存管理系统后，在进行出入库业务处理前，根据核算要求和实际业务情况进行的有关初始化工作。库存管理系统的初始设置主要包括账套参数设置、基础信息设置和期初数据录入三部分。

1)账套参数设置

执行“业务工作”→“供应链”→“库存管理”→“初始设置”→“选项”命令，打开“库存选项设置”对话框，选择相应参数，单击“确定”按钮。

下面对主要参数进行说明：

(1)有无组装拆卸业务

◆某些存货既可以单独出售，也可以与其他存货组装在一起销售。

◆组装是指将多个散件组装成一个配套件的过程。

◆拆卸是指将一个配套件拆卸成多个散件的过程。

温馨提示

✧用户在组装拆卸之前应先进行产品结构定义，否则无法进行拆卸和组装。

(2)有无形态转换业务

由于自然条件或其他因素的影响，某些存货会由一种形态转换成另一种形态，从而引起存货规格和成本的变化，因此库存管理员应根据存货的实际状况填制形态转换单(又称规格调整单)，报请主管部门批准后进行调账处理。

(3)有无批次管理

批次管理是指对存货的收发存进行批次跟踪，可统计某一批次所有存货的收发存情况或某一存货所有批次的收发存情况。如果用户需要管理存货的保质期或对供货单位进行跟踪，即查询该存货每个供应商的供货数量、销售数量、退货数量、结存数量等信息，以便考核供应商的供货质量或商品的畅销情况，可通过批次管理实现。

2)基础信息设置

库存管理系统的基础信息设置包括:确定分类体系,如供应商分类、存货分类等;建立编码档案;增加人员档案。

3)期初余额

库存管理系统的期初数据是指企业期初存货的数量。如果库存系统和存货核算系统同时使用,新用户在录入期初数据之前,应将库存的结存数与存货核算的结存数核对一致,然后再统一录入。

9.5.5 库存管理系统的日常业务处理

1)入库

仓库收到采购或生产的货物,仓库保管员将验收货物的数量、质量、规格型号等确认验收无误后入库,并登记库存账。入库单业务单据主要包括采购入库单、产成品入库单和其他入库单。

【例 9.55】4 月 15 日,成品库收到当月一车间加工的 10 台计算机产成品入库。

[操作步骤]

库存管理→入库业务→产成品入库单,进入“产成品入库单”窗口→增加→录入资料内容(不需填写单价)→保存→审核→退出,如图 9.110 所示。

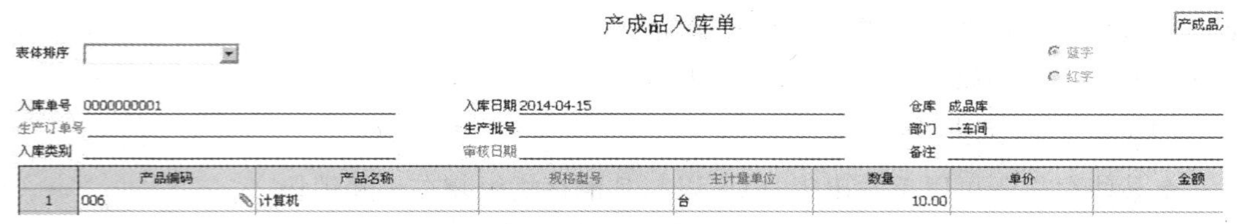

图 9.110 成产品入库单

【例 9.56】4 月 16 日,成品库收到当月一车间加工的 20 台计算机产成品入库。

[操作步骤]

库存管理→入库业务→产成品入库单,进入“产成品入库单”窗口→增加→录入资料内容(不需填写单价)→保存→审核→退出,如图 9.111 所示。

图 9.111 产成品入库单

【例 9.57】4 月 16 日,收到财务部门提供的完工产品成本。其中计算机成本为 144 000 元,随即做成本分配,记账生成凭证。

［操作步骤］

①存货核算→业务核算→产成品成本分配，进入“产成品成本分配表”窗口→查询，打开查询对话框→成品库，确定→在“006 计算机”行输入金额 144 000→分配（清空则取消分配）→确定→退出。日常业务→产成品入库单，进入“产成品入库单”窗口，查看入库存货单价→退出，如图 9.112 所示。

产成品成本分配

存货/分类编码	存货/分类名称	存货代码	规格型号	计量单位	数量	金额
	存货 合计				30.00	144,000.00
2	产成品小计				30.00	144,000.00
201	计算机小计				30.00	144,000.00
006	计算机			台	30.00	144,000.00

图 9.112　产成品成本分配

②日常业务→产成品入库单，进入“产成品入库单”窗口，查看入库存货单价→退出，如图 9.113 所示。

产成品入库单

蓝字　红字

表体排序

入库单号 0000000002　入库日期 2014-04-16　仓库 成品库

生产订单号　生产批号　部门 一车间

入库类别　审核日期　备注

	产品编码	产品名称	规格型号	主计量单位	数量	单价	金额
1	006	计算机		台	20.00	4800.00	96000.00
2							

图 9.113　产成品入库单

③存货核算→业务核算→正常单据记账，对产成品入库单进行记账处理→财务核算→生成凭证→选择“产成品入库单”生成凭证，如图 9.114 所示。

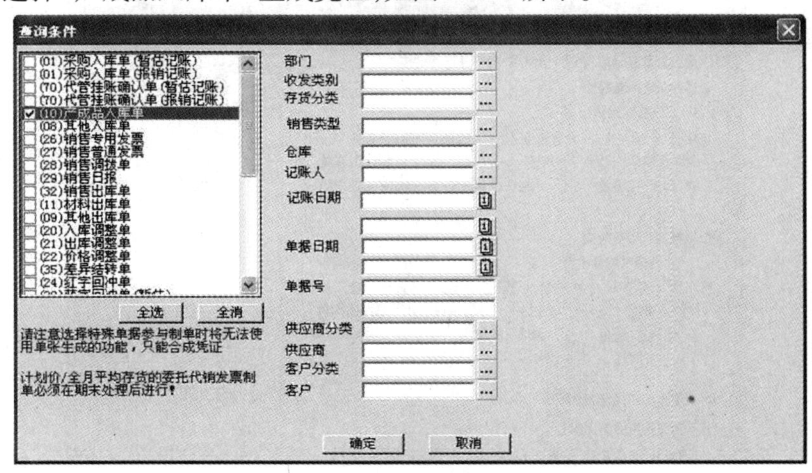

图 9.114　产成品入库单查询

④合成（500101 的项目为 103），完成凭证生成工作→保存，生成凭证，如图 9.115 所示。

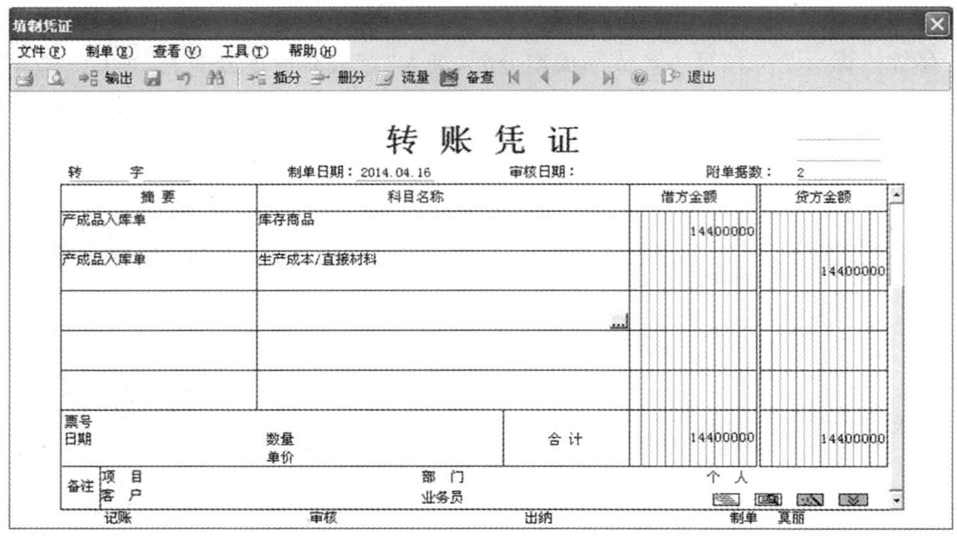

图 9.115 生成凭证

2)出库

出库是指仓库进行销售出库、材料出库和其他出库的业务。销售出库单是销售出库业务的主要凭据,在库存管理系统中用于存货出库数量核算,在存货核算系统中用于出库成本的核算。

【例 9.58】4 月 15 日,一车间向原料库领用酷睿双核处理器 100 盒,500 GB 硬盘 100 盒用于生产。记材料明细账,生成领料凭证。

［操作步骤］

①设置相关选项:库存管理→初始设置→选项,打开“库存选项设置”对话框→选“可用量控制”选项卡→选中“允许超可用量出库”→确定,如图 9.116 所示。

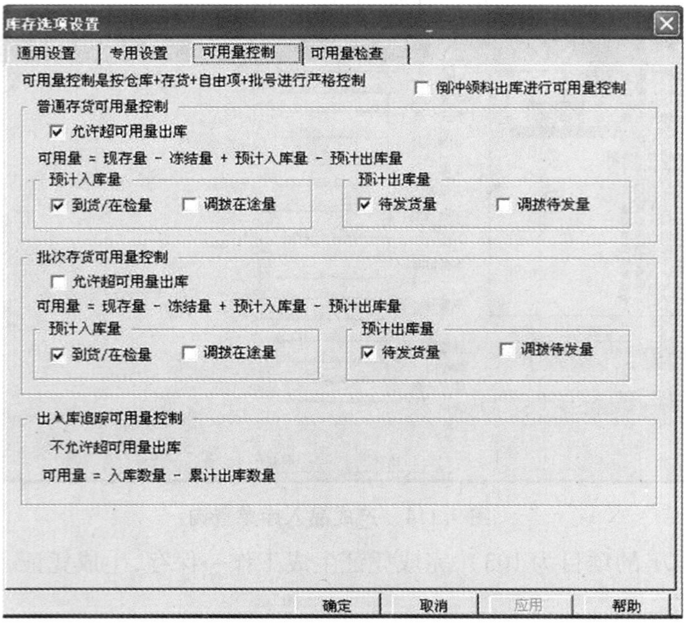

库存选项设置
通用设置 专用设置 可用量控制 可用量检查
可用量控制是按仓库+存货+自由项+批号进行严格控制 倒冲领料出库进行可用量控制
普通存货可用量控制
☑ 允许超可用量出库
可用量 = 现存量 - 冻结量 + 预计入库量 - 预计出库量
预计入库量 ☑ 到货/在检量 ☐ 调拨在途量
预计出库量 ☑ 待发货量 ☐ 调拨待发量
批次存货可用量控制
☐ 允许超可用量出库
可用量 = 现存量 - 冻结量 + 预计入库量 - 预计出库量
预计入库量 ☑ 到货/在检量 ☐ 调拨在途量
预计出库量 ☑ 待发货量 ☐ 调拨待发量
出入库追踪可用量控制
不允许超可用量出库
可用量 = 入库数量 - 累计出库数量
确定 取消 应用 帮助

图 9.116 库存选项设置

②在库存管理系统中填制材料出库单:库存管理→出库业务→材料出库单,进入“材料出库单”窗口→增加→输入资料内容→保存→审核→退出,如图 9.117 所示。

材料出库单

表体排序

◉ 蓝字 ○ 红字

出库单号 0000000001　出库日期 2014-04-15　仓库 原材料
订单号　产品编码　产量 0.00
生产批号　业务类型 领料　业务号
出库类别 领料出库　部门　委外商
审核日期　备注

	材料编码	材料名称	规格型号	主计量单位	数量	单价
1	001	酷睿双核处理器		盒	100.00	
2	002	500GB硬盘		盒	100.00	

图 9.117　材料出库单

③在存货核算管理系统中对材料出库单记账并生成凭证(参考入库业务相应步骤)。

3)调拨

调拨单是指用于仓库之间存货的转库业务或部门之间的存货调拨业务的单据。同一张调拨单上,如果转出部门和转入部门不同,则表示部门之间的调拨业务;如果转出部门和转入部门相同,但转出仓库和转入仓库不同,则表示仓库之间的转库业务。

4)盘点

为了保证企业库存资料的完整和安全,做到账实相符,企业必须对存货进行定期或不定期的清查,查明存货盘盈、盘亏、毁损的数量以及造成的原因,并据以编制存货盘点报告表。

【例 9.59】4 月 25 日,对原料库的 8 GB 内存条存货进行盘点,盘点后发现 8 GB 内存条多出 2 根。经确认,该内存条的成本为 300 元/根。

[操作步骤]

①在库存管理系统中增加盘点单: 库存管理→盘点业务,进入“盘点单”窗口→增加→2014-04-25,原料库,盘亏出库,盘盈入库→盘库→是→按仓库盘点,确定→修改存货单价为 300 的内存条的盘点数量为 32→保存→审核→退出,如图 9.118 所示。

盘点单

盘点单打印模版

表体排序

◉ 普通仓库盘点 ○ 倒冲仓库盘点

盘点会计期间　盘点单号 0000000001　盘点日期 2014-04-25
账面日期 2014-04-01　盘点仓库 原材料　出库类别 盘亏出库
入库类别 盘盈入库　部门 采购部　经手人
备注

	存货编码	存货名称	规格型号	主计...	账面数量	单价	账面金额	调整入库...	调整出库数量	账面调节数量	盘点数量	盘点金额	实际损耗率	原因
1	009	8G内存条		盒	0.00	300.00	0.00	0.00	32.00	-32.00	32.00	9600.00	0.00	

图 9.118　盘点单

②在库存管理系统中对盘点单生成的其他入库单审核: 库存管理→入库业务→其他入库单,进入“其他入库单”窗口→找到要审核的单据→审核→退出。

③在存货核算管理系统中对其他入库单记账并生成凭证。

5)假退料

【例 9.60】4 月 30 日,根据生产部门的统计,有 8 根酷睿双核处理器当月未用完。先做假退料处理,下个月再继续使用。

［操作步骤］

①在存货核算管理系统中填制假退料单：存货核算→日常业务→假退料单，进入“假退料单”窗口→增加→输入资料内容（数量-8）→保存→退出，如图9.119所示。

9.119 假退料单

②在存货核算管理系统中对假退料单单据记账。

③在存货核算管理系统中查询明细账：存货核算→账表→账簿→明细账，打开“明细账查询”对话框→选择要查询的存货“酷睿双核处理器”→查看假退料的影响。

6）组装业务

【例9.61】4月30日，应客户急需，一车间当日组装了30台计算机。

［操作步骤］

①设置相关选项：库存管理→初始设置→选项，打开“库存选项设置”对话框→选“通用设置”选项卡→选中“有无组装拆卸业务”→确定，如图9.120所示。

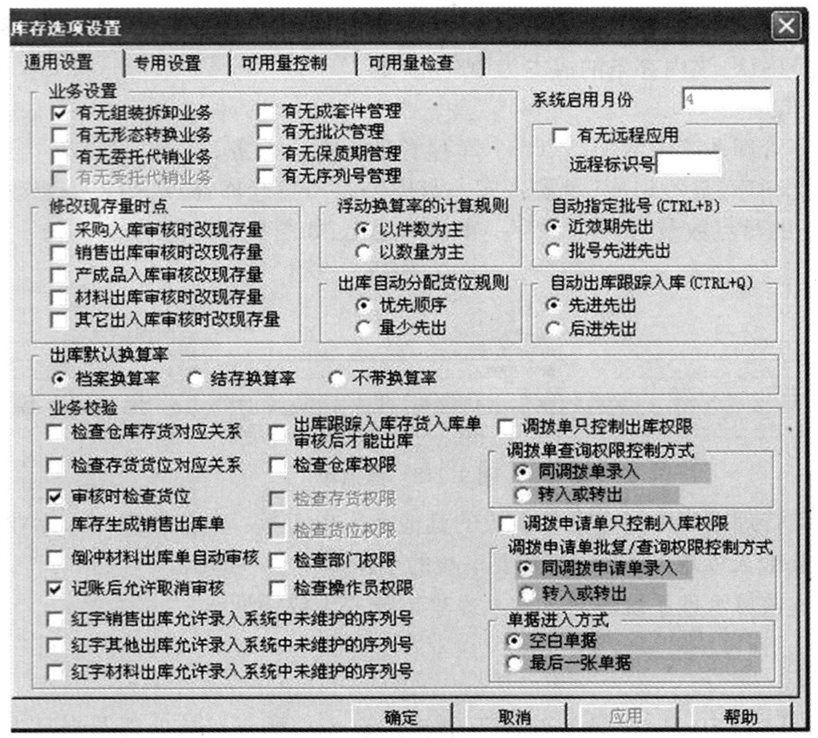

图9.120 库存选项设置

②增加收发类别：基础设置→基础档案→业务→收发类别→增加：104—组装入库；304—组装出库，如图 9.121 所示。

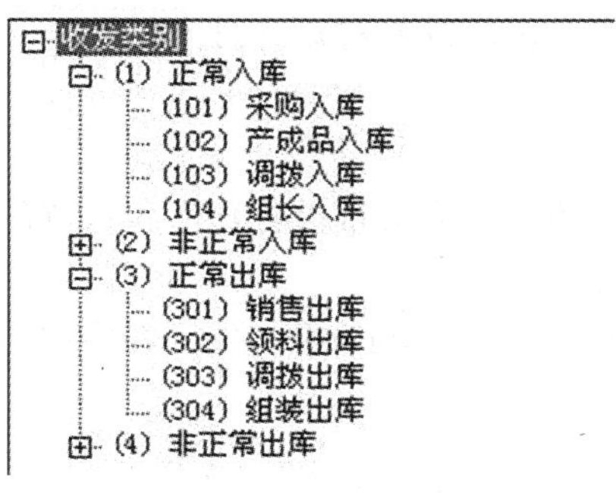

图 9.121　收发类别

③在基础档案中定义产品结构：基础设置→基础档案→业务→产品结构，进入“产品结构”窗口→增加→母件—计算机；子件—处理器、硬盘、内存，定额数量 1，原料库→保存，如图 9.122 所示。

图 9.122　产成品结构图

④在库存管理系统中录入组装单：库存管理→组装拆卸→组装单，进入“组装单”窗口→增加→日期 2014-04-30，配套件计算机→展开，系统提示是否展开到末级→是，带入相关数据→表体第一行，成品库，30，内存的入库单号→保存→审核→退出，如图 9.123 所示。

组装单

单据号 0000000001　日期 2014-04-30　配套件 计算机
版本号/替代标识 10　组装费　入库类别
出库类别　部门　经手人
审核日期 2014-04-30　备注

	类型	仓库	存货编码	存货名称	规格型号	主计量…	固定用量	数量	子件…	单价	基础数量	基本用量	金额
1	套件	成品库	006	计算机		台		30.00					
2	散件	原材料	001	酷睿双核处理器		盒	否	30.00	0.000		1.00	1.00	
3	散件	原材料	002	500GB硬盘		盒	否	30.00	0.000		1.00	1.00	

图 9.123　组装单

⑤在库存管理系统中对组装单生成的其他入库单及出库单审核。

温馨提示

✧ 组装单保存后，系统自动生成其他出入库单，单中无单价，需在存货核算系统修改。

⑥在存货核算管理系统中修改其他入库单单价：计算机单价 6 000。

⑦在存货核算管理系统中对其他入库单和出库单记账并生成凭证。

9.5.6 库存管理系统的月末处理

库存管理系统月末处理主要包括月末对账及月末结账。

1)库存与存货对账

库存管理与存货核算对账的内容为某月份各仓库各存货的收发存数量。

[操作步骤]

执行“业务工作”→“对账”→“库存与存货对账”命令进行对账,对账完成后,单击“确定”按钮,完成操作。

2)库存账与货位账对账

[操作步骤]

执行“业务工作”→“对账”→“库存与货位账对账”命令,进行库存管理的对账工作,单击“确定”按钮,完成相应的操作。

3)月末结账

结账只能每月进行一次,结账后不能再填制单据。

[操作步骤]

①执行“库存”→“月末结账”→“结账处理”命令。

②单击“结账”按钮,系统开始进行合法性检查。

③如果检查通过,系统立即进行结账操作。如果检查未通过,系统会提示不能结账的原因。

9.6 存货核算子系统

9.6.1 系统概述

存货是指企业在生产经营过程中为销售或耗用而储存的各种资产,包括商品、产成品、半成品、在产品以及各种材料、燃料、包装物、低值易耗品等。

存货核算是企业会计的一项重要内容,是从资金的角度管理存货的出入库业务,主要用于核算企业的入库成本、出库成本、结余成本,并反映和监督存货的收发、领退和保管情况及存货资金的占用情况。

9.6.2　功能概述

存货核算是用友供应链管理系统的一个子系统，主要功能包括存货出入库成本的核算、暂估入库业务处理、出入库成本的调整、存货跌价准备的处理等。

9.6.3　存货核算系统与其他系统的关系

存货核算系统与其他系统的关系如图9.124所示。

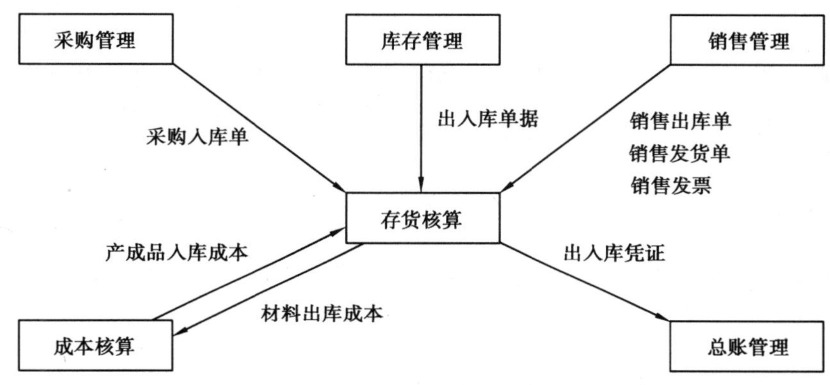

图9.124　存货核算系统与其他系统的关系图

9.6.4　存货核算系统的初始设置

存货核算系统的初始设置是在启用存货核算系统后，在进行存货业务处理前，根据核算要求和实际业务情况而进行的有关初始化工作。存货核算系统期初需要设置的内容主要包括账套参数设置、基础信息设置和期初数据录入三部分。

1)账套参数设置

[操作步骤]

①在“核算”菜单中单击“核算业务范围”设置。

②设置好公共参数，单击“核算方式”“控制方式”“最高最低控制和供应商”“客户往来”选项卡，可以进行各业务范围的设置。

③选择相应参数，单击“确定”按钮。

2)基础信息设置

存货核算系统基础信息设置的内容与方法和其他系统基本相同。

3)期初数据录入

存货核算系统的期初数据是指企业期初存货的数量。期初数据录入及记账方法与库存管理系统相同。

9.6.5 存货核算系统的日常业务处理

1)出入库处理

入库业务包括入库采购、产成品入库和其他入库,出库单据包括销售出库、材料出库和其他出库。

出(入)库单的增、改、删、审操作与其他系统相同,用户只需要在"单据"菜单中选择相应的出(入)库单类型进行操作即可。

2)单据记账

单据记账用于将用户所输入的单据登记存货明细账、差异/差价明细账、受托代销商品明细账、受托代销商品差价账。若记账有误,还可通过"恢复记账"功能将用户已登记明细账的单据恢复到未记账状态。

3)生成凭证

生成凭证用于对本会计月已记账单据生成凭证,并可对已生成的所有凭证进行查询。生成的记账凭证传递至总账系统,由总账系统进行审核、记账。

9.6.6 存货核算系统的月末处理

存货核算系统的月末处理工作包括期末处理和结账两部分。

1)期末处理

当存货核算系统日常业务全部完成后,进行期末处理。这时系统自动计算全月平均单价及本会计月出库成本,自动计算差异率以及本会计月的分摊差异,并对已完成日常业务的仓库部门作处理标志。

2)月末结账

存货核算系统期末处理完成后,就可以进行月末结账。如果是集成应用模式,必须采购管理、销售管理、库存管理全部结账后,存货核算系统才能结账。

3)与总账系统对账

为保证业务与财务数据的一致性需要对账,即存货核算系统记录的存货明细账数据要与总账管理系统存货科目和差异科目的结存金额和数量进行核对。

本章小结

供应链是围绕核心企业,通过对信息流、物流、资金流的控制,把供应商、制造商、分销商、零售商和最终用户连成一个整体的功能网链的结构模式。就企业内部的供应链关系而言，通常是指企业内部从采购原材料到生产加工和产品销售，最终服务于客户的过程。供应链面向企业采购、销售、库存和质量管理人员，提供采购管理、销售管理、库存管理、存货核算、合同管理、售前分析、委托管理、质量管理、进口管理、出口管理等业务管理功能，帮助企业全面管理供应链业务。该系统既可独立运行，又可与生产、财务系统配合使用，构成更加完整全面的一体化应用解决方案。

参考文献

[1] 中华人民共和国财政部. 会计从业资格考试大纲[M]. 北京:经济科学出版社,2014.
[2] 重庆市会计学会. 会计电算化[M]. 成都:西南交大出版社,2014.
[3] 张斌. 会计电算化[M]. 重庆:重庆出版社,2011.
[4] 宋卫. 企业资源计划(ERP)原理与实施[M]. 北京:机械工业出版社,2009.
[5] 龚中华,何平. 会计信息信息系统实践教程[M]. 北京:人民邮电出版社,2013.
[6] 杨武岐,张志强. 会计信息系统理论与实践[M]. 北京:人民邮电出版社,2013.
[7] 重庆市会计学会. 初级会计电算化. [M]. 成都:西南交大出版社,2009.
[8] 王新玲,赵彦龙,蒋晓燕. 新编 ERP 财务管理系统实验教程[M]. 北京:清华大学出版社,2009.
[9] 毛华扬,李帅. 会计信息系统原理与应用[M]. 北京:中国人民大学出版社,2014.
[10] 段洪成. 会计电算化. [M]. 北京:中国工商出版社,2013.
[11] 武迎春. 新编会计电算化与实训. [M]北京:北京邮电大学出版社,2012.
[12] 郭亚琴,韦业. 会计电算化[M]. 北京:中国传媒出版社,2014.